WISSENSCHAFTLICHE BEITRÄGE
AUS DEM TECTUM VERLAG

Reihe Rechtswissenschaften

WISSENSCHAFTLICHE BEITRÄGE
AUS DEM TECTUM VERLAG

Reihe Rechtswissenschaften

Band 91

Janina Luzius

Altersgrenzen und der Fortbestand des Kündigungsschutzes nach dem Erreichen des gesetzlichen Renteneintrittsalters

Tectum Verlag

Janina Luzius

Altersgrenzen und der Fortbestand des Kündigungsschutzes nach dem Erreichen des gesetzlichen Renteneintrittsalters.
Wissenschaftliche Beiträge aus dem Tectum Verlag:
Reihe: Rechtswissenschaften; Bd. 91

Zugl. Diss. Philipps-Universität Marburg 2017
ISBN: 978-3-8288-4006-5
ISSN: 1861-7875
E-Book: 978-3-8288-6815-1
Umschlagabbildung: fotolia.com © sdecoret

Druck und Bindung: CPI buchbücher.de, Birkach
Printed in Germany

Besuchen Sie uns im Internet
www.tectum-verlag.de

Bibliografische Informationen der Deutschen Nationalbibliothek
Die Deutsche Nationalbibliothek verzeichnet diese Publikation in der Deutschen Nationalbibliografie; detaillierte bibliografische Angaben sind im Internet über http://dnb.ddb.de abrufbar.

Inhaltsverzeichnis

Literaturverzeichnis

Agentur für Arbeit	Der Arbeitsmarkt in Deutschland – Ältere am Arbeitsmarkt, Statistik/Arbeitsmarktberichterstattung, Oktober 2015
Ammermüller, Martin	Rentenreform 1992, DB 1990, 221 ff.
Andresen, Boy-Jürgen	Frühpensionierung und Altersteilzeit Handbuch, 3. Auflage, 2003 (zit.: *Andresen*, Frühpensionierung und Altersteilzeit)
Annuß, Georg	Das Verbot der Altersdiskriminierung als unmittelbar geltendes Recht; Zu den Folgen des Urteils EuGH, BB 2005, 2748 (Mangold), BB 2006, 325 ff.
Annuß, Georg/ Thüsing, Gregor	Kommentar zum Teilzeit- und Befristungsgesetz, 3. Auflage, 2012 (zit.: Annuß/Thüsing/*Bearbeiter*)
Arndt, Hans-Wolfgang/ Fetzer, Thomas/ Fischer, Kristian	Europarecht, 11. Auflage, 2015 (zit.: *Arndt/Fetzer/Fischer*, Europarecht)
Ascheid, Reiner/ Preis, Ulrich/ Schmidt, Ingrid	Kündigungsschutzrecht, Großkommentar zum gesamten Recht der Beendigung von Arbeitsverhältnissen, 5. Auflage, 2017 (zit.: Ascheid/Preis/Schmidt/*Bearbeiter*)
Bader, Peter	Arbeitsrechtliche Altersgrenzen weiter flexibilisiert, NZA 2014, 749 ff.
Bamberger, Heinz Georg/ Roth, Herbert	Beck'scher Online-Kommentar zum BGB, 42. Auflage, 2017 (zit.: BeckOK BGB/*Bearbeiter*)
Battis, Ulrich/ Grigoleit, Klaus Joachim/ Hebeler, Timo	Entwicklung des Beamtenrechts in den Jahren 2010 – 2015, NVwZ 2016, 194 ff.
Bauer, Jobst-Hubertus	Beendigung des Arbeitsverhältnisses bei Erreichen des Rentenalters, ArbR Aktuell 2010, 552
Ders.	Ein Vorschlag für ein modernes und soziales Kündigungsschutzrecht, NZA 2002, 529 ff.
Ders.	Arbeitsrechtliche Baustellen des Gesetzgebers – insbesondere im Befristungsrecht, NZA 2014, 889 ff.

Bauer, Jobst-Hubertus/ Lingemann, Stefan	Personalabbau und Altersstruktur, NZA 1993, 625 ff.
Bauer, Jobst-Hubertus/ Röder, Gerhard	Aufhebungsverträge bei Massenentlassungen und bei Betriebsänderungen, NZA 1985, 201 ff.
Bauer, Jobst-Hubertus/ von Medem, Andreas	Altersgrenzen zur Beendigung von Arbeitsverhältnissen – Was geht, was geht nicht?, NZA 2012, 945 ff.
Bauschke, Hans-Joachim	Altersdiskriminierung und Altersgrenzen – aktuelle Rechtsprechung des EuGH, öAT 2011, 9 ff.
Bayreuther, Frank	Kündigungsschutz im Spannungsfeld zwischen Gleichbehandlungsgesetz und europäischem Antidiskriminierungsgesetz, DB 2006, 1842 ff.
Ders.	Altersgrenzen, Altersgruppenbildung und der Ausschluss rentennaher Arbeitnehmer aus Sozialplänen; Konsequenzen der Urteile des EuGH in Sachen Rosenbladt, Andersen, Georgiev und Kleist, NJW 2011, 19 ff.
Ders.	Altersgrenzen, Kündigungsschutz nach Erreichen der Altersgrenze und die Befristung von „Altersrentnern"; Eine Skizze im Lichte der Hörnfeldt-Entscheidung des EuGH, NJW 2012, 2758 ff.
Ders.	Auflösung des Arbeitsverhältnisses durch Altersgrenzen und die Beschäftigung von „Altersrentnern", NZA-Beil. 2015, 84 ff.
Becker, Ulrich/ Roth, Markus	Recht der Älteren, 2013 (zit.: Becker/Roth/*Bearbeiter*)
Berg, Friedemann/ Natzel, Ivo	Die Last des Alters aus arbeitsrechtlicher Sicht, BB 2010, 2885 ff.
Blomeyer, Wolfgang/ Rolfs, Christian/ Otto, Klaus	Kommentar zum Betriebsrentengesetz, Arbeits-, Zivil- und Steuerrecht, 6. Auflage, 2015 (zit.: Blomeyer/Rolfs/Otto/*Bearbeiter*)
Boecken, Winfried	Das Altersteilzeitgesetz 1996, NJW 1996, 3386 ff.
Boecken, Winfried/ Joussen, Jacob	Handkommentar zum Teilzeit- und Befristungsgesetz, 4. Auflage, 2016 (zit.: Boecken/Joussen/*Bearbeiter*)
Boerner, Dietmar/ Gitter, Wolfgang	Altersgrenzen in Tarifverträgen, RdA 1990, 129 ff.
Brors, Christiane	Sollte man das Kriterium „Alter" in § 1 Abs. 3 KSchG wegen Europarechtswidrigkeit streichen?, AuR 2008, 288 ff.

Ders.	Wann ist eine Altersdiskriminierung nach der Rechtsprechung des EuGH gerechtfertigt?, RdA 2012, 346 ff.
Bundesinstitut für Bevölkerungsforschung (BiB)	Bevölkerung in Deutschland nach Altersgruppen, 1871 bis 2060, http://www.bib-demografie.de/DE/ZahlenundFakten/02/Abbildungen/a_02_18_ag_d_1871_2060_flaeche.html?nn=3074114 (zit.: BiB, Bevölkerung in Deutschland nach Altersgruppen)
Dass.	Anteile der Altersgruppen unter 20, ab 65 und ab 80 Jahre in Deutschland, 1871 bis 2060 (Stand: 2014), http://www.bib-demografie.de/DE/ZahlenundFakten/02/Abbildungen/a_02_12_ag_20_65_80_d_1871_2060.html?nn=3074114 (zit.: BiB, Anteile der Altersgruppen unter 20, ab 65 und ab 80 Jahre in Deutschland)
Dalloz Actualité	Les nouvelles règles relatives au départ à la retraite, C. Fleuriot (zit.: Dalloz actualité, Les nouvelles règles relatives au départ à la retraite)
Däubler, Wolfgang	Aktuelle Fragen der AGB-Kontrolle im Arbeitsrecht, Bezugnahme auf Tarifverträge, salvatorische Klausel, Schriftform, Altersgrenze, NZA-Beil. 2006, 133 ff.
Däubler, Wolfgang/ Hjort, Jens Peter/ Schubert, Michael/ Wolmerath, Martin	Nomos Kommentar zum Arbeitsrecht, 3. Auflage, 2013 (zit.: Däubler/Hjort/Schubert/Wolmerath/*Bearbeiter*)
Davies, Anne	Recent Developments in Labour Law in the United Kingdom, EuZA 2012, 280 ff.
Deutsche Rentenversicherung	Definition Rentenbescheid, http://www.deutsche-rentenversicherung.de/Allgemein/de/Inhalt/5_Services/01_kontakt_und_beratung/02_beratung/07_lexikon/R/rentenbescheid.html (zit.: Deutsche Rentenversicherung, Definition Rentenbescheid)
Ders.	Umlageverfahren, http://www.deutsche-rentenversicherung.de/Allgemein/de/Inhalt/5_Services/01_kontakt_und_beratung/02_beratung/07_lexikon/U/umlageverfahren.html?cms_submit=Los&cms_resultsPerPage=5&cms_templateQueryString=umlageverfahren (zit.: Deutsche Rentenversicherung, Umlageverfahren)
Diller, Martin	Das neue Altersteilzeitgesetz sowie die begleitenden Änderungen im Rentenrecht, NZA 1996, 847 ff.

Dispositions de droit commun	Étude: Dictionnaire permanent Conventions Collectives Section 3: Départ à la retraite, (zit.: Étude: Dictionnaire permanent Conventions Collectives, Section 3: Départ à la retraite)
Dornbusch, Gregor/ Fischermeier, Ernst/ Löwisch, Manfred	AR, Kommentar zum gesamten Arbeitsrecht, 8. Auflage, 2016 (zit.: Dornbusch/Fischermeier/Löwisch/*Bearbeiter*)
Droit de la protection sociale (Lexbase)	Étude: La pension de retraite, Lexbase 2016 (zit.: Lexbase, Étude: La pension de retraite)
Effer-Uhe, Daniel Oliver	Die Berechnung von Rückwärtsfristen – zugleich eine Stellungnahme zur Dogmatik des Zugangs von Willenserklärungen, JZ 2016, 770 ff.
Epping, Volker/ Hillgruber, Christian	Beck'scher Online-Kommentar Grundgesetz, 32. Auflage, 2017 (zit.: BeckOK GG/*Bearbeiter*)
Erfurter Kommentar	Kommentar zum Arbeitsrecht, Band 51, 17. Auflage, 2017 (zit.: ErfKomm ArbR/*Bearbeiter*)
Etzel, Gerhard/ Bader, Peter/ Fischermeier, Ernst/ u.a.	KR, Gemeinschaftskommentar zum Kündigungsschutzgesetz und zu sonstigen kündigungsschutzrechtlichen Vorschriften, 11. Auflage, 2016 (zit.: KR/*Bearbeiter*)
Eylert, Mario/ Sänger, Niki	Der Sonderkündigungsschutz im 21. Jahrhundert; Zur Entwicklung der Rechtsprechung des Bundesarbeitsgerichts zum Sonderkündigungsschutz, RdA 2010, 24 ff.
Fiebig, Stefan/ Gallner, Inken/ Mestwerdt, Wilhelm/ Nägele, Stefan	Nomos Handkommentar zum Kündigungsschutzrecht, 4. Auflage, 2012 (zit.: Fiebig/Gallner/Mestwerdt/Nägele/*Bearbeiter*)
Fitting, Karl Engels, Gerd/ Schmidt, Ingrid/ Trebinger, Yvonne/ Linsenmaier, Wolfgang	Kommentar zum Betriebsverfassungsgesetz, 28. Auflage, 2016 (zit.: Fitting, BetrVG)
Friemel, Kilian/ Walk, Frank	Die Kündigung wegen Schlecht- und Minderleistung, NJW 2005, 3669 ff.
Fuhlrott, Michael	Auswahlrichtlinien und Punkteschemata bei betriebsbedingten Kündigungen, ArbR Aktuell 2012, 108 ff.
Gallner, Inken/ Mestwerdt, Wilhelm/ Nägele, Stefan	Nomos Handkommentar zum Kündigungsschutzrecht, 5. Auflage, 2015 (zit.: Gallner/Mestwerdt/Nägele/*Bearbeiter*)
Gaul, Björn/ Bonanni, Andrea	Altersdiskriminierung im Rahmen der Sozialauswahl?, BB 2008, 218 ff.

Gaul, Björn/ Niklas, Thomas	Keine Altersdiskriminierung durch Sozialauswahl mit Altersgruppen, NZA-RR 2009, 457 ff.
Gaul, Björn/ Kühnreich, Mathias	Weiterbeschäftigung statt betriebsbedingter Kündigung, BB 2003, 254 ff.
Gessner, Judith	Sachliche Rechtfertigung einer tarifvertraglichen Altersbefristung, öAT 2012, 37
Giesen, Richard	Die „alternde Arbeitswelt" vor arbeits- und sozialrechtlichen Herausforderungen, NZA 2008, 905 ff.
Glanz, Peter	Kündigung von leistungsschwachen Mitarbeitern („Low Performer"), NJW-Spezial 2008, 82 ff.
Göpfert, Burkhard/ Dornbusch, Gregor/ Rottmeier, Daniela	Odar – Diskriminierung bei Sozialplanabfindung – auch im Sozialtarifvertrag?, NZA 2015, 1172 ff.
Gotthardt, Michael	Kündigungsschutz im Arbeitsverhältnis im Königreich Schweden und in der BRD, 1. Auflage, 1999 (zit.: *Gotthardt*, Kündigungsschutz)
Graf von Westphalen, Friedrich/ Thüsing, Gregor	Vertragsrecht und AGB-Klauselwerke, 38. Ergänzungslieferung, 2016 (zit.: Graf von Westphalen/*Bearbeiter*, Vertragsrecht)
Greiner, Stefan	Störungen des Austausch- und Äquivalenzinteresses als Kündigungstatbestand, RdA 2007, 22 ff.
Grobys, Marcel/ Panzer, Andrea	Stichwort Kommentar Arbeitsrecht, Alphabetische Gesamtdarstellung, 2. Auflage, 2016 (zit.: Grobys/Panzer/*Bearbeiter*)
Hamacher, Anno/ Ulrich, Christoph	Die Kündigung von Arbeitsverhältnissen nach Inkrafttreten und Änderung des AGG, NZA 2007, 657 ff.
Hanau, Peter	Zwangspensionierung des Arbeitnehmers mit 65?, RdA 1976, 24 ff.
Ders.	Die wiederholte Reform des arbeitsrechtlichen Kündigungs- und Befristungsschutzes, ZIP 2004, 1169 ff.
Hanau, Ulrich	Die Rechtsprechung des Bundesarbeitsgerichts im Jahre 1983, ZfA 1984, 453 ff.
Henssler, Martin/ Braun, Axel	Arbeitsrecht in Europa, 3. Auflage 2011 (zit.: Henssler/Braun/*Bearbeiter*)

Henssler , Martin/ Willemsen, Heinz Josef/ Kalb, Heinz-Jürgen	Arbeitsrecht Kommentar, 7. Auflage, 2016 (zit.: Henssler/Willemsen/Kalb/*Bearbeiter*)
Hillebrecht, Wilfried	Dringende betriebliche Erfordernisse zur Kündigung von Arbeitsverhältnissen durch den Konkursverwalter, ZIP 1985, 257 ff.
Höfer, Reinhold/ Evke de Groot, Simone/ Küpper, Peter/ Reich, Thorsten	Kommentar zum Betriebsrentenrecht (BetrAVG), Band I: Arbeitsrecht, 19. Auflage, 2016 (zit.: Höfer/*Bearbeiter*)
Horcher, Michael	Wann muss der Arbeitgeber einen Arbeitsplatz freikündigen? Oder gibt es einen Verdrängungswettbewerb außerhalb der Sozialauswahl?, NZA-RR 2006, 393 ff.
Hromadka, Wolfgang/ Maschmann, Frank	Arbeitsrecht Band 1, Individualarbeitsrecht, 6. Auflage, 2014 (zit.: *Hromadka/Maschmann*, Arbeitsrecht Band 1)
Hümmerich, Klaus/ Boecken, Winfried/ Düwell, Franz Josef	Nomos Kommentar zum Arbeitsrecht, 2. Auflage, 2010 (zit.: Hümmerich/Boecken/Düwell/*Bearbeiter*)
Jarass, Hans D.	Kommentar zur Charta der Grundrechte der Europäischen Union, 3. Auflage, 2016 (zit.: *Jarass*, EU-GRCharta)
Jauering, Othmar	Kommentar zum Bürgerlichen Gesetzbuch, 16. Auflage, 2015 (zit.: Jauering/*Bearbeiter*)
Joussen, Jacob	Die Entscheidung Rosenbladt des EuGH – Ein Überblick zur europäischen Rechtsprechung zur Altersdiskriminierung durch Altersgrenzen, ZESAR 2011, 201 ff.
Junker, Abbo	Grundkurs Arbeitsrecht, 16. Auflage, 2017 (zit.: *Junker*, Arbeitsrecht)
Kaiser, Dagmar/ Dahm, Katharina	Sozialauswahl ohne Lebensalter!, NZA 2010, 473 ff.
Kamanabrou, Sudabeh	Vertragsgestaltung und Altersdiskriminierung, NZA-Beil. 2006, 138 ff.
Kasseler Kommentar	Kommentar zum Sozialversicherungsrecht, 92. Ergänzungslieferung, 2016 (zit.: KassKomm/*Bearbeiter*)
Kingreen, Thorsten/ Poscher, Ralf	Grundrechte, Staatsrecht II, 32. Auflage, 2016 (zit.: *Kingreen/Poscher*, Staatsrecht II)
Kittner, Michael/ Däubler, Wolfgang/ Zwanziger, Bertram	Kündigungsschutzrecht (KSchR), Kündigungen und andere Formen der Beendigung des Arbeitsverhältnisses, 9. Auflage, 2014 (zit.: Kittner/Däubler/Zwanziger/*Bearbeiter*)

Kleinebrink, Wolfgang	Altersbefristung nach neuem Recht, DB 2014, 1490 ff.
Klösel, Daniel/ Reitz, Henning	„Flexi-Rente" und Europarecht; Zur befristungs- und kündigungsrechtlichen Behandlung von Rentnerarbeitsverhältnissen, NZA 2014, 1366 ff.
Koll, Christopher	Älter werden im Betrieb, AiB 2016, 10 ff.
Kramer, Stefan	Gestaltung des Hinausschiebens einer vereinbarten Altersgrenze, ArbR Aktuell 2015, 144 ff.
Ders.	Gestaltung einer Altersgrenze mit Beendigungsautomatik im Arbeitsvertrag, ArbR Aktuell 2011, 551 ff.
Kreikebohm, Ralf	Kommentar zum Sozialgesetzbuch VI, 4. Auflage, 2013 (zit.: Kreikebohm/*Bearbeiter*)
Künzl, Reinhard	Letztmals: Verhaltensbedingte Kündigung bei Verweigerung einer Alkoholtherapie, NZA 1999, 744 ff.
Küttner, Wolfdieter	Personalbuch Arbeitsrecht, Sozialversicherungsrecht, Lohnsteuerrecht, 23. Auflage, 2016 (zit.: Küttner/*Bearbeiter*)
Langohr-Plato, Uwe	Betriebliche Altersversorgung, 7. Auflage, 2016 (zit.: Langohr-Plato, Betriebliche Altersversorgung)
Laux, Helga/ Schlachter, Monika	Teilzeit- und Befristungsgesetz Kommentar, 2. Auflage, 2011 (zit.: Laux/Schlachter/*Bearbeiter*)
Lingemann, Stefan	Berechnung der Kündigungsfristen nach § 622 Abs. 2 S. 2 BGB ist europarechtswidrig und nicht anzuwenden, ArbR Aktuell 2010, 64
Lingemann, Stefan/ Otte, Jörn	Ist die Altersgruppenbildung bei der Sozialauswahl noch zu retten?, NZA 2016, 65 ff.
Löwisch, Manfred/ Caspers, Georg/ Klumpp, Steffen	Arbeitsrecht, Ein Studienbuch, 10. Auflage, 2014 (zit.: *Löwisch/Caspers/Klumpp*, Arbeitsrecht)
Löwisch, Manfred/ Kaiser, Dagmar	Betriebsverfassungsgesetz Kommentar, 6. Auflage, 2010 (zit.: Löwisch/Kaiser, BetrVG)
Löwisch, Manfred/ Rieble, Volker	Kommentar zum Tarifvertragsgesetz, 4. Auflage, 2017 (zit.: Löwisch/Rieble/*Bearbeiter*)

Löwisch, Manfred/ Spinner, Günter/ Wertheimer, Frank	Kommentar zum Kündigungsschutzgesetz, 10. Auflage, 2013 (zit.: Löwisch/Spinner/Wertheimer)
Maschmann, Frank	Die mangelnde Arbeitsleistung, NZA-Beil. 2006, 13 ff.
Maunz, Theodor/ Dürig, Günter	Loseblatt-Kommentar zum Grundgesetz, 78. Ergänzungslieferung, 2016 (zit.: Maunz/Dürig/*Bearbeiter*)
Meinel, Gernod/ Heyn, Judith/ Herms, Sascha	Kommentar zum Teilzeit- und Befristungsgesetz, 5. Auflage, 2015 (zit.: Meinel/Heyn/Herms/*Bearbeiter*)
Meyer, Jürgen	Kommentar zur Charta der Grundrechte der Europäischen Union, 4. Auflage, 2014 (zit.: Meyer/*Bearbeiter*, EU-GRCharta)
Moll, Wilhelm	Münchener Anwaltshandbuch, Arbeitsrecht, 4. Auflage, 2017 (zit.: Moll/*Bearbeiter*)
Mückl, Patrick/ Hiebert, Tanja	Anspruch auf einen leidensgerechten Arbeitsplatz – Was ist noch zumutbar?, NZA 2010, 1259 ff.
Mues, Werner/ Eisenbeis, Ernst/ Laber, Jörg	Handbuch Kündigungsrecht, 2. Auflage, 2010 (zit.: Mues/Eisenbeis/Laber/*Bearbeiter*)
Münchener Handbuch	Münchener Handbuch zum Arbeitsrecht, Band 2 / Kollektivarbeitsrecht / Sonderformen 3. Auflage, 2009 (zit.: MünchHb/*Bearbeiter*)
Münchener Kommentar	Kommentar zum Bürgerlichen Gesetzbuch Band 1 / Allgemeines Gleichbehandlungsgesetz, 7. Auflage, 2015 Band 4 / Schuldrecht, Besonderer Teil II, 7. Auflage, 2016 (zit.: MünchKomm-BGB/*Bearbeiter*)
Nakielski, Hans	Zwischen Wunsch und Wirklichkeit, AiB 2016, 19 ff.
Neef, Klaus	Das Kündigungsschutzrecht zur Jahrhundertwende, NZA 2000, 7 ff.
Nettesheim, Martin	Diskriminierungsschutz ohne Benachteiligung?; Die EuGH-Rechtsprechung zu Altersgrenzen im Beschäftigungsverhältnis, EuZW 2013, 48 ff.
Neufeld, Tobias/ Flockenhaus, Patrick/ Schemmel, Frank	Abschlagsfreie Rente mit 63 – Auswirkungen des RV-Leistungsverbesserungsgesetzes für Recht und Praxis, BB 2014, 2741 ff.
Nipperdey, Ulf	Nipperdey Lexikon Arbeitsrecht, 30. Auflage, 2016 (zit.: Nipperdey/*Bearbeiter*)

Numhauser-Henning, Ann	Elder Law, Evolving European Perspectives, 2017, (zit.: *Numhauser-Henning*, Elder Law)
Oelkers, Felix	Altersdiskriminierung bei Sozialplänen; Viel Lärm um nichts, NJW 2008, 614 ff.
Palandt, Otto	Kommentar zum Bürgerlichen Gesetzbuch, 76. Auflage, 2017 (zit.: Palandt/*Bearbeiter*)
Pélissier, Jean/ Supiot, Alain/ Jeammaud, Antoine	Droit du travail, 20. Auflage, 2000 (zit.: *Pélissier/Supiot/Jeammaud*, Droit du travail)
Poguntke, David	Neue Gestaltungsmöglichkeiten bei der Beschäftigung älterer Arbeitnehmer, NZA 2014, 1372 ff.
Preis, Ulrich	Die verhaltensbedingte Kündigung (Teil 1), DB 1990, 630 ff.
Ders.	Die verhaltensbedingte Kündigung (Teil 2), DB 1990, 685 ff.
Ders.	Autonome Unternehmerentscheidung und „dringendes betriebliches Erfordernis“, NZA 1995, 241 ff.
Ders.	AGB-Recht und Arbeitsrecht; Eine Zwischenbilanz, NZA-Beil. 2006, 115 ff.
Ders.	Schlangenlinien in der Rechtsprechung des EuGH zur Altersdiskriminierung, NZA 2010, 1323 ff.
Preis, Ulrich/ Temming, Felipe	Der EuGH, das BVerfG und der Gesetzgeber – Lehren aus Mangold II, NZA 2010, 185 ff.
Raif, Alexander	Altersdiskriminierung bei Höchstaltersgrenzen für Vertragszahnärzte, ArbR Aktuell 2010, 117
Reichold, Hermann	Arbeitsrecht, 5. Auflage, 2016 (zit.: *Reichold*, Arbeitsrecht)
Répertoire de droit du travail	Âge du salarié, Yann Leroy, April 2016 (zit.: Répertoire de droit du travail, Art. 1 Mise à la retraite et discrimination liée á l'âge)
Reuter, Dieter	Das Recht auf Arbeit – Ein Prinzip des Arbeitsrechts?, RdA 1978, 344 ff.
Richardi, Reinhard	Kommentar zum Betriebsverfassungsgesetz, 15. Auflage, 2016 (zit.: Richardi/*Bearbeiter*)

Ders.	Neues und Altes – Ein Ariadnefaden durch das Labyrinth des Allgemeinen Gleichbehandlungsgesetzes, NZA 2006, 881 ff.
Rieble, Volker	Betriebliche versus tarifliche Unkündbarkeit, NZA 2003, 1243 ff.
Rittweger, Stephan/, Petri, Ulrich/ Schweikert, Franz-Josef	Altersteilzeit, 2. Auflage, 2002 (zit.: Rittweger/Petri/Schweikert/*Bearbeiter*)
Rolfs, Christian	Begründung und Beendigung des Arbeitsverhältnisses mit älteren Arbeitnehmern, NZA-Beil. 2008, 8 ff.
Ders.	Arbeitsrecht, Studienkommentar, 4. Auflage, 2014 (zit.: *Rolfs*, Arbeitsrecht)
Rolfs, Christian/ Giesen, Richard/ Kreikebohm, Ralf/ Udsching, Peter	Beck'scher Online Kommentar zum Arbeitsrecht, 43. Auflage, 2017 (zit.: BeckOK ArbR/*Bearbeiter*)
Dies.	Beck'scher Online-Kommentar zum Sozialrecht, 44. Auflage, 2017 (zit.: BeckOK SozR/*Bearbeiter*)
Rönnmar, Mia	Elder Law, RdA 2015, 329 ff.
Roß-Kirsch, Nadja	Steigende Renteneintrittsalter in Europa – Herausforderung für Personalverantwortliche, BB 2011, 441 ff.
Roth, Markus	150 Jahre Recht des Handlungsgehilfen: Vom ADHGB 1861 zum Arbeits(vertrags)gesetz(buch)?, RdA 2012, 1 ff.
Ders.	Die betriebsbedingte Kündigung zwischen freier Unternehmensentscheidung und Arbeitnehmerschutz, ZIP 2009, 1845 ff.
Sachs, Michael	Grundgesetz Kommentar, 7. Auflage 2014 (zit.: Sachs/*Bearbeiter*)
Schaub, Günter	Arbeitsrechts-Handbuch, Systematische Darstellung und Nachschlagwerk für die Praxis, 16. Auflage, 2015 (zit.: Schaub/*Bearbeiter*)
Schiefer, Bernd	Wichtige Entscheidungen zur Beendigung des Arbeitsverhältnisses, NZA 1994, 534 ff.
Schiefer, Bernd/ Worzalla, Michael	Neues – altes – Kündigungsrecht, NZA 2004, 345 ff.
Schindele, Friedrich	Die Rente mit 63, ArbR Aktuell 2014, 379 ff.

Stahlhacke, Eugen/ Preis, Ulrich/ Vossen, Reinhard	Kündigung und Kündigungsschutz im Arbeitsverhältnis, 11. Auflage, 2015 (zit.: Stahlhacke/Preis/Vossen/*Bearbeiter*)
Statistisches Bundesamt	Die Generation 65+ in Deutschland, Wiesbaden 2015, https://www.destatis.de/DE/PresseService/Presse/Pressekonferenzen/2015/generation65/Pressebroschuere_generation65.pdf?__blob=publicationFile (zit.: Statistisches Bundesamt, Die Generation 65+ in Deutschland)
Straube, Gunnar/ Hilgenstock, Christopher	Rechtfertigung der Altersdiskriminierung, ArbR Aktuell 2010, 567 ff.
Streinz, Rudolf	EUV/AEUV, Vertrag über die Europäische Union und Vertrag über die Arbeitsweise der Europäischen Union, 2. Auflage, 2012 (zit.: Streinz/*Bearbeiter*)
Stück, Volker	Low Performer in Recht und Praxis, ArbR Aktuell 2011, 651 ff.
Temming, Felipe	Der Fall Palacios: Kehrtwende im Recht der Altersdiskriminierung?, NZA 2007, 1193 ff.
Thüsing, Gregor	Blick in das europäische und ausländische Arbeitsrecht, RdA 2010, 187 ff.
Thüsing, Gregor/ Wege, Donat	Sozialauswahl nach neuem Recht, RdA 2005, 12 ff.
Trittin, Wolfgang	Kein verminderter Kündigungsschutz für ältere Arbeitnehmer, AuR 1995, 51 ff.
Tschöpe, Ulrich	Arbeitsrecht Handbuch, 9. Auflage, 2015 (zit.: Tschöpe/*Bearbeiter*)
Ders.	„Low Performer" im Arbeitsrecht, BB 2006, 213 ff.
v. Hoyningen-Huene, Gerrick/ Linck, Rüdiger	Kommentar zum Kündigungsschutzgesetz, 15. Auflage, 2013 (zit.: v. Hoyningen-Huene/Linck)
Vincze, Attila	Der EuGH als Hüter der ungarischen Verfassung – Anmerkung zum Urteil des EuGH v. 6.11.2012, Rs. C-286/12 (Kommission/Ungarn), EuR 2013, 323 ff.
von Münch, Ingo/ Kunig, Philip	Grundgesetz Kommentar, Band 1, Präambel bis Art. 69 6. Auflage, 2012 (zit.: von Münch/Kunig/*Bearbeiter*)
Waltermann, Raimund	Wieder Altersgrenze 65?, NZA 1994, 822 ff.

Ders.	Gesetzliche und tarifliche Gestaltung im Niedriglohnsektor, NZA 2013, 1041 ff.
Ders.	Alternde Arbeitswelt – Welche arbeits- und sozialrechtlichen Regelungen empfehlen sich?, NJW 2008, 2529 ff.
Ders.	Das Alter, die Demografie und das Arbeitsrecht im Europäischen Kontext, RdA 2015, 343 ff.
Ders.	Altersgrenzen in Kollektivverträgen, RdA 1993, 209 ff.
Weber, Christian	Zum (richtigen) Umgang mit Low-Performern – Die Kündigung wegen Minderleistung und das Recht des Arbeitnehmers auf eine fähigkeitsgerechte Beschäftigung, DB 2015, 1899 ff.
Westregård, Annamaria	Changes in the Swedish Sickness Insurance System and Labour Law due to Influence of Flexicurity, EuZA 2014, 30 ff.
Willemsen, Josef/ Annuß, Georg	Kündigungsschutz nach der Reform, NJW 2004, 177 ff.
Zange, Julia	Diskriminierung bei Berechnung einer Sozialplanabfindung; Nicht wegen des Alters, wohl aber wegen Schwerbehinderung, NZA 2013, 601 ff.
Zundel, Frank	Die Entwicklung des Arbeitsrechts im Jahr 2015, NJW 2016, 132 ff.
Zwanziger, Bertram	Struktur, Probleme und die Entwicklung des Altersteilzeitrechtes – ein Überblick, RdA 2005, 226 ff.

Abkürzungsverzeichnis

a.A.	*andere Ansicht*
a.F.	*alte Fassung*
ABR	*Aktenzeichen für Rechtsbeschwerden beim Bundesarbeitsgericht*
Abs.	*Absatz*
ADHGB	*Allgemeines Deutsches Handelsgesetzbuch*
AEUV	*Vertrag über die Arbeitsweise der Europäischen Union*
AG	*Aktiengesellschaft*
AGB	*Allgemeine Geschäftsbedingungen*
AGG	*Allgemeines Gleichbehandlungsgesetz*
AiB	*Arbeitsrecht im Betrieb (Zeitschrift)*
AktG	*Aktiengesetz*
Alt.	*Alternative*
AltTZG	*Altersteilzeitgesetz (Für diesen Gesetzestext existiert keine amtliche Abkürzung)*
Anm.	*Anmerkung*
AP	*Arbeitspapier*
ArbG	*Arbeitsgericht*
ArbGG	*Arbeitsgerichtsgesetz*
ArbPlSchG	*Arbeitsplatzschutzgesetz (Gesetz über den Schutz des Arbeitsplatzes bei Einberufung zum Wehrdienst)*
ArbR	*Arbeitsrecht*
ArbR Aktuell	*Arbeitsrecht Aktuell (Zeitschrift)*
ATG	*Altersteilzeitgesetz*
ATZG	*Altersteilzeitgesetz*
AuA	*Arbeit und Arbeitsrecht (Zeitschrift)*
AuR	*Arbeit und Recht (Zeitschrift)*
AZB	*Aktenzeichen für Revisionsbeschwerden beim Bundesarbeitsgericht*
AZN	*Aktenzeichen für Beschwerden wegen der Nichtzulassung der Revision beim Bundesarbeitsgericht*
AZR	*Aktenzeichen für Revisionsverfahren beim Bundesarbeitsgericht*
B	*Beschluss, Bundessozialgericht, Bund*
BAG	*Bundesarbeitsgericht*
BAGE	*Sammlung der Entscheidungen des Bundesarbeitsgerichts*

BB	*Betriebsberater (Zeitschrift)*
BBiG	*Berufsbildungsgesetz*
BeckOK	*Beck'scher Online Kommentar*
BeckRS	*Beck-Rechtsprechung*
BEEG	*Bundeselterngeld- und Elternzeitgesetz*
Beil.	*Beilage*
BetrAVG	*Betriebsrentengesetz*
BetrVG	*Betriebsverfassungsgesetz*
BGB	*Bürgerliches Gesetzbuch*
BGBl.	*Bundesgesetzblatt*
BGH	*Bundesgerichtshof*
BiB	*Bundesinstitut für Bevölkerungsforschung*
BPersVG	*Bundespersonalvertretungsgesetz*
BReg	*Bundesregierung*
BSG	*Bundessozialgericht*
BT-Drs.	*Deutscher Bundestag Drucksache*
BVerfG	*Bundesverfassungsgericht*
BVerfGE	*Sammlung der Entscheidungen des Bundesverfassungsgerichts*
BVerwG	*Bundesverwaltungsgericht*
BvL	*Registerzeichen bzw. Aktenzeichen des Bundesverfassungsgerichts; es weist auf eine Normenkontrolle auf Vorlage eines Gerichts hin*
BvR	*Registerzeichen bzw. Aktenzeichen des Bundesverfassungsgerichts; es weist auf ein Verfassungsbeschwerdeverfahren hin*
bzgl.	*bezüglich*
bzw.	*beziehungsweise*
C	*Case*
Ca	*Aktenzeichen in allgemeinen Zivilsachen am Arbeitsgericht*
CEEP	*Europäischer Zentralverband der öffentlichen Wirtschaft (European Centre of Enterprises with Public Participation)*
d. h.	*das heißt*
DB	*Der Betrieb (Zeitschrift)*
EFZG	*Entgeltfortzahlungsgesetz*
EG	*Europäische Gemeinschaft*
EGB	*Europäischer Gemeinschaftsbund*
ErfKomm	*Erfurter Kommentar*
etc.	et cetera
EU	*Europäische Union*
EuGH	*Europäischer Gerichtshof*
EU-GRCharta	*Charta der Grundrechte der Europäischen Union*
EuGRZ	*Europäische Grundrechte Zeitschrift (Zeitschrift)*

EuR	*Europarecht (Zeitschrift)*
EUV	*Vertrag über die Europäische Union*
EuZA	*Europäische Zeitschrift für Arbeitsrecht (Zeitschrift)*
EuZW	*Europäische Zeitschrift für Wirtschaftsrecht (Zeitschrift)*
EWG	*Europäische Wirtschaftsgemeinschaft*
f.	*folgend*
FD-ArbR	*Fachdienst-Arbeitsrecht*
ff.	*folgende*
Fn.	*Fußnote*
G	*Gesetz*
GdB	*Grad der Behinderung*
GewO	*Gewerbeordnung*
ggf.	*gegebenenfalls*
GmbH	*Gesellschaft mit beschränkter Haftung*
GRC	*Charta der Grundrechte der Europäischen Union*
GS	*Großer Senat*
Hb.	*Handbuch*
HBG	*Hessisches Beamtengesetz*
Hs.	*Halbsatz*
i.d.R.	*in der Regel*
i.H.v.	*in Höhe von*
i.S.d.	*im Sinne des*
i.S.v.	*im Sinne von*
i.V.m.	*in Verbindung mit*
IG	*Interessengemeinschaft*
InsO	*Insolvenzordnung*
jurisPR	*Juris Praxisreporte*
JZ	*JuristenZeitung*
K	*Kammer*
KA	*Recht der Vertragsärzte und -zahnärzte (Sachgebietsbezeichnung im Aktenzeichen der Sozialgerichte)*
KassKomm	*Kasseler Kommentar*
KG	*Kommanditgesellschaft*
KN	*Knappschaftsrechtliche Streitigkeit*
KOM	*Kommission*
KR	*Kündigungsrecht*
KSchG	*Kündigungsschutzgesetz*
L	*Livre (französische Gesetzgebung), Land*
LAG	*Landesarbeitsgericht*
LAS	*Lag (1982:80) om anställningsskydd (schwedische Gesetzgebung)*

lat.	*Lateinisch*
lit.	*littera (= Buchstabe)*
LOI	*franz. Gesetz*
LSG	*Landessozialgericht*
LuftVG	*Luftverkehrsgesetz*
m.W.v.	*mit Wirkung vom*
Max.	*Maximal*
MiLoG	*Mindestlohngesetz*
MünchKomm	*Münchener Kommentar*
MuSchG	*Mutterschutzgesetz*
n.F.	*neue Fassung*
n°	*numéro (französische Gesetzgebung)*
NJOZ	*Neue Juristische Online-Zeitschrift (Zeitschrift)*
NJW	*Neue Juristische Wochenschrift (Zeitschrift)*
NJW-Spezial	*Neue Juristische Wochenschrift - Spezial (Zeitschrift)*
NVwZ	*Neue Zeitschrift für Verwaltungsrecht*
NZA	*Neue Zeitschrift für Arbeitsrecht (Zeitschrift)*
NZA-Beil.	*Neue Zeitschrift für Arbeitsrecht - Beilage (Zeitschrift)*
NZA-RR	*Neue Zeitschrift für Arbeitsrecht - Rechtsprechungsreport (Zeitschrift)*
NZS	*Neue Zeitschrift für Sozialrecht (Zeitschrift)*
öAT	*Zeitschrift über das öffentliche Arbeits- und Tarifrecht (Zeitschrift)*
OLG	*Oberlandesgericht*
OVG	*Oberverwaltungsgericht*
Para	*paragraph (englische Gesetzgebung)*
PflegeZG	*Pflegezeitgesetz*
R	*Recht, Revisionsregister, Rentenversicherung*
RdA	*Recht der Arbeit (Zeitschrift)*
regs.	*regulations (englische Gesetzgebung)*
Rn.	*Randnummer /Randnummern*
RRG	*Rentenreformgesetz*
Rs.	*Rechtssache*
RV	*Rentenversicherung*
S	*Stadt*
S.	*Satz / Seite*
Sa	*Aktenzeichen für Berufungen in Arbeitssachen vor Landesarbeitsgerichten*
SG	*Sozialgericht*
SGB I	*Sozialgesetzbuch, Erstes Buch (Allgemeiner Teil)*
SGB II	*Sozialgesetzbuch, Zweites Buch (Grundsicherung für Arbeitsuchende)*
SGB III	*Sozialgesetzbuch, Drittes Buch (Arbeitsförderung)*

SGB V	*Sozialgesetzbuch, Fünftes Buch (Gesetzliche Krankenversicherung)*
SGB VI	*Sozialgesetzbuch, Sechstes Buch (Gesetzliche Rentenversicherung)*
SGB IX	*Sozialgesetzbuch Neuntes Buch (Rehabilitation und Teilhabe behinderter Menschen)*
SGB X	*Sozialgesetzbuch, Zehntes Buch (Sozialverwaltungsverfahren und Sozialdatenschutz)*
SGG	*Sozialgerichtsgesetz*
Slg.	*Sammlung der Rechtsprechung des Europäischen Gerichtshofes und des Gerichts Erster Instanz*
SozR	*Sozialrecht*
SprAuG	*Sprecherausschussgesetz*
SWK	*Stichwortkommentar*
TVG	*Tarifvertragsgesetz*
TzBfG	*Teilzeit- und Befristungsgesetz*
U	*Aktenzeichen für Berufungen in Zivilsachen am Oberlandesgericht*
UNICE	*Union der Industrie- und Arbeitgeberverbände Europas (Union of Industrial and Employers' Confederations of Europe)*
UnterAbs.	*Unterabsatz*
usw.	*und so weiter*
v.	*von / vom*
VG	*Verwaltungsgericht*
vgl.	*vergleiche*
ZDG	*Zivildienstgesetz*
ZESAR	*Zeitschrift für europäisches Sozial- und Arbeitsrecht (Zeitschrift)*
ZfA	*Zeitschrift für Arbeitsrecht (Zeitschrift)*
ZIP	*Zeitschrift für Wirtschaftsrecht (Zeitschrift)*
zit.	*zitiert*
zit. n.	*zitiert nach*
ZPO	*Zivilprozessordnung*
ZR	*Aktenzeichen für Revisionen zum Bundesgerichtshof in Zivilsachen*

Einleitung und Problemdarstellung

Aufgrund des demografischen Wandels und der immer älter werdenden Bevölkerung sinken die gesetzlichen Rentenansprüche der Arbeitnehmer immer weiter, sodass Altersarmut droht[1]. Gründe hierfür sind das sinkende Rentenniveau, zunehmende Niedriglohnbeschäftigung, (Langzeit-)Arbeitslosigkeit und deren unzureichende rentenrechtliche Bewertung, die Zunahme unsteter Erwerbsläufe in Verbindung mit unzureichender oder fehlender Absicherung von (Solo-)Selbstständigen und unzureichende Zusatzvorsorge durch die 2. und 3. Säule der Alterssicherung, sprich betriebliche Altersversorgung und private Altersvorsorge[2].

Dagegen hilft nicht nur eine zusätzliche private Rentenversicherung, sondern auch das Arbeiten über das Renteneintrittsalter hinaus[3]. Durch das weitere Einzahlen in die gesetzliche Rentenkasse erhöht sich der Rentenanspruch.

Bereits Ende 2013 waren etwa 17 Millionen Personen der rund 81 Millionen Menschen in Deutschland 65 Jahre oder älter, womit ungefähr jeder Fünfte in Deutschland (ca. 21 Prozent) zur Generation 65+ gehörte. Damit belegte Deutschland im europäischen Vergleich hinter Italien den zweiten Platz[4]. Im Jahr 2060 wird nach den Ergebnissen der 13. koordinierten Bevölkerungsvorausberechnung bereits jeder Dritte (ca. 33 Prozent) in Deutschland mindestens 65 Jahre alt sein[5].

Die deutsche Rentenversicherung finanziert sich durch das Umlageverfahren. Dabei werden die Einnahmen der Rentenversicherungs-

---

1 BiB, Anteile der Altersgruppen unter 20, ab 65 und ab 80 Jahre in Deutschland (zuletzt abgerufen am: 29. Juli 2016).

2 Wobei die erste Säule das gesetzliche Rentensystem bildet; Kreikebohm/*Kreikebohm*, SGB VI, Einleitung Rn. 88.

3 *Koll*, AiB 2016, 10.

4 Statistisches Bundesamt, Die Generation 65+ in Deutschland, S. 5.

5 BiB, Bevölkerung in Deutschland nach Altersgruppen (zuletzt abgerufen am: 29. Juli 2016).

träger für die laufenden Rentenzahlungen verwendet. Die Einnahmen ergeben sich aus den Beiträgen der Versicherten und der Arbeitgeber sowie aus Zuschüssen aus dem Bundeshaushalt. Die Versicherten erhalten im Gegenzug für ihre Beiträge einen Anspruch auf Rente im Alter, der dann wiederum von der nächsten Beitragszahler-Generation finanziert wird. Dieser Anspruch ist durch das Sozialstaatsprinzip (Art. 20 Abs. 1 GG und Art. 28 Abs. 1 GG) verfassungsrechtlich geschützt[6]. Durch den demografischen Wandel droht nun die Altersarmut, da weniger Beitragszahler für mehr Rentner aufkommen müssen.

Dass ältere Arbeitnehmer über das gesetzliche Renteneintrittsalter hinaus arbeiten müssen, um eine höhere Rente zu erlangen, ist zudem Folge der vermehrt abgeschlossenen befristeten Arbeitsverträge sowie von Zeitarbeits- und Teilzeitverträgen. Die Zahl der geringfügig Beschäftigten steigt. Daneben führt der Niedriglohnsektor dazu, dass die Arbeitnehmer einen zu niedrigen Rentenanspruch haben, von dem sie nicht alleine leben können. Laut dem Deutschen Bundestag müsste ein Arbeitnehmer, um die sozialrechtliche Grundsicherung i.H.v. 699 Euro im Monat als Rente ausbezahlt zu bekommen, 45 Jahre ohne Unterbrechung in einer 40 Stunden-Woche beschäftigt sein und dabei 9 Euro die Stunde verdienen[7]. Wer also sein gesamtes Leben im Niedriglohnsektor gearbeitet hat, erhält keine soziale Grundsicherung im Alter, wenn er mit dem Erreichen des Renteneintrittsalters in den Ruhestand wechselt. Insbesondere (nicht verlängerte) befristete Arbeitsverträge verhindern die Grundsicherung im Alter. So stieg die Gesamtzahl von befristeten Arbeitsverträgen zwischen 1993 und 2013 um das Dreifache[8]. Bedenklich sind diese Zahlen auch im Hinblick auf den am 1. Januar 2015 neu eingeführten Mindestlohn i.H.v. 8,50 Euro nach § 1 Abs. 2 S. 1 MiLoG, der in der Höhe aber unterhalb der vom Deutschen Bundestag ausgegebenen 9-Euro-Grenze für die oben genannte Grundsicherung liegt. Zudem müssen immer mehr Arbeitnehmer, die vor dem Erreichen des Renteneintrittsalters in den Ruhestand wech-

6 Deutsche Rentenversicherung, Umlageverfahren (zuletzt abgerufen am: 29. Juli 2016).

7 Berechnung der BReg., BT-Drs. 17/5815, S. 26; für das erste Halbjahr 2013 umgerechnet von *Waltermann*, NZA 2013, 1041, 1042.

8 *Koll*, AiB 2016, 10.

seln, Abschläge ihrer Renten hinnehmen. Das steigende Renteneintrittsalter verschärft diesen Zustand[9].

Ein weiteres hiermit verbundenes Problem ist, dass nicht zwischen den verschiedenen Berufen und Branchen unterschieden wird[10] und somit die gleichen Regelungen sowohl für körperlich besonders anstrengende als auch für geistige Berufe gelten.

So stieg die Quote der sozialversichert Beschäftigten 60- bis 65-Jährigen zwischen 2004 und 2014 um gut 21 Prozent (von 13,9 Prozent auf 35 Prozent)[11].

Möchte ein Arbeitnehmer über das Renteneintrittsalter hinaus arbeiten, so kann dies sowohl für ihn als auch für seinen Arbeitgeber Vorteile mit sich bringen. Ein älterer Arbeitnehmer bringt oft mehr Routine, Wissen, Können und Erfahrung mit, welche sowohl der Arbeitnehmer selbst als auch der Arbeitgeber gezielter und effizienter einsetzen können[12].

Nicht für jeden Arbeitnehmer ist eine Altersgrenze ein Grund für den Ruhestand. Es gibt durchaus Arbeitnehmer, die unter guten Bedingungen ihren Beruf weiter fortführen möchten, insbesondere dort, wo die Arbeit zur Erfüllung des eigenen Ichs geworden ist[13]. Dies ist jedoch mit Blick auf Altersgrenzen und Altersbefristungen sowie die Regelungen zum Kündigungsschutz oft nicht ohne weiteres möglich.

Für den Arbeitgeber sind insbesondere Befristungen nach dem Erreichen des Renteneintrittsalters von Vorteil, da er eine gesichertere Personalplanung aufstellen kann und älteren Arbeitnehmern gegenüber keine Kündigung aussprechen muss. Auch wird so eine Überalterung der Belegschaft verhindert und die Aufstiegschancen für Jüngere werden über längere Frist sichtbar gemacht. Letztlich können die jüngeren Arbeitnehmer noch von den Erfahrungen der älteren Arbeitnehmer profitieren. Die Weiterarbeit von älteren Arbeitnehmern über das Erreichen des Renteneintrittsalters hinaus konkurriert indes mit dem

9 *Nakielski*, AiB 2016, 19.
10 *Nakielski*, AiB 2016, 19, 20.
11 Agentur für Arbeit, Der Arbeitsmarkt in Deutschland – Ältere am Arbeitsmarkt, 2015, S. 11.
12 Vgl. das Projekt bei Daimler: „*Space Cowboys – Daimler Senior Experts*", ein Konzept für pensionierte Daimler Mitarbeiter zurück aus dem Ruhestand in die Firma zu kommen.
13 Vgl. *Waltermann*, NZA 1994, 822, 824.

materiellen Auskommen und den Perspektiven und Aufstiegsmöglichkeiten jüngerer Arbeitnehmer[14].

Diese Arbeit soll sich mit den verschiedenen Möglichkeiten und Risiken von Befristungen beschäftigen. Kern hierbei bilden die Regelungen des § 41 SGB VI. Dieser beinhaltet – neben dem allgemeinen Verbot der Kündigung wegen Anspruchs auf Rente – Regelungen über die Möglichkeit von Vereinbarungen über die Altersgrenze bis zum Erreichen des Renteneintrittsalters und darüber hinaus. Problematisch erscheint bei einer Vereinbarung über eine Altersgrenze das Verhältnis zu anderen Normen, wie etwa solchen des Altersteilzeitgesetzes oder des Teilzeitbefristungsgesetzes. Aber auch die Frage, ob solche Regelungen auch in kollektivvertraglichen Formen geschlossen werden können, ist nicht abschließend geklärt. Im Fokus der Regelung steht jedoch der im Sommer 2014 neu eingefügte § 41 S. 3 SGB VI.

Schwerpunktmäßig soll in der vorliegenden Arbeit geprüft werden, inwieweit die gesetzlichen Regelungen zum Kündigungsschutz bei Arbeitnehmern nach dem Erreichen des Renteneintrittsalters greifen, ob diese zu einem ungerechten Ergebnis führen und ob es daher zu einer Modifikation dieser Regelungen kommen sollte.

Schwierigkeiten können sich darüber hinaus mit Arbeitnehmern nach dem Erreichen des Renteneintrittsalters im Rahmen der außerordentlichen Kündigung, einer Änderungskündigung, bei einem Aufhebungsvertrag oder beim Anspruch auf Abfindung ergeben.

Daneben wird noch eine Reihe weiterer Probleme wie etwa die Zugehörigkeit eines älteren Arbeitnehmers zum Betriebsrat, der Sonderkündigungsschutz älterer Arbeitnehmer und die Auswirkungen des Alters auf Sozialpläne und die betriebliche Altersversorgung einer Betrachtung unterzogen.

Zunächst soll ein Blick auf die europarechtlichen Grundlagen geworfen werden. Dabei spielen sowohl die europäischen Normen, insbesondere die Charta der Grundrechte der Europäischen Union, als auch die Rechtsprechungshistorie des Europäischen Gerichtshofs zur Altersdiskriminierung eine zentrale Rolle. Darüber hinaus soll auch die Handhabung anderer europäischer Länder mit der Frage über den Umgang mit älteren Arbeitnehmern und dem Kündigungsschutz be-

---

14 So bereits *Waltermann*, NZA 1994, 822, 825.

trachtet werden. Hauptaugenmerk wird dabei auf die Rechtssysteme aus Frankreich, England und Schweden gelegt.

Kapitel 1: Europarechtliche Grundlagen und Rechtsvergleich

Bei der Frage, welche Regelungen im Rahmen von Altersgrenzen und Befristungen möglich sind, spielen die europarechtlichen Regelungen eine große Rolle, wobei insbesondere die Charta der Grundrechte der Europäischen Union zum Tragen kommt. Weiter ist die Rechtsprechung des Europäischen Gerichtshofs zu den Fällen der Altersdiskriminierung zu beachten. Auch werden Regelungen zu Altersgrenzen und der Weiterbeschäftigung über das Erreichen des Renteneintrittsalters hinaus in verschiedenen Ländern unterschiedlich behandelt.

Das europäische Recht hat Anwendungsvorrang vor dem nationalen Recht[15]. Dabei ist zwischen primärem und sekundärem Unionsrecht zu unterscheiden. Unter das primäre Unionsrecht fallen die Gründungsverträge (Vertrag über die Arbeitsweise der Europäischen Union (AEUV) und Vertrag über die Europäische Union (EUV)), die Charta der Grundrechte, die allgemeinen Rechtsgrundsätze und das Gewohnheitsrecht. Das primäre Unionsrecht bindet nicht nur die Mitgliedstaaten selbst, sondern gilt auch direkt gegenüber den Bürgern und Unternehmen der Mitgliedstaaten, sofern die Norm zwei Voraussetzungen erfüllt[16]: Zum einen muss sie hinreichend klar und eindeutig sein und ihre Ausführung darf nicht an eine materielle Bedingung geknüpft sein, zum anderen muss sie „vollständig" sein, d. h. sie darf nicht von Maßnahmen abhängen, die im Ermessen der Unionsorgane oder der Mitgliedstaaten liegen[17].

Nachrangig zum primären Unionsrecht steht das sekundäre Unionsrecht, das in Art. 288 UnterAbs. 1 AEUV geregelt ist. Danach fallen Verordnungen, Richtlinien, Beschlüsse, Empfehlungen und Stellung-

15 *Arndt/Fischer/Fetzer*, Europarecht, Rn. 342.
16 EuGH v. 28. April 1971 – C-4/69, Slg. 1971, 325 (Lütticke/Kommission).
17 Maunz/Dürig/*Dederer*, GG, Art. 100 Rn. 108; *Arndt/Fischer/Fetzer*, Europarecht, Rn. 162.

nahmen unter das sekundäre Recht. Eine Verordnung hat allgemeine Geltung und ist in allen Teilen verbindlich und gilt unmittelbar in jedem Mitgliedstaat (Art. 288 UnterAbs. 2 AEUV). Hingegen ist eine Richtlinie für jeden Mitgliedstaat, an den sie gerichtet wird, hinsichtlich des zu erreichenden Ziels verbindlich, überlässt jedoch den innerstaatlichen Stellen die Wahl der Form und der Mittel (Art. 288 UnterAbs. 3 AEUV). Beschlüsse sind in allen ihren Teilen verbindlich. Sind sie an bestimmte Adressaten gerichtet, so sind sie nur für diese verbindlich (Art. 288 UnterAbs. 4 AEUV). Letztlich sind Empfehlungen und Stellungnahmen nicht verbindlich (Art. 288 UnterAbs. 5 AEUV).

§ 1 Charta der Grundrechte der Europäischen Union

Zunächst ist zu ergründen, welchen Schutz das europäische Recht älteren Arbeitnehmern und insbesondere solchen Arbeitnehmern, die das Renteneintrittsalter bereits erreicht haben, bietet.

Die aktuelle Charta der Grundrechte in der Fassung vom 12. Dezember 2007 wird über Art. 6 Abs. 1 UnterAbs. 1 EUV in das Primärrecht mit gleichem Rang wie die Verträge (EUV und AEUV) einbezogen[18].

Die Grundrechte, wie sie in der Europäischen Konvention zum Schutz der Menschenrechte und Grundfreiheiten gewährleistet sind und wie sie sich aus den gemeinsamen Verfassungsüberlieferungen der Mitgliedstaaten ergeben, sind als allgemeine Grundsätze und Teil des Unionsrechts anzusehen (Art. 6 Abs. 3 EUV).

Art. 21 Abs. 1 GRC sieht ausdrücklich ein Verbot der Diskriminierung des Alters vor:

> *„Diskriminierungen, insbesondere wegen des Geschlechts, der Rasse, der Hautfarbe, der ethnischen oder sozialen Herkunft, der genetischen Merkmale, der Sprache, der Religion oder der Weltanschauung, der politischen oder sonstigen Anschauung, der Zugehörigkeit zu einer nationalen Minderheit, des Vermögens, der Geburt, einer Behinderung,* ***des Alters*** *oder der sexuellen Ausrichtung, sind verboten."*
> [Hervorhebung durch die Verfasserin hinzugefügt]

---

18 Streinz/*Streinz*, EUV/AEUV, Vorbemerkungen, Rn. 6.

Diese Regelung kann mit Art. 3 GG verglichen werden, wobei dieser jedoch das Alter nicht ausdrücklich erwähnt (Genaueres hierzu *§ 10*[19] *IV. 2. a) (Gleichheit vor dem Gesetz)*).

Art. 21 GRC enthält ein umfassendes, nicht abschließendes Diskriminierungsverbot, welches alle natürlichen und juristischen Personen, soweit die Diskriminierungsmerkmale auf sie anwendbar sind, schützt[20]. Umfasst sind neben unmittelbaren auch mittelbare Diskriminierungen[21]. Das hierin enthaltene Diskriminierungsverbot bezüglich des Alters ist nicht an bestimmte Altersstufen gebunden[22]. So kann eine Diskriminierung gegenüber älteren, aber auch gegenüber jüngeren Menschen stattfinden[23].

Einen speziellen Schutz älterer Menschen sieht Art. 25 GRC vor:

> „Die Union anerkennt und achtet das Recht älterer Menschen auf ein würdiges und unabhängiges Leben und auf Teilnahme am sozialen und kulturellen Leben."

Damit ergänzt Art. 25 GRC zum einen Art. 21 GRC, zum anderen besitzt er eigenständige Rechte, die den Bereich der Solidarität betreffen[24]. Insbesondere soll Art. 25 GRC älteren Menschen ein würdiges und unabhängiges Leben ermöglichen, trotz der altersbedingten Einschränkungen[25].

Art. 25 GRC verpflichtet die Union, Art. 21 GRC hingegen die Mitgliedstaaten[26].

Die Union hat ihre Pflicht durch den Erlass der Richtlinie 2000/78/EG[27] erfüllt und demnach versucht, in den Mitgliedstaaten einen gerechten Ausgleich zwischen älteren und jüngeren Arbeitneh-

---

19 Paragraphen ohne Gesetzesangabe beziehen sich auf die Paragraphen dieser Arbeit.

20 Streinz/*Streinz*, EU-GRCharta, Art. 21 Rn. 4, 5; Meyer/*Hölscheidt*, EU-GRCharta, Art. 21 Rn. 30.

21 *Jarass*, EU-GRCharta, Art. 21 Rn. 10.

22 Meyer/*Hölscheidt*, EU-GRCharta, Art. 21 Rn. 50; *Jarass*, EU-GRCharta, Art. 21 Rn. 23.

23 *Jarass*, EU-GRCharta, Art. 21 Rn. 23; Streinz/*Streinz*, EU-GRCharta, Art. 21 Rn. 4.

24 Vgl. Streinz/*Streinz*, EU-GRCharta, Art. 25 Rn. 3.

25 *Jarass*, EU-GRCharta, Art. 25 Rn. 7.

26 Streinz/*Streinz*, EU-GRCharta, Art. 25 Rn. 6.

27 Richtlinie 2000/78/EG des Rates vom 27. November 2000 zur Festlegung eines allgemeinen Rahmens für die Verwirklichung der Gleichbehandlung in Beschäftigung und Beruf.

mern zu schaffen. Die Mitgliedstaaten sind verpflichtet, Regelungen zum Schutz von Älteren vor Diskriminierungen zu schaffen. Deutschland ist seiner Pflicht durch das Allgemeine Gleichbehandlungsgesetz nachgekommen.

§ 2 Altersdiskriminierungsfälle des Europäischen Gerichtshofs

Der Europäische Gerichtshof hat sich bereits vermehrt mit Fällen der Altersdiskriminierung beschäftigt. Dabei ist, wie die nachfolgenden Fälle zeigen, eine deutliche Entwicklung von zunächst recht strengen Voraussetzungen zu Altersgrenzen und deren Absicherung durch eine angemessene Altersrente, zu einem weitem Ermessensspielraum sowohl des Gesetzgebers als auch der Tarifvertragsparteien bezüglich der Altersgrenzen und der lediglich allgemeinen Möglichkeit eines Rentenbezugs zu beobachten[28].

Gemessen werden die Vorlagefragen der Mitgliedstaaten dabei an der Richtlinie 2000/78/EG des Rates vom 27. November 2000 zur Festlegung eines allgemeinen Rahmens für die Verwirklichung der Gleichbehandlung in Beschäftigung und Beruf. Sie verbietet Ungleichbehandlungen wegen des Alters, es sei denn, eine solche Ungleichbehandlung ist aufgrund eines der in dieser Richtlinie in Art. 2 Abs. 5, Art. 4 Abs. 1 oder Art. 6 Abs. 1 verankerten Rechtfertigungsgründe zulässig.

Laut Art. 2 Abs. 5 der Richtlinie 2000/78/EG berührt diese Richtlinie nicht die im einzelstaatlichen Recht vorgesehenen Maßnahmen, die in einer demokratischen Gesellschaft für die Gewährleistung der öffentlichen Sicherheit, die Verteidigung der Ordnung und die Verhütung von Straftaten, zum Schutz der Gesundheit und zum Schutz der Rechte und Freiheiten anderer notwendig sind.

Nach Art. 4 Abs. 1 der Richtlinie 2000/78/EG kann eine Ungleichbehandlung gerechtfertigt sein, wenn das betreffende Merkmal aufgrund der Art einer bestimmten beruflichen Tätigkeit oder der Bedingungen ihrer Ausübung eine wesentliche und entscheidende berufliche

28 Der nachfolgende Abschnitt stellt dabei keine abschließende Darstellung der Urteile des Europäischen Gerichtshofs zu Fragen der Altersdiskriminierung dar.

Anforderung darstellt, sofern es sich um einen rechtmäßigen Zweck und eine angemessene Anforderung handelt.

Gemäß Art. 6 Abs. 1 der Richtlinie 2000/78/EG stellt eine Ungleichbehandlung wegen des Alters keine Diskriminierung dar, sofern sie objektiv und angemessen ist und im Rahmen des nationalen Rechts durch ein legitimes Ziel, worunter insbesondere rechtmäßige Ziele aus den Bereichen Beschäftigungspolitik, Arbeitsmarkt und berufliche Bildung zu verstehen sind, gerechtfertigt ist und die Mittel zur Erreichung dieses Ziels angemessen und erforderlich sind.

I. Rechtsprechungshistorie

Von „Mangold" bis „C ./. Finnische Steuerverwaltung" hat sich der Europäische Gerichtshof mit verschiedenen Ausgestaltungen der Altersdiskriminierung beschäftigt. Dabei sollen im Folgenden die bedeutendsten Fälle des Europäischen Gerichtshofs zu diesem Verbot dargestellt werden.

1. Mangold (EuGH v. 22. November 2005 – C-144/04)

Die Rechtssache Mangold[29] ist die erste wichtige Entscheidung des Europäischen Gerichtshofs zur Problematik der Altersdiskriminierung und wird allgemein als Paukenschlag angesehen[30]. Durch das Urteil wurde das Verbot der Altersdiskriminierung im Wege der Rechtsfortbildung als ungeschriebener Grundsatz des Gemeinschaftsrechts entwickelt[31]. Der Vertrag von Lissabon war zu diesem Zeitpunkt noch nicht unterschrieben und Art. 21 GRC, der dies – wie oben gezeigt – heute festlegt, noch nicht in Kraft.

In der Sache klagte der 56-jährige Herr Mangold gegen die Unwirksamkeit des § 14 Abs. 3 TzBfG a.F. Nach dieser Regelung bedurften befristete Arbeitsverträge mit Arbeitnehmern, die das 52. Lebensjahr vollendet haben, keines sachlichen Grundes. Der Gerichtshof er-

29 EuGH v. 22. November 2005 – C-144/04, EuZW 2006, 17.
30 Becker/Roth/*Preis*, Arbeit und Renten, Rn. 2; *Preis*, NZA 2010, 1323.
31 Becker/Roth/*Preis*, Arbeit und Renten, Rn. 2.

klärte die schrankenlose Befristungsmöglichkeit älterer Arbeitnehmer für unanwendbar[32].

Das Urteil des Europäischen Gerichtshofs räumte zum einen den Mitgliedstaaten einen weiten Ermessensspielraum für die Ausgestaltung von altersdifferenzierenden Regelungen ein, zum anderen stellte es hohe Anforderungen an § 14 Abs. 3 S. 4 TzBfG a.F.[33].

Dabei begründete der Gerichtshof seine Entscheidung insbesondere damit, dass die Regelung, bis auf die Einschränkung, dass vor der Befristung kein Arbeitsverhältnis mit demselben Arbeitgeber bestanden haben darf, keine weiteren Regelungen zu Anzahl und Umfang der Befristung vorsah. Dies sei eine auf dem Alter beruhende, nicht zu rechtfertigende Ungleichbehandlung[34]. Die Norm sieht heute eine Befristung bis zu einer Dauer von fünf Jahren vor (§ 14 Abs. 3 S. 1 TzBfG).

Da der Gerichtshof eine uneingeschränkte Befristung bis zum Erreichen der Regelaltersgrenze als unzulässig ansieht, ist fraglich, ob eine uneingeschränkte Befristung nach dem Erreichen der Regelaltersgrenze, wie sie § 41 S. 3 SGB VI (vgl. hierzu genauer unter *§ 5 (Befristungen über das Erreichen der Regelaltersgrenze hinaus)*) vorsieht, möglich ist[35].

2. Palacios de la Villa (EuGH v. 16. Oktober 2007 – C-411/05)

In dem Rechtsstreit Palacios de la Villa[36] setzte der Europäische Gerichtshof einen von dem in der Sache Mangold abweichenden Maßstab[37]. Sah er im vorangegangenen Urteil noch die Unanwendbarkeit von schrankenlosen Befristungsmöglichkeiten, erklärte er in diesem Fall eine tarifliche allgemeine Altersgrenze von 65 Jahren für „nicht unvernünftig" und damit unionsrechtskonform[38]. Dies stützte er aus-

32 EuGH v. 22. November 2005 – C-144/04, EuZW 2006, 17.
33 Becker/Roth/*Preis*, Arbeit und Renten, Rn. 25.
34 EuGH v. 22. November 2005 – C-144/04, EuZW, 2006, 17.
35 Vgl. *Klösel/Reitz*, NZA 2014, 1366, 1368.
36 EuGH v. 16. Oktober 2007 – C-411/05, NJW 2007, 3339.
37 Becker/Roth/*Preis*, Arbeit und Renten, Rn. 25.
38 EuGH v. 16. Oktober 2007 – C-411/05, NJW 2007, 3339; *Preis/Temming*, NZA 2010, 185, 197.

schließlich auf die Richtlinie 2000/78/EG und ließ das primärrechtliche Diskriminierungsverbot der Mangold-Entscheidung außer Acht[39].

Die (spanische) tarifvertragliche Klausel sah im entscheidungsrelevanten Fall eine Beendigung des Arbeitsverhältnisses ohne Kündigung zu einem Zeitpunkt vor, zu dem der Beschäftigte eine Rente wegen Alters beantragen konnte[40]. Der entscheidungserhebliche Absatz lautete dabei wie folgt:

Art. 19 Abs. 3 des Tarifvertrags für den Textilhandel für die Comunidad de Madrid v. 10. März 2005:

> *„Zum Zweck der Beschäftigungsförderung wird vereinbart, dass die Altersgrenze für den Eintritt in den Ruhestand 65 Jahre beträgt, es sei denn, der betroffene Arbeitnehmer hat die für den Bezug einer Altersrente erforderliche Wartezeit nicht erfüllt; in diesem Fall kann er bis zur Vervollständigung der Wartezeit weiter seiner Tätigkeit nachgehen.“*

Die tarifliche Altersgrenze sei ein legitimes Ziel und als Maßnahme im Hinblick auf dieses Ziel verhältnismäßig. Altersgrenzen waren der Entscheidung zufolge aufgrund jeglicher arbeitsmarktpolitischer Erwägung möglich[41]. Hierbei wurde die Zwangsverrentung auf einen Zweck zur Förderung der Beschäftigung arbeitsloser jüngerer Arbeitnehmer und die generationsgerechte Verteilung der Arbeitsplätze gestützt, was das Gericht als legitimes Ziel ansah[42]. Dem stand auch nicht die Tatsache entgegen, dass der Tarifvertrag bzw. die einschlägige Übergangsbestimmung im Gesetz 14/2005 das Ziel nicht ausdrücklich nannte. Das Gericht urteilte, dass sich aus Art. 6 Abs. 1 der Richtlinie 2000/78/EG nicht entnehme ließe, das altersdiskriminierende Gesetz müsse das legitime Ziel ausdrücklich nennen. Ausreichend sei vielmehr, wenn sich das Ziel aus dem zeitlichen und historischen Kontext ergebe[43].

Im Rahmen der Verhältnismäßigkeit gestand der Gerichtshof den Mitgliedstaaten einen weiten Ermessensspielraum für die Entscheidung, die Lebensarbeitszeit der Arbeitnehmer zu verlängern oder, im

39 *Preis*, NZA 2010, 1323, 1324.
40 EuGH v. 16. Oktober 2007 – C-411/05, NJW 2007, 3339.
41 Vgl. *Preis*, NZA 2010, 1323, 1324.
42 Vgl. *Joussen*, ZESAR 2011, 201, 203.
43 Vgl. EuGH v. 16. Oktober 2007 – C-411/05, NJW 2007, 3339; *Temming*, NZA 2007, 1193, 1195.

Gegenteil, deren früheren Eintritt in den Ruhestand vorzusehen, zu, zu dem sich die betreffenden nationalen Stellen aufgrund politischer, wirtschaftlicher, sozialer, demografischer und/oder haushaltsbezogener Erwägungen und in Anbetracht der konkreten Arbeitsmarktlage in einem bestimmten Mitgliedstaat veranlasst sehen könnten. Im Übrigen müssten die zuständigen Stellen auf nationaler, regionaler oder Branchenebene die Möglichkeit haben, die zugunsten eines legitimen Zieles von Allgemeininteresse eingesetzten Mittel zu ändern[44]. Der Europäische Gerichtshof empfand die hier verwendete Altersgrenze als nicht unvernünftig und somit verhältnismäßig.

Zudem wies der Gerichtshof darauf hin, dass eine Altersgrenze gerechtfertigt sei, wenn ein „nicht unangemessener" Anspruch auf Rente bestünde[45].

3. Age Concern (EuGH v. 5. März 2009 – C-388/07)

Im Rechtsstreit Age Concern[46] ging es, ähnlich dem vorangegangenen Fall Palacios um eine Altersgrenze, mit deren Erreichen der Arbeitnehmer in den Ruhestand versetzt werden kann, ohne dass eine Kündigungsschutzklage noch möglich gewesen wäre. Die Regelung stand dabei nicht in einem Tarifvertrag, sondern war eine gesetzliche. Sie fand sich in der Regulation 30 der Employment Equality (Age) Regulations 2006 (vgl. hierzu ausführlich unter *§ 3 II. (England)*) wieder und lautete wie folgt:

> *"(1) […]*
> *(2) Entlassungen von Personen, auf die diese Verordnung Anwendung findet und die das 65. Lebensjahr vollendet haben, sind nicht nach Maßgabe der Bestimmungen der Teile 2 oder 3 dieser Verordnung rechtswidrig, wenn die Entlassung wegen Versetzung in den Ruhestand erfolgt.*
> *(3) […]"*

Als legitime Ziele i.S.d. Art. 6 Abs. 1 der Richtlinie 2000/78/EG gelten lediglich solche, die im Allgemeininteresse stehen. Private bzw. unternehmerische Interessen des Arbeitgebers, wie Kostenreduzierung oder

---

44 EuGH v. 16. Oktober 2007 – C-411/05, NJW 2007, 3339; *Temming*, NZA 2007, 1193, 1195.

45 EuGH v. 16. Oktober 2007 – C-411/05, NJW 2007, 3339.

46 EuGH v. 5. März 2009 – C-388/07, NZA 2009, 305.

Verbesserung der Wettbewerbsfähigkeit können hingegen nicht berücksichtigt werden[47]. Trotz der Billigung von allgemeinen Altersgrenzen wollte der Europäische Gerichtshof mit diesem Urteil die Aushöhlung des Verbots der Altersdiskriminierung verhindern. Zudem sollten allgemeine Behauptungen über die Geeignetheit einer Maßnahme nicht mehr genügen[48]. Daher müsse eine gesetzliche Regelung die Gründe, die der Gewährung einer Altersgrenze dienen, ausdrücklich nennen[49].

Zudem befand der Europäische Gerichtshof, dass eine Altersgrenze nur dann angemessen und verhältnismäßig sei, wenn an die Stelle des Arbeitslohns eine Rentenzahlung tritt, welche die Existenz des Arbeitnehmers sichern kann[50].

Der Gerichtshof verzichtete erneut auf den Rückgriff der Altersdiskriminierung als ungeschriebenes Gemeinschaftsgrundrecht, wie er dies noch in der Entscheidung Mangold getan hatte[51].

4. Petersen (EuGH v. 12. Januar 2010 – C-341/08)

In der Sache Petersen[52] führt der Europäische Gerichtshof seine Rechtsprechung aus Palacios und Age Concern, dass Altersgrenzen nicht automatisch diskriminierend sind, fort.

Der Fall beschäftigte sich mit Höchstaltersgrenzen für deutsche Vertragszahnärzte. Diese verloren mit Ablauf des Kalendervierteljahres, in dem sie das 68. Lebensjahr vollendeten, ihre Zulassung (§ 95 Abs. 7 SGB V a.F.). Außerhalb des Vertragsarztsystems war eine solche Regelung nicht vorhanden, sodass diese Ärzte auch über das Erreichen der Altersgrenze hinaus praktizieren durften[53].

Der Europäische Gerichtshof prüfte zunächst eine Rechtfertigung nach Art. 2 Abs. 5 der Richtlinie 2000/78/EG und stellte dabei auf den Schutz der Gesundheit ab. Er verwarf dies jedoch aufgrund der Widersprüchlichkeit des deutschen Systems, nachdem nicht alle Ärzte glei-

47 EuGH v. 5. März 2009 – C-388/07, NZA 2009, 305.
48 Becker/Roth/*Preis*, Arbeit und Renten, Rn. 28.
49 Vgl. *Joussen*, ZESAR 2011, 201, 203.
50 EuGH v. 5. März 2009 – C-388/07, NZA 2009, 305.
51 *Joussen*, ZESAR 2011, 201, 203.
52 EuGH v. 12. Januar 2010 – C-341/08, NJW 2010, 587.
53 EuGH v. 12. Januar 2010 – C-341/08, NJW 2010, 587.

chermaßen von der Altersgrenze betroffen waren und damit die Gesundheit der Patienten vor dem Nachlassen der Leistungsfähigkeit nicht insgesamt geschützt wurde[54].

Der Gerichtshof betonte dabei auch, dass weiterhin eine Rechtfertigung über Art. 6 Abs. 1 der Richtlinie 2000/78/EG möglich sei, sofern die Altersgrenze einer angemessenen Verteilung der Berufschancen zwischen älteren und jüngeren Vertragsärzten diene und somit ein sozialpolitisches Ziel verfolge[55], was der Gerichtshof im vorliegenden Fall jedoch nicht feststellen konnte und die Sache insofern zurückverwies[56]. Die deutschen Gerichte stellten sodann als Zielsetzung die Wahrung der Berufszugangschancen für jüngere Vertragszahnärzte fest[57].

5. Kücükdeveci (EuGH v. 19. Januar 2010 – C-555/07)

In der Entscheidung Kücükdeveci[58] ging es erneut um eine Altersgrenze in einem deutschen Gesetz. Der Europäische Gerichtshof hatte über die Rechtmäßigkeit des § 622 Abs. 2 S. 2 BGB, welcher bei der Berechnung der Beschäftigungsdauer im Rahmen der Kündigungsfristen Zeiten, die vor der Vollendung des 25. Lebensjahres des Arbeitnehmers liegen, außer Acht lässt, zu entscheiden[59]. Der Gerichtshof sah die Regelung als unzulässig an und bestätigte durch diese Entscheidung seine Rechtsprechung aus der Sache Mangold und führte diese insoweit fort, dass sie das Verbot der Altersdiskriminierung als allgemeinen Grundsatz des Unionsrechts ansah[60].

Frau Kücükdeveci war seit ihrem 18. Lebensjahr bei ihrem Arbeitgeber beschäftigt. Nach zehnjähriger Betriebszugehörigkeit kündigte dieser das Arbeitsverhältnis mit einer Frist von einem Monat. Dabei legte er der Berechnung ein dreijähriges Arbeitsverhältnis zugrunde,

---

54 EuGH v. 12. Januar 2010 – C-341/08, NJW 2010, 587; *Bayreuther*, NJW 2011, 19, 22 f.; *Bauer/von Medem*, NZA 2012, 945, 948.

55 EuGH v. 12. Januar 2010 – C-341/08, NJW 2010, 587.

56 *Joussen*, ZESAR 2011, 201, 204; *Raif*, ArbR Aktuell 2010, 117.

57 LSG Nordrhein-Westfalen v. 20. November 2013 – L 11 KA 127/11, BeckRS 2014, 66369.

58 EuGH v. 19. Januar 2010 – C-555/07, EuZW 2010, 177.

59 EuGH v. 19. Januar 2010 – C-555/07, EuZW 2010, 177.

60 *Joussen*, ZESAR 2011, 201, 202.

wobei er die ersten sieben Jahre der Beschäftigung aufgrund des § 622 Abs. 2 S. 2 BGB nicht berücksichtigte. Frau Kücükdeveci machte daraufhin geltend, dass ihrer Kündigung eine viermonatige Kündigungsfrist hätte zugrunde gelegt werden müssen, da die Regelung des § 622 Abs. 2 S. 2 BGB eine Altersdiskriminierung darstelle und folglich unanwendbar sei[61].

Das Vorbringen der Bundesregierung, das Ziel der Regelung sei die Entlastung des Arbeitgebers, konnte den Gerichtshof nicht überzeugen. Er erklärte § 622 Abs. 2 S. 2 BGB als nicht zu rechtfertigende unmittelbare Altersdiskriminierung und damit als europarechtswidrig und unanwendbar[62].

Der Europäische Gerichtshof verdeutlichte dabei erneut die Bedeutung der Altersdiskriminierung, indem er das Verbot ebendieser als einen „allgemeinen Grundsatz des Unionsrechts" bezeichnete[63].

Zusammen mit der Mangold-Entscheidung gilt diese Entscheidung als die strengste im Rahmen der Altersdiskriminierung[64].

6. Andersen (EuGH v. 12. Oktober 2010 – C-499/08)

In der Entscheidung im Fall Andersen[65] sah der Europäische Gerichtshof eine dänische Regelung als europarechtswidrig an, nach der Arbeitnehmer, die eine Altersrente beziehen können, die von ihrem Arbeitgeber aus einem Rentensystem gezahlt wird, dem sie vor Vollendung des 50. Lebensjahres beigetreten sind, allein aus diesem Grund eine Entlassungsabfindung nicht beziehen können, die dazu bestimmt ist, die berufliche Wiedereingliederung von Arbeitnehmern mit einer Betriebszugehörigkeit von mehr als zwölf Jahren zu fördern.

Dem Gericht zur Prüfung wurde § 2 a des dänischen Gesetzes über Rechtsverhältnisse zwischen Arbeitgebern und Angestellten vorgelegt, welcher wie folgt lautet:

„(1) Wird das Dienstverhältnis eines Angestellten, der im selben Betrieb 12, 15 oder 18 Jahre lang ununterbrochen beschäftigt war, gekündigt, hat der

61 EuGH v. 19. Januar 2010 – C-555/07, EuZW 2010, 177.
62 EuGH v. 19. Januar 2010 – C-555/07, EuZW 2010, 177.
63 *Preis*, NZA 2010, 1323, 1327; *Lingemann*, ArbR Aktuell 2010, 64.
64 Vgl. *Preis*, NZA 2010, 1323, 1327; *Preis/Temming*, NZA 2010, 185, 198.
65 EuGH v. 12. Oktober 2010 – C-499/08, RdA 2011, 181.

Arbeitgeber bei der Entlassung des Angestellten einen Betrag in Höhe von 1, 2 bzw. 3 Monatsgehältern zu zahlen.
(2) Abs. 1 findet keine Anwendung, wenn der Angestellte bei seinem Ausscheiden eine Volksrente erhält.
(3) Erhält der Angestellte bei seiner Entlassung eine Altersrente vom Arbeitgeber und ist der Angestellte dem entsprechenden Rentensystem vor Vollendung des 50. Lebensjahrs beigetreten, entfällt die Entlassungsabfindung. [...]"

Herr Andersens Arbeitsverhältnis endet nach 25 Jahren Betriebszugehörigkeit durch Arbeitgeberkündigung, worauf er sich arbeitslos meldete. Er war zu diesem Zeitpunkt 63 Jahre alt. Von seinem Arbeitgeber verlangte er eine Entlassungsabfindung in Höhe von 3 Monatsgehältern. Dieser wies den Antrag mit Verweis auf § 2 a Abs. 3 des dänischen Gesetzes über Rechtsverhältnisse zwischen Arbeitgebern und Angestellten und den Anspruch des Herrn Andersen auf Rente durch den Arbeitgeber zurück[66].

Der Gerichtshof erkannte zwar den Teil, der dazu diente, Arbeitnehmer stärker zu schützen, deren Übergang in eine andere Beschäftigung sich aufgrund der Dauer ihrer Betriebszugehörigkeit als schwierig darstellt, als nicht unvernünftig an[67], die streitgegenständliche Norm scheiterte jedoch, da sie die Arbeitnehmer in den Ruhestand dränge[68]. Das Problem liege darin, dass alle Arbeitnehmer, die einem Rentensystem vor Vollendung des 50. Lebensjahrs beigetreten sind, den Anspruch auf Zahlung einer Entlassungsabfindung verlieren. Allein die Möglichkeit der Inanspruchnahme der Rente führe folglich dazu, dass der Arbeitnehmer keinen Anspruch auf Entlassungsabfindung mehr besitze, ungeachtet der Tatsache, ob der Arbeitnehmer auf dem Arbeitsmarkt bleiben will oder nicht. Zudem erschwere die Maßnahme gerade Arbeitnehmern, die bereits eine Altersrente beziehen könnten, die weitere Ausübung ihres Rechts, zu arbeiten, weil sie beim Übergang in ein neues Beschäftigungsverhältnis – im Gegensatz zu anderen Arbeitnehmern mit gleich langer Betriebszugehörigkeit – keine Entlassungsabfindung erhalten[69]. Dies zwinge die Arbeitnehmer

66 EuGH v. 12. Oktober 2010 – C-499/08, RdA 2011, 181.
67 EuGH v. 12. Oktober 2010 – C-499/08, RdA 2011, 181.
68 EuGH v. 12. Oktober 2010 – C-499/08, RdA 2011, 181; *Preis*, NZA 2010, 1323, 1324.
69 EuGH v. 12. Oktober 2010 – C-499/08, RdA 2011, 181.

dazu, eine niedrigere Rente in Anspruch zu nehmen, was auf lange Sicht zu einem erheblichen Einkommensverlust führe und eine übermäßige Beeinträchtigung der Arbeitnehmerinteressen darstelle[70].

7. Rosenbladt (EuGH v. 12. Oktober 2010 – C-45/09)

Eine (deutsche) tarifliche Altersgrenze, die auf das Erreichen der Regelaltersgrenze abstellt, ist auch dann gerechtfertigt, wenn lediglich eine unzureichende Alterssicherung besteht[71]; dies entschied der Europäische Gerichtshof in der Entscheidung Rosenbladt[72]. Der Europäische Gerichtshof vertrat dabei im Ergebnis die gleiche Rechtsauffassung wie bereits das Bundesarbeitsgericht[73].

Die tarifliche Altersgrenze sei insbesondere deswegen zulässig, weil die automatische Beendigung des Arbeitsverhältnisses bei Erreichen der Regelaltersgrenze ein in Deutschland seit vielen Jahren bestehender politischer und sozialer Konsens sei und zu dem Grundgedanken der Arbeitsteilung zwischen den Generationen gehöre[74]. Sowohl dem Gesetzgeber als auch den Tarifvertragsparteien stünde bei der Festlegung der Maßnahmen, welches konkrete Ziel im Bereich der Arbeits- und Sozialpolitik sie verfolgen wollen, ein weiter Ermessensspielraum zu[75].

Frau Rosenbladt war 39 Jahre als Reinigungskraft – in den letzten Jahren in Teilzeit – tätig. Ihr Arbeitsvertag sah als Beendigungszeitpunkt den Kalendermonat, in dem Frau Rosenbladt Anspruch auf Rente wegen Alters geltend machen konnte, spätestens aber den Monat, in dem sie das 65. Lebensjahr vollendete, vor. Sie erhob Klage, nachdem ihr Arbeitgeber mitteilte, ihr Arbeitsvertrag ende wegen Errei-

70 EuGH v. 12. Oktober 2010 – C-499/08, RdA 2011, 181; *Bayreuther*, NJW 2011, 19, 22.

71 *Brors*, RdA 2012, 346, 348; *Roß-Kirsch*, BB 2011, 441.

72 EuGH v. 12. Oktober 2010 – C-45/09, EuZW 2010, 869.

73 BAG v. 18. Juni 2008 – 7 AZR 116/07, NZA 2008, 1302; *Bauer/von Medem*, NZA 2012, 945, 947.

74 EuGH v. 12. Oktober 2010 – C-45/09, EuZW 2010, 869.

75 EuGH v. 12. Oktober 2010 – C-45/09, EuZW 2010, 869; *Bayreuther*, NJW 2011, 19, 20.

chens des Rentenalters. Ihre monatliche Rente belief sich auf 253, 19 Euro brutto (228, 26 Euro netto)[76].

Für die Zulässigkeit einer automatischen Beendigung des Arbeitsverhältnisses spreche nach Ansicht des Gerichts zudem, dass Arbeitgeber ihren Beschäftigten nicht unter Führung des Nachweises kündigen müssten, dass diese nicht länger arbeitsfähig seien, was für Menschen fortgeschrittenen Alters demütigend sein könne[77].

Der Gerichtshof führte weiter aus, dass die Altersgrenzenregelungen auch den Umstand berücksichtigten, dass am Ende der beruflichen Laufbahn einem jeden Arbeitnehmer eine Altersrente zustünde. Diese sei der finanzielle Ausgleich für den Einkommensverlust[78]. Um die Angemessenheit der Rente ging es den Richtern dabei nicht mehr[79]. Sie stellten lediglich auf die abstrakte Möglichkeit eines Rentenbezugs ab.

Die Richter begründen dies auch damit, dass Frau Rosenbladt mit der Altersgrenze nicht die Möglichkeit genommen wurde, auch weiterhin berufstätig zu sein. Diesbezüglich stünde ihr der vollumfängliche Schutz des Allgemeinen Gleichbehandlungsgesetzes zu. Der Gerichtshof rechtfertigt folglich eine tarifliche Altersgrenze, um im gleichen Atemzug zu urteilen, dass der Arbeitnehmerin damit jedoch nicht die Möglichkeit genommen würde, sich erneut bei ihrem alten oder einem neuen Arbeitgeber zu bewerben[80].

Problematisch an dieser Argumentation ist, dass – sollte sich der Arbeitnehmer bei seinem alten Arbeitgeber bewerben – dieser den Arbeitnehmer nicht aufgrund seines Alters ablehnen dürfte, obwohl er das Arbeitsverhältnis kurz zuvor aufgrund einer wirksamen Altersgrenze beendet hatte[81].

Neben der konkret in Frage stehenden tarifvertraglichen Regelung entschied der Europäische Gerichtshof auch, dass Art. 6 Abs. 1 der Richtlinie 2000/78/EG der Regelung des § 10 S. 3 Nr. 5 AGG, welcher

76 EuGH v. 12. Oktober 2010 – C-45/09, EuZW 2010, 869.

77 EuGH v. 12. Oktober 2010 – C-45/09, EuZW 2010, 869; *Bayreuther*, NJW 2011, 19, 20.

78 EuGH v. 12. Oktober 2010 – C-45/09, EuZW 2010, 869; *Brors*, RdA 2012, 346, 348.

79 Vgl. *Preis*, NZA 2010, 1323, 1325; *Bauer/von Medem*, NZA 2012, 945, 947.

80 EuGH v. 12. Oktober 2010 – C-45/09, EuZW 2010, 869; *Bauer/von Medem*, NZA 2012, 945, 948.

81 Vgl. *Preis*, NZA 2010, 1323, 1325.

Grundlage der streitgegenständlichen tarifvertraglichen Klausel war, nicht entgegenstehe und dieser damit mit den europäischen Altersdiskriminierungsregeln vereinbar sei[82]. Dies begründete er mit der Legitimität des Ziels und der Objektivität und Angemessenheit der Mittel, welche er in einer sachgerechten und berechenbaren Nachwuchsplanung sowie der Ermöglichung einer in der Altersstruktur ausgewogenen Personalverwaltung in den Unternehmen sah[83].

Die Entscheidung Rosenbladt wird als eine der großzügigsten Entscheidung für einen weiten Ermessensspielraum bei (tariflichen) Altersgrenzen verstanden[84].

8. Georgiev (EuGH v. 18. November 2010 – C-250/09 und C-268/09)

In der Rechtssache Georgiev[85] hatte sich der Europäische Gerichtshof mit der Frage der Zulässigkeit einer Altersgrenze von 65 Jahren – mit Verlängerungsoption bis zu drei Jahren – für bulgarische Professoren zu beschäftigen.

Aufgrund der optimalen Verteilung der Professorenstellen zwischen den Generationen und damit der Schaffung einer hochwertigen Lehre sah der Gerichtshof die Vorschrift als mit dem europäischen Recht vereinbar an[86]. Der klagende Professor Herr Georgiev durfte somit mit dem Erreichen der Altersgrenze 68 in den Ruhestand entlassen werden[87].

9. Fuchs/Köhler (EuGH v. 21. Juli 2011 – C-159/10 und 160/10)

Dass Altersgrenzen neben den privatrechtlichen Arbeitsverhältnissen auch im öffentlichen Dienst zulässig sind, urteilte der Europäische Gerichtshof in der Rechtssache Fuchs/Köhler[88]. Die Altersgrenze 65 stün-

82 EuGH v. 12. Oktober 2010 – C-45/09, EuZW 2010, 869; *Joussen*, ZESAR 2011, 201, 205.
83 *Joussen*, ZESAR 2011, 201, 205.
84 Vgl. *Preis*, NZA 2010, 1323, 1327; *Brors*, RdA 2012, 346, 348.
85 EuGH v. 18. November 2010 – C-250/09 und C-268/09, NZA 2011, 29.
86 EuGH v. 18. November 2010 – C-250/09 und C-268/09, NZA 2011, 29; *Bayreuther*, NJW 2011, 19, 20.
87 EuGH v. 18. November 2010 – C-250/09 und C-268/09, NZA 2011, 29.
88 EuGH v. 21. Juli 2011 – C-159/10 und 160/10, ArbR Aktuell 2011, 482.

de im Einklang mit der Richtlinie 2000/78/EG, da sie eine ausgewogene Altersstruktur schaffe und die Einstellung und Beförderung von jüngeren Berufsangehörigen steigere. Dies sei insbesondere bei begrenzten Stellen zu berücksichtigen[89]. Zudem optimiere sie die Personalplanung und vermeide Rechtsstreitigkeiten über die Fähigkeiten von Beschäftigten, ihre Tätigkeit über ein bestimmtes Alter hinaus auszuüben. Dies seien unbestreitbar bereits durch die Rechtsprechung des Europäischen Gerichtshofs bestätigte legitime Ziele der Sozial- und Beschäftigungspolitik, die überwiegend dem Allgemeininteresse und nicht ausschließlich den Interessen des Arbeitgebers dienten[90].

Herr Fuchs und Herr Köhler waren bis zu dem Erreichen ihres 65. Lebensjahres als Oberstaatsanwälte in Hessen angestellt. Nach § 50 Abs. 1 HBG a.F.[91] traten diese normalerweise mit dem Ende des Monats, in dem sie das 65. Lebensjahr vollendet hatten, in den Ruhestand, wobei nach § 50 Abs. 3 HBG a.F. die Möglichkeit einer bis zu dreimaligen einjährigen Verlängerung bestand. Der Antrag der beiden Kläger auf Verlängerung wurde vom Hessischen Ministerium für Justiz zurückgewiesen[92].

10. Prigge u. a. (EuGH v. 13. September 2011 – C-447/09)

In der Entscheidung Prigge u. a.[93] ging es um die Rechtfertigung von vorgezogenen Altersgrenzen bei Piloten. Streitgegenständlich war eine auf die Vollendung des 60. Lebensjahres vorgezogene besondere Altersgrenze für Piloten in den Tarifverträgen der Lufthansa. Diese wurde in der nationalen Rechtsprechung des Bundesarbeitsgerichts (vor dem Inkrafttreten des Allgemeinen Gleichbehandlungsgesetzes) aufgrund der besonderen physischen und psychischen Anforderungen grundsätzlich für zulässig erachtet[94]. Der Europäische Gerichtshof

89 EuGH v. 21. Juli 2011 – C-159/10 und 160/10, ArbR Aktuell 2011, 482; *Brors*, RdA 2012, 346, 349.

90 VG Frankfurt v. 20. August 2012 – 9 K 4663/11.F, zit. n. Juris.

91 Die Regelungen zum Ruhestand finden sich heute in den §§ 33 ff. HBG (Stand: Juni 2017), wobei § 50 Abs. 1 HBG dem § 33 Abs. 1 HBG n.F. und § 50 Abs. 3 HBG a.F. dem § 34 HBG n.F. entspricht.

92 EuGH v. 21. Juli 2011 – C-159/10 und 160/10, ArbR Aktuell 2011, 482.

93 EuGH v. 13. September 2011 – C-447/09, NJW 2011, 3209.

94 BAG v. 25. Februar 1998 – 7 AZR 641/96, NZA 1998, 715.

hingegen sah hierin eine unzulässige Altersgrenze, da es die Rechtfertigung der Flugsicherheit nicht als ein legitimes Ziel des Art. 6 Abs. 1 der Richtlinie 2000/78/EG ansah, zumal die nationalen und internationalen Regelungen die Altersgrenze für Piloten auf 65 Jahre festgelegt hatten[95].

Der Europäische Gerichtshof begründete diese zunächst erstaunliche Entscheidung damit, dass im Vergleich zwischen dem öffentlich-rechtlichen Lizenzrecht, welches zum Gefahrenabwehrecht gehört (§ 29 Abs. 1 LuftVG), und dem Arbeitsrecht die tarifvertragliche besondere Altersgrenze strenger ist als die öffentliche Regelung[96]. Nach Art. 2 Abs. 5 der Richtlinie 2000/78/EG berührt die Richtlinie aber gerade nicht die im einzelstaatlichen Recht vorgesehenen Maßnahmen, die in einer demokratischen Gesellschaft für die Gewährleistung der öffentlichen Sicherheit notwendig sind[97]. Folglich soll es ganz alleine dem öffentlich-rechtlichen Lizenzrecht überlassen bleiben, wie lange ein Pilot seine Fluglizenz behält und wann diese endet. Somit ist die tarifvertragliche Regelung keine Maßnahme, die für die öffentliche Sicherheit und den Schutz der Gesundheit i.S.d. Art. 2 Abs. 5 der Richtlinie 2000/78/EG notwendig ist[98].

Sie war demzufolge nicht im Rahmen der Richtlinie 2000/78/EG zu rechtfertigen und stellte demnach eine Diskriminierung wegen des Alters dar.

11. Hörnfeldt (EuGH v. 5. Juli 2012 – C-141/11)

In der Entscheidung der Rechtssache Hörnfeldt[99] hat der Europäische Gerichtshof zunächst die allgemeine (gesetzliche) Altersgrenze von 67 Jahren bestätigt und zudem noch einmal ausdrücklich betont, dass es für diese Rechtfertigung nicht auf eine angemessene Altersrente ankomme. Er begründete dies damit, dass eine solche Altersgrenze ältere Arbeitnehmer nicht endgültig vom Markt verdränge, denn es bestünde weiterhin die Möglichkeit einer freiwilligen Beschäftigung (auch be-

95 EuGH v. 13. September 2011 – C-447/09, NJW 2011, 3209.
96 EuGH v. 13. September 2011 – C-447/09, NJW 2011, 3209.
97 Vgl. *Preis/Temming*, NZA 2010, 185, 197.
98 EuGH v. 13. September 2011 – C-447/09, NJW 2011, 3209.
99 EuGH v. 5. Juli 2012 – C-141/11, EuZW 2012, 794.

fristet) durch den alten oder einen neuen Arbeitgeber[100]. Damit hat der Europäische Gerichtshof sich zu der Frage von schrankenlosen Befristungen nach dem Erreichen des Renteneintrittsalters geäußert. Er führte diesbezüglich aus, dass die Arbeitsvertragsparteien die Dauer eines Arbeitsverhältnisses frei vereinbaren könnten und eine Verlängerung erforderlichenfalls möglich sei[101]. Eine Beschränkung nach Anzahl und Dauer der Befristungen erwähnt der Gerichtshof nicht[102].

Anders als im deutschen Recht sieht das schwedische Kündigungsschutzgesetz vor, dass ein Arbeitnehmer das Recht hat, seinen Arbeitsplatz bis zum Erreichen des Monats zu behalten, in dem er das 67. Lebensjahr vollendet, sofern aus diesem Gesetz nichts anderes hervorgeht (§ 32 a LAS). Möchte der Arbeitgeber, dass der Arbeitnehmer seinen Arbeitsplatz am Ende des Monats, in dem er das 67. Lebensjahr vollendet, aufgibt, muss er dies dem Arbeitnehmer schriftlich mindestens einen Monat im Voraus mitteilen (§ 33 LAS).

Der Europäische Gerichtshof hebt dadurch noch einmal den weiten Ermessensspielraum des Gesetzgebers und der Tarifvertragsparteien bei der Gestaltung von allgemeinen Altersgrenzen hervor[103].

12. Odar (EuGH v. 6. Dezember 2012 – C-152/11)

In dem Rechtsstreit Odar[104] hatte sich der Europäische Gerichtshof mit der Frage der Rechtmäßigkeit von (deutschen) Sozialplänen mit abnehmender Abfindungshöhe bei Rentennähe und Rentenbeginn zu beschäftigen. Er befand Sozialpläne, die älteren Arbeitnehmern eine geringere Abfindung zahlen als die nach der Standardberechnungsmethode vorgesehene Abfindung, die sich an der Dauer der Betriebszugehörigkeit orientiert, als mit Art. 6 Abs. 1 der Richtlinie 2000/78/EG vereinbar[105]. Dabei komme es insbesondere auf die Rentennähe oder

---

100 EuGH v. 5. Juli 2012 – C-141/11, EuZW 2012, 794; *Nettesheim*, EuZW 2013, 48, 53.

101 EuGH v. 5. Juli 2012 – C-141/11, EuZW 2012, 794.

102 *Klösel/Reitz*, NZA 2014, 1366, 1368 f.

103 Vgl. Becker/Roth/*Preis*, Arbeit und Renten, Rn. 82; *Numhauser-Henning*, Elder Law, S. 167.

104 EuGH v. 6. Dezember 2012 – C-152/11, EuZW 2013, 75.

105 EuGH v. 6. Dezember 2012 – C-152/11, EuZW 2013, 75; *Göpfert/Dornbusch/Rottmeier*, NZA 2015, 1172.

den möglichen Bezug einer Rente an. Nicht berücksichtigungsfähig seien jedoch Renten wegen Behinderung. Es dürfe sich demnach lediglich um eine Rente wegen Alters handeln[106].

Zwar handelt es sich nach Ansicht des Gerichts um eine unmittelbar auf dem Alter beruhende Ungleichbehandlung, die jedoch durch den Sinn und Zweck von Sozialplänen (strukturelle Veränderungen auszugleichen und zu verringern, gerechte Verteilung der begrenzten Mittel sowie „Überbrückungsfunktion") gerechtfertigt sei[107]. Damit bestätigte der Europäische Gerichtshof die Rechtsprechung des Bundesarbeitsgerichts zu dieser Problematik[108].

13. Kommission/Ungarn (EuGH v. 6. November 2012 – C-286/12)

In dem Fall Kommission/Ungarn sah der Europäische Gerichtshof die Absenkung des Renteneintrittsalters von 70 auf 62 Jahre als zu stark und somit unionsrechtswidrig an[109].

Ungarn habe durch die Neuregelung (gültig ab 1. Januar 2012), dass Richter, Staatsanwälte und Notare bei dem Erreichen des 62. Lebensjahres aus dem Berufsleben ausscheiden müssen, wobei sie bis zum 31. Dezember 2011 dies erst mit 70 Jahren mussten, gegen Art. 2 und Art. 6 Abs. 1 der Richtlinie 2000/78/EG verstoßen[110]. Der Gerichtshof bergründete dies insbesondere damit, dass das allgemeine Rentenalter von 62 auf 65 Jahre erhöht wurde. Es sah darin einen Widerspruch zur streitgegenständlichen Regelung. Zudem verhindere die Regelung durch die starke Absenkung des Alters, wirtschaftliche und finanzielle Vorsorgemaßnahmen zu treffen[111].

106 EuGH v. 6. Dezember 2012 – C-152/11, EuZW 2013, 75; *Göpfert/Dornbusch/Rottmeier*, NZA 2015, 1172; *Numhauser-Henning*, Elder Law, S. 164.

107 EuGH v. 6. Dezember 2012 – C-152/11, EuZW 2013, 75.

108 BAG v. 31. Juli 1996 – 10 AZR 45/96, ZIP 1996, 1954; BAG v. 23. März 2010 – 1 AZR 832/08, NZA 2010, 774.

109 EuGH v. 6. November 2012 – C-286/12, BeckRS 2012, 82346; *Vincze*, EuR 2013, 323.

110 *Numhauser-Henning*, Elder Law, S. 164.

111 EuGH v. 6. November 2012 – C-286/12, BeckRS 2012, 82346.

14. Dansk Jurist- og Økonomforbund (EuGH v. 26. September 2013 – C-546/11)

Durch die Entscheidung des Europäischen Gerichtshofs in der Rechtssache Dansk Jurist- og Økonomforbund wurde festgelegt, dass die Art. 2 und Art. 6 Abs. 1 der Richtlinie 2000/78/EG einer nationalen Regelung entgegenstehen, nach der Beamte, die das für die Gewährung einer Altersrente erforderliche Alter erreicht haben, allein aus diesem Grund nicht das Freistellungsgehalt beziehen können, das für Beamte vorgesehen ist, die wegen der Streichung ihrer Stelle entlassen wurden[112].

Herr Toftgaard war Leiter der Kreisverwaltung Vejle (Dänemark), bis er am 8. Mai 2006 wegen der Streichung dieser Stelle mit Wirkung zum 31. Dezember 2006 entlassen wurde. Da er bereits 65 Jahre alt war, erhielt er kein Freistellungsgehalt, denn ab dem 31. Dezember 2006 hatte er Anspruch auf die Beamtenpension. Die Altersgrenze für den obligatorischen Eintritt von Beamten in den Ruhestand war zum Zeitpunkt, als Herr Toftgaard entlassen wurde, auf 70 Jahre festgesetzt. Da er damals 65 Jahre alt war, war er somit berechtigt – jedoch nicht verpflichtet –, in den Ruhestand zu treten. Herr Toftgaard sah in der Verweigerung des Freistellungsgehalts eine Diskriminierung wegen des Alters.

Der Gerichtshof legte die nationale Regelung dahingehend aus, dass sie Beamte dazu zwingen könne, eine niedrigere Altersrente anzunehmen als die, die sie beanspruchen könnten, wenn sie bis in ein höheres Alter berufstätig blieben, insbesondere in dem Fall, dass sie nicht genügend Beitragsjahre zurückgelegt haben, um eine volle Pension zu erhalten. Die nationale Regelung stelle demnach eine nicht zu rechtfertigende Ungleichbehandlung dar[113].

15. Larcher (EuGH v. 18. Dezember 2014 – C-523/13)

In der Rechtssache Larcher[114] urteilte der Europäische Gerichtshof, dass der Grundsatz der Gleichbehandlung, der in Art. 3 Abs. 1 der

112 EuGH v. 26. September 2013 – C-546/11, NVwZ 2013, 1401.
113 EuGH v. 26. September 2013 – C-546/11, NVwZ 2013, 1401.
114 EUGH v. 18. Dezember 2014 – C-523/13, NZA 2015, 91.

Verordnung (EWG) Nr. 1408/71 des Rates vom 14. Juni 1971 zur Anwendung der Systeme der sozialen Sicherheit auf Arbeitnehmer und Selbstständige sowie deren Familienangehörige, die innerhalb der Gemeinschaft zu- und abwandern, in ihrer durch die Verordnung (EG) Nr. 118/97 des Rates vom 2. Dezember 1996 geänderten und aktualisierten Fassung, geändert durch die Verordnung (EG) Nr. 1992/2006 des Europäischen Parlaments und des Rates vom 18. Dezember 2006, verankert ist, einer Bestimmung eines Mitgliedstaats entgegensteht, nach der die Gewährung einer Altersrente nach Altersteilzeitarbeit voraussetzt, dass die Altersteilzeitarbeit ausschließlich nach den nationalen Rechtsvorschriften dieses Mitgliedstaats ausgeübt wurde.

Der Gerichtshof entschied, dass der in Art. 3 Abs. 1 der Verordnung (EWG) Nr. 1408/71 verankerte Grundsatz der Gleichbehandlung dahingehend auszulegen ist, dass in einem Mitgliedstaat für die Anerkennung einer nach den Rechtsvorschriften eines anderen Mitgliedstaats absolvierten Altersteilzeitarbeit eine vergleichende Prüfung der Voraussetzungen für die Anwendung der in den beiden Mitgliedstaaten vorgesehenen Maßnahmen zur Altersteilzeitarbeit vorzunehmen ist, um in jedem Einzelfall zu ermitteln, ob die festgestellten Unterschiede geeignet sind, die Erreichung der mit den betreffenden Rechtsvorschriften des erstgenannten Mitgliedstaats verfolgten legitimen Ziele in Frage zu stellen[115].

Herr Larcher besitzt die österreichische Staatsangehörigkeit, hatte aber 29 Jahre in Deutschland versicherungspflichtig gearbeitet. Nachdem er anschließend einer versicherungspflichtigen Vollzeitbeschäftigung in Österreich nachging, wechselte er in Altersteilzeit. Nachdem Herr Larcher in den Ruhestand gewechselt hat, beantragte er bei der Deutschen Rentenversicherung Bayern Süd die Gewährung einer Altersrente nach Altersteilzeitarbeit. Dieser Antrag wurde mit der Begründung abgelehnt, dass die Altersteilzeitarbeit von Herrn Larcher nicht nach deutschen Rechtsvorschriften durchgeführt worden sei. Nach Zurückweisung seines Widerspruchs wandte sich Herr Larcher an die deutschen Gerichte. Sowohl seine Klage als auch seine Berufung blieben erfolglos[116].

---

115 EUGH v. 18. Dezember 2014 – C-523/13, NZA 2015, 91.

116 SG Landshut v. 28. Mai 2009 – S 12 R 1027/07, zit. n. Juris; LSG Bayern v. 14. September 2011 – L 13 R 955/09, zit. n. Juris; BSG v. 13. Juni 2013 – B 13 R

16. Landin (EuGH v. 26. Februar 2015 – C-515/13)

Im Anschluss an die Rechtssache Andersen[117] (vgl. oben bereits unter 6.) entschied der Europäische Gerichtshof in der Sache Landin, dass Art. 2 Abs. 1 und Abs. 2 und Art. 6 der Richtlinie 2000/78/EG einer nationalen Regelung nicht entgegenstehen, die vorsieht, dass im Fall der Entlassung eines Angestellten, der im selben Unternehmen 12, 15 oder 18 Jahre ununterbrochen beschäftigt war, der Arbeitgeber beim Ausscheiden dieses Angestellten eine Abfindung in Höhe von einem, zwei oder drei Monatsgehältern zu leisten hat, diese Abfindung jedoch entfällt, wenn der Angestellte zum Zeitpunkt seines Ausscheidens die Möglichkeit hat, eine Volksrente zu beziehen[118]. Streitgegenständliche Norm war der bereits in der Rechtssache Andersen dargestellte § 2 a des dänischen Gesetzes über Rechtsverhältnisse zwischen Arbeitgebern und Angestellten.

Im Unterschied zur Rechtssache Andersen, bei der die dort in Rede stehende Altersrente ab dem Alter von 60 Jahren gezahlt werden konnte, konnten alle Angestellten, die dieses Alter am Tag ihres Ausscheidens erreicht hatten, nur eine niedrigere Rente als die beziehen, die sie erhalten hätten, wenn sie das Renteneintrittsalter hätten abwarten können, um ihre Rentenansprüche geltend zu machen. Sie liefen nämlich Gefahr, aufgrund des vorzeitigen Ruhestands eine Minderung des Auszahlungsbetrags hinnehmen zu müssen[119]. Im vorliegenden Fall geht es hingegen um den Ausschluss einer Entlassungsabfindung, sobald der Arbeitnehmer im Zeitpunkt seines Ausscheidens die Möglichkeit besitzt, eine (Volks-)Rente zu beziehen.

17. Unland (EuGH v. 9. September 2015 – C-20/13)

Dem Urteil des Europäischen Gerichtshofs in der Sache Unland[120] lag ein Sachverhalt zugrunde, nach welchem sich das Grundgehalt eines

110/11 R, zit. n. Juris (EuGH-Vorlage); BSG v. 18. März 2015 – B 13 R 37/14 R zit. n. Juris (sonstige Erledigung: Anerkenntnis).

117 EuGH v. 12. Oktober 2010 – C-499/08, RdA 2011, 181.

118 EuGH v. 26. Februar 2015 – C-515/13, NZA 2015, 473; *Waltermann*, RdA 2015, 343, 352.

119 EuGH v. 26. Februar 2015 – C-515/13, NZA 2015, 473

120 EuGH v. 9. September 2015 – C-20/13, NVwZ 2016, 131.

deutschen Richters bei dessen Einstellung ausschließlich an seinem Lebensalter orientierte. Diese Richterbesoldung befand der Gerichtshof als altersdiskriminierend und daher nicht mit Art. 2 und Art. 6 der Richtlinie 2000/78/EG vereinbar[121]. Dies stützten die Richter insbesondere darauf, dass die Richterbesoldung bei der Festlegung des Gehalts bei Einstellung die Berufserfahrung und/oder die soziale Kompetenz außer Acht ließ.

Weiter urteilten die Richter, dass Art. 2 und Art. 6 Abs. 1 der Richtlinie 2000/78/EG dahingehend auszulegen sind, dass sie nationalen Rechtsvorschriften wie den im Ausgangsverfahren fraglichen, die die Modalitäten der Überleitung von Richtern, die bereits vor dem Inkrafttreten des Berliner Besoldungsüberleitungsgesetzes ernannt worden sind (sprich durch das Bundesbesoldungsgesetz), in ein neues Besoldungssystem festlegen und vorsehen, dass die Besoldungsstufe, der sie nunmehr zugeordnet werden, allein auf der Grundlage des nach dem alten Besoldungssystem erworbenen Grundgehalts ermittelt wird, nicht entgegenstehen, obgleich dieses alte System auf einer Diskriminierung wegen des Alters des Richters beruhte, weil die mit diesen Rechtsvorschriften verbundene Ungleichbehandlung durch das Ziel gerechtfertigt sein kann, den Besitzstand zu schützen[122].

Auch seien Art. 2 und Art. 6 Abs. 1 der Richtlinie 2000/78/EG dahin auszulegen, dass sie nationalen Rechtsvorschriften wie den im Ausgangsverfahren fraglichen nicht entgegenstehen, die die Modalitäten des Aufstiegs der Richter, die bereits vor dem Inkrafttreten des Berliner Besoldungsüberleitungsgesetzes ernannt worden sind, in einem neuen Besoldungssystem festlegen und vorsehen, dass den Richtern, die zum Zeitpunkt der Überleitung in das neue System bereits ein bestimmtes Lebensalter erreicht haben, ab einer bestimmten Gehaltsstufe ein schnellerer Gehaltsanstieg verschafft wird als den zum Überleitungsstichtag jüngeren Richtern, weil die mit diesen Rechtsvorschriften verbundene Ungleichbehandlung nach Art. 6 Abs. 1 dieser Richtlinie gerechtfertigt sein kann.

---

121 EuGH v. 9. September 2015 – C-20/13, NVwZ 2016, 131.

122 EuGH v. 9. September 2015 – C-20/13, NVwZ 2016, 131; *Battis/Grigoleit/Hebeler*, NVwZ 2016, 194, 199.

18. C. ./. Finnische Steuerverwaltung (EuGH v. 2. Juni 2016 – C-122/15)

Zuletzt[123] entschied der Europäische Gerichtshof in der Rechtssache C. ./. Finnische Steuerverwaltung, dass das unionsrechtliche Verbot der Altersdiskriminierung nicht im nationalen Steuerrecht gilt[124].

Streitgegenständlich war eine finnische Regelung über eine Zusatzsteuer auf Einkünfte aus Altersrente, die Herr C. als Verstoß gegen die Richtlinie 2000/78/EG und gegen die Charta der Grundrechte der Europäischen Union ansah. Der Gerichtshof konnte jedoch keinen Bezug zwischen dem Arbeitsvertrag und der Zusatzsteuer auf Renteneinkünfte erkennen und sah somit die Regelung als nicht vom Geltungsbereich der Richtlinie umfasst. Aus den gleichen Gründen lehnte er auch eine Grundrechtsverletzung aus Art. 21 GRC ab[125]. Die Charta der Grundrechte diene nach Art. 51 Abs. 1 GRC ausschließlich der Durchführung des Rechts der Union; nationale Steuervorschriften seien hiervon dann nicht umfasst[126].

II. Zusammenfassung

Grundsätzlich sind tarifliche Altersregelungen mit dem europäischen Antidiskriminierungsrecht vereinbar und folglich zulässig, sofern sie ein legitimes Ziel verfolgen und die Mittel zur Erreichung des Ziels angemessen und erforderlich sind. Eine solche Rechtfertigung kann die Verteilung von Berufschancen zwischen den Generationen sein[127]. Altersgrenzen, die daher ihr Ziel in einer berechenbaren und ausgewogenen Altersstruktur und Personalplanung haben und der Förderung der Einstellung jüngerer Arbeitnehmer dienen, sind europarechtskonform und demnach zulässig[128].

Der Europäische Gerichtshof urteilt weiter, dass einerseits allgemeine gesetzliche Altersgrenzen als generell gerechtfertigte Ungleich-

123 Stand: Juni 2017.
124 EuGH v. 2. Juni 2016 – C-122/15, BeckRS 2016, 81086.
125 EuGH v. 2. Juni 2016 – C-122/15, BeckRS 2016, 81086.
126 EuGH v. 2. Juni 2016 – C-122/15, BeckRS 2016, 81086.
127 *Bauer/von Medem*, NZA 2012, 945; *Joussen*, ZESAR 2011, 201, 206.
128 *Joussen*, ZESAR 2011, 201, 206.

behandlung zulässig sind, andererseits ein Arbeitnehmer bei einem Weiterbeschäftigungsersuch nicht altersdiskriminiert werden dürfe.

Auf eine der Höhe nach angemessene Altersrente kommt es bei der Frage der Rechtmäßigkeit einer Altersgrenze nicht mehr an. Es genügt den Richtern die abstrakte Möglichkeit eines Rentenbezugs[129], was, wie der Fall Rosenbladt zeigt, eine nicht nachvollziehbare Entscheidung ist.

Die Entscheidungen des Bundesarbeitsgerichts und des Europäischen Gerichtshofs, die individuelle Absicherung außer Betracht zu lassen, sind dabei kritisch zu betrachten, da davon auszugehen ist, dass Fälle, in denen eine nicht existenzsichernde oder nicht annähernd den Lebensstandard tragende Rente bei Erreichen des Renteneintrittsalter vorliegt, zunehmen werden[130].

Hingegen wird ein „versorgter" Normalarbeitnehmer wegen eines verhältnismäßig geringen Anspruchs auf Entlassungsabfindung (ein bis drei Monatsgehälter) geschützt, um eine Aushöhlung des Grundsatzes der Altersdiskriminierung zu verhindern[131].

Durch den Hinweis, dass, sollte ein Arbeitnehmer, dessen Arbeitsverhältnis aufgrund einer Altersgrenze endete, weiter arbeiten mögen, er dies tun kann, stellt der Europäische Gerichtshof klar, dass eine Altersgrenze keine Sperre für eine Anschlussbeschäftigung ist. Bewirbt sich der Arbeitnehmer auf die durch die Altersgrenze freigewordene Stelle neu, so darf er nicht aufgrund der Altersgrenze abgelehnt werden. Vielmehr entstünde dem Arbeitnehmer in einem solchen Fall ein Schadensersatzanspruch aus § 15 Abs. 6 AGG[132].

Noch nicht entschieden hat der Europäische Gerichtshof über Altersgrenzen in Betriebsvereinbarungen oder einzelvertraglichen Arbeitsverträgen. Bei Betriebsvereinbarungen ist wohl davon auszugehen, dass bei ihnen die gleichen Maßstäbe wie auch bei Gesetzen und Tarifverträgen gelten werden[133]. Bei Klauseln in Arbeitsverträgen werden zwar zum Teil Bedenken bezüglich einer Übertragbarkeit der bis-

129 *Joussen*, ZESAR 2011, 201, 206.
130 Vgl. *Waltermann*, RdA 2015, 343, 350.
131 Vgl. *Preis*, NZA 2010, 1323, 1326.
132 Vgl. *Joussen*, ZESAR 2011, 201, 207.
133 *Berg/Natzel*, BB 2010, 2885, 2887.

herigen Rechtsprechung hervorgerufen[134], jedoch ist davon auszugehen, dass auch Regelungen in Individualarbeitsverträgen, unter Beachtung des § 305 c Abs. 1 BGB möglich sind[135]. Dies steht im Einklang mit dem deutschen Recht, nach dem Altersgrenzen in Arbeitsverträgen unter den Voraussetzungen des § 41 SGB VI geschlossen werden dürfen.

Im Ergebnis sind die Entscheidungen des Europäischen Gerichtshofs nur schwer vorhersehbar, was eine große Rechtsunsicherheit bezüglich der Wirksamkeit verschiedener Altersgrenzen hervorruft[136]. Zu beobachten ist letztlich, dass der Europäische Gerichtshof dabei auf innere Widersprüche der in Rede stehenden Sachfrage und der gesetzlichen oder tariflichen Grundlage reagiert und bei Vorliegen solcher die Legitimität des Ziels besonders differenziert betrachtet. Eine besonders strenge Prüfung erfahren Maßnahmen, die den arbeitsrechtlichen Schutz zulasten bestimmter Arbeitnehmergruppen verringern, während den jeweiligen Gesetzgebern oder Tarifvertragsparteien bei homogenen Altersgrenzen ein weiter Handlungs- und Ermessensspielraum zugebilligt wird[137].

Letzten Endes sieht es der Europäische Gerichtshof als rechtmäßig an, dass Sozialpläne, welche sich an der Dauer der Betriebszugehörigkeit orientieren, die Abfindungshöhe mit rentennahem Alter sinken lassen. Wichtig dabei ist lediglich, dass es sich nicht etwa um eine Rente wegen Behinderung oder eine Rente für Frauen handelt, sondern vielmehr um eine Rente wegen Alters.

§ 3 Betrachtung anderer europäischer Rechtsordnungen und Rechtsvergleich

Trotz der europarechtlichen Vorgaben unterscheiden sich die Kündigungsschutzgesetze der Mitgliedstaaten voneinander. Während es in Deutschland keine festen Altersgrenzen gibt und damit nicht automa-

---

134 *Bauschke*, öAT 2011, 9, 11.

135 Vgl. *Joussen*, ZESAR 2011, 201, 208; *Bauer*, ArbR Aktuell 2010, 552; *Bauer/von Medem*, NZA 2012, 945, 947 f.

136 Vgl. *Bauschke*, öAT 2011, 9, 12.

137 Vgl. *Preis*, NZA 2010, 1323, 1327.

tisch das Arbeitsverhältnis mit dem Erreichen der Regelaltersgrenze endet, gibt es zum Beispiel in Frankreich und England die Möglichkeit der „Versetzung in den Ruhestand“ oder in Schweden Sonderregelungen zum Kündigungsschutz und Regelungen für die Zeit nach dem Erreichen der Regelaltersgrenze[138].

I. Frankreich

Die verschiedenen Beendigungstatbestände für Arbeitsverhältnisse sind in Frankreich im Code du Travail geregelt. Dabei kennt das französische Recht neben Befristungsmöglichkeiten (Art. L. 1242-12 Code du Travail) und Kündigungen (Art. L. 1232-1 bis L. 1232-14 und Art. L 1233-3 Code du Travail) auch die „Versetzung in den Ruhestand“ als Auflösungsgrund eines Arbeitsverhältnisses an[139].

Französischen Arbeitnehmern wird die Möglichkeit eröffnet, mit 62 Jahren mit Abschlägen in Rente zu gehen[140]. Dieses Alter bezieht sich auf Arbeitnehmer, die ab dem 1. Januar 1955 geboren sind (Art. L. 161-17-2 Code de la Sécurité Sociale (Sozialgesetzbuch)). Für Arbeitnehmer, deren Geburtsdatum vor dem 1. Juli 1951 liegt, gilt diese Regelung mit Erreichen des 60. Lebensjahres; dazwischen existiert eine abgestufte Regelung, ähnlich dem deutschen § 235 SGB VI (vgl. *§ 4 II. 1. (Regelaltersgrenze)*)[141].

Eine Vollrente erhält ein französischer Arbeitnehmer ab der Vollendung des 65. bzw. 67. Lebensjahres (Art. L. 351-1 Code de la Sécurité Sociale). Auch hier findet eine Abstufung, parallel zu der gerade beschriebenen statt[142]. Ein vorzeitiger Eintritt in den Ruhestand bei vollem Bezug der gesetzlichen Rente ist für langjährig Versicherte (retraite anticipée pour longue carrière; Art. L. 351-1-1 Code de la Sécu-

138 Auf die deutschen Regelungen soll in *Kapitel 2 (Altersgrenzen und Befristungen nach dem Sozialgesetzbuch)* genauer eingegangen werden.

139 *Thüsing*, RdA 2010, 187, 188.

140 Lexbase, Étude: La pension de retraite, S. 2; Dalloz actualité, Les nouvelles règles relatives au départ à la retraite, S. 1 f.

141 *Pélissier/Supiot/Jeammaud*, Droit du travail, Rn. 383; Étude: Dictionnaire permanent Conventions Collectives, Section 3: Départ à la retraite, Rn. 80.

142 Étude: Dictionnaire permanent Conventions Collectives, Section 3: Départ à la retraite, Rn. 85.

rité Sociale), für behinderte Arbeitnehmer (retraite anticipée pour carrière pénible; Art. L. 351-1-4 Code de la Sécurité Sociale) und für mit Asbest arbeitende Arbeitnehmer (Retraite anticipée pour les travailleurs de l'amiante; LOI n° 98-1194 du 23 décembre 1998 de financement de la sécurité sociale pour 1999) vorgesehen (Art. L. 351-8 Code de la Sécurité Sociale)[143].

Dem Arbeitnehmer ist es überlassen, auch über das Alter von 65 bzw. 67 Jahren hinaus weiterzuarbeiten. Er wird jedoch jährlich von seinem Arbeitgeber gefragt, ob er in den Ruhestand gehen oder weiter arbeiten möchte. Diese Regelungen zur Versetzung in den Ruhestand (mise à la retraite) sind in Art. L. 1237-5 Code du Travail wie folgt geregelt:

(1) La mise à la retraite s'entend de la possibilité donnée à l'employeur de rompre le contrat de travail d'un salarié ayant atteint l'âge mentionné au 1° de l'article L. 351-8 du code de la sécurité sociale sous réserve des septième à neuvième alinéas :	*(1) Die erzwungene Versetzung in den Ruhestand ermöglicht dem Arbeitgeber, den Arbeitsvertrag ab dem unter Punkt 1 von Artikel L. 351-8 des SGB genannten Alter zu beenden, vorbehaltlich der Absätze Sieben bis Neun:*
(2) Un âge inférieur peut être fixé, dans la limite de celui prévu au premier alinéa de l'article L. 351-1 du code de la sécurité sociale, dès lors que le salarié peut bénéficier d'une pension de vieillesse à taux plein au sens du code de la sécurité sociale :	*(2) Ein niedrigeres Alter als nach Artikel L. 351-1 Abs. 1 SGB kann vereinbart werden, sofern der Arbeitnehmer eine volle Altersrente nach dem SGB beziehen kann:*

143 *Pélissier/Supiot/Jeammaud*, Droit du travail, Rn. 383; Lexbase, Étude: La pension de retraite, S. 2; Dalloz actualité, Les nouvelles règles relatives au départ à la retraite, S. 1 f.

1° Dans le cadre d'une convention ou d'un accord collectif étendu conclu avant le 1er janvier 2008 fixant des contreparties en termes d'emploi ou de formation professionnelle ;	*Nr. 1: Im Rahmen einer Vereinbarung oder eines verlängerten Tarifvertrages, der vor dem 1. Januar 2008 zur Festsetzung der Gegenleistung in Bezug auf die Beschäftigung oder Berufsausbildung;*
2° Pour les bénéficiaires d'une préretraite ayant pris effet avant le 1er janvier 2010 et mise en œuvre dans le cadre d'un accord professionnel mentionné à l'article L. 5123-6 ;	*Nr. 2: Für die Empfänger von Frührente vor dem 1. Januar 2010, die im Rahmen einer beruflichen Vereinbarung gemäß L. 5123-6 umgesetzt wurde ;*
3° Dans le cadre d'une convention de préretraite progressive conclue antérieurement au 1er janvier 2005 ;	*Nr. 3: Im Rahmen einer vor dem 1. Januar 2005 abgeschlossenen progressiven Vereinbarung zum Ruhestand;*
4° Dans le cadre du bénéfice de tout autre avantage de préretraite défini antérieurement à la date de publication de la loi n° 2003-775 du 21 août 2003 portant réforme des retraites et ayant pris effet avant le 1er janvier 2010.	*Nr. 4: Im Rahmen eines anderen Nutzens des Vorruhestandes des Gesetzes Nr. 2003-775 vom 21. August 2003 zur Reformierung der Rente und gewährt vor dem 1. Januar 2010.*
(7) Avant la date à laquelle le salarié atteint l'âge fixé au 1° de l'article L. 351-8 du code de la sécurité sociale et dans un délai fixé par décret, l'employeur interroge par écrit le salarié sur son intention de quitter volontairement l'entreprise pour bénéficier d'une pension de vieillesse.	*(7) Bevor der Arbeitnehmer das in Artikel L. 351-8 Absatz 1 SGB genannte Alter erreicht, muss der Arbeitgeber den Arbeitnehmer schriftlich und unter Festsetzung einer Frist fragen, ob er das Unternehmen freiwillig verlassen und eine Rente beantragen möchte.*

(8) En cas de réponse négative du salarié dans un délai fixé par décret ou à défaut d'avoir respecté l'obligation mentionnée à l'alinéa précédent, l'employeur ne peut faire usage de la possibilité mentionnée au premier alinéa pendant l'année qui suit la date à laquelle le salarié atteint l'âge fixé au 1° de l'article L. 351-8 du code de la sécurité sociale.	*(8) Antwortet der Arbeitnehmer negativ innerhalb der festgelegten Frist auf die im vorherigen Absatz gestellte Frage, kann der Arbeitgeber nicht von der Möglichkeit Gebrauch machen, den Arbeitnehmer vor dem Erreichen des in Abs. 1 Artikel L. 351-8 SGB normierten Alters, in den Vorruhestand zu versetzen.*
(9) La même procédure est applicable les quatre années suivantes.	*(9) Das gleiche Verfahren gilt für die folgenden vier Jahre.*

Demnach kann ein Arbeitnehmer mit dem Erreichen der Altersgrenze 65 bzw. 67 nicht automatisch einseitig durch den Arbeitgeber in den Ruhestand versetzt werden[144]. Die Absätze 7 bis 9 schränken dies seit dem Sozialversicherungsfinanzierungsgesetz seit dem Jahr 2009 ein[145].

Vielmehr muss der Arbeitgeber den Arbeitnehmer schriftlich anfragen, ob er freiwillig das Unternehmen verlassen will (Art. L. 1237-5 Abs. 7 Code du Travail). Der Arbeitnehmer muss innerhalb eines Monats dem Arbeitgeber hierauf eine Antwort geben. Verneint der Arbeitnehmer dies, so ist er weiter zu beschäftigen (Art. L. 1237-5 Abs. 8 Code du Travail)[146].

Durch Art. L. 1237-5 Abs. 9 Code du Travail ist dieses Prozedere jedes Jahr bis zu vier Jahren zu wiederholen. Die Anfrage kann dabei nur einmal jährlich erfolgen[147].

Seit dem 1. Januar 2010 sind tarifvertragliche Regelungen, die eine Versetzung in den Ruhestand zwischen dem 60 und 65 Lebensjahr ermöglichten, nicht mehr zulässig (Art. L. 1237-5-1 Code du Travail)[148].

---

144 Henssler/Braun/*Welter/Caron*, Arbeitsrecht in Europa, Frankreich, Rn. 211; Dalloz actualité, Les nouvelles règles relatives au départ à la retraite, S. 1 ff.

145 *Thüsing*, RdA 2010, 187, 188; Loi de financement de la Sécurité sociale pour 2009.

146 Répertoire de droit du travail, Art. 1 Mise à la retraite et discrimination liée á l'âge, Rn. 56 f.

147 Répertoire de droit du travail, Art. 1 Mise à la retraite et discrimination liée á l'âge, Rn. 56 f.

148 Étude: Dictionnaire permanent Conventions Collectives, Section 3: Départ à la retraite, Rn. 86.

Eine Ausnahme besteht lediglich für mit Asbest arbeitende Arbeitnehmer (Art. L. 1237-5 Code du Travail)[149].

Folglich wird ein Arbeitnehmer in Frankreich ab dem Erreichen des 65. Lebensjahres nicht automatisch durch einseitige Anordnung des Arbeitgebers in den Ruhestand versetzt. Vielmehr haben die Arbeitnehmer ab diesem Alter die Möglichkeit, abhängig von ihrer finanziellen Lage, ihrem Gesundheitszustand und ihrer Bereitschaft, selbst über den Fortbestand ihres Arbeitsverhältnisses zu entscheiden. Durch die alljährliche Anfrage des Arbeitgebers wird der Arbeitnehmer gezwungen, sich mit der Frage des Eintritts in den Ruhestand zu beschäftigen und alle Möglichkeit abzuwägen. Die Entscheidung darüber obliegt allein dem Arbeitnehmer. Erst ab dem 70. Lebensjahr kann der Arbeitnehmer einseitig durch den Arbeitgeber in den Ruhestand versetzt werden[150]. Ab diesem Alter wird also den unternehmerischen Interessen des Arbeitgebers Vorrang vor dem Bestandsschutzinteresse des Arbeitnehmers gewährt.

II. England

Im englischen Rechtssystem finden sich, vergleichbar zu den französischen Regelungen, Vorschriften zur „Versetzung in den Ruhestand".

Allgemeine Vorschriften zur Entlassung von Arbeitnehmern finden sich im Employment Rights Act 1996:

98 General.	***98 Allgemein***
(1) In determining for the purposes of this Part whether the dismissal of an employee is fair or unfair, it is for the employer to show—	*(1) Für die Zwecke dieses Abschnittes bei der Bestimmung, ob die Entlassung eines Arbeitnehmers gerechtfertigt oder nicht gerechtfertigt ist, muss der Arbeitgeber zeigen, dass*

149 Étude: Dictionnaire permanent Conventions Collectives, Section 3: Départ à la retraite, Rn. 87.

150 Henssler/Braun/*Welter/Caron*, Arbeitsrecht in Europa, Frankreich, Rn. 211; *Thüsing*, RdA 2010, 187, 188.

(a) the reason (or, if more than one, the principal reason) for the dismissal, and	*(a) den Grund (oder, wenn es mehr als einer ist, den Hauptgrund) für die Entlassung, und*
(b) that it is either a reason falling within subsection (2) or some other substantial reason of a kind such as to justify the dismissal of an employee holding the position which the employee held.	*(b) dass entweder ein Grund nach Absatz 2 oder ein anderer substanzieller fester Grund, der die Entlassung eines Arbeitnehmers auf dem Arbeitsplatz des zu entlassenden Arbeitnehmers rechtfertigen würde, vorliegt.*
(2) A reason falls within this subsection if it—	*(2) Ein Grund nach diesem Absatz liegt vor, wenn*
[…]	*[…]*
(ba) is retirement of the employee […].	*(ba) der Arbeitnehmer in den Ruhestand geht […].*
No normal retirement age: dismissal at or after 65	***Kein normales Rentenalter: Kündigung mit oder nach 65***
98ZB.—(1) This section applies to the dismissal of an employee if—	*98ZB.-(1) Dieser Abschnitt gilt für die Entlassung eines Arbeitnehmers, wenn*
(a) the employee has no normal retirement age, and	*(a) der Arbeitnehmer kein normales Rentenalter hat und*
(b) the operative date of termination falls on or after the date when the employee reaches the age of 65. […]	*(b) der operative Zeitpunkt der Beendigung des Arbeitsverhältnisses auf oder nach den Zeitpunkt fällt, an dem der Arbeitnehmer das Alter von 65 Jahren erreicht.*
Normal retirement age: dismissal before retirement age	***Kein normales Rentenalter: Kündigung vor dem Rentenalter***
98ZC.—(1) This section applies to the dismissal of an employee if—	*98ZC.-(1) Dieser Abschnitt gilt für die Entlassung eines Arbeitnehmers, wenn*
(a) the employee has a normal retirement age, and	*(a) der Arbeitnehmer ein normales Rentenalter erreicht und*

(b) the operative date of termination falls before the date when the employee reaches the normal retirement age.	*(b) der operative Zeitpunkt der Kündigung vor dem Zeitpunkt liegt, in dem der Arbeitnehmer das normale Rentenalter erreicht.*
(2) Retirement of the employee shall not be taken to be the reason (or a reason) for the dismissal.	*(2) Der Ruhestand darf nicht als Grund für eine Entlassung herangezogen werden.*
Interpretation	***Begriffsbestimmung***
98ZH. In sections 98ZA to 98ZG—	*98ZH. In den Abschnitten 98ZA bis 98ZG-*
"intended date of retirement" means the date which, by virtue of paragraph 1(2) of Schedule 6 to the 2006 Regulations, is the intended date of retirement in relation to a particular dismissal;	*„beabsichtigter Zeitpunkt des Ruhestands" bedeutet nach Absatz 1 (2) von Anhang 6 der 2006 Verordnung den Tag des beabsichtigten Ruhestands in Bezug auf eine bestimmte Entlassung;*
"normal retirement age", in relation to an employee, means the age at which employees in the employer's undertaking who hold, or have held, the same kind of position as the employee are normally required to retire;	*„normales Rentenalter", in Bezug auf einen Arbeitnehmer, bedeutet das Alter, in dem Arbeitnehmer der gleichen Position in der Regel in den Ruhestand gehen.*
"operative date of termination" means—	*„operativer Zeitpunkt der Beendigung" bedeutet*
(a) where the employer terminates the employee's contract of employment by notice, the date on which the notice expires, or	*(a) wenn der Arbeitgeber den Arbeitsvertrag fristgerecht kündigt, den Tag, an dem die Frist endet, oder*
(b) where the employer terminates the contract of employment without notice, the date on which the termination takes effect.	*(b) wenn der Arbeitgeber den Arbeitsvertrag fristlos kündigt, den Tag, an dem die Kündigung wirksam wird.*

Ergänzt wurden diese Regelungen durch The Employment Equality (Age) Regulations 2006 (S.I. 2006/1031), regs. 1(1), 49(1)[151]. Die relevanten Abschnitte lauteten wie folgt:

Duty of employer to inform employee	***Informationspflicht des Arbeitgebers gegenüber dem Arbeitnehmer***
2.—(1) An employer who intends to retire an employee has a duty to notify the employee in writing of—	*2.-(1) Ein Arbeitgeber, der beabsichtigt, den Arbeitnehmer in den Ruhestand zu versetzen, muss diesen schriftlich benachrichtigen über*
(a) the employee's right to make a request; and	*(a) dessen Recht, einen Antrag zu stellen; und*
(b) the date on which he intends the employee to retire,	*(b) das Datum, zu welchem er beabsichtigt, den Arbeitnehmer in den Ruhestand zu versetzen,*
not more than one year and not less than six months before that date. […]	*innerhalb eines Jahres, aber mindestens sechs Monate vor diesem Zeitpunkt. […]*
Statutory right to request not to retire	***Gesetzliches Recht, einen Antrag auf Nichtverrentung zu stellen***
5.—(1) An employee may make a request to his employer not to retire on the intended date of retirement.	*5.-(1) Ein Arbeitnehmer kann einen Antrag an seinen Arbeitgeber stellen, nicht an dem beabsichtigten Datum in den Ruhestand versetzt zu werden.*
(2) In his request the employee must propose that his employment should continue, following the intended date of retirement—	*(2) In seinem Antrag muss der Arbeitnehmer beantragen, dass sein Arbeitsvertrag über die beabsichtigte Verrentung hinaus fortgesetzt wird*
(a) indefinitely,	*(a) auf unbestimmte Zeit (unbefristet),*

151 Diese sind jedoch seit den Employment Equality (Repeal of Retirement Age Provisions) Regulations 2011 (S.I. 2011/1069) außer Kraft.

(b) for a stated period, or	*(b) für einen festgelegten Zeitraum (befristet) oder*
(c) until a stated date;	*(c) bis zu einem festgelegten Zeitpunkt (befristet);*
and, if the request is made at a time when it is no longer possible for the employer to notify in accordance with paragraph 2 and the employer has not yet notified in accordance with paragraph 4, must identify the date on which he believes that the employer intends to retire him.	*und wenn der Antrag zu einem Zeitpunkt gemacht wird, an dem es für den Arbeitgeber nicht länger möglich ist, eine Benachrichtigung nach Absatz 2 zu machen und er diesen noch nicht nach Absatz 4 benachrichtigt hat, muss der Arbeitnehmer das Datum nennen, zu dem er glaubt, dass der Arbeitgeber beabsichtigt, ihn in den Ruhestand zu versetzen.*
(3) A request must be in writing and state that it is made under this paragraph.	*(3) Ein Antrag ist schriftlich und unter Angabe dieses Absatzes zu stellen.*
(4) An employee may only make one request under this paragraph in relation to any one intended date of retirement and may not make a request in relation to a date that supersedes a different date as the intended date of retirement by virtue of paragraph 3(3) or 10(3)(b). […]	*(4) Ein Arbeitnehmer kann nur einen Antrag unter diesem Abschnitt in Bezug auf ein beabsichtigtes Datum zur Versetzung in den Ruhestand machen und kann keinen Antrag in Bezug auf ein anderes Datum setzen, welches durch die Absätze 3(3) oder 10(3)(b) ersetzt wird. […]*
An employer's duty to consider a request	***Berücksichtigungspflicht des Arbeitgebers***
6. An employer to whom a request is made is under a duty to consider the request in accordance with paragraphs 7 to 9.	*6. Ein Arbeitgeber, dem ein Antrag gestellt wurde, muss diesen unter der Maßgabe der Absätze 7 bis 9 berücksichtigen.*

Meeting to consider request	***Treffen zur Prüfung des Antrags***
7.—(1) An employer having a duty under paragraph 6 to consider a request shall hold a meeting to discuss the request with the employee within a reasonable period after receiving it.	*7.-(1) Ein Arbeitgeber, der nach Absatz 6 die Pflicht hat, einen Antrag zu berücksichtigen, soll in einem Treffen innerhalb einer angemessenen Frist mit dem Arbeitnehmer den Antrag besprechen.*
(2) The employer and employee must take all reasonable steps to attend the meeting. [...]	*(2) Der Arbeitgeber und der Arbeitnehmer müssen alle erforderlichen Maßnahmen ergreifen, an dem Treffen teilzunehmen. [...]*
Appeals	***Rechtsmittel***
8.—(1) An employee is entitled to appeal against—	*8.-(1) Ein Arbeitnehmer kann Rechtsmittel einlegen gegen*
(a) a decision of his employer to refuse the request, or	*(a) eine Entscheidung seines Arbeitgebers, den Antrag abzulehnen, oder*
(b) a decision of his employer to accept the request where the notice given under paragraph 7(6) states as mentioned in paragraph 7(7)(a)(ii) and specifies a period shorter than the period proposed by the employee in the request,	*(b) eine Entscheidung seines Arbeitgebers, den Antrag anzunehmen, wenn die Mitteilung des Arbeitgebers nach Absatz 7(6) unter der Maßgabe von Absatz 7(7)(a)(ii) getroffen wurde und einen kürzeren Zeitraum als den im Antrag des Arbeitnehmers gestellten Zeitraum benennt,*
by giving notice in accordance with sub-paragraph (2) as soon as is reasonably practicable after the date of the notice given under paragraph 7(6).	*durch eine Mitteilung nach Maßgabe von Unterabsatz (2) so bald wie möglich nach dem Zeitpunkt der Mitteilung des Arbeitgebers nach Absatz 7(6).*
(2) A notice of appeal under sub-paragraph (1) shall set out the grounds of appeal.	*(2) Die Mitteilung der Einlegung von Rechtsmitteln nach Absatz 1 ist zu begründen.*

(3) The employer shall hold a meeting with the employee to discuss an appeal within a reasonable period after the date of the notice of appeal. [...]	*(3) Der Arbeitgeber muss in einem Treffen mit dem Arbeitnehmer die Einlegung des Rechtsmittels innerhalb einer angemessen Frist nach Bekanntmachung der Einlegung des Rechtsmittels besprechen.*

Der Arbeitgeber muss für die Kündigung eines Arbeitnehmers einen Grund angeben (Employment Rights Act Section 98 (1))[152]. Einen solchen kann für eine Kündigung die Möglichkeit der Inanspruchnahme des Ruhestands des Arbeitnehmers darstellen (Employment Rights Act Section 98 (1) (b), 98 (2) (ba)).

Als Renteneintrittsalter gilt dabei entweder das im Arbeitsvertrag vereinbarte oder im Betrieb bestehende Alter oder das Erreichen des 65. Lebensjahres (Employment Rights Act Section 98 ZB und Section 98 ZH)[153]. Ein vor dem vereinbarten oder üblichen Renteneintrittsalter möglicher Ruhestand wird nicht als Grund für eine Kündigung anerkannt (Employment Rights Act Section 98 ZC).

Nach den Employment (Age) Regulations 2006 Schedule 6, Para 2 war es die Pflicht des Arbeitgebers den Arbeitnehmer frühestens ein Jahr, aber spätestens ein halbes Jahr, bevor das Arbeitsverhältnis durch die Versetzung in den Ruhestand beendet werden sollte, schriftlich zu informieren[154]. Die Pflicht umfasste weiter den Hinweis, dass der Arbeitnehmer den Arbeitgeber auffordern konnte, ihn nicht zu dem beabsichtigten Datum in den Ruhestand zu versetzten (Employment (Age) Regulations 2006 Schedule 6, Para 2 (a) und Para 5)[155].

Dabei musste der Arbeitnehmer bereits in seiner Aufforderung dem Arbeitgeber den beabsichtigten Zeitraum seiner Weiterbeschäftigung mitteilen. Er konnte demnach eine unbefristete Weiterbeschäftigung fordern oder einen festgesetzten Zeitraum oder ein festgesetztes Enddatum angeben.

Der Arbeitgeber hatte den Antrag des Arbeitnehmers zu prüfen, wobei auch ein Treffen zwischen den beiden Parteien stattfinden sollte

152 Henssler/Braun/*Harth/Taggart*, Arbeitsrecht in Europa, Großbritannien, Rn. 64.
153 *Davies*, EuZA 2012, 280, 283.
154 Henssler/Braun/*Harth/Taggart*, Arbeitsrecht in Europa, Großbritannien, Rn. 48.
155 Henssler/Braun/*Harth/Taggart*, Arbeitsrecht in Europa, Großbritannien, Rn. 48.

(Employment (Age) Regulations 2006 Schedule 6, Para 6 und Para 7). Verweigerte der Arbeitgeber das Weiterbeschäftigungsgesuch des Arbeitnehmers, so konnte dieser nach Employment (Age) Regulations 2006 Schedule 6, Para 8 unverzüglich unter Angabe von Gründen widersprechen. Einen solchen Antrag auf Weiterbeschäftigung über das Renteneintrittsalter hinaus konnte ein Arbeitnehmer nur einmal abgeben (Employment (Age) Regulations 2006 Schedule 6, Para 5 (4)).

Nach der englischen Regelung konnte ein Arbeitnehmer, im Gegensatz zu dem französischen System, seine Kündigung durch einen Antrag zwar nicht verhindern, er konnte jedoch den Arbeitgeber dazu bringen, die Argumente, die für eine Weiterbeschäftigung über das Renteneintrittsalter hinaus sprachen, zu berücksichtigen. Damit wurde verhindert, einen Arbeitnehmer ohne dessen Anhörung in den Ruhestand zu versetzen.

Durch die Angabe des beabsichtigten Zeitraums der Weiterbeschäftigung wurde zum einen dem Arbeitnehmer eine flexible Gestaltung der Weiterbeschäftigung eingeräumt, je nachdem welche Dauer der Arbeitnehmer für sich wünschte, zum anderen konnte der Arbeitgeber mit diesen Angaben sein wirtschaftliches Risiko abschätzen. Dies bot für beide Parteien zunächst eine Flexibilisierung der Weiterbeschäftigungsmöglichkeiten, jedoch mit genauer Absehbarkeit der Fortführung des Arbeitsverhältnisses.

Die endgültige Entscheidung blieb letztlich jedoch alleine beim Arbeitgeber.

Jedoch wurde im Jahr 2010 der Equality Act 2010 eingeführt. Dieser stellte eine Modernisierung und Vereinheitlichung der Gleichstellungs- und Antidiskriminierungsgesetze dar[156]. Diesem nachfolgend wurden die Employment Equality (Repeal of Retirement Age Provisions) Regulations 2011 (S.I. 2011/1069) erlassen. Dort heißt es in Para 4, dass der gesamte Schedule 6 Employment (Age) Regulations 2006 widerrufen wird. Eine Ausnahme hiervon besteht lediglich, wenn von dem Recht zur Versetzung in den Ruhestand bereits Gebrauch gemacht wurde bzw. das Verfahren hierfür vor dem Erlass dieses Gesetzes begonnen hat (Para 5 Employment Equality (Repeal of Retirement Age Provisions) Regulations 2011).

156 *Thüsing*, RdA 2010, 187, 188.

Folglich besteht nunmehr auch in England nicht mehr die Möglichkeit, einen Arbeitnehmer mit dem Erreichen der Altersgrenze einseitig in den Ruhestand zu versetzen[157]. In der Gesetzesbegründung heißt es hierzu, dass man mit der Abschaffung das Recht der älteren Arbeitnehmer schützen möchte und sie nicht in die Rente zwingen will[158]. Möchte man zukünftig einen Arbeitnehmer kündigen, so kann dies nur nach den oben dargestellten allgemeinen Regelungen des Employment Rights Act 1996 erfolgen[159]. Diese sind Eignung, Verhalten, betriebliche Gründe, rechtswidrige Handlungen und „andere erhebliche Gründe". Eine lediglich auf dem Alter beruhende Kündigung ist aus diskriminierungsrechtlichen Gründen nicht zulässig[160]. Von den Neuregelungen unberührt bleiben die Möglichkeiten der einseitigen Kündigung durch den Arbeitnehmer und der Abschluss eines Aufhebungsvertrages[161].

III. Schweden

Das schwedische Recht beinhaltet Sonderregelungen für Kündigungen und Regelungen für die Zeit nach dem Erreichen der Regelaltersgrenze.

Es bietet somit einen Kontrast zu dem deutschen Recht, aber auch zu den Regelungen in Frankreich und England.

Das Rechtssystem in Schweden basiert dabei auf dem Versuch, Arbeitsrecht, Arbeitsplatzschutz und Rente in Einklang zu bringen[162]. Es bietet somit einen hohen Grad an Flexibilität und damit einen hohen Grad an Mitbestimmung durch die Arbeitnehmer[163]. Neben der Flexibilität spielt aber auch die Sicherheit eine entscheidende Rolle[164]. Grundlage hierfür bildet das schwedische Rentensystem, welches von einem lebenslangen Verdienst, dem Trend hin zu einem flexiblen Ren-

157 *Roß-Kirsch*, BB 2011, 441, 442; *Numhauser-Henning*, Elder Law, S. 86.
158 Explanatory Memorandum to the Employment Equality (Repeal of the Retirement Age Provisions) Regulations 2011, S. 2, 7.
159 *Roß-Kirsch*, BB 2011, 441, 442.
160 *Roß-Kirsch*, BB 2011, 441, 442.
161 *Roß-Kirsch*, BB 2011, 441, 442.
162 Vgl. *Rönnmar*, RdA 2015, 329, 335.
163 *Westregård*, EuZA 2014, 30, 32, *Numhauser-Henning*, Elder Law, S. 168, 205 f.
164 Vgl. *Westregård*, EuZA 2014, 30, 32.

teneintritt und Kombinationsmöglichkeiten ausgeht[165]. Dazu gehören auch die Flexibilisierung der Arbeitsstunden und Teilzeitmodelle für ältere Arbeitnehmer[166]. Dabei basiert das schwedische Rentensystem auf drei Komponenten. Zunächst gibt es die „Einkommensrente", die in der Höhe des letzten Einkommens gezahlt wird, wenn man durchgehend gearbeitet hat. Weiter gibt es die „Premiumrente", welche anteilig zum Einkommen gezahlt wird und auf einem privaten Fonds basiert, ähnlich der deutschen privaten Rentenversicherung. Letztlich gibt es noch die „Grundrente", welche unabhängig vom Einkommen gezahlt wird und eine Grundabsicherung darstellt[167].

Das Renteneintrittsalter liegt in Schweden bei 67 Jahren (§ 32 a und § 33 (Lag om anställningsskydd (Gesetz zum Arbeitnehmerschutz) (LAS))[168]. Das Arbeitsverhältnis endet mit dem Erreichen der Altersgrenze zwar nicht automatisch, jedoch kann der Arbeitgeber ab diesem Alter das Arbeitsverhältnis ohne die Angabe von Gründen und mit einer Frist von einem Monat kündigen[169]. Vor dem Erreichen des 67. Lebensjahres stellt das Alter keinen Grund dar, ein Arbeitsverhältnis wirksam zu kündigen[170]. Macht der Arbeitgeber von seinem Kündigungsrecht keinen Gebrauch, so besteht das Arbeitsverhältnis, mit verringertem Schutz[171], unbefristet fort[172]. Das Gleiche gilt, wenn der Arbeitgeber einen Arbeitnehmer nach dem 67. Lebensjahr neu unbefristet einstellt[173]. So verkürzen sich etwa die Kündigungsfristen und der Anspruch auf Wiedereinstellung nach einer Kündigung ist ausgesetzt[174].

---

165 *Rönnmar*, RdA 2015, 329, 330.

166 Vgl. *Rönnmar*, RdA 2015, 329, 333.

167 Vgl. *Rönnmar*, RdA 2015, 329, 336 (Fn. 7).

168 Henssler/Braun/*Kurz*, Arbeitsrecht in Europa, Schweden, Rn. 50; *Numhauser-Henning*, Elder Law, S. 221.

169 Vgl. *Rönnmar*, RdA 2015, 329, 335; Henssler/Braun/*Kurz*, Arbeitsrecht in Europa, Schweden, Rn. 148; *Gotthardt*, Kündigungsschutz, S. 151.

170 *Numhauser-Henning*, Elder Law, S. 198.

171 Der Gesetzgeber geht davon aus, dass die Tatsache, dass der Arbeitnehmer das Rentenalter überschritten hat, die Beurteilung, ob ein sachlicher Grund für eine Kündigung gegeben ist, beeinflusst, so *Gotthardt*, Kündigungsschutz, S. 152.

172 Vgl. *Rönnmar*, RdA 2015, 329, 335; *Gotthardt*, Kündigungsschutz, S. 152.

173 *Gotthardt*, Kündigungsschutz, S. 152.

174 Vgl. *Rönnmar*, RdA 2015, 329, 335.

Zudem kann nach dem schwedischen System ein Arbeitsvertrag, nachdem der Arbeitnehmer das Renteneintrittsalter überschritten hat, unbegrenzt befristet werden. Dabei sind unbefristete Arbeitsverhältnisse in Schweden die Regel und befristete Arbeitsverhältnisse dürfen nur unter den Voraussetzungen des § 5, § 5 a und § 5 b LAS[175], welche wie folgt lauten, abgeschlossen werden:

5 § *Avtal om tidsbegränsad anställning får träffas*	***§ 5*** *Befristete Verträge können gemacht werden*
1. för allmän visstidsanställning,	*1. für die allgemeine Zeitarbeit,*
2. för vikariat,	*2. für vorübergehende Vertretung,*
3. för säsongsarbete, och	*3. für Saisonarbeit und*
4. när arbetstagaren har fyllt 67 år.	*4. für Arbeitnehmer über 67 Jahre.*
Lag (2016:248).	*Lag (2016:248).*
5 a § *En allmän visstidsanställning övergår till en tillsvidareanställning när en arbetstagare har varit anställd hos arbetsgivaren i allmän visstidsanställning i sammanlagt mer än två år*	***§ 5 a*** *Eine allgemeine Zeitarbeit wird angenommen, wenn der Arbeitnehmer durch einen Arbeitgeber eine befristete Beschäftigung von insgesamt mehr als zwei Jahren hatte*
1. under en femårsperiod, eller	*1. innerhalb von fünf Jahren oder*
2. under en period då arbetstagaren har haft tidsbegränsade anställningar hos arbetsgivaren i form av allmän visstidsanställning, vikariat eller säsongsarbete och anställningarna följt på varandra.	*2. während dieser Periode, in der der Arbeitnehmer aufeinanderfolgende befristete Beschäftigungen mit demselben Arbeitgeber in Form von allgemeiner Zeitarbeit, vorübergehender Vertretung oder Saisonarbeit hatte.*
En anställning har följt på en annan om den tillträtts inom sex månader från den föregående anställningens slutdag.	*Dies gilt nicht, wenn in den sechs Monaten zuvor kein Arbeitsverhältnis mit demselben Arbeitgeber bestand.*

175 Henssler/Braun/*Kurz*, Arbeitsrecht in Europa, Schweden, Rn. 41.

Ett vikariat övergår till en tillsvidareanställning när en arbetstagare har varit anställd hos arbetsgivaren i vikariat i sammanlagt mer än två år under en femårsperiod.	*Ein unbefristeter Vertrag (für den Zeitraum einer befristeten Vertretung) kommt auch dann zustande, wenn der Arbeitnehmer durch denselben Arbeitgeber insgesamt mehr als zwei Jahre in den fünf Jahren in Vertretung beschäftigt wurde.*
5 b § *För den som fyllt 67 år övergår inte en allmän visstidsanställning eller ett vikariat till en tillsvidareanställning enligt 5 a §.*	***§ 5 b*** *Für Arbeitnehmer ab 67 Jahren findet keine Umwandlung eines befristeten auf einen unbefristeten Vertrag nach § 5 a statt.*

Eine Befristung ist laut § 5 LAS nur zur Probe, für vorübergehende Vertretung, für Saisonarbeit und für Arbeitnehmer über 67 Jahre möglich.

Durch eine Gesetzesänderung vom 1. Mai 2016 hat Schweden die Voraussetzungen für befristete Arbeitsverträge geändert[176]. Dabei wurden zwar die im Gesetz vorgesehenen vier Kriterien beibehalten, jedoch wurden die Voraussetzungen einer Befristung durch § 5 a LAS verschärft. Demnach wird ein befristetes Arbeitsverhältnis als unbefristet angesehen, wenn ein Arbeitnehmer in einem Zeitraum von fünf Jahren mehr als zwei Jahre beschäftigt oder mehr als zwei Jahre als vorübergehende Vertretung oder für Saisonarbeit eingesetzt wurde[177].

Keine Beschränkungen ergeben sich nach § 5 b LAS für Arbeitnehmer über 67 Jahre[178]. Als Reaktion auf die Entscheidung des Europäischen Gerichtshofs in der Rechtssache Hörnfeldt (vgl. oben bereits unter *§ 2 I. 11.*) können demnach für Arbeitnehmer über 67 Jahre Arbeitsverträge ohne Begrenzung der Anzahl oder der Dauer der Befristungen befristet werden. Sie werden von der automatischen Umstellung befristeter Arbeitsverträge auf unbefristete Verträge, wie es § 5 a LAS vorsieht, ausgenommen.

---

176 http://data.riksdagen.se/dokument/H301AU5 (zuletzt abgerufen am 6. Mai 2016).

177 Henssler/Braun/*Kurz*, Arbeitsrecht in Europa, Schweden, Rn. 44 f.; *Gotthardt*, Kündigungsschutz, S. 88 ff.

178 *Numhauser-Henning*, Elder Law, S. 168.

Krankheit und höheres Alter stellen in Schweden keinen Kündigungsgrund dar[179]. Vielmehr ist der Arbeitgeber verpflichtet, den Arbeitnehmern Alternativen anzubieten, sie umzuschulen oder andere mildere Maßnahmen anzuwenden[180]. Erst nach der Anwendung milderer Maßnahmen und nur, wenn der Arbeitnehmer unter keinen Umständen mehr für den Arbeitgeber tätig werden kann, ist er zu entlassen[181]. Dabei werden ältere Arbeitnehmer ausdrücklich geschützt. Gestützt wird dies auf das „zuletzt rein, zuerst raus" (last-in-first-out)-Prinzip, welches die Grundregel bei Entlassungen darstellt[182]. Sind Arbeitnehmer über den gleichen Zeitraum bei dem Arbeitgeber beschäftigt, so ist das Alter der entscheidende Faktor, sodass der ältere Arbeitnehmer schutzwürdiger ist[183]. Die Faktoren Betriebszugehörigkeit und Alter stehen somit in Schweden – anders als in Deutschland – gerade nicht nebeneinander. Dem Alter ist Vorrang zu gewähren[184]. Dies endet mit dem Erreichen des Renteneintrittsalters von 67 Jahren[185].

Jedoch werden auch in Schweden Abfindungszahlungen oder andere kündigungsbedingte Entschädigungen gesetzlicher oder tarifvertraglicher Natur an das Alter der Arbeitnehmer geknüpft, wobei auch hier eine Kürzung oder Aussetzung der Zahlungen bei rentennahen Arbeitnehmern oder Arbeitnehmern im Rentenalter stattfindet[186].

---

179 Vgl. *Rönnmar*, RdA 2015, 329, 334; *Gotthardt*, Kündigungsschutz, S. 143, 151.

180 Vgl. Henssler/Braun/*Kurz*, Arbeitsrecht in Europa, Schweden, Rn. 78; *Rönnmar*, RdA 2015, 329, 334; *Gotthardt*, Kündigungsschutz, S. 143; *Numhauser-Henning*, Elder Law, S. 199.

181 Vgl. Henssler/Braun/*Kurz*, Arbeitsrecht in Europa, Schweden, Rn. 129 f.; *Rönnmar*, RdA 2015, 329, 334.

182 Vgl. *Rönnmar*, RdA 2015, 329, 334; *Gotthardt*, Kündigungsschutz, S. 276 f.; Henssler/Braun/*Kurz*, Arbeitsrecht in Europa, Schweden, Rn. 131 f.

183 Vgl. *Gotthardt*, Kündigungsschutz, S. 278; *Rönnmar*, RdA 2015, 329, 334; *Numhauser-Henning*, Elder Law, S. 214.

184 Vgl. *Rönnmar*, RdA 2015, 329, 334, wobei hierin eine mittelbare Diskriminierung gesehen wird, die jedoch zu rechtfertigen ist. Über die Rechtmäßigkeit dieser schwedischen Normen hatte der Europäische Gerichtshof noch nicht zu entscheiden.

185 Vgl. Henssler/Braun/*Kurz*, Arbeitsrecht in Europa, Schweden, Rn. 148; *Rönnmar*, RdA 2015, 329, 335; *Gotthardt*, Kündigungsschutz, S. 151.

186 Vgl. *Rönnmar*, RdA 2015, 329, 335.

IV. Zusammenfassung

Die Regelungen der aufgeführten Rechtssysteme zeigen eine hohe Flexibilität bezüglich der Auflösung von Arbeitsverhältnissen mit Arbeitnehmern, welche die Möglichkeit haben, eine Rente in Anspruch zu nehmen[187].

Dabei finden sich verschiedene Intensitäten der Einflussmöglichkeiten durch die Arbeitnehmer wieder. Während ein Arbeitnehmer im französischen System seine Kündigung durch Widerspruch bis zum Erreichen des 70. Lebensjahres gänzlich verhindern kann, konnte ein in England beschäftigter Arbeitnehmer seinem Arbeitgeber lediglich Gründe für seine Weiterbeschäftigung liefern, eine Kündigung dadurch jedoch nicht verhindern, sofern der Arbeitgeber sich letztlich für eine solche entscheidet. Durch die Employment Equality (Repeal of Retirement Age Provisions) Regulations 2011 wurde diese Möglichkeit abgeschafft und der Schutz der Arbeitnehmer dahingehend erhöht, dass der Arbeitgeber sie nicht mehr einseitig allein aufgrund des Erreichens der Altersgrenze in den Ruhestand kündigen kann.

Im französischen Rechtssystem wird, im englischen System wurde der Arbeitnehmer aktiv an der Frage der Versetzung in den Ruhestand beteiligt. Lediglich bezüglich der Intensität der Einflussnahme auf die Entscheidung des Arbeitgebers unterscheiden sich die französischen von den englischen Regelungen. Gleichlaufend ist dann jedoch wieder die Überprüfungsdauer dieser Entscheidungen, indem jährlich erneut zu klären ist, ob das Arbeitsverhältnis ein weiteres Jahr (Frankreich) oder für einen weiteren abgestimmten Zeitraum (England) verlängert werden soll.

Das schwedische Rechtssystem sieht hingegen eine gesetzliche Altersgrenze vor. Durch die Neuregelungen zum 1. Mai 2016 hat es die Voraussetzungen für befristete Arbeitsverträge zwar grundsätzlich verschärft, jedoch Arbeitnehmer, die das 65. Lebensjahr überschritten haben, von den Verschärfungen ausgenommen. Seitdem besteht bei diesen Arbeitnehmern die Möglichkeit unbegrenzter und zeitlich unbeschränkter befristeter Arbeitsverträge. Auch dies soll die größtmögliche Flexibilisierung sowohl für Arbeitgeber als auch für Arbeitnehmer

187 *Numhauser-Henning*, Elder Law, S. 184 ff.

im Rahmen der Vertragsgestaltung nach dem Erreichen des gesetzlichen schwedischen Renteneintrittsalters ermöglichen. Eine ähnliche Regelung findet sich im deutschen Recht in der Norm des § 41 S. 3 SGB VI. Die Europarechtskonformität dieser Regelungen ist trotz des Urteils Hörnfeldt[188] noch nicht abschließend geklärt (vgl. hierzu ausführlich unter *§ 5 V. (Europarechtliche Bedenken)*).

Das englische System geht nunmehr noch weiter, da es die Möglichkeit, dem Arbeitnehmer zu kündigen, unter die allgemeinen Voraussetzungen gestellt hat. Einseitige Entlassungen aufgrund des Alters sind durch den Arbeitgeber nicht mehr möglich. Im Gegensatz zum schwedischen System wird der Arbeitsvertrag sogar unbefristet weitergeführt[189]. Dem Arbeitnehmer soll somit ein größtmögliches Maß an Flexibilität zukommen. Der Schutz des Arbeitnehmers, selbst die Wahl zu haben, wann er in den Ruhestand geht, wurde in den Mittelpunkt der Gesetzesänderung gestellt. Die Wahlmöglichkeit soll in jeder Lebenslage über den politischen Grundsätzen stehen[190].

188 EuGH v. 5. Juli 2012 – C-141/11, EuZW 2012, 794 (vgl. unter *§ 2 I. 11. (Hörnfeldt)*).

189 *Numhauser-Henning*, Elder Law, S. 184.

190 *Numhauser-Henning*, Elder Law, S. 186.

Kapitel 2: Altersgrenzen und Befristungen nach dem Sozialgesetzbuch

Nationale Regelungen zur Altersrente und zum Kündigungsschutz finden sich in verschiedenen Gesetzesnormen wieder, darunter insbesondere in § 41 SGB VI und § 8 AltTZG. In diesem Kapitel sollen diese Paragraphen näher betrachtet und ihre Bedeutungen für die Arbeitsverhältnisse älterer Arbeitnehmer aufgezeigt werden.

§ 4 Altersgrenzen und Kündigungsschutz nach dem Sozialgesetzbuch

§ 41 SGB VI umfasst, neben dem Kündigungsschutz bis zum Erreichen des Rentenanspruchs und den Altersgrenzen in Arbeitsverhältnissen, auch Regelungen zu Befristungen für Arbeitsverhältnisse über das Erreichen der Regelaltersgrenze hinaus. § 41 SGB VI ist in drei Sätze untergliedert.

I. Zweck und Entwicklungsgeschichte

§ 41 SGB VI wurde m.W.v. 1. Januar 1992 eingeführt[191]. Die Vorschrift wurde seither mehrfach novelliert[192]. Die Fassung des § 41 SGB VI, welche durch das RRG 1999 vom 16. Dezember 1997 m.W.v. 1. Januar 2000 eingeführt wurde, beinhaltete in ihrem S. 1 die Vorschrift zum Kündigungsschutz und in ihrem S. 2 eine Vereinbarung über Altersgrenzen. An dieser grundsätzlichen Regelungskonzeption hat der Gesetzgeber durch die Novellierungen 2007 und 2008 nichts geändert[193].

---

191 KassKomm/*Gürtner*, SGB, VI § 41 Rn. 1.
192 Henssler/Willemsen/Kalb/*Ricken*, SGB, VI § 41 Rn. 1.
193 Henssler/Willemsen/Kalb/*Ricken*, SGB, VI § 41 Rn. 1.

2008 musste jedoch die Regelung des S. 2 aufgrund der Anhebung der Regelaltersgrenze auf 67 Jahre angepasst werden[194]. Zuletzt wurde durch das RV-Leistungsverbesserungsgesetz m.W.v. 1. Juli 2014 die Regelung des S. 3 hinzugefügt.

Die gesamte Vorschrift ist als arbeitsrechtliche Schutzvorschrift ausgestaltet und betrifft nur noch und ausschließlich das Arbeitsverhältnis. Die Regelung soll sicherstellen, dass die angestrebte Flexibilisierung und Verlängerung der Lebensarbeitszeit nicht durch gegenteilige arbeitsrechtliche Vereinbarungen verhindert wird[195].

Heute regelt der erste Satz des § 41 SGB VI, dass der Anspruch des Versicherten auf eine Rente wegen Alters nicht als ein Grund anzusehen ist, der die Kündigung eines Arbeitsverhältnisses durch den Arbeitgeber nach dem Kündigungsschutzgesetz bedingen kann. Der zweite Satz der Regelung bezieht sich auf Vereinbarungen über Altersgrenzen. Er besagt, dass eine Vereinbarung, welche die Beendigung des Arbeitsverhältnisses eines Arbeitnehmers ohne Kündigung zu einem Zeitpunkt vorsieht, zu dem der Arbeitnehmer vor Erreichen der Regelaltersgrenze eine Rente wegen Alters beantragen kann, dem Arbeitnehmer gegenüber als auf das Erreichen der Regelaltersgrenze abgeschlossen gilt. Eine Ausnahme hiervon ist nur zulässig, wenn die Vereinbarung innerhalb der letzten drei Jahre vor diesem Zeitpunkt abgeschlossen oder von dem Arbeitnehmer innerhalb der letzten drei Jahre vor diesem Zeitpunkt bestätigt worden ist. Der neu hinzugefügte dritte Satz normiert die Voraussetzungen für befristete Arbeitsverhältnisse nach dem Erreichen der Regelaltersgrenze (hierzu näher unter § 5 *(Befristungen über das Erreichen der Regelaltersgrenze hinaus)*).

II. Altersgrenzen im Sozialgesetzbuch

Die Altersgrenzen der einzelnen Renten sind in den §§ 35 ff. SGB VI geregelt.

---

194 Vorschrift eingefügt durch das Gesetz zur Anpassung der Regelaltersgrenze an die demografische Entwicklung und zur Stärkung der Finanzierungsgrundlagen der gesetzlichen Rentenversicherung (RV-Altersgrenzenanpassungsgesetz) vom 20. April 2007 (BGBl. I 2007, S. 554) m.W.v. 1. Januar 2008.

195 BT-Drs. 11/4124, S. 144, 163.

1. Regelaltersgrenze

§ 35 SGB VI regelt die Regelaltersrente. Danach haben Versicherte einen Anspruch auf Regelaltersrente, wenn sie kumulativ die Regelaltersgrenze und die allgemeine Wartezeit erfüllt haben. Die Regelaltersgrenze beträgt nach § 35 S. 2 SGB VI 67 Jahre.

Dabei ist jedoch zu berücksichtigen, dass dies nur für Versicherte gilt, die nach dem 31. Dezember 1963 geboren sind. Versicherte, die vor dem 1. Januar 1964 geboren sind, erreichen die Regelaltersgrenze frühestens mit der Vollendung des 65. Lebensjahres (§ 235 Abs. 1 SGB VI). § 235 Abs. 2 SGB VI sieht eine stufenweise Anhebung der Regelaltersgrenze für Versicherte, die nach dem 31. Dezember 1946 geboren sind, wie folgt vor:

Versicherte Geburtsjahrgang	Anhebung um Monate	auf Alter	
		Jahr	Monat
1947	1	65	1
1948	2	65	2
1949	3	65	3
1950	4	65	4
1951	5	65	5
1952	6	65	6
1953	7	65	7
1954	8	65	8
1955	9	65	9
1956	10	65	10
1957	11	65	11
1958	12	66	0
1959	14	66	2
1960	16	66	4
1961	18	66	6
1962	20	66	8
1963	22	66	10

Die allgemeine Wartezeit beträgt nach § 50 Abs. 1 S. 1 SGB VI fünf Jahre. Auf sie sind nach § 51 Abs. 1 und Abs. 4 SGB VI Beitragszeiten und Ersatzzeiten sowie nach Maßgabe des § 52 SGB VI Zeiten aus einem durchgeführten Versorgungsausgleich und aus einer geringfügigen versicherungsfreien Beschäftigung anzurechnen[196]. Die Wartezeitfiktion des § 53 SGB VI erstreckt sich auch auf die Regelaltersrente. Sie enthält die Voraussetzung für die vorzeitige Erfüllung der allgemeinen Wartezeit[197]. Die allgemeine Wartezeit ist dann vorzeitig erfüllt, wenn Versicherte wegen eines Arbeitsunfalls oder einer Berufskrankheit, wegen einer Wehrdienstbeschädigung nach dem Soldatenversorgungsgesetz als Wehrdienstleistende oder Soldaten auf Zeit, wegen einer Zivildienstbeschädigung nach dem Zivildienstgesetz als Zivildienstleistende oder wegen eines Gewahrsams (§ 1 Häftlingshilfegesetz) vermindert erwerbsfähig geworden oder gestorben sind (§ 53 Abs. 1 S. 1 SGB VI). § 53 Abs. 1 S. 1 Nr. 1 SGB VI findet nur Anwendung für Versicherte, die bei Eintritt des Arbeitsunfalls oder der Berufskrankheit versicherungspflichtig waren oder in den letzten zwei Jahren davor mindestens ein Jahr Pflichtbeiträge für eine versicherte Beschäftigung oder Tätigkeit eingezahlt haben (§ 53 Abs. 1 S. 2 SGB VI). Ob § 53 Abs. 1 SGB VI allerdings dann gilt, wenn die verminderte Erwerbsfähigkeit erst nach Vollendung des 67. Lebensjahres eintritt, ist zwar streitig, hier aber nicht mehr von dem Bearbeitungsumfang mitumfasst[198].

2. Abweichende Regelungen des Sozialgesetzbuchs

Das SGB VI beinhaltet sechs von der Regelaltersrente abweichende Vorschriften. Dies sind die Altersrente für langjährig Versicherte (§§ 36, 236 SGB VI), die Altersrente für schwerbehinderte Menschen (§§ 37, 236 a SGB VI), die Altersrente für besonders langjährig Versicherte (§§ 38, 236 b SGB VI) und die Altersrente für langjährig unter Tage beschäftigte Bergleute (§§ 40, 238 SGB VI) sowie in § 237 SGB VI für vor dem 1. Januar 1952 Geborene die Altersrente wegen Arbeitslo-

196 Tschöpe/*Schrader*, Teil 7 C, Rn. 43.

197 Kreikebohm/*Dankelmann*, SGB VI, § 53 Rn. 3; Tschöpe/*Schrader*, Teil 7 C, Rn. 44.

198 Bejahend etwa: KassKomm/*Gürtner*, SGB VI, § 35 Rn. 5.

sigkeit oder nach Altersteilzeitarbeit und in § 237 a SGB VI die Altersrente für Frauen.

Die Regelungen sind jeweils eigenständige Ansprüche, die nebeneinander stehen[199]. Bestehen für denselben Zeitraum Ansprüche auf mehrere Renten, wird nur die höchste Rente geleistet (§ 89 Abs. 1 S. 1 SGB VI). Die Rangfolge ergibt sich aus § 89 Abs. 1 S. 2 SGB VI. Danach ist bei gleich hohen Renten vorrangig die Regelaltersrente zu zahlen. Es folgen dann absteigend die Altersrente für langjährig Versicherte, die Altersrente für schwerbehinderte Menschen, die Altersrente für besonders langjährig Versicherte, die Altersrente wegen Arbeitslosigkeit oder nach Altersteilzeitarbeit, die Altersrente für Frauen, die Rente für langjährig unter Tage beschäftigte Bergleute sowie die Renten wegen voller Erwerbsminderung, Erwerbsunfähigkeit, die Erziehungsrente, die Rente wegen Berufsunfähigkeit, die Rente wegen teilweiser Erwerbsminderung und letztlich die Rente für Bergleute.

III. Kündigungsschutz nach dem Sozialgesetzbuch

Die arbeitsrechtliche Regelung des § 41 SGB VI regelt den Grundsatz, dass sich ein Altersrentenanspruch nicht nachteilig auf die Möglichkeit der Weiterbeschäftigung auswirken soll. Ein Arbeitsverhältnis endet nicht automatisch mit dem Erreichen der Regelaltersgrenze der gesetzlichen Rentenversicherung[200]. § 41 S. 1 SGB VI schützt den Arbeitnehmer dahingehend, dass der Anspruch auf eine Rente wegen Alters nicht als Grund angesehen werden kann, der die Kündigung eines Arbeitsverhältnisses durch den Arbeitgeber nach dem Kündigungsschutzgesetz bedingen kann. Demnach sind personenbedingte Kündigungen des Arbeitsverhältnisses wegen eines möglichen vorzeitigen Altersrentenanspruchs oder wegen Erreichen der Regelaltersgrenze nicht gerechtfertigt und folglich nicht wirksam[201]. Die Berücksichtigung bei der Sozialauswahl im Rahmen einer betriebsbedingten Kün-

199 BSG v. 7. September 2010 – B 5 KN 4/08 R, NZS 2011, 519; KassKomm/*Wehrhahn*, SGB VI, § 89 Rn. 3.

200 Dornbusch/Fischermeier/Löwisch/*Lauterbach*, SGB VI, § 41 Rn. 1.

201 BeckOK SozR/*Kreikebohm/Jassat*, SGB VI, § 41 vor Rn. 1; Dornbusch/Fischermeier/Löwisch/*Lauterbach*, SGB VI, § 41 Rn. 1.

digung darf bei älteren Arbeitnehmern ebenfalls nicht nur auf einem möglichen Altersrentenanspruch beruhen[202].

1. Arbeitsverhältnis

Ein bestehendes Arbeitsverhältnis ist die erste Voraussetzung für die Anwendbarkeit des § 41 S. 1 SGB VI. Zu verstehen ist darunter ein Arbeitsverhältnis im arbeitsrechtlichen Sinne (§ 611 a BGB). Auf das Arbeitsverhältnis muss das Kündigungsschutzgesetz Anwendung finden. Demnach muss das Arbeitsverhältnis länger als sechs Monate bestanden haben und der Betrieb mehr als die nach § 23 KSchG geforderte Arbeitnehmerzahl aufweisen[203]. Folglich kommt es auf den sozialversicherungsrechtlichen Begriff des Beschäftigungsverhältnisses nach § 7 SGB IV nicht an[204].

2. Geschützter Personenkreis

Der Kündigungsschutz des § 41 S. 1 SGB VI steht Versicherten i.S.d. SGB VI zu. Dazu muss der Arbeitnehmer Versicherter in der gesetzlichen Rentenversicherung sein. Hierfür reicht nicht der anderweitig begründete oder neben dem Arbeitsverhältnis bestehende Status des Versicherten aus; es muss vielmehr in dem zu beurteilenden Arbeitsverhältnis eine Versicherungspflicht in der gesetzlichen Rentenversicherung bestehen[205].

Hiervon zu unterscheiden sind Arbeitnehmer, die in dem Arbeitsverhältnis versicherungsfrei sind oder von der Versicherungspflicht befreit sind. Bei ihnen greift der Kündigungsschutz des § 41 S. 1 SGB VI gerade nicht[206]. Versicherungsfrei sind Personen nach § 5 SGB VI. Für das hier thematisierte Gebiet ist insbesondere § 5 Abs. 4 SGB VI zu berücksichtigen. Dieser besagt, dass Personen versicherungsfrei sind, die eine Vollrente wegen Alters beziehen oder nach beamtenrechtlichen Vorschriften oder Grundsätzen oder entsprechenden

---

202 BeckOK SozR/*Kreikebohm/Jassat*, SGB VI, § 41 vor Rn. 1.
203 KassKomm/*Gürtner*, SGB VI, § 41 Rn. 4.
204 Vgl. KassKomm/*Gürtner*, SGB VI, § 41 Rn. 4.
205 BAG v. 14. Oktober 1997 – 7 AZR 660/96, NZA 1998, 652.
206 KassKomm/*Gürtner*, SGB VI, § 41 Rn. 5.

kirchenrechtlichen Regelungen oder nach den Regelungen einer berufsständischen Versorgungseinrichtung eine Versorgung nach Erreichen einer Altersgrenze beziehen oder die in der Gemeinschaft übliche Versorgung im Alter nach § 5 Abs. 1 S. 1 Nr. 3 SGB VI erhalten oder letztlich bis zum Erreichen der Regelaltersgrenze nicht versichert waren oder nach Erreichen der Regelaltersgrenze eine Beitragserstattung aus ihrer Versicherung erhalten haben. Die Arbeitnehmer werden durch den Verlust des Kündigungsschutzes nach § 41 S. 1 SGB VI jedoch nicht schutzlos, denn für sie gelten die allgemeinen Regelungen des Kündigungsschutzgesetzes[207].

3. Umfang des Kündigungsschutzes

Der Grundsatz des § 41 S. 1 SGB VI steht einer Kündigung aus personen-, verhaltens- oder betriebsbedingten Gründen nicht entgegen, solange diese sich nicht auf das Erreichen der Regelaltersgrenze oder den entstandenen Anspruch auf Rente wegen Alters stützt. Das gilt darüber hinaus auch, wenn die Kündigung mit dem Zeitpunkt des Erwerbs eines Anspruchs auf eine Rente wegen Alters zusammenfällt[208].

Demnach schützt Art. 12 GG die auf freie Entfaltung der Persönlichkeit gewährleistete Freiheit der Entscheidung des Arbeitnehmers, eine Rente wegen Alters zu beziehen oder weiter zu arbeiten[209]. Dabei dient die Vorschrift weniger dem Individualinteresse des Arbeitnehmers, eine Kündigung hinzunehmen, weil er die Möglichkeit hat, eine Altersrente als Existenzsicherung an Stelle des laufenden Erwerbseinkommens zu beziehen. Sie soll vielmehr neben § 41 S. 2 SGB VI verhindern, dass die Flexibilisierung der Altersgrenzen einen arbeitsrechtlichen Ansatzpunkt zur Verdrängung älterer Arbeitnehmer aus dem Erwerbsleben bietet, und ist demnach überwiegend im Interesse der Finanzstruktur der Rentenversicherung eingeführt worden[210].

---

207 KassKomm/*Gürtner*, SGB VI, § 41 Rn. 6.

208 Henssler/Willemsen/Kalb/*Ricken*, SGB VI, § 41 Rn. 4; *Waltermann*, RdA 1993, 209, 213.

209 BAG v. 20. Oktober 1993 – 7 AZR 135/93, NZA 1994, 128; *Waltermann*, NZA 1994, 822, 824 f.

210 Vgl. KassKomm/*Gürtner*, SGB VI, § 41 Rn. 3.

Fraglich erscheint jedoch, ob die Vorschrift bei einer betriebsbedingten Kündigung auch die sozialen Gesichtspunkte bei der Auswahl der Arbeitnehmer nach § 1 Abs. 3 S. 1 KSchG umfasst[211]. Bis zum 30. September 1996 regelte § 1 Abs. 3 S. 1 KSchG inhaltsgleich mit dem früheren § 41 Abs. 4 S. 2 SGB VI, dass der Anspruch des Arbeitnehmers auf eine Altersrente nicht zu den berücksichtigungsfähigen sozialen Gesichtspunkten gehörte. Heute hingegen enthält § 1 Abs. 3 KSchG nur noch eine Begrenzung der berücksichtigungsfähigen sozialen Gesichtspunkte, die lediglich eine ausreichende Berücksichtigung des Altes vorsieht und demnach die Einbeziehung des möglichen Altersrentenbezugs nicht ausschließt[212]. Der Gesetzgeber ist bei der Streichung des § 41 Abs. 4 S. 2 SGB VI davon ausgegangen, dass der Anspruch des Arbeitnehmers auf eine Altersrente nicht zu den berücksichtigungsfähigen sozialen Gesichtspunkten gehört[213]. Folglich gilt § 41 S. 1 SGB VI somit auch für alle Kündigungen nach dem Kündigungsschutzgesetz.

4. Rechtsfolgen

Eine Kündigung, die sich auf den Anspruch des Arbeitnehmers auf Rente wegen Alters stützt, ist mangels Rechtfertigungsgrundes unwirksam. Nichtsdestotrotz bleibt durch die Anwendung des Kündigungsschutzgesetzes insbesondere die Klagefrist des § 4 KSchG zu beachten[214]. Demnach ist eine Kündigung wirksam, wenn der Arbeitnehmer nicht binnen drei Wochen nach Zugang der schriftlichen Kündigung Klage beim Arbeitsgericht auf Feststellung erhebt, dass das Arbeitsverhältnis durch die Kündigung nicht aufgelöst ist.

IV. Vereinbarung über Altersgrenzen

Die Regelung des § 41 S. 2 SGB VI soll, wie auch ihr vorangehenden Satz, die Flexibilisierung der Altersgrenzen in der Rentenversicherung

211 KassKomm/*Gürtner*, SGB VI, § 41 Rn. 3.
212 KassKomm/*Gürtner*, SGB VI, § 41 Rn. 3.
213 BT-Drs. 13/9818, S. 13.
214 ErfKomm ArbR/*Rolfs*, SGB VI, § 41 Rn. 9.

arbeitsrechtlich so absichern, dass dem einzelnen Arbeitnehmer die verfassungsrechtlich gebotene Freiheit der Entscheidung für eine Fortsetzung der Erwerbstätigkeit nach Erreichen einer gesetzlichen Altersgrenze für den Anspruch auf eine Rente bis zum Erreichen der Regelaltersgrenze verbleibt[215]. Dem wird sie dadurch gerecht, dass eine Vereinbarung, welche die Beendigung des Arbeitsverhältnisses eines Arbeitnehmers ohne Kündigung zu einem Zeitpunkt vorsieht, zu dem der Arbeitnehmer vor Erreichen der Regelaltersgrenze eine Rente wegen Alters beantragen kann, dem Arbeitnehmer gegenüber als auf das Erreichen der Regelaltersgrenze abgeschlossen gilt. Eine Ausnahme hiervor besteht, wenn die Vereinbarung innerhalb der letzten drei Jahre vor diesem Zeitpunkt abgeschlossen wurde oder von dem Arbeitnehmer innerhalb der letzten drei Jahre vor diesem Zeitpunkt bestätigt worden ist (§ 41 S. 2 Hs. 2 SGB VI).

Sieht eine Vereinbarung lediglich eine Option auf vorzeitige Beendigung des Arbeitsverhältnisses vor, so fällt sie nicht unter den Anwendungsbereich des § 41 S. 2 SGB VI[216]. Es besteht auch kein Bedürfnis für eine analoge Anwendung des § 41 S. 2 SGB VI. Die Vorschrift will durch eine Flexibilisierung und Verlängerung der Lebensarbeitszeit das zahlenmäßige Verhältnis zwischen Beitragszahlern und Rentnern verbessern und damit der demografischen Entwicklungen Rechnung tragen[217]. Dem Arbeitnehmer soll es ermöglicht werden, sich in einem Lebensabschnitt für oder gegen eine Vereinbarung über ein vorzeitiges Ende des Arbeitsverhältnisses zu entscheiden, indem er die Auswirkungen einer solchen Vereinbarung richtig einschätzen kann. Diesem Sinn und Zweck des § 41 S. 2 SGB VI wird hier insbesondere durch diese eingeräumte Möglichkeit Rechnung getragen[218].

Die Vorschrift ist eine sozialversicherungsrechtliche Sonderregelung mit Wirkung für das Arbeitsrecht. Kommt im Einzelfall die Anwendbarkeit des § 41 S. 2 SGB VI nicht in Betracht, weil etwa die Voraussetzung der Bezugnahme auf eine Rente wegen Alters nicht vorliegt, bleiben auf die Vereinbarung die sonst nach Arbeitsrecht gelten-

215 Henssler/Willemsen/Kalb/*Ricken*, SGB VI, § 41 Rn. 6.
216 Henssler/Willemsen/Kalb/*Ricken*, SGB VI, § 41 Rn. 6.
217 Vgl. KassKomm/*Gürtner*, SGB VI, § 41 Rn. 10.
218 LAG Köln v. 31. Januar 2002 – 6 Sa 899/01, zit. n. Juris; Dornbusch/Fischermeier/Löwisch/*Lauterbach*, SGB VI, § 41 Rn. 3.

den Regeln für die Beurteilung der Wirksamkeit der Festlegung der Altersgrenze weiterhin anwendbar[219].

Vereinbarungen über die Beendigung von Arbeitsverhältnissen aufgrund von Altersgrenzen unterliegen der arbeitsgerichtlichen Befristungskontrolle nach § 17 TzBfG[220].

1. Persönlicher Anwendungsbereich

In § 41 S. 2 SGB VI findet sich im Gegensatz zu § 41 S. 1 SGB VI kein Verweis auf das Kündigungsschutzgesetz. Daher wird teilweise vertreten, dass § 41 S. 2 SGB VI seinem vorhergehenden Satz systematisch zuzuordnen ist und als Voraussetzung des § 41 S. 2 SGB VI die Anwendung des Kündigungsschutzgesetzes gefordert wird[221]. Unterliege das konkrete Arbeitsverhältnis nämlich nicht dem Kündigungsschutzgesetz, könne der Arbeitgeber dies grundsätzlich einseitig im Wege der Kündigung beenden. Ein Abschluss einer Vereinbarung, wonach das Arbeitsverhältnis beendet wird, wenn der Arbeitnehmer vor Erreichen der Regelaltersgrenze eine Rente wegen Alters beantragen kann, wäre, nach dieser Ansicht, letztlich überflüssig[222]. Ein alle Arbeitsverhältnisse umfassender Anwendungsbereich der Regelung würde der praktischen Bedeutung zuwiderlaufen[223].

Andererseits könnte die Vorschrift hingegen unabhängig von den Anwendungsvoraussetzungen des Kündigungsschutzgesetzes auf alle Arbeitsverhältnisse angewandt werden[224]. Dies lässt sich zwar aus dem Wortlaut des § 41 S. 2 SGB VI nicht entnehmen, beide in der Vorschrift enthaltenen Normzwecke (Schutz der Rentenkassen und der Entscheidungsfreiheit der Arbeitnehmer) sprächen jedoch dafür[225], denn es ist nicht ersichtlich, warum eine solche Regelung auf Arbeitnehmer, die nicht unter den Anwendungsbereich des Kündigungsschutzgesetzes fallen, nicht anwendbar sein sollte. Auch in solchen Fäl-

219 KassKomm/*Gürtner*, SGB VI, § 41 Rn. 10.

220 KassKomm/*Gürtner*, SGB VI, § 41 Rn. 10.

221 Vgl. Henssler/Willemsen/Kalb/*Ricken*, SGB VI, § 41 Rn. 7.

222 Vgl. Henssler/Willemsen/Kalb/*Ricken*, SGB VI, § 41 Rn. 7.

223 Henssler/Willemsen/Kalb/*Ricken*, SGB VI, § 41 Rn. 7.

224 ErfKomm ArbR/*Rolfs*, SGB VI, § 41 Rn. 11; Dornbusch/Fischermeier/Löwisch/*Lauterbach*, SGB VI, § 41 Rn. 1.

225 Vgl. ErfKomm ArbR/*Rolfs*, SGB VI, § 41 Rn. 11.

len schützt § 41 S. 2 SGB VI zunächst die Rentenkassen, indem er eine allgemeine vorgezogene Verrentung, die nicht in den letzten drei Jahren vor diesem Zeitpunkt abgeschlossen oder bestätigt wurde, verhindert. Damit treten Arbeitnehmer mit einer entsprechenden Klausel im Arbeitsvertrag nicht zu früh in den Ruhestand und beziehen dementsprechend nicht verfrüht Rente aus der Rentenkasse. Zudem bleibt auch diesen Arbeitnehmern die Entscheidungsfreiheit, eine entsprechende Klausel in den Arbeitsvertrag aufzunehmen oder eine solche zu bestätigen, je nach ihren persönlichen Gegebenheiten selbst überlassen. Ob ein Arbeitnehmer unter den Anwendungsbereich des Kündigungsschutzgesetzes fällt, hängt oft nur vom Zufall ab (vgl. zu den Voraussetzungen des Anwendungsbereichs des Kündigungsschutzgesetzes *§ 7 V. (Allgemeiner Kündigungsschutz)*). Darüber hinaus zeigt der konkrete Bezug auf das Kündigungsschutzgesetz im ersten Satz der Norm, dass es dem Gesetzgeber bekannt war, einen solchen Verweis, sofern gewollt, aufzunehmen. Dies hat er im zweiten Satz der Regelung jedoch unterlassen, sodass eine Anwendung des Kündigungsschutzgesetzes gerade nicht angedacht scheint. Ohne Vorgriff auf *§ 5 (Befristungen über das Erreichen der Regelaltersgrenze hinaus)* soll lediglich der Vollständigkeit halber angeführt werden, dass auch der dritte Satz der Vorschrift die Anwendung des Kündigungsschutzgesetzes weder ausdrücklich noch durch seinen Sinn und Zweck fordert. Die Sätze sind demnach unabhängig voneinander zu lesen, sodass die Voraussetzungen des Kündigungsschutzgesetzes nicht vorliegen müssen und § 41 S. 2 SGB VI auf alle Arbeitsverhältnisse Anwendung findet[226].

2. Befristungen und Bedingungen

Allgemein kann ein Arbeitsverhältnis enden, ohne dass es einer Kündigung bedarf, wenn die Parteien eine Befristung vereinbart haben oder eine – ebenfalls vereinbarte – auflösende Bedingung eintritt[227].

---

226 ErfKomm ArbR/*Rolfs*, SGB VI, § 41 Rn. 11; Dornbusch/Fischermeier/Löwisch/*Lauterbach*, SGB VI, § 41 Rn. 1; a.A. Henssler/Willemsen/Kalb/*Ricken*, SGB VI, § 41 Rn. 7.

227 *Löwisch/Caspers/Klumpp*, Arbeitsrecht, Rn. 656, 658; *Junker*, Arbeitsrecht, Rn. 432; *Rolfs*, Arbeitsrecht, TzBfG, § 21 Rn. 1.

Beim Endtermin einer Befristung handelt es sich um ein zukünftiges Ereignis, dessen Eintritt gewiss ist[228]. Für Arbeitsverträge, die auf bestimmte Zeit abgeschlossen werden, gilt gemäß § 620 Abs. 3 BGB das Teilzeit- und Befristungsgesetz. Dieses Gesetz hat das Ziel, Teilzeitarbeit zu fördern, die Voraussetzungen für die Zulässigkeit befristeter Arbeitsverträge festzulegen und die Diskriminierung von teilzeitbeschäftigten und befristeten Arbeitnehmern zu verhindern (§ 1 TzBfG). Nach § 14 Abs. 4 TzBfG bedarf die Befristung eines Arbeitsvertrages zu ihrer Wirksamkeit der Schriftform. Es werden zwei Arten von Befristungen unterschieden. Zum einen ist die Zeitbefristung zu nennen, welche die Dauer des Arbeitsverhältnisses kalendermäßig bestimmt (§ 3 Abs. 1 S. 1 Alt. 1 TzBfG). Ein danach befristeter Arbeitsvertrag endet mit Ablauf der vereinbarten Zeit (§ 15 Abs. 1 TzBfG). Zum anderen sieht das Gesetz nach § 3 Abs. 1 S. 1 Alt. 2 TzBfG eine Zweckbefristung vor. Sie ist gegeben, wenn sich die Dauer des Arbeitsverhältnisses aus Art, Zweck oder Beschaffenheit der Arbeitsleistung ergibt. Ein zweckbefristeter Arbeitsvertrag endet gemäß § 15 Abs. 2 TzBfG mit Erreichen des Zwecks, frühestens jedoch zwei Wochen nach Zugang der schriftlichen Unterrichtung des Arbeitnehmers durch den Arbeitgeber über den Zeitpunkt der Zweckerreichung. Befristungen bedürfen für ihre Wirksamkeit eines sachlichen Grundes nach § 14 TzBfG (vgl. hierzu detaillierter *§ 4 IV. 3. b) (Teilzeitbefristungsgesetz)*).

Im Gegensatz zur Befristung handelt es sich bei einer Bedingung um ein zukünftiges, ungewisses Ereignis (§ 158 BGB). Unterschieden wird zwischen einer aufschiebenden und einer auflösenden Bedingung. Wird ein Rechtsgeschäft unter aufschiebender Bedingung vorgenommen, so tritt die von der Bedingung abhängig gemachte Wirkung mit dem Eintritt der Bedingung ein (§ 158 Abs. 1 BGB). Wird ein Rechtsgeschäft hingegen unter einer auflösenden Bedingung vorgenommen, so endet mit dem Eintritt der Bedingung die Wirkung des Rechtsgeschäfts und der frühere Rechtszustand tritt wieder ein (§ 158 Abs. 2 BGB).

Die Grenzen zwischen Befristung und Bedingung sind fließend. So kann ein und derselbe Tatbestand – beispielsweise die Vertretung eines schwer erkrankten Arbeitnehmers – sowohl eine Zweckbefristung als

228 Palandt/*Ellenberger*, BGB, Einführung vor § 158 Rn. 2.

auch eine Bedingung begründen, je nachdem, ob die Parteien die Genesung des zu vertretenden Arbeitnehmers als gewiss oder als ungewiss ansehen[229]. Auch die Zeitbefristung, beispielsweise ein zwölfmonatiges Arbeitsverhältnis zur Erprobung eines neuen Fernsehprogramms und die Bedingung, dass das Arbeitsverhältnis der Schauspielerin endet, wenn die Einschaltquoten des Programms unter einen bestimmten Wert sinken[230], sind funktional vergleichbar[231]. Ebenfalls sind hier zur Wirksamkeit eines auflösend bedingten Arbeitsverhältnisses die Schriftform nach § 14 Abs. 4 TzBfG und das Vorliegen eines sachlichen Grundes nach § 14 Abs. 1 TzBfG erforderlich, da unter anderem diese Paragraphen nach § 21 TzBfG entsprechend anzuwenden sind.

§ 41 S. 2 SGB VI wird als (auflösende) Befristung angesehen[232], da die Parteien den Eintritt des Pensionsalters als gewiss ansehen[233].

3. Sonderregelungen

Sonderregelungen für Befristungen finden sich in § 8 AltTZG, § 10 AGG sowie in § 14 TzBfG. Während § 14 TzBfG Befristungen und Bedingungen bei Vorliegen eines Sachgrundes erlaubt, regelt § 8 AltTZG wirksame Befristungen für Arbeitsverträge älterer Arbeitnehmer. § 10 AGG beschäftigt sich mit der Zulässigkeit unterschiedlicher Behandlungen wegen des Alters.

a) Altersteilzeitgesetz

Das als Art. 1 des Gesetzes zur Förderung eines gleitenden Übergangs in den Ruhestand am 23. Juli 1996 verabschiedete Altersteilzeitgesetz dient einem ebensolchen Übergang älterer Arbeitnehmer vom Er-

229 *Junker*, Arbeitsrecht, Rn. 439; *Hromadka/Maschmann*, Arbeitsrecht Band 1, § 4 Rn. 8; *Löwisch/Caspers/Klumpp*, Arbeitsrecht, Rn. 659.

230 BAG v. 2. Juli 2003 – 7 AZR 612/02, NZA 2004, 311.

231 *Junker*, Arbeitsrecht, Rn. 439; *Hromadka/Maschmann*, Arbeitsrecht Band 1, § 4 Rn. 7; *Löwisch/Caspers/Klumpp*, Arbeitsrecht, Rn. 659.

232 BAG v. 14. August 2002 – 7 AZR 469/01, BB 2003. 478; Henssler/Willemsen/Kalb/*Ricken*, SGB VI, § 41 Rn. 8; *Junker*, Arbeitsrecht, Rn. 441.

233 *Junker*, Arbeitsrecht, Rn. 432; *Hromadka/Maschmann*, Arbeitsrecht Band 1, § 4 Rn. 13.

werbsleben in die Altersrente und der Einstellung von Arbeitslosen[234]. Die Agentur für Arbeit fördert durch Leistungen die Altersteilzeit älterer Arbeitnehmer, die ihre Arbeitszeit ab Vollendung des 55. Lebensjahres vermindern und damit die Einstellung eines sonst arbeitslosen Arbeitnehmers ermöglichen (§ 1 Abs. 2 AltTZG). Aber auch unabhängig von der Förderung der Agentur für Arbeit kann Altersteilzeit i.S.d. Altersteilzeitgesetzes vorliegen, wenn ein Arbeitnehmer seine Arbeitszeit ab Vollendung des 55. Lebensjahres vermindert (§ 1 Abs. 3 S. 1 AltTZG).

Als Hauptanwendungsfall gilt das Blockmodell des § 2 Abs. 2 Nr. 1 AltTZG. Dabei wird die bisherige Arbeitszeit vertraglich um die Hälfte verringert und die verbleibende Arbeitszeit so verteilt, dass der Arbeitnehmer während der ersten Hälfte der Altersteilzeit mit der bisherigen (vollen) Arbeitszeit arbeitet (sog. Arbeitsphase/Arbeitsblock) und für die restliche Dauer von der Arbeitspflicht befreit wird (Freistellungsphase/Freizeitblock)[235]. In Anspruch genommen werden kann diese Regelung von dem begünstigten Personenkreis des § 2 Abs. 1 AltTZG. Danach muss die Person die Arbeitnehmereigenschaft erfüllen, das 55. Lebensjahr vollendet haben und eine Vorbeschäftigung von 1080 Tagen (ca. 3 Jahre) vorweisen zu können. Über die Altersteilzeit muss eine Vereinbarung getroffen worden sein, welche die Halbierung der Arbeitszeit vorsieht (§ 2 Abs. 2 S. 1 Hs. 1 AltTZG). Auch muss der Arbeitnehmer einen Rentenanspruch am Folgetag der Altersteilzeit innehaben sowie ein versicherungspflichtig Beschäftigter i.S.d. SGB III sein (§ 2 Abs. 1 Nr. 2 AltTZG). Versicherungspflichtig sind Personen nach der Legaldefinition des § 25 Abs. 1 S. 1 SGB III, die gegen Arbeitsentgelt oder zu ihrer Berufsausbildung beschäftigt sind.

Auf den Abschluss eines Altersteilzeitvertrages hat der Arbeitnehmer keinen Anspruch[236]. Dies gilt auch für schwerbehinderte Arbeitnehmer[237]. Demzufolge ist der Arbeitgeber nicht verpflichtet, über den Antrag des Arbeitnehmers innerhalb einer bestimmten Frist zu ent-

234 Löwisch/Rieble/*Löwisch/Rieble*, TVG, § 1 Rn. 1846.

235 BeckOK ArbR/*Rittweger*, ATG, § 1 Rn. 2; Rittweger/Petri/Schweigert/*Rittweger*, ATG, § 2 Rn. 42.

236 ErfKomm ArbR/*Rolfs*, ATG, § 8 Rn. 1; *Andresen*, Frühpensionierung und Altersteilzeit, Rn. 563.

237 BAG v. 26. Juni 2001 – 9 AZR 244/00, NZA 2002, 44.

scheiden[238]. Es besteht die Möglichkeit, solche Rechtsansprüche durch Tarifvertrag oder Betriebsvereinbarung zu regeln[239].

Der Altersteilzeitvertrag ist ein befristeter Arbeitsvertrag[240]. Er bedarf zu seiner Wirksamkeit der Schriftform (§ 14 Abs. 4 TzBfG) und muss vor Beginn der Altersteilzeitarbeit abgeschlossen werden[241].

Eine besondere Relevanz kommt § 8 AltTZG zu. Dieser beinhaltet eine ergänzende arbeitsrechtliche Regelung zu § 2 Abs. 1 Nr. 2 AltTZG[242]. Während § 8 Abs. 1 AltTZG kündigungsschutzrechtliche Regelungen enthält, normiert Abs. 2, dass spezifische Arbeitgeberrisiken der Altersteilzeit nicht auf die Arbeitnehmer übertragen werden dürfen. Abs. 3 lässt die Befristung des Altersteilzeit-Arbeitsverhältnisses zu und enthält rentenbezogene Sondervorschriften zu § 41 SGB VI[243].

aa) Kündigungsschutz nach dem Altersteilzeitgesetz

Der erste Absatz des § 8 AltTZG soll den Arbeitnehmer davor schützen, aufgrund des Status als Altersteilzeitarbeitnehmer betriebs-, personen- oder verhaltensbedingt nach den Regelungen des Kündigungsschutzgesetzes gekündigt zu werden. Hiervon nicht erfasst ist eine Kündigung des Arbeitgebers, die ausgesprochen wird, weil der Arbeitnehmer einen Antrag auf Altersteilzeit gestellt hat. Eine solche Kündigung ist jedoch bereits nach §§ 612 a, 134 BGB, wonach ein Arbeitgeber seinen Arbeitnehmer bei einer Vereinbarung oder Maßnahme nicht benachteiligen darf, weil dieser in zulässiger Weise seine Rechte ausübt, unwirksam[244]. Eines Rückgriffs auf § 11 TzBfG (Kündigungsverbot bei der Weigerung des Arbeitnehmers, von einem Vollzeit- in ein Teilzeitarbeitsverhältnis oder umgekehrt zu wechseln) bedarf es

238 Vgl. ErfKomm ArbR/*Rolfs*, ATG, § 8 Rn. 1.

239 Bzgl des Tarifvertrages: BAG v. 18. November 2003 – 9 AZR 122/03, NZA 2004, 545; bzgl. der Betriebsvereinbarung: BAG v. 5. Juni 2007 – 9 AZR 498/06, NZA 2008, 1264; *Andresen*, Frühpensionierung und Altersteilzeit, Rn. 561.

240 ErfKomm ArbR/*Rolfs*, ATG, § 8 Rn. 4; *Schindele*, ArbR Aktuell 2014, 379, 380.

241 Vgl. ErfKomm ArbR/*Rolfs*, ATG, § 8 Rn. 4.

242 Henssler/Willemsen/Kalb/*Stindt/Nimscholz*, ATZG, § 8 Rn. 1.

243 BeckOK ArbR/*Rittweger*, ATG, § 8 vor Rn. 1; Rittweger/Petri/Schweigert/*Rittweger*, ATG, § 8 Rn. 1.

244 BAG v. 2. April 1987 – 2 AZR 227/86, NZA 1988,18; Rittweger/Petri/Schweigert/*Rittweger*, ATG, § 8 Rn. 5.

deshalb nicht (§ 23 TzBfG). Die Freiwilligkeit der Altersteilzeitvereinbarung wird indes durch den Ausschluss der Möglichkeit, die Altersteilzeit durch eine Änderungskündigung zu erzwingen, von dem Gesetzgeber weiter verdeutlicht[245].

Eine Kündigung ist auch in der Freistellungsphase der Beschäftigung bei einer Aufsplittung des Altersteilzeitarbeitsverhältnisses in eine Arbeits- und eine Freistellungsphase (Blockmodell) gemäß § 242 BGB nicht gänzlich ausgeschlossen[246]. Aufgrund des Befristungscharakters der Altersteilzeit muss die Möglichkeit zur ordentlichen Kündigung jedoch nach Maßgabe des § 15 TzBfG ausdrücklich einzelvertraglich oder durch Tarifvertrag vereinbart werden[247]. Eine außerordentliche Kündigung ist bei der Altersteilzeit durchgehend, sprich sowohl in der Arbeits- als auch in der Freistellungsphase, möglich[248].

Bei einer betriebsbedingten Kündigung kann im Rahmen der sozialen Auswahl die Frage nach der Vergleichbarkeit von Teilzeitarbeitnehmern mit Vollzeitarbeitnehmern aufkommen. Dabei ist unter Berücksichtigung der Organisationsentscheidung des Arbeitgebers nach dem Grundsatz des § 1 Abs. 3 KSchG – sprich nach den Kriterien der Dauer der Betriebszugehörigkeit, des Lebensalters, der Unterhaltspflichten und des Grades der Behinderung – zu entscheiden und im Rahmen der Interessenabwägung zu berücksichtigen, dass ein Arbeitnehmer in Altersteilzeit mit dem freiwilligen Verzicht der Vollbeschäftigung einen Beitrag zur Beschäftigungssicherung geleistet hat[249].

bb) Koppelungsverbot zulasten der Arbeitnehmer

§ 8 Abs. 2 AltTZG schützt die Arbeitnehmer davor, dass ihnen die Nichtgewährung von Fördermitteln aufgebürdet wird, wenn dies ausschließlich der Sphäre des Arbeitgebers zuzurechnen ist[250]. Als solche Risiken nennt das Gesetz:

---

245 Henssler/Willemsen/Kalb/*Stindt/Nimscholz*, ATZG, § 8 Rn. 3.

246 Ascheid/Preis/Schmidt/*Greiner*, ATG, § 8 Rn. 4.

247 Henssler/Willemsen/Kalb/*Stindt/Nimscholz*, ATZG, § 8 Rn. 4.

248 LAG Hamm v. 3. April 2009 – 10 Sa 1565/08, AuA 2010, 49; Henssler/Willemsen/Kalb/*Stindt/Nimscholz*, ATZG, § 8 Rn. 4; *Bauer/von Medem*, NZA 2012, 945, 950.

249 Henssler/Willemsen/Kalb/*Stindt/Nimscholz*, ATZG, § 8 Rn. 5; Rittweger/Petri/Schweigert/*Rittweger*, ATG, § 8 Rn. 5.

250 Rittweger/Petri/Schweikert/*Rittweger*, ATG, § 8 Rn. 7.

- die fehlende Wiederbesetzung nach § 3 Abs. 1 Nr. 2 AltTZG,
- die fehlende, unrichtige, unvollständige oder verspätete Antragstellung auf Förderleistungen gem. § 12 AltTZG und
- den Verstoß gegen Mitwirkungspflichten[251].

Verstößt eine Vereinbarung gegen § 8 Abs. 2 AltTZG, so ist sie nach § 134 BGB aufgrund gesetzlichen Verbots nichtig[252].

Insbesondere das Verbot der Koppelung mit der Wiederbesetzung kann für einen Arbeitgeber problematisch werden, z. B. falls der Wiederbesetzer eine Eigenkündigung ausspricht. Um den Arbeitgeber nicht mit weiteren Risiken zu belasten, wird daher von mancher Seite empfohlen, die Aufstockungen unter die Bedingung zu stellen, dass eine Förderung durch die Agentur für Arbeit erfolgt[253]. Eine solche Klausel solle im Umkehrschluss zu § 8 Abs. 2 AltTZG zulässig sein. Denn nach dieser Vorschrift kann gerade die Verpflichtung des Arbeitgebers zur Zahlung des Aufstockungsbetrags nicht für den Fall ausgeschlossen werden, dass die Zuschüsse der Agentur für Arbeit deshalb wegfallen, weil kein Ersatz-Arbeitsloser/-Auszubildender beschäftigt wird[254].

cc) Spezialregelung des § 8 Abs. 3 AltTZG

§ 8 Abs. 3 AltTZG gilt als lex specialis zu § 41 S. 2 SGB VI[255]. Er besagt, dass eine Vereinbarung zwischen Arbeitnehmer und Arbeitgeber über die Altersteilzeitarbeit, welche die Beendigung des Arbeitsverhältnisses ohne Kündigung zu einem Zeitpunkt vorsieht, in dem der Arbeitnehmer Anspruch auf eine Rente wegen Alters hat, zulässig ist. Somit wird klargestellt, dass eine Vereinbarung auf den Tag befristet werden kann, an dem der Arbeitnehmer die erstmaligen Voraussetzungen für den Bezug einer Rente wegen Alters nach Maßgabe der §§ 35 ff. SGB VI er-

---

251 In Frage kommen die Pflichten nach § 13 AltTZG, aber auch – soweit nicht durch das Altersteilzeitgesetz selbst spezialgesetzlich verdrängt – nach § 20 Abs. 1 Satz 1 SGB X oder nach §§ 60 ff. SGB I, die alle Leistungsempfänger treffen, Rittweger/Petri/Schweikert/*Rittweger*, ATG, § 8 Rn. 8-10.

252 Rittweger/Petri/Schweigert/*Rittweger*, ATG, § 8 Rn. 12.

253 Vgl. BeckOK ArbR/*Rittweger*, ATG, § 8 Rn. 4; Rittweger/Petri/Schweikert/*Rittweger*, ATG, § 8 Rn. 13.

254 Vgl. *Diller*, NZA 1996, 847, 851.

255 KassKomm/*Gürtner*, SGB VI, § 41 Rn. 2.

füllt. Die Voraussetzungen sollen bereits dann vorliegen, wenn der Arbeitnehmer Abschläge von der gesetzlichen Rente wegen vorzeitiger Inanspruchnahme hinnehmen muss[256]. Es handelt sich demnach um eine nachträgliche Befristung, die jedoch vom Gesetz ausdrücklich zugelassen wird. Nicht unberücksichtigt sollte jedoch bleiben, dass es sich in erster Linie um eine Beendigungsvereinbarung handelt[257]. Die Vorschrift statuiert gewissermaßen einen spezifischen Sachgrund für die Befristung[258]. Da § 41 S. 2 SGB VI eine Altersgrenzenvereinbarung nur erlaubt, wenn die Vereinbarung innerhalb der letzten drei Jahre vor dem Zeitpunkt der Inanspruchnahme einer Rente wegen Alters abgeschlossen oder von dem Arbeitnehmer bestätigt worden ist, bedurfte es einer Sonderregelung wie der des § 8 Abs. 3 AltTZG[259].

Ebenfalls geht § 8 Abs. 3 AltTZG als Spezialregelung dem § 14 TzBfG vor[260]. Nichtsdestotrotz ist auch eine Kombination des § 8 AltTZG mit anderen gesetzlichen oder als sachliche Gründe i.S.d. § 14 TzBfG anerkannten Befristungstatbeständen möglich[261].

b) Teilzeit- und Befristungsgesetz

Nach den Rechtsprechungsgrundsätzen zur Befristungskontrolle von Arbeitsverhältnissen bedarf es eines sachlichen Grundes, da mit der Altersgrenzenvereinbarung eine funktionswidrige Verwendung des befristeten Arbeitsvertrages und damit eine objektive Umgehung zwingenden Kündigungsschutzrechts verbunden sein kann[262].

256 Henssler/Willemsen/Kalb/*Stindt/Nimscholz*, ATZG, § 8 Rn. 12, 13; Ascheid/Preis/Schmidt/*Greiner*, ATG, § 8 Rn. 8.

257 BeckOK ArbR/*Rittweger*, ATG, § 8 Rn. 5.

258 *Zwanziger*, RdA 2005, 226, 228.

259 Ascheid/Preis/Schmidt/*Greiner*, ATG, § 8 Rn. 9; *Boecken*, NJW 1996, 3386, 3391.

260 Henssler/Willemsen/Kalb/*Stindt/Nimscholz*, ATZG, § 8 Rn. 14; Rittweger/Petri/Schweigert/*Rittweger*, ATG, § 8 Rn. 15.

261 Vgl. Ascheid/Preis/Schmidt/*Greiner*, ATG, § 8 Rn. 10.

262 BAG v. 20. Februar 2002 – 7 AZR 748/00, NZA 2002, 789 (Arbeitsvertragliche Altersgrenze bei Piloten).

Während § 41 S. 2 SGB VI die Rechtsfolgen von Befristungen auf einen Zeitpunkt regelt, zu dem eine vorgezogene Altersrente bezogen werden kann, bestimmt sich deren Zulässigkeit nach § 14 TzBfG[263].

aa) Allgemeine Anforderungen

Die gesetzliche Normierung des Sachgrunderfordernisses als Regelfall der zulässigen Befristung in § 14 Abs. 1 TzBfG knüpft an die Rechtsprechung des Bundesarbeitsgerichts an[264]. Dieses beschränkte schon vor Inkrafttreten des § 14 TzBfG die Wirksamkeit befristeter Arbeitsverträge, um die Umgehung des Kündigungsschutzes zu unterbinden[265]. Das Teilzeitbefristungsgesetz trat am 1. Januar 2001 in Kraft[266].

§ 14 Abs. 1 S. 2 TzBfG führt eine nicht abschließende Aufzählung von sachlichen Gründen auf.

Der maßgebliche Zeitpunkt für die Zulässigkeit der Befristung ist der Abschluss des Vertrages. Das ergibt sich schon aus der Terminologie des Gesetzes[267]. Somit schadet ein späterer „Wegfall" des sachlichen Grundes grundsätzlich nicht[268].

Die Tatbestände zulässiger sachgrundloser Befristungen sind in den Regelungen des § 14 Abs. 2 bis Abs. 3 TzBfG normiert.

Dabei sieht § 14 Abs. 2 TzBfG eine sachgrundlose Befristung für den Fall einer Beschäftigung mit der Höchstdauer von zwei Jahren vor. Währenddessen darf das Arbeitsverhältnis bis zu dreimal verlängert werden. Dies gilt jedoch dann nicht, wenn mit demselben Arbeitgeber bereits zuvor ein befristetes oder unbefristetes Arbeitsverhältnis bestanden hat (§ 14 Abs. 2 S. 2 TzBfG). Eine sachgrundlose Befristung ist

---

263 BAG v. 19. November 2003 – 7 AZR 296/03, NZA 2004, 1336; Däubler/Hjort/Schubert/Wolmerath/*Zimmermann*, SGB VI, § 41 Rn. 7; *Bauer/von Medem*, NZA 2012, 945 f.

264 So ausdrücklich die Begründung zum Regierungsentwurf, BT-Drs. 14/4374, S. 13, 18.

265 Ascheid/Preis/Schmidt/*Backhaus*, TzBfG, § 14 Rn. 1; Laux/Schlachter/*Schlachter*, TzBfG, § 14 Rn. 6.

266 Ascheid/Preis/Schmidt/*Backhaus*, TzBfG, § 14 Rn. 1.

267 BAG v. 24. Oktober 2001 – 7 AZR 542/00, NZA 2002, 443; Ascheid/Preis/Schmidt/*Backhaus*, TzBfG, § 14 Rn. 12.

268 Vgl. Annuß/Thüsing/*Maschmann*, TzBfG, § 14 Rn. 8; Ascheid/Preis/Schmidt/*Backhaus*, TzBfG, § 14 Rn. 12; Boecken/Joussen/*Boecken*, TzBfG, § 14 Rn. 15.

in diesem Fall unzulässig. Hiervor kann nach § 14 Abs. 2 S. 3 TzBfG durch Tarifvertrag abgewichen werden.

Ist ein Unternehmen neu gegründet, so ist eine kalendermäßige Befristung eines Arbeitsvertrages ohne das Vorliegen eines sachlichen Grundes von bis zu vier Jahren zulässig. Eine mehrfache Verlängerung ist in diesem Zeitraum möglich (§ 14 Abs. 2 a S. 1 TzBfG).

Letztlich ist eine sachgrundlose Befristung des Arbeitsverhältnisses gemäß § 14 Abs. 3 TzBfG von bis zu fünf Jahren zulässig, wenn der Arbeitnehmer bei Beginn des befristeten Arbeitsverhältnisses das 52. Lebensjahr vollendet hat und unmittelbar vor Beginn des befristeten Arbeitsverhältnisses mindestens vier Monate beschäftigungslos i.S.d. § 138 Abs. 1 Nr. 1 SGB III gewesen ist, Transferkurzarbeitergeld bezogen hat oder an einer öffentlich geförderten Beschäftigungsmaßnahme nach dem Zweiten oder Dritten Sozialgesetzbuch teilgenommen hat.

Generell gilt das Schriftformerfordernis für die Voraussetzung der Wirksamkeit einer Befristung (§ 14 Abs. 4 TzBfG)[269]. Über die Verweisung in § 21 TzBfG findet diese Formvorschrift auch auf auflösende Bedingungen Anwendung. Für das gesetzliche Schriftformerfordernis des § 14 Abs. 4 TzBfG gelten die Vorschriften der §§ 126, 126 a BGB. Danach ist die Schriftform gewahrt, wenn die Befristung mit eigenhändiger Unterschrift in einer einheitlichen Urkunde niedergelegt worden ist (§ 126 Abs. 1 und Abs. 2 BGB)[270]. Einer schriftlichen Vereinbarung über die Befristung oder auflösende Bedingung nach § 14 Abs. 4 TzBfG bedarf es nach bislang einhelliger Auffassung im Schrifttum dann nicht, wenn die entsprechenden Beendigungsvorschriften Bestandteil eines Tarifvertrages sind, der normativ auf das Arbeitsverhältnis Anwendung findet[271]. Ergeben sich die Befristung oder eine auflösende Bedingung aus einem Tarifvertrag, gelten diese Bestim-

269 Boecken/Joussen/*Boecken*, TzBfG, § 14 Rn. 153.

270 BAG v. 23. Juli 2014 – 7 AZR 771/12, NZA 2014, 1341; Boecken/Joussen/*Boecken*, TzBfG, § 14 Rn. 165.

271 BAG v. 23. Juli 2014 – 7 AZR 771/12, NZA 2014, 1341; BeckOK ArbR/*Bayreuther*, TzBfG, § 14 Rn. 141; ErfKomm ArbR/*Müller-Glöge*, TzBfG, § 14 Rn. 117; Meinel/Heyn/Herms/*Meinel*, TzBfG, § 14 Rn. 209; Laux/Schlachter/*Schlachter*, TzBfG, § 14 Rn. 173. Gleiches gilt für eine Beendigungsvorschrift in einer Betriebsvereinbarung: BAG v. 5. März 2013 – 1 AZR 417/12, NZA 2013, 916.

mungen im Falle beiderseitiger Tarifbindung nach § 4 Abs. 1 TVG unmittelbar und zwingend[272].

Mit dem vorbehaltlich der in § 14 Abs. 2 bis Abs. 3 TzBfG geregelten Ausnahmen in § 14 Abs. 1 TzBfG aufgestellten Erfordernis des Vorliegens eines Sachgrundes für die wirksame Befristung eines Arbeitsvertrages bringt das Gesetz zum Ausdruck, dass der unbefristete Arbeitsvertrag – also ein solcher, der nicht auf bestimmte Zeit geschlossen ist – die Regel, der befristete Arbeitsvertrag die Ausnahme sein soll[273].

In § 14 Abs. 1 S. 2 TzBfG hat der Gesetzgeber einen Katalog typischer Befristungsgründe aufgestellt, um der Praxis und den Gerichten eine Orientierung zu geben, welche sachlichen Gründe eine Befristung rechtfertigen können[274].

Explizit sind im Gesetz folgende Gründe erwähnt:

- Der betriebliche Bedarf an der Arbeitsleistung besteht nur vorübergehend (Nr. 1).
- Die Befristung erfolgt im Anschluss an eine Ausbildung oder ein Studium, um den Übergang des Arbeitnehmers in eine Anschlussbeschäftigung zu erleichtern (Nr. 2).
- Der Arbeitnehmer wird zur Vertretung eines anderen Arbeitnehmers beschäftigt (Nr. 3).
- Die Eigenart der Arbeitsleistung rechtfertigt die Befristung (Nr. 4).
- Die Befristung erfolgt zur Erprobung (Nr. 5).
- In der Person des Arbeitnehmers liegende Gründe rechtfertigen die Befristung (Nr. 6).
- Der Arbeitnehmer wird aus Hausmitteln vergütet, die haushaltsrechtlich für eine befristete Beschäftigung bestimmt sind, und er wird entsprechend beschäftigt (Nr. 7).
- Die Befristung beruht auf einem gerichtlichen Vergleich (Nr. 8).

Für die hier zu bearbeitende Problematik ist insbesondere § 14 Abs. 1 S. 2 Nr. 6 TzBfG als ein in der Person des Arbeitnehmers liegender Grund von Bedeutung.

272 BAG v. 23. Juli 2014 – 7 AZR 771/12, NZA 2014, 1341.
273 Vgl. Boecken/Joussen/*Boecken*, TzBfG, § 14 Rn. 9.
274 BT-Drs. 14/4374, S. 13.

Ein in der Person des Arbeitnehmers liegender sachlicher Befristungsgrund ist nach der Rechtsprechung u. a. gegeben, wenn ein Arbeitnehmer aus sozialen Gründen vorübergehend beschäftigt wird, um z. B. die Zeit bis zum Beginn einer bereits feststehenden anderen Beschäftigung, des Wehrdienstes oder eines Studiums überbrücken zu können[275]. Personenbedingt gerechtfertigt kann die Befristung eines Arbeitsvertrages auch sein, wenn der Arbeitsvertrag für die Dauer einer befristeten Aufenthaltserlaubnis des Arbeitnehmers geschlossen wird und zum Zeitpunkt des Vertragsschlusses hinreichend gewiss ist, dass die Aufenthaltserlaubnis nicht verlängert wird[276]. Hingegen ist das Geschlecht kein in der Person des Arbeitnehmers liegender Grund, der geeignet ist, die Befristung des Arbeitsvertrages zu rechtfertigen[277].

Als zulässig wird eine Vereinbarung betrachtet, die das Arbeitsverhältnis auflöst, wenn einzelfallbezogen festgestellt wird, dass der Arbeitnehmer die geschuldete Leistung nicht mehr oder jedenfalls nicht mehr mit ausreichender Zuverlässigkeit erbringen kann[278]. Das Arbeitsverhältnis endet mit Ablauf des Monats, in dem der Arbeitnehmer einen Rentenbescheid zugestellt erhält, mit dem seine Erwerbsminderung festgestellt wird[279].

Erhebliche Bedenken ergeben sich hingegen bei Altersgrenzen, die das Arbeitsverhältnis beenden, bevor der Arbeitnehmer das Renteneintrittsalter vollendet hat. Solche Vereinbarungen sind nur in besonderen Ausnahmefällen zulässig[280]. Ein solcher liegt vor, wenn vernünftige und nachvollziehbare Überlegungen zugrunde gelegt werden, wie etwa, wenn die Tätigkeit mit einem erheblichen Sicherheitsrisiko verbunden ist und aufgrund rechtstatsächlicher Erkenntnisse allgemein – auf eine individuelle Prüfung der Leistungsfähigkeit kommt es in diesem Fall nicht an – anzunehmen ist, dass ab einem bestimmten Alter

---

275 BeckOK ArbR/*Bayreuther*, TzBfG, § 14 Rn. 63; Annuß/Thüsing/*Maschmann*, TzBfG, § 14 Rn. 53.

276 BAG v. 12. Januar 2000 – 7 AZR 863/98, NZA 2000, 722.

277 BT-Drs. 14/4374, S. 19.

278 BeckOK ArbR/*Bayreuther*, TzBfG, § 14 Rn. 67.

279 BeckOK ArbR/*Bayreuther*, TzBfG, § 14 Rn. 71 c; Boecken/Joussen/*Boecken*, TzBfG, § 14 Rn. 110.

280 Laux/Schlachter/*Schlachter*, TzBfG, § 14 Rn. 79; Meinel/Heyn/Herms/*Meinel*, TzBfG, § 14 Rn. 170.

das Risiko altersbedingter Ausfallerscheinungen und unerwarteter Fehlreaktionen zunimmt[281]. So hat das Bundesverfassungsgericht – bestätigt durch Urteil des Europäischen Gerichtshofs – etwa den Fall einer Altersgrenze bei Piloten angesehen, deren Arbeitsverhältnis mit der Vollendung des 65. Lebensjahres endet (zum Fall Prigge u. a. vgl. unter *§ 2 I. 10.*)[282].

Eine bei oder nach Erreichen des Renteneintrittsalters getroffene Vereinbarung über die befristete Fortsetzung des Arbeitsverhältnisses, die nicht in den Anwendungsbereich des § 41 S. 3 SGB VI fällt (dazu unter *§ 5 (Befristungen über das Erreichen des Renteneintrittsalters hinaus)*), kann nach § 14 Abs. 1 S. 2 Nr. 6 TzBfG sachlich gerechtfertigt sein. Dies setze voraus, dass der Arbeitnehmer Altersrente aus der gesetzlichen Rentenversicherung beanspruchen kann und dass die befristete Fortsetzung des Arbeitsverhältnisses einer konkreten, im Zeitpunkt der Vereinbarung der Befristung bestehenden Personalplanung des Arbeitgebers diene. Durch eine derartige Befristung sei der Arbeitnehmer nicht in unzulässiger Weise wegen des Alters diskriminiert[283]. Dabei müsse das Interesse des Arbeitgebers, aus sozialen Erwägungen mit dem betreffenden Arbeitnehmer nur einen befristeten Arbeitsvertrag abzuschließen, auch angesichts des Interesses des Arbeitnehmers an einer unbefristeten Beschäftigung schutzwürdig sein. Das sei der Fall, wenn es ohne den in der Person des Arbeitnehmers begründeten sozialen Zweck überhaupt nicht zum Abschluss eines Arbeitsvertrages, auch nicht eines befristeten Arbeitsvertrages, gekommen wäre[284]. Die Begründung des Bundesarbeitsgerichts lautete dabei wie folgt:

> „*Die insoweit gegenüber einer Altersgrenzenregelung unterschiedlichen Anforderungen an den Sachgrund ergeben sich daraus, dass eine auf die Regelaltersgrenze bezogene Befristung typischerweise zu Beginn des Arbeitsverhältnisses und damit zu einem Zeitpunkt vereinbart wird, in dem eine konkrete Personalplanung für die Zeit nach dem Erreichen des Renteneintrittsalters des Arbeitnehmers noch nicht möglich ist und bei typisierender Be-*

281 Vgl. Annuß/Thüsing/*Maschmann*, TzBfG, § 14 Rn. 56 c; BeckOK ArbR/*Bayreuther*, TzBfG, § 14 Rn. 71 d; Laux/Schlachter/*Schlachter*, TzBfG, § 14 Rn. 79.

282 BVerfG v. 26. Januar 2007 – 2 BvR 2408/06, EuGRZ 2007, 231; bestätigt durch EuGH v. 13. September 2011 – C-447/09, NZA 2011, 1039 (Prigge u. a.).

283 Leitsatz des Urteils vom BAG v. 11. Februar 2015 – 7 AZR 17/13, BB 2015, 1786; Meinel/Heyn/Herms/*Meinel*, TzBfG, § 14 Rn. 156.

284 BAG v. 11. Februar 2015 – 7 AZR 17/13, BB 2015, 1786.

trachtung davon auszugehen ist, dass es die Altersgrenzenregelung dem Arbeitgeber ermöglicht, beizeiten geeigneten Nachwuchs einzustellen oder bereits beschäftigte Arbeitnehmer zu fördern. Für eine solche generalisierende Betrachtung besteht bei einer erst bei oder nach Erreichen des Renteneintrittsalters des Arbeitnehmers vereinbarten befristeten Fortsetzung des Arbeitsverhältnisses keine Veranlassung."[285]

Weiter heißt es:

„*In diesem Fall liegt es auch im objektiven Interesse des Arbeitnehmers, wenigstens für eine begrenzte Zeit bei diesem Arbeitgeber einen Arbeitsplatz zu erhalten. Die sozialen Erwägungen müssen das überwiegende Motiv des Arbeitgebers sein. An einem sozialen Beweggrund für den Abschluss eines befristeten Arbeitsvertrags fehlt es, wenn die Interessen des Betriebs oder der Dienststelle und nicht die Berücksichtigung der sozialen Belange des Arbeitnehmers für den Abschluss des Arbeitsvertrags ausschlaggebend waren. Denn das für den Abschluss eines Arbeitsvertrags maßgebliche Interesse des Arbeitgebers geht regelmäßig dahin, sich die Arbeitsleistung des Arbeitnehmers für seine unternehmerischen Zwecke nutzbar zu machen und dadurch eine Gegenleistung für die gewährte Arbeitsvergütung zu erhalten. Dem Abschluss eines aus sozialen Gründen gerechtfertigten befristeten Arbeitsvertrags muss eine von diesem Regelfall abweichende Interessenlage zugrunde liegen. Dazu bedarf es der Feststellung konkreter Anhaltspunkte, die darauf schließen lassen, dass die für eine Beschäftigung des Arbeitnehmers sprechenden betrieblichen oder dienstlichen Interessen des Arbeitgebers für den Vertragsschluss nicht ausschlaggebend waren. Solche Eigeninteressen brauchen allerdings nicht ganz zu fehlen.*"[286]

Einzelvertragliche oder tarifliche Altersgrenzen können ebenfalls ein Grund für eine Befristung sein. Voraussetzung ist immer, dass der Arbeitnehmer durch den Bezug einer gesetzlichen Regelaltersrente oder einer vergleichbaren Leistung wirtschaftlich abgesichert ist[287].

Diese Befristung ist gerechtfertigt, da so Diskussionen über die nachlassende Leistungsfähigkeit des Arbeitnehmers vermieden werden können und zugleich Beschäftigungsmöglichkeiten für jüngere Arbeit-

285 BAG v. 11. Februar 2015 – 7 AZR 17/13, BB 2015, 1786, Rn 28.

286 BAG v. 21. Januar 2009 – 7 AZR 630/07, NZA 2009, 727; BAG v. 11. Februar 2015 – 7 AZR 17/13, BB 2015, 1786 Rn. 33.

287 Vgl. Laux/Schlachter/*Schlachter*, TzBfG, § 14 Rn. 76; Däubler/Hjort/Schubert/Wolmerath/*Tillmanns*, TzBfG, § 14 Rn. 57.

nehmer geschaffen werden. Dabei ist die gesetzliche Regelung des § 41 S. 2 SGB VI jedoch nicht selbst der Sachgrund[288].

Weitere Probleme bereitet § 41 S. 2 SGB VI für den Fall, dass die Klausel erst in den letzten drei Jahren vor dem vorgegebenen Zeitpunkt abgeschlossen wurde – d. h. also, dass der Vertrag auf kürzere Zeit als drei Jahre befristet wurde – oder vom Arbeitnehmer in diesem Zeitraum bestätigt wurde, denn dann könnte es dazu kommen, dass auf das Arbeitsverhältnis eine Altersgrenze angewandt wird, die möglicherweise diskriminierend ist. Jedenfalls darf in Fällen, in denen durch die Anwendung des § 41 S. 2 SGB VI mit finanziellen Nachteilen für schwer behinderte Menschen oder Frauen zu rechnen ist, die Ausnahme des § 41 S. 2 SGB VI nicht zum Zuge kommen[289].

bb) Vereinbarkeit des § 14 Abs. 3 TzBfG mit Europarecht

§ 14 Abs. 3 TzBfG a.F. wurde bereits durch Urteil des Europäischen Gerichtshofs vom 22. November 2005 als nicht mit dem Europarecht vereinbar bewertet[290]. Demnach stellt sich die Frage der Europarechtskonformität des § 14 Abs. 3 TzBfG n.F.

§ 14 Abs. 3 TzBfG lautete in der damals geltenden Fassung:

> *„Die Befristung eines Arbeitsvertrages bedarf keines sachlichen Grundes, wenn der Arbeitnehmer bei Beginn des befristeten Arbeitsverhältnisses das 58. Lebensjahr vollendet hat. Die Befristung ist nicht zulässig, wenn zu einem vorhergehenden unbefristeten Arbeitsvertrag mit demselben Arbeitgeber ein enger sachlicher Zusammenhang besteht. Ein solcher enger sachlicher Zusammenhang ist insbesondere anzunehmen, wenn zwischen den Arbeitsverträgen ein Zeitraum von weniger als sechs Monaten liegt. Bis zum 31. Dezember 2006 ist Satz 1 mit der Maßgabe anzuwenden, dass an die Stelle des 58. Lebensjahres das 52. Lebensjahr tritt.“*[291]

---

288 Däubler/Hjort/Schubert/Wolmerath/*Tillmanns*, TzBfG, § 14 Rn. 57; Laux/Schlachter/*Schlachter*, TzBfG, § 14 Rn. 75.

289 Zur Behinderung: EuGH v. 6. Dezember 2012 – C-152/11, NZA 2012, 1435 (Odar); zu Frauen: EuGH v. 18. November 2010 – C-356/09, NZA 2010, 1401 (Kleist); BeckOK ArbR/*Bayreuther*, TzBfG, § 14 Rn. 72; Meinel/Heyn/Herms/*Meinel*, TzBfG, § 14 Rn. 257.

290 EuGH v. 22. November 2005 – C-144/04, NJW 2005, 3695 (Mangold).

291 § 14 Abs. 3 TzBfG eingeführt am 23. Dezember 2002 durch das Erste Gesetz für moderne Dienstleistungen am Arbeitsmarkt (BGBl. 2002 I S. 14607), in Kraft getreten am 1. Januar 2003.

Der Gerichtshof befand, dass das Gemeinschaftsrecht und insbesondere Art. 6 Abs. 1 der Richtlinie 2000/78/EG[292] der Regelung entgegenstehen. Die uneingeschränkte Befristung eines Arbeitsverhältnisses mit einem Arbeitnehmer, der das 52. Lebensjahr vollendet hat, mit der einzigen Einschränkung, dass zuvor kein Arbeitsverhältnis mit demselben Arbeitgeber bestand, könne nicht durch die Richtlinie gerechtfertigt werden, da nicht nachgewiesen sei, dass die Festlegung der Altersgrenze als solche unabhängig von anderen Erwägungen im Zusammenhang mit der Struktur des jeweiligen Arbeitsmarktes und der persönlichen Situation des Betroffenen zur Erreichung des Ziels der beruflichen Eingliederung arbeitsloser älterer Arbeitnehmer objektiv erforderlich ist. Damit ginge die Rechtsvorschrift über das hinaus, was zur Erreichung des verfolgten Ziels angemessen und erforderlich sei[293].

Der streitgegenständliche Absatz des § 14 TzBfG wurde daraufhin m.W.v. 1. Mai 2007 (durch Gesetz vom 19. April 2007; BGBl. I 2007 S. 538) neu gefasst und zuletzt m.W.v. 1. April 2012 (durch Gesetz vom 20. Dezember 2011; BGBl. I 2011 S. 2854) geändert.

Er lautet nun wie folgt:

> *„Die kalendermäßige Befristung eines Arbeitsvertrages ohne Vorliegen eines sachlichen Grundes ist bis zu einer Dauer von fünf Jahren zulässig, wenn der Arbeitnehmer bei Beginn des befristeten Arbeitsverhältnisses das 52. Lebensjahr vollendet hat und unmittelbar vor Beginn des befristeten Arbeitsverhältnisses mindestens vier Monate beschäftigungslos im Sinne des § 138 Abs. 1 Nr. 1 SGB III gewesen ist, Transferkurzarbeitergeld bezogen oder an einer öffentlich geförderten Beschäftigungsmaßnahme nach dem Zweiten oder Dritten Buch Sozialgesetzbuch teilgenommen hat. Bis zu der Gesamtdauer von fünf Jahren ist auch die mehrfache Verlängerung des Arbeitsvertrages zulässig.“*

Das Bundesarbeitsgericht sah diese Regelung als mit dem Unionsrecht und dem nationalen Verfassungsrecht vereinbar[294]. Demnach sei jedenfalls die erstmalige Inanspruchnahme durch denselben Arbeitgeber mit der EGB-UNICE-CEEP-Rahmenvereinbarung über befristete Arbeitsverträge im Anhang der Richtlinie 1999/70/EG des Rates vom

292 Rahmenrichtlinie des Rates vom 27. November 2000 zur Festlegung eines allgemeinen Rahmens für die Verwirklichung der Gleichbehandlung in Beschäftigung und Beruf.

293 EuGH v. 22. November 2005 – C-144/04, NJW 2005, 3695 (Mangold).

294 BAG v. 28. Mai 2014 – 7 AZR 360/12, BAGE 148, 193.

28. Juni 1999 und der Richtlinie 2000/78/EG vereinbar. Das beruhe nicht zuletzt auf der in der Regelung verankerten Höchstbefristungsdauer von fünf Jahren. Bedenken äußert der Gerichtshof jedoch dahingehend, dass die Regelung auch die wiederholte Anwendung zwischen denselben Arbeitsvertragsparteien gestattet, sofern nur zwischen den mehrfachen Inanspruchnahmen jeweils eine Zeit der Beschäftigungslosigkeit von mindestens vier Monaten liegt. Es wird bezweifelt, dass diese Bestimmung bei einem solchen Verständnis noch ein effektives Mittel zur Bekämpfung des Missbrauchs durch aufeinanderfolgende befristete Verträge sei. Die Frage war im vorliegenden Fall jedoch nicht entscheidungserheblich, sodass das Bundesarbeitsgericht hierüber nicht entschied[295]. Der Gerichtshof hatte letztlich jedoch keine Bedenken bezüglich der Rechtmäßigkeit der Regelung bei der erstmaligen Anwendung mit demselben Arbeitgeber, da seit der Neuregelung 2007 nicht alleine das Überschreiten eines bestimmten Lebensalters zur Rechtfertigung einer sachgrundlosen Befristung genüge, sondern vielmehr ein Sachverhalt hinzukommen müsse, der typischerweise die „prekäre" Situation des Arbeitsuchenden belege[296].

c) Allgemeines Gleichbehandlungsgesetz

Als letzte Sonderregelung ist das Allgemeine Gleichbehandlungsgesetz zu nennen, welches auf mehreren Richtlinien der Europäischen Union basiert. Aus arbeitsrechtlicher Sicht wurden dabei insbesondere die Richtlinie 2000/43/EG (Gleichbehandlung ohne Unterschied der Rasse oder der ethnischen Herkunft), die Richtlinie 2000/78/EG (Rahmenrichtlinie für die Verwirklichung der Gleichbehandlung in Beschäftigung und Beruf) sowie die Richtlinie 2006/54/EG (Gleichbehandlung von Männern und Frauen in Arbeits- und Beschäftigungsfragen) umgesetzt[297].

Von besonderer Bedeutung ist für die hiesige Problematik die Richtlinie 2000/78/EG, die sich insbesondere in § 10 AGG wiederfindet.

295 BAG v. 28. Mai 2014 – 7 AZR 360/12, BAGE 148, 193.
296 BAG v. 28. Mai 2014 – 7 AZR 360/12, BAGE 148, 193.
297 Amtliche Anmerkung zum Allgemeinen Gleichbehandlungsgesetz.

Danach ist eine unterschiedliche Behandlung wegen Alters zulässig, wenn sie objektiv und angemessen und durch ein legitimes Ziel gerechtfertigt ist (§ 10 S. 1 AGG). Die Mittel zur Erreichung dieses Ziels müssen angemessen und erforderlich sein (§ 10 S. 2 AGG). Diese Regelungen gelten sowohl für Arbeits- als auch für Tarifverträge[298].

Konkretisierungen der erlaubten Diskriminierungen finden sich in § 10 S. 3 Nr. 1 bis Nr. 6 AGG.

Demnach ist gemäß § 10 S. 3 Nr. 5 AGG eine unterschiedliche Behandlung wegen des Alters gerechtfertigt, wenn eine Vereinbarung die Beendigung des Beschäftigungsverhältnisses ohne Kündigung zu einem Zeitpunkt vorsieht, zu dem der oder die Beschäftigte eine Rente wegen Alters beantragen kann. § 41 SGB VI bleibt dabei unberührt.

Zulässig ist damit nach bestätigter Rechtsprechung eine Altershöchstgrenze zur Regelaltersgrenze in einem Tarifvertrag oder einer Betriebsvereinbarung[299]. Es gilt dabei nichts anderes als wenn die Anwendung einer tarifvertraglichen Altersgrenzenregelung arbeitsvertraglich vereinbart ist. Entsprechend wird dies auf die Pensionierung von Beamten angewandt[300]. Eine Einzelfallprüfung nach der Höhe der zu erwartenden Rente, der Art der Tätigkeit, der gesundheitlichen Belastung und gestiegenen Alterserwartungen nimmt das Bundesarbeitsgericht nicht vor[301].

Wo die Grenzen der Altersbefristungen in anderen Fällen liegen, also eine Beendigung des Arbeitsverhältnisses vor Rentenbezug vereinbart wird, ist eine Abwägung im Einzelfall erforderlich[302]. Dabei kann ein Höchstalter gerade zur Entgegenwirkung von berufsspezifischen Gefahren einer Drittschädigung vorgesehen werden[303]. Hingegen dürften Eigenschädigungen – in Anlehnung an die Rechtsprechung zum Nachtarbeitsverbot von Frauen – nicht erheblich sein[304]. Dies kann durch Art. 2 Abs. 5 der Richtlinie 2000/78/EG, eine um-

---

298 MünchKomm-BGB/*Thüsing*, AGG, § 10 Rn. 8.

299 Bzgl. des Tarifvertrages: BAG v. 21. September 2011 – 7 AZR 134/10, NZA 2012, 271; bzgl. der Betriebsvereinbarung: BAG v. 5. März 2013 – 1 AZR 417/12, NZA 2013, 916.

300 OVG Münster v. 28. Oktober 2013 – 6 B 1181/13, BeckRS 2013, 57625.

301 Henssler/Willemsen/Kalb/*Rupp*, AGG, § 10 Rn. 13.

302 Vgl. MünchKomm-BGB/*Thüsing*, AGG, § 10 Rn. 31.

303 MünchKomm-BGB/*Thüsing*, AGG, § 10 Rn. 32.

304 EuGH v. 12. Oktober 2010 – C-45/09, NZA 2010, 1167 (Rosenbladt).

fängliche deutsche Rechtsprechung und die wissenschaftliche Forschung bestätigt werden[305]. Der Europäische Gerichtshof hat eine Altersgrenze für Piloten von 60 Jahren gleichwohl für unverhältnismäßig erklärt, weil die Flugtauglichkeit älterer Piloten durch Tests festgestellt werden könne[306].

4. Gegenstand der Vereinbarung

§ 41 S. 2 SGB VI regelt, dass eine Vereinbarung, welche die Beendigung des Arbeitsverhältnisses eines Arbeitnehmers ohne Kündigung zu einem Zeitpunkt vorsieht, zu dem der Arbeitnehmer vor Erreichen der Regelaltersgrenze eine Rente wegen Alters beantragen kann, dem Arbeitnehmer gegenüber als auf das Erreichen der Regelaltersgrenze abgeschlossen gilt. Eine Ausnahme hiervon besteht nur, wenn die Vereinbarung innerhalb der letzten drei Jahre vor diesem Zeitpunkt abgeschlossen oder von dem Arbeitnehmer innerhalb der letzten drei Jahre vor diesem Zeitpunkt bestätigt worden ist.

a) Inhalt

Die Altersgrenze muss sich auf einen Zeitpunkt beziehen, zu dem der Arbeitnehmer eine Rente wegen Alters beantragen kann. Der Zeitpunkt muss dabei lediglich objektiv die Antragstellung ermöglichen, eine entsprechende Willensrichtung der Arbeitsvertragsparteien ist hingegen nicht Voraussetzung[307].

Bestimmungen, die an das Erreichen des früheren maßgeblichen Renteneintrittsalters von 65. Lebensjahren ansetzen, können korrigierend auf das aktuell geltende Regelrenteneintrittsalter ausgelegt werden[308].

---

305 *Boerner/Gitter*, RdA 1990, 129.

306 EuGH v. 13. September 2011 – C-447/09, NZA 2011, 1039 (Prigge u. a.).

307 Dornbusch/Fischermeier/Löwisch/*Lauterbach*, SGB VI, § 41 Rn. 3; ErfKomm ArbR/*Rolfs*, SGB VI, § 41 Rn. 13.

308 BAG v. 15. Mai 2012 – 3 AZR 11/10, NZA-RR 2012, 433; bestätigend BAG v. 9. Dezember 2015 – 7 AZR 68/14, NZA 2016, 695.

Eine Altersgrenze, die an einem späteren Zeitpunkt als dem Renteneintrittsalter ansetzt, muss aufgrund der Zulässigkeit von „normalen“ Altersgrenzen erst recht zulässig sein[309].

b) Arten der Vereinbarung

§ 41 S. 2 SGB VI setzt lediglich eine Vereinbarung voraus. Um welche Art von Vereinbarung es sich dabei handeln soll, lässt die Regelung offen. Ob Regelungen in Tarifverträgen oder Betriebsvereinbarungen neben einzelvertraglichen Regelungen als Vereinbarungen gesehen werden, wird unterschiedlich behandelt.

aa) Einzelvertragliche Regelung

Unstreitig erfasst § 41 S. 2 SGB VI einzelvertragliche Vereinbarungen in Arbeitsverträgen.

Um eine einzelvertragliche Altersgrenzenvereinbarung handelt es sich auch, wenn die tarifungebundenen Arbeitsvertragsparteien durch eine Bezugnahmeklausel im einzelvertraglichen Arbeitsvertrag auf einen Tarifvertrag im Ganzen oder auf eine spezielle Regelung zu einer Altersgrenze in einem Tarifvertrag im Einzelnen verweisen[310].

Bezugnahmeklauseln können unterschiedlich ausgestaltet sein. Es ist zwischen drei verschiedenen Fassungen zu unterscheiden, namentlich zwischen der statischen, der kleinen dynamischen und der großen dynamischen Bezugnahmeklausel. Während die statische Bezugnahmeklausel auf einen bestimmten Tarifvertrag in einer bestimmten Fassung verweist, beziehen sich die beiden dynamischen Klauseln auf wechselnde Tarifverträge. Die kleine dynamische Bezugnahmeklausel bezieht sich dabei auf einen Tarifvertrag in der jeweils geltenden Fassung und die große dynamische Bezugnahmeklausel bezieht sich auf den jeweils im Betrieb geltenden Tarifvertrag in seiner jeweils geltenden Fassung[311].

---

309 *Bauer/von Medem*, NZA 2012, 945, 951.

310 Henssler/Willemsen/Kalb/*Ricken*, SGB VI, § 41 Rn. 11.

311 *Junker*, Arbeitsrecht, Rn. 538; *Hromadka/Maschmann*, Arbeitsrecht Band 1, § 4 Rn. 90; *Löwisch/Caspers/Klumpp*, Arbeitsrecht, Rn. 1049.

Beispiele[312]:
Statische Bezugnahmeklausel

„Auf den Arbeitsvertrag findet im Übrigen der XY-Tarifvertrag in der Fassung vom (Datum) Anwendung."

Kleine dynamische Bezugnahmeklausel

„Auf den Arbeitsvertrag findet im Übrigen der XY-Tarifvertrag in der jeweils geltenden Fassung Anwendung."

Große dynamische Bezugnahmeklausel

„Auf den Arbeitsvertag finden die betrieblichen und fachlichen jeweils einschlägigen Tarifverträge in der jeweils geltenden Fassung Anwendung."

Wie mit einer dynamischen Bezugnahmeklausel nach einem Betriebsübergang zu verfahren ist, hat das Bundesarbeitsgericht als Vorabentscheidung nach Art. 267 AEUV an den Europäischen Gerichtshof weitergegeben. Dabei geht es insbesondere um die Frage der Vereinbarkeit der Auslegung von § 613 a Abs. 1 BGB mit dem Unionsrecht. Nach Auffassung des Bundesarbeitsgerichts ist der Erwerber eines Betriebsteils nach nationalem Recht aufgrund von § 613 a Abs. 1 S. 1 BGB an eine arbeitsrechtliche Vereinbarung, die auf Tarifverträge in ihrer jeweils geltenden Fassung Bezug nimmt und deren Regelungen aufgrund privatautonomer Willenserklärungen zum Inhalt des Arbeitsvertrages gemacht hat, vertraglich so gebunden, als habe er diese Vertragsabrede selbst mit dem Arbeitnehmer getroffen[313].

Der Europäische Gerichtshof urteilte am 27. April 2017, dass sich im Fall eines Betriebsübergangs die Fortgeltung der sich für den Veräußerer aus einem Arbeitsvertrag ergebenden Rechte und Pflichten auf die zwischen dem Veräußerer und dem Arbeitnehmer privatautonom vereinbarte Klausel erstreckt, wonach sich ihr Arbeitsverhältnis nicht nur nach dem zum Zeitpunkt des Übergangs geltenden Kollektivvertrag, sondern auch nach den diesen nach dem Übergang ergänzenden, ändernden und ersetzenden Kollektivverträgen richtet, sofern das na-

312 Schaub/*Treber*, ArbR-Hb., § 206 Rn. 20.
313 BAG v. 17. Juni 2015 – 4 AZR 61/14, zit. n. Juris.

tionale Recht sowohl einvernehmliche als auch einseitige Anpassungsmöglichkeiten für den Erwerber vorsieht[314].

Im Verhältnis einer einzelvertraglichen Regelung zu einer Regelung in einer Betriebsvereinbarung oder in einem Tarifvertrag herrscht das Günstigkeitsprinzip[315]. Das bedeutet, die für den Arbeitnehmer günstigere Regelung geht vor. Die arbeitsvertraglichen Regelungen können demnach nicht durch eine Betriebsvereinbarung oder einen Tarifvertrag verschlechtert werden. Somit haben die einzelvertraglichen Vereinbarungen, soweit sie eine für den Arbeitnehmer günstigere Regelung enthalten, Vorrang gegenüber einer Betriebsvereinbarung oder einem Tarifvertrag[316].

Beispiel einer wirksamen einzelvertraglichen Befristungsklausel nach § 41 S. 2 SGB VI:

> „*Das Arbeitsverhältnis endet, ohne dass es einer Kündigung bedarf, mit Ablauf des Monats, in dem der Arbeitnehmer die Altersgrenze für eine Regelaltersrente in der gesetzlichen Rentenversicherung erreicht und er deswegen eine gesetzliche Rente wegen Alters beziehen kann. Diese Altersgrenzenregelung berührt nicht das bestehende beiderseitige Recht zur ordentlichen Kündigung des Arbeitsverhältnisses. Sie dient einer sachgerechten, berechenbaren Personal- und Nachwuchsplanung und einer in der Altersstruktur ausgewogenen Personalverwaltung.*“[317]

bb) Tarifvertragliche Regelung

Ein Tarifvertrag regelt die Rechte und Pflichten der Tarifvertragsparteien. Er enthält Rechtsnormen, die den Inhalt, den Abschluss und die Beendigung von Arbeitsverhältnissen sowie betriebliche und betriebsverfassungsrechtliche Fragen ordnen können (§ 1 Abs. 1 TVG). Als Tarifvertragsparteien gelten nach § 2 Abs. 1 TVG Gewerkschaften, einzelne Arbeitgeber und Vereinigungen von Arbeitgebern.

Bei den tarifvertraglichen Regelungen war zunächst fraglich, was unter einer Vereinbarung i.S.d. § 41 S. 2 SGB VI zu verstehen sei. Die Frage konzentrierte sich auf die Einbeziehung kollektivvertraglicher

---

314 EuGH v. 27. April 2017 – C-680/15 und C-681/15, BeckRS 2017, 108049 (Asklepios).

315 BAG v. 7. Juli 1989 – GS 3 /85, NZA 1990, 816.

316 BAG v. 16. September 1986 – GS 1/82, NZA 1987, 168.

317 *Kramer*, ArbR Aktuell 2011, 551, 553.

Regelungen entsprechend dem allgemeinen Verständnis von § 32 SGB I[318]. In § 41 S. 2 SGB VI wird der Begriff der Vereinbarung zweimal verwendet, zunächst bzgl. der vertraglichen Festlegung der Altersgrenze allgemein und anschließend bzgl. des zeitnahen Abschlusses dieses Vertrages bzw. dessen Bestätigung durch den Arbeitnehmer. Würde der Begriff der Vereinbarung einheitlich verstanden, hätte dies zur Folge, dass durch ständig erneuerte sich ändernde tarifvertragliche Vereinbarungen eine nach § 41 S. 2 SGB VI sonst nicht zulässige Altersgrenzenvereinbarung als innerhalb des von § 41 S. 2 SGB VI vorgesehenen Zeitabstandes wirksam abgeschlossen bzw. bestätigt angesehen werden müsste[319].

Das Bundesarbeitsgericht hat daraufhin geurteilt, dass tarifliche Normen, die eine Altersgrenze statuieren, nicht von § 41 S. 2 SGB VI unmittelbar erfasst sind[320].

Nach der Ansicht des Gerichts könne daraus aber nicht der Umkehrschluss gezogen werden, dass kollektivrechtliche Altersgrenzen ohne weiteres zulässig seien. Der Gesetzeswortlaut sei insofern nicht eindeutig. Der Begriff "Vereinbarung" beschränke sich nach dem üblichen juristischen Sprachgebrauch nicht unzweifelhaft auf Individualvereinbarungen, sondern ließe eine Einbeziehung kollektivrechtlicher Verträge zu. Ebenso wenig würden sich aus der Entstehungsgeschichte des § 41 S. 2 SGB VI hinreichende Anhaltspunkte für die Auslegung des Begriffs "Vereinbarung" ergeben. Die Formulierung des § 41 S. 2 SGB VI entspreche weitgehend der des Art. 6 § 5 Abs. 2 RRG 1972. Auch der Geltungsbereich des Art. 6 § 5 Abs. 2 RRG 1972 sei umstritten gewesen. Überzeugend seien dagegen die rechtslogischen und rechtssystematischen Überlegungen, die auf die Wirksamkeitsvoraussetzungen des § 41 S. 2 SGB VI abstellten. Würde die Wirksamkeit kollektivrechtlicher Regelungen von den in § 41 S. 2 SGB VI enthaltenen Voraussetzungen abhängen, so würde dies zu Systembrüchen und sinnwidrigen Ergebnissen führen[321].

Nach § 41 S. 2 SGB VI sei somit nur die Wirksamkeit einzelvertraglicher Vereinbarungen vom Abschlusszeitpunkt oder von der Be-

318 Vgl. KassKomm/*Gürtner*, SGB VI, § 41 Rn. 16.
319 Vgl. KassKomm/*Gürtner*, SGB VI, § 41 Rn. 16.
320 BAG v. 20. Oktober 1993 – 7 AZR 135/93, NZA 1994, 128.
321 BAG v. 20. Oktober 1993 – 7 AZR 135/93, NZA 1994, 128.

stätigung des Arbeitnehmers abhängig. Daraus könne aber nicht geschlossen werden, dass kollektivvertragliche Altersgrenzen ohne weiteres zulässig sind. Ob ein derartiger Umkehrschluss berechtigt ist oder ob die Vorschrift einen weitergehenden Inhalt hat, sei durch Auslegung zu ermitteln, wobei dem Sinn und Zweck der gesetzlichen Vorschrift eine maßgebliche Bedeutung zukomme[322].

Ein Hauptanliegen der im SGB VI verwirklichten Rentenreform 1992 sei es, dass „durch eine Flexibilisierung und Verlängerung der Lebensarbeitszeit das zahlenmäßige Verhältnis zwischen Beitragszahlern und Rentnern verbessert werde und damit die demographisch bedingten Belastungen gemindert würden“[323]. Eine Kernvorschrift zur Verwirklichung dieses Vorhabens sei § 41 SGB VI, wie bereits seine amtliche Überschrift zeigt. Ebenso wie Art. 6 § 5 Abs. 2 RRG 1972 solle auch § 41 S. 2 SGB VI auf dem Gebiet des Arbeitsrechts die Entscheidungsfreiheit des Arbeitnehmers sichern, Altersruhegeld zu beziehen oder weiter zu arbeiten. Art. 6 § 5 Abs. 2 RRG 1972 und § 41 S. 2 SGB VI dienten diesem Ziel bei Bedingungen bzw. Befristungen eines Arbeitsverhältnisses, die auf ein bestimmtes Lebensalter abstellten. Dem Arbeitnehmer solle es ermöglicht werden, sich in einem Lebensabschnitt zu entscheiden, in dem er die Auswirkungen einer solchen Vereinbarung richtig absehen könne[324].

Diesem Gesetzeszweck widerspreche es, wenn sich Tarifverträge über die Entscheidungsfreiheit des einzelnen Arbeitnehmers hinwegsetzen und damit in erheblichen Teilbereichen die vom Rentenreformgesetz 1992 angestrebte Flexibilisierung der Lebensarbeitszeit verhindern[325].

Die wohl herrschende Literatur geht hingegen davon aus, dass Altersgrenzenvereinbarungen, die sich auf eine vorzeitige Altersrentenberechtigung beziehen, nur unter den ergänzenden Voraussetzungen von § 41 S. 2 SGB VI wirksam sind, sofern es sich hierbei um Individualabreden handelt, während für Kollektivvereinbarungen ausschließlich die allgemeinen Grundsätze des Befristungsrechts gelten[326].

---

322 BAG v. 20. Oktober 1993 – 7 AZR 135/93, NZA 1994, 128.

323 BT-Drs. 11/4124, S. 144.

324 Vgl. dazu BT-Drs. VI/3767, S. 22 und BT-Drs. 11/4124, S. 163.

325 Alles zitiert aus: BAG v. 20. Oktober 1993 – 7 AZR 135/93, NZA 1994, 128.

326 Vgl. Hümmerich/Boecken/Düwell/*Klattenhoff/Lang*, SGB VI, § 41 Rn. 18.

Damit bedürfen tarifliche Höchstaltersgrenzen, nach denen das Arbeitsverhältnis nach Erreichen eines bestimmten Lebensalters endet, zu ihrer Wirksamkeit eines sie rechtfertigenden Sachgrundes im Sinne von § 14 Abs. 1 TzBfG[327].

Darüber hinaus dürfen die tariflichen Regelungen nicht altersdiskriminierend sein. In einem vor dem Bundesarbeitsgereicht geführten Rechtsstreit verfolgte ein Arbeitnehmer seinen Wunsch nach einer dauerhaften Fortsetzung seines Arbeitsverhältnisses über das 65. Lebensjahr hinaus. Dieser Wunsch sei nach Ansicht der Richter zwar ein legitimes wirtschaftliches und ideelles Anliegen. Dem gegenüber stehe aber das Bedürfnis des Arbeitgebers nach einer sachgerechten und berechenbaren Personal- und Nachwuchsplanung. Letzterem sei Vorrang vor dem Bestandsschutzinteresse des Arbeitnehmers zu gewähren, weil der Arbeitnehmer durch den Bezug einer gesetzlichen Altersrente grundsätzlich wirtschaftlich abgesichert sei. Nach diesen Grundsätzen ist die Altersgrenzenregelung – jedenfalls für Arbeitsverhältnisse mit Arbeitnehmern, die vor 1947 geboren sind – nicht zu beanstanden, da erst mit dem RV-Altersgrenzenanpassungsgesetz von 2007 die Regelaltersgrenze für die Geburtsjahrgänge ab 1947 schrittweise auf die Vollendung des 67. Lebensjahres angehoben wurde (vgl. bereits unter *§ 4 II. (Altersgrenzen)*). Das Verbot der Altersdiskriminierung nach dem Allgemeinen Gleichbehandlungsgesetz stehe der streitgegenständlichen tariflichen Altersgrenze ebenfalls nicht entgegen. Diese unmittelbare altersbedingte Benachteiligung sei nach § 10 S. 1, S. 2 und S. 3 Nr. 5 AGG gerechtfertigt[328].

Für die Anwendbarkeit von tarifvertraglichen Regelungen spricht zudem der eindeutige Wortlaut des § 41 S. 3 SGB VI, in dem ausdrücklich die Arbeitsvertragsparteien bezeichnet sind. Der Gesetzgeber hat auf eine solche klare Begrenzung auf Arbeitnehmer und Arbeitgeber bei § 41 S. 2 SGB VI verzichtet, sodass hier Vereinbarungen auch der Tarifvertragsparteien möglich sind.

Die Möglichkeit einer tarifvertraglichen Bestimmung über die Beendigung des Arbeitsverhältnisses mit dem Erreichen der Regelaltersgrenze bietet den Arbeitnehmern eine gewisse Stabilität der Beschäfti-

327 Boecken/Joussen/*Boecken*, TzBfG, § 14 Rn. 111.

328 BAG v. 21. September 2011 – 7 AZR 134/10, NZA 2012, 271; *Gessner*, öAT 2012, 37.

gung und gewährleistet langfristig einen vorhersehbaren Eintritt in den Ruhestand, während sie gleichzeitig den Arbeitgebern eine gewisse Flexibilität in der Personalplanung bietet[329].

cc) Betriebsvereinbarung

Der Begriff der Betriebsvereinbarung wird im Gesetz zwar nicht definiert, sie wird jedoch in § 77 BetrVG als Rechtsinstitut vorausgesetzt. Durch eine Betriebsvereinbarung werden dem Arbeitgeber und dem Betriebsrat die Möglichkeit eingeräumt, die betriebliche und betriebsverfassungsrechtliche Ordnung sowie die individuellen Rechtsbeziehungen zwischen Arbeitgeber und Arbeitnehmer zu regeln und zu gestalten[330].

In Bezug auf die inhaltlichen Anforderungen gelten für Betriebsvereinbarungen die Ausführungen zu den tarifvertraglichen Regelungen entsprechend (vgl. unter *§ 4 IV. 4. b) bb) (Tarifvertragliche Regelung)*)[331]. Auch sie bedürfen somit zu ihrer Wirksamkeit eines sachlichen Grundes i.S.d. § 14 Abs. 1 TzBfG[332].

Ein Unterschied ergibt sich jedoch bei der gerichtlichen Überprüfbarkeit der Rechtmäßigkeit von Tarif- und Betriebsvereinbarungen. Betriebsvereinbarungen unterliegen einer weitergehenden gerichtlichen Kontrolle, namentlich der Billigkeitskontrolle[333]. Dabei wird eine Inhaltskontrolle der Betriebsvereinbarung daraufhin vorgenommen, ob die Betriebspartner ihrer Verpflichtung nachgekommen sind, dem Wohl des Betriebes und seiner Arbeitnehmer unter Berücksichtigung des Gemeinwohles zu dienen, indem sie einen billigen Ausgleich zwischen den Interessen der Belegschaft und des Betriebes sowie den Ausgleich zwischen den verschiedenen Teilen der Belegschaft selbst suchen[334]. Betriebsvereinbarungen sind danach grundsätzlich insoweit unwirksam, als sie zu unbilligen, unter keinen Umständen gerechtfer-

---

329 *Bader*, NZA 2014, 749, 751; Dornbusch/Fischermeier/Löwisch/*Lauterbach*, SGB VI, § 41 Rn. 3.

330 Küttner/*Kreitner*, Personalhandbuch, Betriebsvereinbarung, Rn. 1.

331 ErfKomm ArbR/*Rolfs*, SGB VI, § 41 Rn. 15; Boecken/Joussen/*Boecken*, TzBfG, § 14 Rn. 111.

332 BAG v. 5. März 2013 – 1 AZR 417/12, NZA 2013, 916.

333 BAG v. 12. August 182 – 6 AZR 1117/79, NJW 1983, 68.

334 MünchHb/*Matthes*, ArbR, § 239, Die Betriebsvereinbarung, Rn. 83.

tigten Ergebnissen führen[335]. Die weitergehende Kontrolle bei Betriebsvereinbarungen rechtfertigt das Bundesarbeitsgericht damit, dass der Betriebsrat nicht die gleiche Unabhängigkeit vom Arbeitgeber besitze wie die Gewerkschaft. Deshalb sei der Betriebsrat nicht in gleichem Maß wie die Gewerkschaft in der Lage, die Arbeitnehmerinteressen zu wahren[336].

Vermehrt wird den Betriebspartnern die Befugnis zur Festsetzung von Altersgrenzen durch Betriebsvereinbarungen aberkannt[337]. Sie dürfen unabhängig davon nicht gegen das europarechtliche Verbot der Altersdiskriminierung verstoßen[338].

5. Drei-Jahres-Frist

Die Wirksamkeit einer auf einen früheren Zeitpunkt als das Erreichen des Renteneintrittsalters abgeschlossenen Vereinbarung hängt von deren Abschlusszeitpunkt oder der Bestätigung durch den Arbeitnehmer ab. Dabei ist nicht auf den Zeitpunkt des Erreichens der Regelaltersgrenze abzustellen, sondern vielmehr auf den Zeitpunkt der vorgesehenen Beendigung des Arbeitsverhältnisses[339]. Dies ist vor dem Hintergrund des Sinn und Zwecks der Regelung angebracht, da der Gesetzgeber dem Arbeitnehmer die freie Entscheidung über den Austritt aus dem Arbeitsleben überlassen möchte, und zwar zu einem Zeitpunkt, in dem er die Auswirkungen einer solchen Vereinbarung richtig absehen kann[340].

Die genaue Fristberechnung erfolgt nach §§ 187 ff. BGB analog[341]. Es handelt sich um eine Rückwärtsfrist, bei der die Frist nachträglich

---

335 BAG v. 24. März 1981 – 1 AZR 805/78, NJW 1982, 70.

336 BAG v. 24. März 1981 – 1 AZR 805/78, NJW 1982, 70.

337 Henssler/Willemsen/Kalb/*Ricken*, SGB VI, § 41 Rn. 14; *Waltermann*, RdA 1993, 209, 216.

338 Henssler/Willemsen/Kalb/*Ricken*, SGB VI, § 41 Rn. 14; *Bauer/von Medem*, NZA 2012, 945, 952.

339 BAG v. 22. Juni 1994 – 7 AZR 609/93, zit. n. Juris; bestätigt durch BAG v. 17. April 2002 – 7 AZR 40/01, BB 2002, 1865; Kreikebohm/*Dankelmann*, SGB VI, § 41 Rn. 7.

340 BT-Drs. VI/3767, S. 22 sowie BT-Drs. 11/4124, S. 163.

341 ErfKomm ArbR/*Rolfs*, SGB VI, § 41 Rn. 20; Palandt/*Ellenberger*, BGB, § 187 Rn. 4; die analoge Anwendung von Rückwärtsfristen kritisch betrachtend: *Effer-Uhe*, JZ 2016, 770 ff.

durch Rückrechnung von einem fristauslösenden Endzeitpunkt aus berechnet wird[342]. Dabei stellt der Zeitpunkt des Erreichens der Regelaltersgrenze den fristauslösenden Endzeitpunkt dar.

6. Rechtsfolgen einer unwirksamen Altersgrenze

Eine vor Beginn der Drei-Jahres-Frist abgeschlossene Vereinbarung ist bis zu der Bestätigung i.S.v. § 41 S. 2 Hs. 2 SGB VI schwebend unwirksam[343]. Durch die Abgabe der Erklärung wird ein nichtiges Rechtsgeschäft nach § 141 BGB bestätigt. Die Bestätigung kann durch Abgabe einer einseitigen Willenserklärung erfolgen. Diese muss gem. § 14 Abs. 4 TzBfG schriftlich erfolgen. Erfolgt keine der Voraussetzungen, so ist die Vereinbarung über ein vorzeitiges Ende des Arbeitsverhältnisses unwirksam. Im Wege der Fiktion tritt dann die Regelaltersgrenze an die Stelle der vereinbarten Altersgrenze[344].

Bestehende Vereinbarungen oder Arbeitsverträge, die ihrem Wortlaut nach auf die Vollendung des 65. Lebensjahres abgeschlossen wurden, sind nach herrschender Meinung im Wege der Auslegung als auf das Erreichen der aktuell geltenden Regelaltersgrenze abgeschlossen anzusehen. Die Regelungen wurden klar erkennbar nach der damals geltenden Regelaltersgrenze geschlossen. Eine solche jeweilige Regelung ist dann regelmäßig dahingehend auszulegen, dass damit dynamisch auf die jeweilige Regelaltersgrenze in der gesetzlichen Rentenversicherung Bezug genommen werden sollte[345]. Dies ergibt sich auch aus der Gesetzesbegründung des RV-Altersgrenzenanpassungsgesetzes[346].

342 BeckOK BGB/*Henrich*, BGB, § 187 Rn. 10.
343 Hümmerich/Boecken/Düwell/*Klattenhoff/Lang*, SGB VI, § 41 Rn. 20.
344 Däubler/Hjort/Schubert/Wolmerath/*Zimmermann*, SGB VI, § 41 Rn. 4; Dornbusch/Fischermeier/Löwisch/*Lauterbach*, SGB VI, § 41 Rn. 4.
345 BAG v. 15. Mai 2012 – 3 AZR 11/10, NZA-RR 2012, 433; *Bader*, NZA 2014, 749, 750.
346 BT-Drs. 16/3794, S. 34.

§ 5 Befristungen über das Erreichen der Regelaltersgrenze hinaus

§ 41 S. 3 SGB VI wurde m.W.v. 1. Juli 2014 durch das Rentenversicherungs-Leistungsverbesserungsgesetz eingeführt. Er lautet:

> *„Sieht eine Vereinbarung die Beendigung des Arbeitsverhältnisses mit dem Erreichen der Regelaltersgrenze vor, können die Arbeitsvertragsparteien durch Vereinbarung während des Arbeitsverhältnisses den Beendigungszeitpunkt, gegebenenfalls auch mehrfach, hinausschieben.“*

I. Zweck und Entwicklungsgeschichte

§ 41 S. 3 SGB VI ist, wie die ihm vorangehenden Sätze, eine arbeitsrechtliche Regelung. Er dient damit nicht der Rentenversicherung, sondern vielmehr dem Interesse der Arbeitgeber und Arbeitnehmer[347]. Dabei will die Vorschrift nichts an der vorherigen, rechtlich zulässigen Praxis der individuell oder kollektiv vereinbarten Beendigung des Arbeitsverhältnisses bei Erreichen der Regelaltersgrenze ändern[348]. Es soll vielmehr erreicht werden, dass einvernehmlich das Arbeitsverhältnis für einen von vornherein bestimmten Zeitraum rechtssicher fortgesetzt werden kann[349]. Die Norm soll den Arbeitsvertragsparteien die Möglichkeit geben, auf personelle Veränderungen im Unternehmen flexibel reagieren zu können, etwa wenn eine Nachbesetzung der entsprechenden Stelle nicht nahtlos erfolgen kann. Auch können Arbeitnehmer laufende Projekte mit ihrer Sachkunde erfolgreich zum Abschluss bringen oder neu eingestellte jüngere Kollegen in ihre Tätigkeit einarbeiten[350].

Wird eine Vereinbarung nach § 41 S. 3 SGB VI wirksam geschlossen, so verlängert sich das Arbeitsverhältnis bis zu dem vereinbarten neuen Zeitpunkt.

347 KassKomm/*Gürtner*, SGB VI, § 41 Rn. 21.

348 BT-Drs. 18/1489, S. 25.

349 BT-Drs. 18/1489, S. 25.

350 Vgl. Gesetzesentwurf zum RV-Leistungsverbesserungsgesetz (Fassung, die der Abstimmung im Deutschen Bundestag am 23. Mai 2014 zugrunde lag), S. 8.

II. Inhalt der Vereinbarung

Voraussetzung für ein wirksames Hinausschieben des Beendigungszeitpunkts ist eine vertragliche Vereinbarung, die während des Arbeitsverhältnisses geschlossen werden muss[351]. Sie darf lediglich den Beendigungszeitpunkt hinausschieben, die sonstigen im jeweiligen Arbeitsverhältnis geltenden Arbeitsbedingungen sollen von der Neuregelung unberührt bleiben[352]. Demnach wird lediglich die Laufzeit des Vertrages geändert, inhaltlich sollen die einzelvertraglichen Regelungen jedoch bestehen bleiben[353].

Das Schriftformerfordernis des § 14 Abs. 4 TzBfG findet Anwendung, da es sich jeweils um eine Befristung handelt[354].

Der Begriff des „Hinausschiebens“ lässt darauf schließen, dass die Vereinbarung hinsichtlich des Endes des Arbeitsverhältnisses mit Erreichen der Regelaltersgrenze wirksam sein muss[355]. Keine Anwendung findet § 41 S. 3 SGB VI, wenn das Arbeitsverhältnis infolge der Befristung auf die Regelaltersgrenze oder aus anderen Gründen bereits beendet ist. Arbeitnehmer und Arbeitgeber schließen dann ein neues Arbeitsverhältnis, dessen Befristung den strengeren Voraussetzungen des § 14 TzBfG bzw. den Sonderbefristungstatbeständen wie in § 21 BEEG entsprechen muss[356].

Zudem findet § 41 S. 3 SGB VI keine Anwendung auf Arbeitsverhältnisse, die keine Befristung auf die Regelaltersgrenze vorsehen. Solche insgesamt unbefristeten Verträge laufen auch nach dem Erreichen der Regelaltersgrenze unbefristet weiter. Zwar steht den Arbeitsvertragsparteien hier nicht das Recht der unbegrenzten Befristungen nach dem Erreichen der Regelaltersgrenze zu, jedoch stellt dies keineswegs eine Schlechterstellung der Arbeitnehmer dar, da sie dadurch ihren

351 BT-Drs. 18/1489, S. 25.

352 BT-Drs. 18/1489, S. 25.

353 *Kleinebrink*, DB 2014, 1490, 1493; *Bader*, NZA 2014, 749, 751; *Kramer*, ArbR Aktuell 2015, 144, 146; anderes Verständnis: *Bauer*, NZA 2014, 889, 890; *Neufeld/Flockenhaus/Schemmel*, BB 2014, 2741, 2744.

354 KassKomm/*Gürtner*, SGB VI, § 41 Rn. 21; ebenso *Bader*, NZA 2014, 749, 751; *Kramer*, ArbR Aktuell 2015, 144, 145 f.; ErfKomm ArbR/*Rolfs*, SGB VI, § 41 Rn. 23; a.A. *Poguntke*, NZA 2014, 1372, 1374.

355 *Bader*, NZA 2014, 749 f.

356 ErfKomm ArbR/*Rolfs*, SGB VI, § 41 Rn. 23.

unbefristeten Vertrag behalten und nicht in einen befristeten Vertrag wechseln müssen. Ihr Arbeitsverhältnis kann nur durch Kündigung oder Aufhebungsvertrag aufgelöst werden (vgl. *Kapitel 3 (Kündigungsschutz nach dem Kündigungsschutzgesetz)*).

Das neue befristete Arbeitsverhältnis muss sich demnach nahtlos und ohne jegliche Zäsur an das alte Arbeitsverhältnis anschließen[357].

Das mehrfache Hinausschieben des Beendigungszeitpunkts geht bereits aus dem Wortlaut der Norm hervor und ist demzufolge ausdrücklich zulässig. Für die einzelnen Vereinbarungen ist weder eine Höchstdauer vorgesehen noch ist die Zahl der möglichen Verlängerungsvereinbarungen begrenzt. Eine Gesamthöchstdauer ist ebenfalls nicht festgelegt[358]. Auch die Folgevereinbarungen müssen rechtzeitig vor Erreichen der neuen Altersgrenze getroffen werden. Geschieht dies nicht, so endet das Arbeitsverhältnis aufgrund der Befristung gemäß § 15 TzBfG[359]. Wird das Arbeitsverhältnis nach dem Ende der Befristung mit Wissen des Arbeitgebers weitergeführt, so gilt es als auf unbestimmte Zeit verlängert (§ 15 Abs. 5 TzBfG).

Nimmt ein Arbeitnehmer die Möglichkeit, über das Renteneintrittsalter hinaus zu arbeiten, wahr, so kann er die Rente neben dem Arbeitsentgelt in unbegrenzter Höhe ohne Hinzuverdienstgrenze beziehen[360]. Beantragt der Arbeitnehmer die Rente erst bei Beendigung der Beschäftigung, erhöht sie sich für jeden Monat der gegenüber der Regelaltersgrenze „verspäteten" Inanspruchnahme um 0,5 Prozent (§ 77 Abs. 2 S. 1 Nr. 2 lit. b SGB VI)[361].

Die Vereinbarung der Arbeitsvertragsparteien über das Hinausschieben des Beendigungszeitpunkts stellt eine mitbestimmungspflichtige Einstellung i.S.d. § 99 Abs. 1 S. 1 BetrVG dar[362]. Nach § 99 BetrVG hat der Betriebsrat ein Mitbestimmungsrecht bei personellen Einzelmaßnehmen, worunter auch die Beschäftigung über die festgelegte Altersgrenze hinaus bzw. die Verlängerung eines befristet abgeschlosse-

357 Vgl. *Bader*, NZA 2014, 749, 751; *Kramer*, ArbR Aktuell 2015, 144, 145.
358 Vgl. *Bader*, NZA 2014, 749, 752; *Kramer*, ArbR Aktuell 2015, 144, 145.
359 *Poguntke*, NZA 2014, 1372, 1375.
360 ErfKomm ArbR/*Rolfs*, SGB VI, § 41 Rn. 24.
361 Vgl. ErfKomm ArbR/*Rolfs*, SGB VI, § 41 Rn. 24.
362 BAG v. 12. Juli 1988 – 1 ABR 85/86, BB 1988, 2176; *Fitting*, BetrVG, § 99 Rn. 39; Ein Mitbestimmungsrecht für den Personalrat ergibt sich aus § 75 Abs. 1 Nr. 5 BPersVG.

nen Arbeitsvertrages fällt[363]. Zwar wird dem Betriebsrat teilweise das Mitbestimmungsrecht abgesprochen, da dessen Zustimmungsverweigerung den Verlust des Arbeitsplatzes des Arbeitnehmers bewirken könnte und dies gerade dem Auftrag zur Beschäftigungssicherung des § 80 Abs. 1 Nr. 8 BetrVG widersprechen würde[364], jedoch verkennt diese Ansicht, dass der aus § 99 Abs. 2 BetrVG ablesbare Normzweck darin besteht, den Schutz der bereits im Betrieb Beschäftigten durch Mitsprache des Betriebsrats bei personellen Zusammensetzungen des Arbeitsverbandes zu gewährleisten[365]. Zudem ist eine Beendigung wegen Erreichens der Altersgrenze ein Auslaufen des Arbeitsvertrages und gerade keine Kündigung[366].

Da ein befristetes Arbeitsverhältnis nur dann der ordentlichen Kündigung unterliegt, wenn dies einzelvertraglich oder im anwendbaren Tarifvertrag vereinbart ist (§ 15 Abs. 3 TzBfG), sollte eine entsprechende Regelung bei Abschluss des befristeten Arbeitsvertrages über das Hinausschieben der Regelaltersgrenze berücksichtigt werden.

1. Keine Notwendigkeit eines Sachgrunds der Befristung

Ohne die Regelung des § 41 S. 3 SGB VI unterläge das einvernehmliche Hinausschieben des Beschäftigungsendes zu gleichbleibenden Bedingungen als Befristung der Inhaltskontrolle des § 14 Abs. 1 TzBfG und bedürfte somit eines sachlichen Grundes oder einer Ausnahme nach § 14 Abs. 2 TzBfG[367]. Durch die Einführung des § 41 S. 3 SGB VI haben die Vertragsparteien die Möglichkeit, eine befristete Verlängerung des Arbeitsverhältnisses zu vereinbaren, ohne einen sachlichen Grund des § 14 Abs. 1 TzBfG nachweisen zu müssen und ohne die Verlängerungen den Beschränkungen und Sanktionen des § 14 Abs. 2 und

363 *Fitting*, BetrVG, § 99 Rn. 39; *Bader*, NZA 2014, 749, 751; *Neufeld/Flockenhaus/Schemmel*, BB 2014, 2741, 2744.

364 Richardi/*Thüsing*, BetrVG, § 99 Rn. 42; a.A. *Fitting*, BetrVG, § 102 Rn. 17.

365 *Fitting*, BetrVG, § 99 Rn. 35.

366 *Fitting*, BetrVG, § 102 Rn. 17.

367 KassKomm/*Gürtner*, SGB VI, § 41 Rn. 21.

Abs. 3 TzBfG zu unterwerfen[368]. Damit stellt die im Sozialrecht verankerte Vorschrift eine Sonderregelung gegenüber § 14 TzBfG dar[369].

Da § 41 S. 3 SGB VI lediglich von einem bestehenden Arbeitsverhältnis ausgeht, hat dies zur Folge, dass auch bereits zuvor befristete Arbeitsverhältnisse durch die Regelung des § 41 S. 3 SGB VI weiter befristet werden können. Die Befristung wird ab diesem Zeitpunkt demnach deutlich erleichtert.

Die Regelung benennt zwar nicht ausdrücklich einen Sachgrund, sie knüpft jedoch mit ihrem Wortlaut und ihrer Systematik an die Befristung auf den Zeitpunkt des Erreichens der Regelaltersgrenze an[370]. Sie soll damit sowohl dem Arbeitgeber eine Sicherheit in seiner Personalplanung als auch dem Arbeitnehmer in seiner Planung des Ruhestands bieten, was zu einem legitimen Ziel i.S.v. Art. 6 Abs. 1 S. 1 der Richtlinie 2000/78/EG führen sollte[371]. Dass dies dem Gesetzgeber jedoch nicht gelungen ist, zeigen die Bedenken zur Vereinbarkeit mit dem Europarecht (vgl. hierzu *§ 5 V. (Europarechtliche Bedenken)*).

In der Gesetzesbegründung ist weiter von dem „Wunsch" einzelner Arbeitnehmer und Arbeitgeber die Rede, das Arbeitsverhältnis auch nach Beendigungsvereinbarungen einvernehmlich für einen von vornherein bestimmten Zeitraum rechtssicher fortsetzen zu können[372]. Der Wunsch des Arbeitnehmers ist indes jedoch nicht geeignet, ein notwendiges legitimes Ziel und damit einen Rechtfertigungsgrund für eine Befristung darzustellen. Er ist in aller Regel primär auf eine unbefristete Weiterbeschäftigung gerichtet, weil der Arbeitnehmer dann selbst entscheiden kann, wann das Arbeitsverhältnis beendet wird[373]. Zudem wird der Wunsch des Arbeitnehmers nur schwer unter Darlegegungs- und Beweislastgesichtspunkten nachzuweisen sein. Eine Beeinflussung des Arbeitgebers kann den Wunsch bedingen, jedoch würde andererseits das Arbeitsverhältnis mit dem Erreichen der Regelaltersgrenze enden.

368 KassKomm/*Gürtner*, SGB VI, § 41 Rn. 21; ebenso: *Bader*, NZA 2014, 749, 752; *Klösel/Reitz*, NZA 2014, 1366, 1369.

369 ErfKomm ArbR/*Rolfs*, SGB VI, § 41 Rn. 21; *Poguntke*, NZA 2014, 1372, 1373 f.

370 Vgl. *Bader*, NZA 2014, 749, 752.

371 Vgl. *Bader*, NZA 2014, 749, 752.

372 BT-Drs. 18/1489, S. 25.

373 BAG v. 19. Januar 2005 – 7 AZR 115/04, AP Nr. 260 zu § 620 BGB Befristeter Arbeitsvertrag.

Soll eine Befristung über das Renteneintrittsalter hinaus geschlossen werden und ist § 41 S. 3 SGB VI aus den oben genannten Gründen nicht anwendbar, etwa weil das Arbeitsverhältnis bereits geendet hat, empfiehlt sich die nachfolgende Formulierung. Dabei ist die z. B. die Einarbeitung einer Nachwuchskraft im Rahmen einer konkreten Nachwuchsplanung als wirksamer Sachgrund vom Bundesarbeitsgericht anerkannt[374]. Alleine der Bezug von gesetzlicher Altersrente rechtfertigt die Befristung des Arbeitsverhältnisses aus in der Person des Arbeitnehmers liegenden Gründen nicht[375].

Beispiel:

„In Abänderung des Arbeitsvertrags … (Datum einfügen) vereinbaren Herr K und die Meyer KG Folgendes:
Das Arbeitsverhältnis wird über den Zeitpunkt des Erreichens der gesetzlichen Regelaltersgrenze für die Zeit vom … (Datum einfügen) bis zum … (Datum einfügen) befristet fortgesetzt. Das Arbeitsverhältnis endet, ohne dass es einer Kündigung bedarf, mit Ablauf des letzten Tages des vorgenannten Befristungszeitraums. Während dieser Zeit kann es – wie bisher – beiderseits ordentlich unter Einhaltung der gesetzlichen Kündigungsfrist gekündigt werden. Diese befristete Fortführung des Arbeitsverhältnisses erfolgt wegen der von Herrn K in dem vorgenannten Befristungszeitraum im Rahmen der Nachwuchsplanung unseres Unternehmens vorzunehmenden Einarbeitung von Frau Y.“[376]

2. Arten der Vereinbarung

In § 41 S. 3 SGB VI ist von zwei Vereinbarungen die Rede. Zunächst muss eine Vereinbarung bestehen, die eine Beendigung des Arbeitsverhältnisses mit dem Erreichen der Regelaltersgrenze vorsieht. Ist dies der Fall, so kann durch eine weitere Vereinbarung, die während des bestehenden Arbeitsverhältnisses geschlossen werden muss, der Beendigungszeitpunkt – gegebenenfalls auch mehrfach – hinausgeschoben werden.

Die Vereinbarung über das Hinausschieben des Beendigungszeitpunkts muss nach dem Wortlaut des § 41 S. 3 SGB VI von den Arbeits-

374 BAG v. 11. Februar 2015 – 7 AZR 17/13, BB 2015, 1786.
375 BAG v. 11. Februar 2015 – 7 AZR 17/13, BB 2015, 1786.
376 Vgl. *Kramer*, ArbR Aktuell 2015, 144, 145.

vertragsparteien geschlossen werden. Dies sind der Arbeitgeber und der Arbeitnehmer.

Bezüglich der ersten Vereinbarung gilt das oben unter *§ 4 IV. (Vereinbarung über Altersgrenzen)* Gesagte. Im Folgenden soll es lediglich um die zweite Vereinbarung, welche die Verlängerung betrifft, gehen.

a) Einzelvertragliche Regelung

Die Vereinbarung über das Hinausschieben des Beendigungszeitpunkts kann nach dem Wortlaut der Regelung lediglich eine einzelvertragliche Regelung sein, da § 41 S. 3 SGB VI ausdrücklich eine Vereinbarung der Arbeitsvertragsparteien vorsieht (*„[...] können die Arbeitsvertragsparteien durch Vereinbarung [...]“*).

Eine mögliche arbeitsvertragliche Klausel könnte für das erstmalige Hinausschieben des Beendigungszeitpunkts wie folgt lauten:

> *„In Abänderung des Arbeitsvertrags vom ... (Datum einfügen) vereinbaren Herr L und die Müller GmbH Folgendes:*
> *Die in dem Arbeitsvertrag vom ... (Datum einfügen) in § 6 vereinbarte Beendigung des Arbeitsverhältnisses mit dem Erreichen der gesetzlichen Regelaltersgrenze, die zum ... (Datum einfügen) eingreifen würde, wird bis zum ... (Datum einfügen) hinausgeschoben. Das Arbeitsverhältnis endet, ohne dass es einer Kündigung bedarf, mit Ablauf des vorgenannten hinausgeschobenen Tages. Während des Verlängerungszeitraums kann das Arbeitsverhältnis – wie bisher – beiderseits ordentlich gekündigt werden.“*[377]

Die Klausel für weitere Verlängerungen könnte den folgenden Wortlaut besitzen:

> *„Die Vereinbarung über das Hinausschieben der vereinbarten Regelaltersgrenze vom ... (Datum einfügen) zwischen Herrn L und der Müller GmbH wird wie folgt geändert:*
> *Der Beendigungszeitpunkt wird bis zum ... (Datum einfügen) hinausgeschoben. Das Arbeitsverhältnis endet mit Ablauf des vorgenannten Tages, ohne dass es einer Kündigung bedarf. Während des Verlängerungszeitraums kann das Arbeitsverhältnis – wie bisher – beiderseits ordentlich gekündigt werden.“*[378]

---

377 Vgl. *Kramer*, ArbR Aktuell 2015, 144, 146.
378 Vgl. *Kramer*, ArbR Aktuell 2015, 144, 146.

b) Tarifvertragliche Regelung

Tarifvertragliche Regelungen, die das Hinausschieben des Beendigungszeitpunkts regeln, sind nach dem Wortlaut des § 41 S. 3 SGB VI nicht möglich, da dieser vorsieht, dass eine solche Vereinbarung von den Arbeitsvertragsparteien geschlossen werden soll. Dies sind der Arbeitgeber und der Arbeitnehmer[379].

Dies entspricht auch praktischen Erwägungen, da zum einen nicht jeder Arbeitnehmer über das Renteneintrittsalter hinaus arbeiten möchte und der Arbeitgeber auf der anderen Seite auch nicht jeden Arbeitnehmer darüber hinaus beschäftigen möchte. Auch die Anzahl der Verlängerungen kann nicht auf alle Arbeitnehmer eines Betriebes verallgemeinert werden. Hinzu kommt, dass durch die unterschiedliche Ausgestaltung der einzelnen Arbeitsverträge in einem Betrieb nicht allgemeinverbindlich davon ausgegangen werden kann, dass jeder Arbeitsvertrag bereits eine Vereinbarung über die Beendigung des Arbeitsverhältnisses beim Erreichen des Renteneintrittsalters beinhaltet.

Nach dem Telos der Norm soll dem Arbeitnehmer und dem Arbeitgeber eine höchstmögliche Flexibilität des Hinausschiebens des Beendigungszeitpunkts ermöglicht werden[380]. Dies kann jeweils nur im Einzelfall und nicht kollektivvertraglich entschieden werden.

Ob von § 41 S. 3 SGB VI abweichende Regelungen getroffen werden können, geht aus seinem Wortlaut nicht eindeutig hervor, da er keine ausdrückliche Aussage zur Tarifdispositivität trifft. Es ergeben sich weder aus dem Wortlaut des Gesetzes noch aus der systematischen Stellung der Regelung Anhaltspunkte für einen zwingend zweiseitigen Charakter der Regelung[381]. Fehlt es aber an eindeutigen Anhaltspunkten für eine zweiseitige zwingende Wirkung der gesetzlichen Regelung, so muss jedenfalls bei Arbeitnehmerschutznormen wie den Befristungsregelungen davon ausgegangen werden, dass sie abweichende tarifliche Regelungen nicht ausschließen wollen, wenn diese für den Arbeitnehmer günstiger sind[382]. Somit sind von § 41 S. 3

379 Dornbusch/Fischermeier/Löwisch/*Lauterbach*, SGB VI, § 41 Rn. 5.
380 Vgl. *Bader*, NZA 2014, 749.
381 Vgl. *Bader*, NZA 2014, 749.
382 BAG v. 25. September 1987 – 7 AZR 315/86, NZA 1988, 358.

SGB VI abweichende tarifvertragliche Regelungen über das Hinausschieben des Beendigungszeitpunkts möglich, werfen jedoch praktische Probleme und Bedenken auf.

c) Betriebsvereinbarung

Auch Betriebsvereinbarungen sind vom Wortlaut des § 41 S. 3 SGB VI nicht erfasst. Sie können daher, ebenso wie Tarifverträge, keine Regelungen zu dem Hinausschieben des Beendigungszeitpunktes treffen. Eine solche Möglichkeit widerspräche dem Sinn und Zweck des § 41 S. 3 SGB VI, der es gerade den Arbeitsvertragsparteien im Einzelfall selbst überlassen möchte, eine solche Vereinbarung zu schließen.

Gleichlaufend zu dem zu tariflichen Regelungen Gesagten sprechen zudem praktische Probleme gegen eine Erweiterung des § 41 S. 3 SGB VI.

3. Vereinbarung während des Arbeitsverhältnisses

Der Zeitpunkt der Vereinbarung über das Hinausschieben des Beendigungszeitpunkts muss noch während des bisherigen Bestehens des Arbeitsverhältnisses liegen. Spätestmöglicher Zeitpunkt ist demnach der letzte Tag des Monats, mit dessen Ende die Regelaltersgrenze erreicht ist[383].

§ 41 S. 3 SGB VI findet keine Anwendung, wenn das Arbeitsverhältnis infolge der Befristung auf die Regelaltersgrenze bereits beendet ist. Nach der Beendigung des ursprünglichen Arbeitsverhältnisses kann eine Befristung nur nach Maßgabe des § 14 TzBfG bzw. von Sonderbefristungstatbeständen wie § 21 BEEG erfolgen[384]. Eine sachliche Rechtfertigung der Befristung ist hierbei über § 14 Abs. 1 S. 2 Nr. 6 TzBfG möglich, sofern der Arbeitnehmer eine Altersrente aus der gesetzlichen Rentenversicherung beanspruchen kann und die befristete Fortsetzung des Arbeitsverhältnisses einer konkreten, im Zeitpunkt der Vereinbarung der Befristung bestehenden Personalplanung des Ar-

383 Vgl. *Bader*, NZA 2014, 749, 751; *Poguntke*, NZA 2014, 1372, 1374.
384 Vgl. ErfKomm ArbR/*Rolfs*, SGB VI, § 41 Rn. 23.

beitgebers dient[385]. Eine unzulässige Diskriminierung wegen Alters ergebe sich durch eine solche Befristung nicht[386].

III. Beweislast

Bei einem Hinausschieben der Altersgrenze handelt es sich um einen Ausnahmetatbestand[387]. Nach den vom Bundesarbeitsgericht zu § 15 TzBfG entwickelten Grundsätzen hat der Arbeitnehmer deshalb das Zustandekommen der Vereinbarung darzulegen und zu beweisen, wenn er die Verlängerung des Arbeitsverhältnisses geltend macht[388]. Dies kann z. B. im Rahmen einer Entgeltzahlungs- oder Befristungsklage geschehen[389].

Eher von theoretischer Natur ist der umgekehrte Fall, dass sich der Arbeitgeber auf den Ausnahmetatbestand beruft. Sollte es doch einmal dazu kommen, so ist nach den allgemeinen Grundsätzen der Arbeitgeber für die wirksame Verschiebung der Altersgrenze beweispflichtig[390].

IV. Verhältnis zu anderen Befristungstatbeständen

Eine Vereinbarung nach den Voraussetzungen des § 41 S. 2 SGB VI, die auf einen Beendigungszeitpunkt vor Erreichen der Regelaltersgrenze abstellt und in den letzten drei Jahren vor diesem Zeitpunkt abgeschlossen oder bestätigt worden ist, kann nicht Grundlage für die Anwendung des § 41 S. 3 SGB VI sein, da sie gerade nicht auf die Regelaltersgrenze abstellt[391]. Eine Vereinbarung, die nach § 41 S. 2 SGB VI hingegen auf das Erreichen der Regelaltersgrenze abstellt, ist folglich geeignet.

---

385 Vgl. *Zundel*, NJW 2016, 132, 134.
386 BAG v. 11. Februar 2015 – 7 AZR 17/13, NJW 2015, 2682.
387 *Poguntke*, NZA 2014, 1372, 1375.
388 BAG v. 21. Februar 2001 – 7 AZR 98/00, NZA 2001, 1141.
389 Vgl. *Poguntke*, NZA 2014, 1372, 1375.
390 Vgl. *Poguntke*, NZA 2014, 1372, 1375.
391 *Kleinebrink*, DB 2014, 1490, 1492.

V. Europarechtliche Bedenken

Die europarechtliche Konformität des § 41 S. 3 SGB VI wird bereits bestritten[392]. Dies hängt insbesondere mit der Möglichkeit einer mehrfachen Befristung zusammen. In diesem Zusammenhang gibt es – wie bereits oben gezeigt – weder Begrenzungen zur Dauer und Anzahl der Befristungen noch zu ihrer Gesamtdauer.

1. Betrachtung der Rechtslage

Das Nichtvorliegen von Begrenzungen zur Dauer, Anzahl oder Gesamtdauer von Befristungen nach § 41 S. 3 SGB VI könnte gegen das Verbot der Altersdiskriminierung sowie gegen Art. 6 der Richtlinie 2000/78/EG verstoßen[393]. Art. 6 der Richtlinie 2000/78/EG des Rates vom 27. November 2000 zur Festlegung eines allgemeinen Rahmens für die Verwirklichung der Gleichbehandlung in Beschäftigung und Beruf besagt, dass eine Ungleichbehandlung wegen des Alters keine Diskriminierung darstellt, sofern sie objektiv und angemessen ist und im Rahmen des nationalen Rechts durch ein legitimes Ziel – worunter insbesondere rechtmäßige Ziele aus den Bereichen Beschäftigungspolitik, Arbeitsmarkt und berufliche Bildung zu verstehen sind – gerechtfertigt ist und die Mittel zur Erreichung dieses Ziels angemessen und erforderlich sind (vgl. ausführlicher bereits unter *§ 2 (Altersdiskriminierungsfälle des Europäischen Gerichtshofs)*)[394].

Für das Hinausschieben des Beendigungszeitpunkts wird zum einen, parallel zum Sachgrund für die Befristung auf die Regelaltersgrenze, ein legitimes Ziel im Zusammenhang mit der Beschäftigungs- und Arbeitsmarktpolitik gesehen. Die lediglich befristete Fortsetzung des Arbeitsverhältnisses jenseits der Regelaltersgrenze führe grundsätzlich – aufgrund der Planungsmöglichkeiten und -sicherheiten – zu

392 So etwa *Koll*, AiB 2016, 10 f.; *Kramer*, ArbR Aktuell 2015, 144, 145; *Bader*, NZA 2014, 749, 752; a.A. *Klösel/Reitz*, NZA 2014, 1366 ff.; *Poguntke*, NZA 2014, 1372, 1374; *Kleinebrink*, DB 2014, 1490.

393 *Bader*, NZA 749, 752 f.; *Kramer*, ArbR Aktuell 2015, 144, 145.

394 Erwägungsgrund Nr. 25 der Richtlinie 2000/78/EG des Rates zur Festlegung eines allgemeinen Rahmens für die Verwirklichung der Gleichbehandlung in Beschäftigung und Beruf.

einem sachgerechten Ausgleich der Interessen des Arbeitnehmers und des Arbeitgebers[395]. Auch bewirke die Neuregelung eine Besserstellung älterer Arbeitnehmer gegenüber der vorherigen Rechtslage, da Arbeitgeber eher geneigt seien, einer rechtssicheren sachgrundlosen Befristung zuzustimmen, als mit der Unsicherheit eines eventuell unbefristeten Arbeitsverhältnisses zu leben oder ein Hinausschieben aus diesem Grund sogar abzulehnen[396].

Jedoch bleibt hierbei unberücksichtigt, dass die Regelung beliebig viele Beschäftigungen jenseits der Regelaltersgrenze ermöglicht[397]. Zudem wird ein weiteres wichtiges Ziel des § 41 S. 3 SGB VI, nämlich die Einstellung jüngerer Arbeitnehmer zu fördern, konterkariert[398]. Dabei ist zudem die Rechtsprechung des Europäischen Gerichtshofs zu berücksichtigen. Dieser hat bereits 2005 § 14 Abs. 3 TzBfG a.F. für unwirksam erklärt, da dieser eine uneingeschränkte Anzahl von Befristungen vorsah (ausführlich vgl. *§ 2 I. 1. (Mangold)*)[399].

Es stellt sich darüber hinaus auch die Frage, ob es sachgerecht erscheint, an befristete Arbeitsverhältnisse vor dem Erreichen der Regelaltersgrenze die hohen Maßstäbe des Teilzeit- und Befristungsgesetzes anzusetzen und nach dem Erreichen der Regelaltersgrenze diese Maßstäbe vollkommen außer Acht zu lassen. Insoweit sei erneut darauf hingewiesen, dass durch eine solche Regelung zwar Anreize für den Arbeitgeber geschaffen werden, einen Arbeitnehmer auch über das Erreichen der Regelaltersgrenze zu beschäftigen, der Arbeitnehmer hingegen wird von seinem unbefristeten Vertrag jedoch in einen befristeten Vertrag übergeleitet. Zudem ist der Arbeitnehmer sowohl bei der erstmaligen als auch bei allen weiteren Verlängerungen von dem Wohlwollen des Arbeitgebers diesbezüglich abhängig. Er hat hierauf nur einen geringen Einfluss. Insbesondere das generell im Arbeitsrecht vorherrschende Über-/Unterordnungsverhältnis zwischen Arbeitgeber und Arbeitnehmer führt zu einer Abhängigkeit des Arbeitnehmers. Dieser wird, um die wohlwollende Zustimmung des Arbeitgebers zu einer möglichen Verlängerung des Arbeitsverhältnisses zu bekommen,

395 *Bader*, NZA 2014, 749, 752.
396 Vgl. *Poguntke*, NZA 2014, 1372, 1374.
397 *Bauer*, NZA 2014, 889, 890.
398 So *Klösel/Reitz*, NZA 2014, 1366,1367.
399 EuGH v. 22. November 2005 – C-144/04, NJW 2005, 3695 (Mangold).

eher auf die Forderungen und Zeitabstände des Arbeitgebers eingehen. Es besteht dadurch zudem die Gefahr des Missbrauchs der grenzenlosen Befristungen durch den Arbeitgeber. Durch die bisherigen Regelungen sind Befristungen auch besonders kurzer Zeiträume möglich. Eine Grenze bietet da nur das Gebot von Treu und Glauben nach § 242 BGB.

Entscheidend bei dieser Frage ist auch das Urteil des Europäischen Gerichtshofs in der Rechtssache Hörnfeldt (bereits ausführlich unter *§ 2 I. 11.*), in der der Gerichtshof zunächst die Altersgrenze (67 Jahre) bestätigte und dies mit der Möglichkeit des Arbeitnehmers, darüber hinaus auch bei demselben Arbeitgeber weiterzuarbeiten, begründete[400]. Leider ließ der Gerichtshof offen, welche Voraussetzungen an diese Weiterarbeit zu knüpfen sind. Als Reaktion auf dieses Urteil hat Schweden (um dessen Altersgrenze es sich handelte) am 1. Mai 2016 seine Regelungen für Arbeitnehmer über 67 Jahre geändert (vgl. *§ 3 III. (Schweden)*). Demnach ergeben sich für Befristungen für Arbeitnehmer, die das 67. Lebensjahr erreicht haben, keine Beschränkungen mehr – ähnlich der deutschen Regelung in § 41 S. 3 SGB VI.

Zu beachten ist dabei, dass dies so vom Europäischen Gerichtshof nicht ausdrücklich zugelassen wurde. Eine abschließende Rechtssicherheit für solche Regelungen besteht (noch) nicht. Der Gerichtshof führt in Rn. 41 seines Urteils an, dass der Arbeitgeber und der Arbeitnehmer die Dauer des befristeten Arbeitsverhältnisses nach dem Erreichen der Regelaltersgrenze frei vereinbaren und es erforderlichenfalls auch verlängern könnten[401]. Beachtlich ist dabei, dass dies lediglich am Ende eines Absatzes, recht nahe am Ende des Urteils, aufgegriffen wird. Daraus den Schluss zu ziehen, Befristungen nach dem Erreichen der Regelaltersgrenze seien ohne jegliche Begrenzungen bezüglich Dauer, Anzahl und Gesamtdauer möglich, erscheint fragwürdig.

Zudem ist bei der Übertragung auf das deutsche Recht zu beachten, dass es in Deutschland im Gegensatz zu Schweden keine fixe gesetzliche Altersgrenze gibt, zu der ein Arbeitnehmer automatisch in den Ruhestand versetzt wird. Ist eine Altersgrenze im Vertrag nicht festgeschrieben, so läuft das Arbeitsverhältnis bis zu einer möglichen

400 EuGH v. 5. Juli 2012 – C-141/11, EuZW 2012, 794 (Hörnfeldt).
401 EuGH v. 5. Juli 2012 – C-141/11, EuZW 2012, 794 (Hörnfeldt).

Beendigung – in welcher Form auch immer (einseitige Kündigung einer Partei oder Aufhebungsvertrag) – unbefristet weiter.

Entscheidungen des Bundesarbeitsgerichts hierzu bleiben abzuwarten.

Um den europarechtlichen Risiken auszuweichen, empfiehlt es sich zu prüfen, ob ein Sachgrund für die Verlängerung herangezogen werden kann, der dann schriftlich in die Vereinbarung aufzunehmen ist (vgl. dazu § 5 *II. 1. (Keine Notwendigkeit eines Sachgrunds der Befristung)*)[402].

2. Mögliche Begrenzungen

Denkbar wäre daher auch eine Nachbesserung der Norm durch den Gesetzgeber.

Wie bereits erwähnt, birgt die schrankenlose Befristungsmöglichkeit die Gefahr des Missbrauchs der Befristung durch den Arbeitgeber. Da eine Grenze lediglich nach § 242 BGB (Treu und Glauben) besteht, wäre eine nachträgliche Ergänzung der Regelung durch den Gesetzgeber wünschenswert. Dies empfiehlt sich auch, um einer möglichen Europarechtswidrigkeit entgegenzuwirken.

Fraglich ist jedoch, wie eine solche Nachbesserung aussehen könnte. Eine Möglichkeit bestünde in der Einführung einer Mindestdauer der Befristung. Aber auch die höchstens zulässige Anzahl oder Gesamtdauer könnten geregelt werden.

Die Gesetzesbegründung nennt als Grund der Einführung des § 41 S. 3 SGB VI den Wunsch von Arbeitgeber und Arbeitnehmer, das Arbeitsverhältnis auch über das Erreichen der Regelaltersgrenze weiterzuführen, insbesondere, wenn eine Nachbesetzung der entsprechenden Stelle nicht nahtlos erfolgen kann, der Arbeitnehmer ein laufendes Projekt mit seiner Sachkunde noch erfolgreich zum Abschluss bringen oder einen neu eingestellten, jüngeren Kollegen in seine Tätigkeit einarbeiten soll[403].

Dies lässt erkennen, dass ein Hinausschieben des Beendigungszeitpunkts hauptsächlich für Fälle gedacht ist, bei denen es um Arbeitge-

402 *Kramer*, ArbR Aktuell 2015, 144, 146.
403 BT-Drs. 18/1489, S. 25.

berinteressen geht. Da es aber, wie bereits gezeigt, keines Sachgrundes für die Befristung bedarf, kann ein Hinausschieben des Beendigungszeitpunkts auch aufgrund reiner Arbeitnehmerinteressen erfolgen.

Für eine Mindestdauer der Befristung spricht zunächst der Schutz der Arbeitnehmer. Da in Extremfällen eine wöchentliche oder sogar tägliche Befristung möglich wäre, muss dem entgegengewirkt werden. Sollte tatsächlich einer der in der Gesetzesbegründung festgelegten Gründe einschlägig sein, so könnte das Ende des Arbeitsverhältnisses bis zum Erreichen dieses Ziels hinausgeschoben werden.

In Anlehnung an § 622 Abs. 1 BGB könnte aber auch eine Mindestbefristung von vier Wochen in Betracht kommen. § 622 Abs. 1 BGB regelt die regelmäßige Kündigungsfrist eines Arbeitnehmers, welche vier Wochen zum Fünfzehnten oder zum Ende eines Kalendermonats beträgt. Damit erhält der Arbeitnehmer eine gewisse Sicherheit und hat einen festen Zeitraum, in dem er mindestens weiterbeschäftigt wird. Aber auch für den Arbeitgeber scheint dieser Zeitraum angemessen, da sowohl der Zeitraum als auch die finanzielle Mehrbelastung überschaubar sind. Darüber hinausgehende Mindestlaufzeiten erscheinen als zu weit und dem Arbeitgeber als nicht mehr zumutbar. Auch könnte eine über die Monatsgrenze hinausgehende Mindestdauer der Befristung den Arbeitgeber von einem möglichen Hinausschieben des Beendigungszeitraums gänzlich abhalten. Daher erscheint eine Mindestdauer von zwei bis vier Wochen als angebracht und unter Berücksichtigung der gegenseitigen Interessen als angemessen. Eine Mindestdauer von drei Monaten oder mehr ist hingegen zu lang und damit nicht empfehlenswert.

Auch könnte die Anzahl oder Gesamtdauer der Befristungen in Anlehnung an § 14 Abs. 2 und Abs. 3 TzBfG begrenzt werden. Nach § 14 Abs. 2 TzBfG ist demnach eine Gesamtdauer von bis zu zwei Jahren zulässig, während der das Arbeitsverhältnis höchstens dreimal verlängert werden kann. § 14 Abs. 3 TzBfG sieht sogar eine Befristung von bis zu fünf Jahren vor, wobei die mehrfache Verlängerung möglich ist. Um eine größtmögliche Flexibilisierung zu ermöglichen, wäre eine solche Begrenzung jedoch hinderlich.

Die in der Mangold-Entscheidung zum Ausdruck gebrachten Gründe des Gerichts gegen die unbegrenzte Befristung des § 14 Abs. 3 TzBfG a.F. greifen hier nicht, da der Gerichtshof damals die Altersgrenze 52 unabhängig von anderen Erwägungen im Zusammenhang mit der Struktur des jeweiligen Arbeitsmarktes und der persönlichen Situation des Betroffenen des Zieles der beruflichen Eingliederung arbeitsloser älterer Arbeitnehmer als nicht gerechtfertigt ansah. Durch eine in der Anzahl und der Gesamtdauer unbegrenzten Befristungsmöglichkeit nach dem Erreichen der Regelaltersgrenze werden aber Arbeitnehmer gerade nicht vom Markt verdrängt. Zudem knüpft die hiesige Altersgrenze an das Erreichen der Regelaltersgrenze an, sodass hier nicht nur willkürlich ein Alter festgelegt ist, sondern gerade an einen allgemein anerkannten Begrenzungstatbestand angeknüpft wird. Auch das Argument, dass die Arbeitnehmer durch eine Befristung von der Garantie eines festen Beschäftigungsverhältnisses ausgeschlossen würden, greift hier nicht, da das Arbeitsverhältnis bereits auf die Altersgrenze begrenzt war und dem Arbeitnehmer durch die Regelung des § 41 S. 3 SGB VI eine Weiterbeschäftigung über das Erreichen der Altersgrenze hinaus ermöglicht werden soll.

Demnach erscheint eine Mindestdauer aus Arbeitnehmerschutzgründen durchaus wünschenswert, während eine Begrenzung der Anzahl oder der Gesamtdauer der Befristungen dem Sinn und Zweck der Regelung entgegenlaufen würde.

VI. Rechtsfolgen einer unwirksamen Befristung

§ 41 SGB VI regelt selbst keine Rechtsfolge im Falle einer unwirksamen Befristung in Bezug auf § 41 S. 3 SGB VI.

Nach § 16 TzBfG gilt der befristete Arbeitsvertrag als auf unbestimmte Zeit geschlossen, sollte die Befristung rechtsunwirksam sein.

Es fragt sich jedoch, ob die Regelung des § 16 TzBfG hier Anwendung findet, denn § 16 TzBfG regelt die Rechtsfolgen für den Fall, dass ein Rechtfertigungsgrund nicht berücksichtigt oder falsch angewandt wurde oder die ebenfalls in § 14 TzBfG geregelten Höchstgrenzen missachtet wurden. Diese sind, wie oben gezeigt, aber gerade nicht auf § 41 S. 3 SGB VI anwendbar.

Betrachtet man näher, welche Fehler in einer Vereinbarung gemacht werden können, so können dies keine Fehler bezüglich des Befristungsgrundes oder deren Höchstdauer sein. § 41 S. 3 SGB VI sieht weder einen Befristungsgrund noch – ungeachtet der Frage nach der Europarechtskonformität – eine Höchstdauer der Befristung vor. Es können daher lediglich Fehler im Sinne des allgemeinen Teils des Bürgerlichen Gesetzbuches eintreten, welche zum Beispiel zur Anfechtung berechtigen oder zur Nichtigkeit oder Unwirksamkeit des Vertrages führen können. Auch eine Teilnichtigkeit nach § 139 BGB käme in Betracht, wenn der Fehler nicht gerade in dem Willen der Parteien lag, das Arbeitsverhältnis über das Renteneintrittsalter hinaus weiterzuführen.

Jedoch ist zu beachten, dass § 41 S. 3 SGB VI zeitlich nach § 16 TzBfG eingeführt wurde, dieser also eine solche Befristung nicht berücksichtigen konnte. Von seinem Sinn und Zweck ist er jedoch auch hier anwendbar. Bereits aus seiner amtlichen Überschrift folgt, dass er die Folgen unwirksamer Befristungen regeln soll. § 16 TzBfG ist demnach zumindest analog anzuwenden.

Die Unwirksamkeit der Befristung kann nach Maßgabe des § 17 TzBfG im Rahmen einer Befristungskontrolle gerichtlich geltend gemacht werden[404].

404 ErfKomm ArbR/*Rolfs*, SGB VI, § 41 Rn. 24.

Kapitel 3: Kündigungsschutz nach dem Kündigungsschutzgesetz

§ 6 Grundlagen

Grundsätzlich genießen Arbeitnehmer, auf die der sachliche, betriebliche und persönliche Geltungsbereich des Kündigungsschutzgesetzes Anwendung findet, dessen vollen Schutz. Ob Arbeitnehmer, die das Renteneintrittsalter bereits erreicht haben, den gleichen Kündigungsschutz genießen wie Arbeitnehmer vor diesem Alter ist eine Frage der Auslegung der geltenden Gesetze. Aus diesen geht dies jedoch nicht eindeutig hervor.

Nicht von dieser Problematik erfasst sind solche Fälle, in denen die Arbeitsvertragsparteien über die Dauer, die Beendigung und eine mögliche Weiterbeschäftigung über das Erreichen der Regelaltersgrenze hinaus eine vertragliche Vereinbarung getroffen haben. Erst wenn solche Regelungen nicht getroffen worden sind und das Arbeitsverhältnis unbefristet weiterbesteht, stellt sich die Frage, welche gesetzlichen Regelungen Anwendung finden. Dabei rückt insbesondere die Frage nach dem Kündigungsschutz von Arbeitnehmern, bei denen sich gerade keine Altersgrenze in den Arbeitsverträgen befindet, in den Vordergrund. Das gleiche Problem tritt aber auch bei Arbeitnehmern auf, die sich nach dem Erreichen der Regelaltersgrenze in einem unbefristeten Arbeitsverhältnis befinden.

Insbesondere werden die Voraussetzungen für die Wirksamkeit von personen-, verhaltens- und betriebsbedingten Kündigungen von Arbeitnehmern nach dem Erreichen des Renteneintrittsalters nach dem Kündigungsschutzgesetz zu prüfen sein.

Durch das Kündigungsschutzgesetz wird die Kündigungsfreiheit des Arbeitgebers eingeschränkt. Denn eine ordentliche Kündigung führt im Anwendungsbereich des Kündigungsschutzgesetzes grundsätzlich (vgl. aber §§ 9, 10 KSchG) nur dann zur Beendigung des Arbeitsverhältnisses, wenn die in § 1 Abs. 2 KSchG genannten Voraussetzungen vorliegen. Demnach ist eine Kündigung nur wirksam, wenn sie sozial gerechtfertigt ist. Das ist sie nur, wenn sie durch Gründe, die in der Person oder dem Verhalten des Arbeitnehmers liegen, oder durch dringende betriebliche Erfordernisse, die einer Weiterbeschäftigung des Arbeitnehmers in diesem Betrieb entgegenstehen, bedingt ist (§ 1 KSchG). Das Kündigungsschutzgesetz dient nach seinem Sinn und Zweck vornehmlich dem Schutz des Arbeitsplatzes. Es ist nach dem Willen des Gesetzgebers ein Bestandsschutzgesetz und kein Abfindungsgesetz[405], wobei dies in der Praxis vermehrt gefordert wird[406].

Die Interessen der Arbeitsvertragsparteien sind grundsätzlich gegensätzlich ausgeprägt. Der Arbeitnehmer will seinen Arbeitsplatz nicht preisgeben, da er i.d.R. von seiner Arbeitsleistung seinen Lebensunterhalt bestreitet und in Zeiten größerer Arbeitslosigkeit nur schwer einen neuen Arbeitsplatz findet[407]. Diese Problematik steigt mit zunehmendem Alter des Arbeitnehmers an. Auch geht die Beendigung des Arbeitsverhältnisses stets mit dem Verlust arbeitsplatzspezifischen Erfahrungswissens und sozialer Kontakte einher[408]. Andererseits sind die flexible Anpassung des Personalbestands an den von ökonomischen Rahmendaten und Marktverhältnissen abhängigen aktuellen Personalbedarf, die Höhe der Personalkosten sowie die vertragskonforme Abwicklung des Arbeitsverhältnisses die maßgeblichen Kriterien des Arbeitgebers[409]. Nicht zuletzt werden auch die Beschäftigungsaussichten Arbeitsuchender durch den Kündigungsschutz zugunsten der Arbeitsplatzinhaber beeinflusst. Für die Arbeitsuchenden wirkt sich der hohe Bestandsschutz als eine (Arbeits-) Marktzutrittsschranke aus[410].

Basis des Kündigungsschutzes bieten das Grundgesetz und die Charta der Grundrechte der Europäischen Union. Dabei werden die

---

405 BAG v. 5. November 1964 – 2 AZR 15/64, NJW 1965, 787; bestätigt durch BAG v. 23. Februar 2010 – 2 AZR 554/08, NZA 2010, 1123.

406 So etwa *Neef*, NZA 2000, 7, 9; *Bauer*, NZA 2002, 529, 530.

407 v. Hoyningen-Huene/Linck/*Krause*, KSchG, § 1 Rn. 5; ErfKomm ArbR/*Oetker*, KSchG, § 1 Rn. 3.

408 ErfKomm ArbR/*Oetker*, KSchG, § 1 Rn. 3; v. Hoyningen-Huene/Linck/*Krause*, KSchG, § 1 Rn. 6 f.

409 Vgl. ErfKomm ArbR/*Oetker*, KSchG, § 1 Rn. 3.

410 Vgl. *Reuter*, RdA 1978, 344, 348.

Interessen des Arbeitnehmers insbesondere durch das Sozialstaatsgebot (Art. 20 Abs. 1 und Art. 28 Abs. 1 GG) geschützt. Dem kann der Arbeitgeber das Grundrecht der Berufsfreiheit (Art. 12 Abs. 1 GG) und den Schutz des Eigentums nach Art 14. Abs. 1 GG entgegenhalten.

Der Kündigungsschutz ist seit 1951 in Deutschland in der noch heute geltenden Form normiert[411]. Er bezweckt überwiegend den Schutz des einzelnen Arbeitnehmers, wobei indessen der Dritte Abschnitt des Kündigungsschutzgesetzes (Anzeigepflichtige Entlassungen) arbeitsmarktpolitische Zielsetzungen verfolgt[412]. Dies führt zu einem Ausgleich der unterschiedlichen und grundrechtlich fundierten Interessen, zu denen ebenfalls die der Arbeitsuchenden zählen. Letztlich trug der Gesetzgeber durch die Schaffung des Kündigungsschutzgesetzes den Interessen der Arbeitnehmer bezüglich der grundrechtlichen Schutzpflichten im Hinblick auf deren Wahl des Arbeitgebers in einer Weise Rechnung, die bezüglich des Untermaßverbots nicht zu beanstanden ist[413]. Die grundsätzliche Berücksichtigung der Ausstrahlungswirkung der Grundrechte führt bei der Auslegung und Anwendung des Gesetzes letztlich dazu, dass das grundrechtlich gebotene Mindestmaß an Bestandsschutz nicht unterschritten werden darf[414]. Zusätzlich kommt das Gesetz dem Gebot in Art. 30 GRC, Arbeitnehmer vor ungerechtfertigter Entlassung zu schützen, nach[415], wobei dem die durch Art. 2 Abs. 1, Art. 12 Abs. 1 und Art. 14 Abs. 1 GG geschützte Freiheit, ein Unternehmen zu betreiben oder dies zu unterlassen, entgegensteht[416]. Darunter fällt somit auch die Entscheidung, einen Betrieb ganz oder teilweise stillzulegen. Niederschlag hat dies nicht zuletzt in § 1 Abs. 2 S. 1 KSchG gefunden, der dem Arbeitgeber

411 BGBl. I 1951 S. 499, v. 13. August 1951.

412 ErfKomm ArbR/*Oetker*, KSchG, § 1 Rn. 3.

413 ErfKomm ArbR/*Schmidt*, GG, Art. 12 Rn. 36 f; v. Hoyningen-Huene/Linck/*Krause*, KSchG, § 1 Rn. 15.

414 BVerfG v. 19. März 1998 – 1 BvR 10/97, NZA 1998, 587; BAG v. 20. Juni 2013 – 2 AZR 379/12, NZA 2014, 139; BAG v. 22. November 2012 – 2 AZR 673/11, NZA 2013, 730; BAG v. 26. September 2002 – 2 AZR 636/01, NJW 2003, 2116.

415 BAG v. 8. Dezember 2011 – 6 AZN 1371/11, NZA 2012, 286.

416 BAG v. 4. Mai 2006 – 8 AZR 299/05, NZA 2006, 1096; zuletzt bestätigt durch BAG v. 29. August 2013 – 2 AZR 809/12, NZA 2014, 730.

die Möglichkeit gibt, ein Arbeitsverhältnis aus dringenden betrieblichen Gründen unter Einhaltung einer Kündigungsfrist zu kündigen[417].

§ 7 Allgemeine Voraussetzungen einer ordentlichen Kündigung

Das Hauptaugenmerk der oben beschriebenen Problematik liegt dabei weniger auf den außerordentlichen Kündigungen, sondern vielmehr auf der ordentlichen Kündigung. Hierbei müssen neben den speziellen Voraussetzungen für eine wirksame Kündigung vorher auch die allgemeinen Voraussetzungen wie das Vorliegen einer Kündigungserklärung, der Ablauf der Ausschlussfrist, die Beteiligung des Betriebsrats, das Nichtvorliegen eines Unwirksamkeitsgrundes, der allgemeine Kündigungsschutz und die Einhaltung der Kündigungsfrist gegeben sein. Insofern ergeben sich keine Unterschiede zwischen der Kündigung eines Arbeitnehmers vor und nach dem Erreichen des Renteneintrittsalters.

I. Kündigungserklärung

Die Kündigung stellt dabei eine einseitige empfangsbedürftige rechtsgestaltende Willenserklärung dar, die das Arbeitsverhältnis für die Zukunft auflösen soll[418].

Auf die Kündigungserklärung sind zunächst die allgemeinen Vorschriften der Rechtsgeschäftslehre anzuwenden (§§ 104 bis 185 BGB). Demnach muss aus der Erklärung insbesondere der Kündigungswille eindeutig hervorgehen. Das bedeutet, für den Empfänger muss unmissverständlich klar sein, dass das Arbeitsverhältnis nicht weiterbestehen soll (Bestimmtheitsgrundsatz). Die Worte „Kündigung" oder „kündigen" müssen dabei nicht verwendet werden, es genügt, wenn

---

417 ErfKomm ArbR/*Oetker*, KSchG, § 1 Rn. 4.

418 Tschöpe/*Schulte*, Teil 3 D, Rn. 1; *Junker*, Arbeitsrecht, Rn. 324; *Löwisch/Caspers/Klumpp*, Arbeitsrecht, Rn. 602; *Reichold*, Arbeitsrecht, § 10 Rn. 6.

eine Auslegung aus Sicht des Empfängerhorizonts (§§ 133, 157 BGB) den Kündigungswillen erkennen lässt[419].

Die Beendigung von Arbeitsverhältnissen durch Kündigung oder Auflösungsvertrag bedürfen zu ihrer Wirksamkeit der Schriftform; die elektronische Form ist ausgeschlossen (§ 623 BGB). Das Formerfordernis erfüllt dabei weniger den Zweck, Beweisschwierigkeiten zu vermeiden (Klarstellungs- und Beweisfunktion), sondern dient vorwiegend dem Schutz des Arbeitnehmers vor einer unbedachten mündlichen Eigenkündigung (Warnfunktion)[420].

Generell muss die Kündigung nicht begründet werden[421]. Kündigt ein Arbeitgeber jedoch einer schwangeren Arbeitnehmerin, so bedarf das Kündigungsschreiben auch eines Kündigungsgrundes (§ 9 Abs. 3 S. 2 MuSchG). Fehlt der in § 9 Abs. 3 S. 2 MuSchG geforderte Grund, so ist die Kündigung nach § 125 S. 1 BGB nichtig.

Die Kündigung wird nach Maßgabe der §§ 130 – 132 BGB erst wirksam, wenn sie dem Adressaten zugegangen ist. Mit Zugang beginnt die Dreiwochenfrist des § 4 S. 1 i.V.m. § 7 KSchG (Ausschlussfrist). Der Zugang ist zudem maßgeblicher Zeitpunkt zur Beurteilung der sozialen Rechtfertigung der Kündigung[422].

II. Ausschlussfrist

Durch die Regelung in §§ 4 und 7 KSchG soll nach einer Kündigung alsbald Klarheit über den Bestand des Arbeitsverhältnisses geschaffen werden[423]. Die Ausschlussfrist des § 4 S. 1 KSchG gewährt Rechtssicherheit und dient dem Arbeitgeber als Ausgleich seiner ansonsten

419 Stahlhacke/Preis/Vossen/*Preis*, Kündigung und Kündigungsschutz, Rn. 64 ff., 83; *Junker*, Arbeitsrecht, Rn. 324.

420 Vgl. Stahlhacke/Preis/Vossen/*Preis*, Kündigung und Kündigungsschutz, Rn. 61; BeckOK BGB/*Fuchs*, BGB, § 623 Rn. 1.

421 *Junker*, Arbeitsrecht, Rn. 326; *Löwisch/Caspers/Klumpp*, Arbeitsrecht, Rn. 611; *Hromadka/Maschmann*, Arbeitsrecht Band 1, § 10 Rn. 47.

422 BAG v. 23. Februar 2010 – 2 AZR 268/08, NZA 2010, 944; *Junker*, Arbeitsrecht, Rn. 328.

423 BAG v. 23. Februar 1978 – 2 AZR 462/76, BAGE 30, 141.

strengen Anforderungen für eine Arbeitgeberkündigung[424]. Die Ausschlussfrist bewirkt, dass ein Arbeitnehmer, der geltend machen will, dass die Kündigung sozial ungerechtfertigt oder aus anderen Gründen unwirksam ist, innerhalb von drei Wochen nach Zugang der schriftlichen Kündigung Klage beim Arbeitsgericht auf Feststellung erheben muss, damit das Arbeitsverhältnis durch die Kündigung nicht aufgelöst ist (§ 4 S. 1 KSchG). Reagiert der Arbeitnehmer auf die Arbeitgeberkündigung nicht binnen dieser Klagefrist, so gilt die Kündigung, kraft materiellrechtlicher Fiktion, als von Anfang an rechtswirksam (§ 7 KSchG).

Selbst Kündigungen, die offensichtlich rechtsunwirksam sind, gelten von Anfang an als rechtswirksam, wenn sich der betroffene Arbeitnehmer nicht rechtzeitig mit einer Kündigungsschutzklage dagegen wehrt[425].

Die materiellrechtliche Fiktion des § 4 S. 1 KSchG greift bei drei Ausnahmen nicht[426]. Zunächst ist das der Fall, wenn die Kündigungserklärung nicht dem Formerfordernis des § 623 BGB genügt. Die zweite Ausnahme besteht dann, wenn die Kündigung dem Arbeitnehmer nicht zugegangen ist. Letztlich greift die materiellrechtliche Fiktion nicht, wenn die Kündigung dem Arbeitgeber nicht zuzurechnen ist, etwa mangels Vertretungsmacht eines Vertreters des Arbeitgebers nach § 174 BGB[427].

Die Dreiwochenfrist beginnt gemäß § 4 S. 1 KSchG nach Zugang der schriftlichen Kündigung, sprich an dem Tag, der auf den Zugang der Kündigung folgt (§§ 187, 188 und 193 BGB). Wegen der entscheidungserheblichen Folge des Fristversäumnisses erlaubt der Gesetzgeber die Zulassung verspäteter Klagen[428]. Nach § 5 Abs. 1 S. 1 KSchG kann ein Arbeitnehmer, wenn es ihm nach erfolgter Kündigung trotz

---

424 Vgl. *Reichold*, Arbeitsrecht, § 10 Rn. 82; *Junker*, Arbeitsrecht, Rn. 331; v. Hoyningen-Huene/Linck/*Linck*, KSchG, § 4 Rn. 4.

425 Fiebig/Gallner/Mestwerdt/Nägele/*Gallner*, KSchG, § 4 Rn. 2; ErfKomm ArbR/*Kiel*, KSchG, § 4 Rn. 3.

426 *Löwisch/Caspers/Klumpp*, Arbeitsrecht, Rn. 764 ff.; *Hromadka/Maschmann*, Arbeitsrecht Band 1, § 10 Rn. 307; *Junker*, Arbeitsrecht, Rn. 332.

427 MünchKomm-BGB/*Hergenröder*, KSchG, § 4 Rn. 9 ff.; *Hanau*, ZIP 2004, 1169, 1175.

428 v. Hoyningen-Huene/Linck/*Linck*, KSchG, § 4 Rn. 90 f.; *Junker*, Arbeitsrecht, Rn. 333.

Anwendung aller ihm nach Lage der Umstände zuzumutenden Sorgfalt nicht möglich war, die Klage innerhalb von drei Wochen nach Zugang der schriftlichen Kündigung zu erheben, einen Antrag auf Zulassung der verspäteten Klage stellen. Dies ist zum Beispiel der Fall, wenn sich der Arbeitnehmer längere Zeit im Urlaub befindet[429]. Liegen die Voraussetzungen des § 5 Abs. 1 S. 1 KSchG vor, so ist der Antrag zuzulassen.

III. Beteiligung des Betriebsrats

Die Pflicht, den Betriebsrat vor Ausspruch einer Kündigung zu beteiligen, zählt systematisch zu den in §§ 99 – 105 BetrVG geregelten Beteiligungsrechten des Betriebsrats bei personellen Einzelmaßnahmen[430].

Der Betriebsrat ist vor jeder Kündigung, die der Arbeitgeber ausspricht, zu hören. Der Arbeitgeber hat ihm dabei die Gründe für die Kündigung mitzuteilen. Eine ohne Anhörung des Betriebsrats ausgesprochene Kündigung ist unwirksam (§ 102 Abs. 1 BetrVG).

Entgegen der Überschrift des § 102 BetrVG (Mitbestimmung bei Kündigungen) wird dem Betriebsrat gerade kein Mitbestimmungsrecht, sondern lediglich ein schwächeres Anhörungsrecht gewährt[431]. Die Anhörung kann nicht nachgeholt werden, sondern muss vor einer erneuten Kündigung auch erneut stattfinden, es sei denn, die Kündigung scheitert nur am fehlenden Zugang und wird vom Arbeitgeber unverzüglich nachgeholt[432].

Die Anhörung des Betriebsrats soll im günstigsten Fall die Kündigung verhindern. Demzufolge kann der Betriebsrat sein Beteiligungsrecht nur nach Prüfung der Stichhaltigkeit und Gewichtigkeit der Kündigungsgründe ordnungsgemäß ausüben[433].

---

429 BAG v. 22. März 2012 – 2 AZR 224/ 11, NZA 2012, 1320; MünchKomm-BGB/*Hergenröder*, KSchG, § 4 Rn. 48; Junker, Arbeitsrecht, Rn. 333; *Rolfs*, Arbeitsrecht, BGB, § 620 Rn. 14.

430 Ascheid/Preis/Schmidt/*Koch*, BetrVG, § 102 Rn. 1; Tschöpe/*Seitz*, Teil 3 J, Rn. 1.

431 Ascheid/Preis/Schmidt/*Koch*, BetrVG, § 102 Rn. 1; Stahlhacke/Preis/Vossen/*Preis*, Kündigung und Kündigungsschutz, Rn. 279.

432 BAG v. 11. Oktober 1989 – 2 AZR 88/89, NZA 1990, 748.

433 Ascheid/Preis/Schmidt/*Koch*, BetrVG, § 102 Rn. 2.

Hat der Betriebsrat gegen eine ordentliche Kündigung Bedenken, so hat er diese unter Angabe der Gründe dem Arbeitgeber spätestens innerhalb einer Woche schriftlich mitzuteilen. Äußert er sich innerhalb dieser Frist nicht, gilt seine Zustimmung zur Kündigung als erteilt (§ 102 Abs. 2 S. 1 und S. 2 BetrVG).

Wenn der Betriebsrat der Kündigung nach Maßgabe des § 102 Abs. 3 BetrVG widerspricht, muss der Arbeitgeber nach § 102 Abs. 4 BetrVG dem Arbeitnehmer die Stellungnahme des Betriebsrats mit der Kündigung zuleiten. Ein Verstoß hiergegen berührt die Wirksamkeit der Kündigung zwar nicht, kann aber Schadensersatzansprüche des Arbeitnehmers wegen der Verletzung der Fürsorgepflicht durch den Arbeitgeber auslösen[434].

IV. Besondere Unwirksamkeitsgründe

Die Kündigung des Arbeitgebers darf nicht gegen besondere Unwirksamkeitsgründe verstoßen.

Zunächst darf sich die Unwirksamkeit der Arbeitgeberkündigung nicht aus den allgemeinen Nichtigkeitsgründen des Bürgerlichen Gesetzbuchs ergeben. Demnach darf die Kündigung weder nach § 142 Abs. 1 BGB angefochten woden noch nach § 138 BGB sittenwidrig sein[435].

Nach dem Maßregelungsverbot des § 612 a BGB darf der Arbeitgeber einen Arbeitnehmer bei einer Vereinbarung oder Maßnahme nicht benachteiligen, weil der Arbeitnehmer in zulässiger Weise Rechte ausgeübt hat. So dürfte sich eine Arbeitgeberkündigung aus diesem Grund nicht darauf stützen, dass der Arbeitnehmer einer Teilzeitbeschäftigung nach dem Teilzeit- und Befristungsgesetz nachgeht[436]. Verstößt eine Kündigung gegen § 612 a BGB, ist sie nach § 134 BGB nichtig.

434 Richardi/*Thüsing*, BetrVG, § 102 Rn. 198, 200; *Fitting*, BetrVG, § 102 Rn. 100.

435 *Reichold*, Arbeitsrecht, § 10 Rn. 44; *Löwisch/Caspers/Klumpp*, Arbeitsrecht, Rn. 614; *Junker*, Arbeitsrecht, Rn. 341; *Hromadka/Maschmann*, Arbeitsrecht Band 1, § 10 Rn. 66 ff.

436 MünchKomm-BGB/*Hergenröder*, KSchG, § 13 Rn. 51.

Als letzte Vorschrift des Bürgerlichen Gesetzbuches ist § 613 a BGB zu nennen. Dieser erklärt in Abs. 4 Kündigungen wegen eines Betriebsübergangs sowohl von Seiten des alten als auch des neuen Arbeitgebers als unwirksam.

Neben diesen Regelungen finden sich auch in anderen Gesetzen Unwirksamkeitsgründe.

Zunächst ist die Kündigung eines Betriebsratsmitglieds oder eines Mitglieds der Jugend- und Auszubildendenvertretung nach § 15 KSchG unzulässig. Es sei denn, dass Tatsachen vorliegen, die den Arbeitgeber zur Kündigung aus wichtigem Grund ohne Einhaltung einer Kündigungsfrist berechtigen, und dass die nach § 103 BetrVG erforderliche Zustimmung vorliegt oder durch gerichtliche Entscheidung ersetzt wird.

Daneben ist die Kündigung gegenüber einer Frau während der Schwangerschaft und bis zum Ablauf von vier Monaten nach der Entbindung gemäß § 9 MuSchG unzulässig, wenn dem Arbeitgeber zur Zeit der Kündigung die Schwangerschaft oder Entbindung bekannt war oder innerhalb von zwei Wochen nach Zugang der Kündigung mitgeteilt wird.

Die Kündigung des Arbeitsverhältnisses eines schwerbehinderten Menschen durch den Arbeitgeber bedarf der vorherigen Zustimmung des Integrationsamtes (§ 85 SGB IX). Liegt diese nicht vor, ist die Kündigung unwirksam.

Ein weiterer besonderer Unwirksamkeitsgrund findet sich in § 22 BBiG. Demnach kann das Berufsausbildungsverhältnis vom Arbeitgeber nach der Probezeit nur aus wichtigem Grund ohne Einhaltung der Kündigungsfrist gekündigt werden (§ 22 Abs. 2 Nr. 1 BBiG).

Letztlich liegt ein besonderer Unwirksamkeitsgrund vor, wenn die ordentliche Kündigung durch einzel- oder kollektivvertragliche Vereinbarungen ausgeschlossen wurde[437]. Ein solcher Ausschluss ist jederzeit möglich, da er für den Arbeitnehmer vorteilhaft ist. Er kann dann nur noch außerordentlich gekündigt werden (vgl. zur tariflichen Unkündbarkeit *§ 17 (Arbeitnehmer ist wegen Sonderkündigungsschutz ordentlich nicht kündbar)*).

---

437 *Reichold*, Arbeitsrecht, § 10 Rn. 71; *Löwisch/Caspers/Klumpp*, Arbeitsrecht, Rn. 627 ff.; *Junker*, Arbeitsrecht, Rn. 346 f; *Hromadka/Maschmann*, Arbeitsrecht Band 1, § 10 Rn. 74 ff., 77.

V. Allgemeiner Kündigungsschutz

Die Anwendbarkeit des allgemeinen Kündigungsschutzes bestimmt sich nach sachlichen, betrieblichen und persönlichen Kriterien.

1. Sachlicher Geltungsbereich

Der sachliche Geltungsbereich umfasst nur arbeitgeberseitige Kündigungen. Andere Beendigungstatbestände wie zum Beispiel die Anfechtung, eine Befristung oder einen Aufhebungsvertrag erfasst das Kündigungsschutzgesetz nicht[438].

2. Betrieblicher Geltungsbereich

Der betriebliche Geltungsbereich ist in § 23 Abs. 1 KSchG geregelt.

Nach § 23 Abs. 1 S. 1 KSchG gelten die Kündigungsschutzregeln des Ersten und Zweiten Abschnitts für alle Betriebe und Verwaltungen des privaten und öffentlichen Rechts. Eine Ausnahme wurde für die Betriebe des Luftverkehrs und der Schifffahrt gemäß den Bestimmungen des § 24 KSchG geschaffen. Die Vorschrift beschränkt in § 23 Abs. 1 S. 2 – 4 KSchG den Geltungsbereich des Ersten Abschnitts (§§ 1 – 14 KSchG) auf Betriebe und Verwaltungen mit einer regelmäßigen Beschäftigtenzahl von mehr als 5 bzw. 10[439] Arbeitnehmern (ausschließlich der zu ihrer Berufsausbildung Beschäftigten). Die Bestimmungen des Zweiten Abschnitts (§§ 15, 16 KSchG) sind vom Überschreiten dieser Grenze in ihrer Geltung unabhängig und somit losgelöst von der Arbeitnehmerzahl nach § 23 Abs. 1 S. 2 – 4 KSchG anwendbar. Dies ist bei betriebsratsfähigen Betrieben denkbar, weil das Betriebsverfassungsgesetz und das Kündigungsschutzgesetz unterschiedliche Zählweisen bei der Bestimmung der relevanten Arbeitnehmerzahlen haben[440].

---

438 *Junker*, Arbeitsrecht, Rn. 357; *Rolfs*, Arbeitsrecht, KSchG, § 1 Rn. 6; *Hromadka/Maschmann*, Arbeitsrecht Band 1, § 10 Rn. 149.

439 Diese am 1. Januar 2004 in Kraft getretene Neuerung ist auf alle Kündigungen anzuwenden, die nach dem 31. Dezember 2003 zugehen (Gesetz zu Reformen am Arbeitsmarkt vom 24. 12. 2003, BGBI. I S. 3002).

440 Ascheid/Preis/Schmidt/*Moll*, KSchG, § 23 Rn. 6.

Demnach sind Kleinbetriebe vom Kündigungsschutz aus mittelstandspolitischen Erwägungen ausgenommen. Das liegt an der finanziellen Mehrbelastung durch den Kündigungsschutz von Kleinbetrieben gegenüber Mittel- oder Großbetrieben, etwa durch die Regelungen zur Weiterbeschäftigungspflicht und der Abfindung nach §§ 9 und 10 KSchG[441]. Die Regelung verstößt auch nicht etwa gegen den Gleichheitssatz der Verfassung nach Art. 3 Abs. 1 GG[442] oder gegen das Recht der Europäischen Union[443].

Ausschlaggebend ist die Anzahl der i.d.R. in einem Betrieb beschäftigten Arbeitnehmer. Es ist mithin auf die normale Betriebsgröße abzustellen, das heißt darauf, welche Personalstärke für den Betrieb im Allgemeinen kennzeichnend ist[444].

Bei der Feststellung der Zahl der beschäftigten Arbeitnehmer nach den Sätzen 2 und 3 sind teilzeitbeschäftigte Arbeitnehmer mit einer regelmäßigen wöchentlichen Arbeitszeit von nicht mehr als 20 Stunden mit 0,5 und bei nicht mehr als 30 Stunden mit 0,75 zu berücksichtigen (§ 23 Abs. 1 S. 4 KSchG).

Der kündigungsschutzrechtliche Betriebsbegriff knüpft an die organisatorische Einheit an. Daher muss neben einem einheitlichen organisatorischen Einsatz der Betriebsmittel und der Personalressourcen auch die betriebskonstituierende Leitungsmacht im Wesentlichen selbstständig ausgeübt werden[445]. Dabei kommt es auf die Entfernung der einzelnen Betriebsteile nicht an[446].

441 Dornbusch/Fischermeier/Löwisch/*Leschnig*, KSchG, § 23 Rn. 3; *Junker*, Arbeitsrecht, Rn. 358.

442 BVerfG v. 27. Januar 1998 – 1 BvL 15/87, BVerfGE 97, 169; Dornbusch/Fischermeier/Löwisch/*Leschnig*, KSchG, § 23 Rn. 9.

443 EuGH v. 30. November 1993 – C-189/91, BB 1994, 145 (Kirsammer-Hack).

444 BAG v. 16. Juni 1976 – 3 AZR 73/75, BB 1977, 41; BAG v. 16. November 2004 – 1 AZR 642/03, NJOZ 2005, 4140.

445 BAG v. 5. März 1987 – 2 AZR 623/85, NZA 1988, 32; bestätigt durch BAG v. 15. März 2001 – 2 AZR 151/00, NZA 2001, 831.

446 BAG v. 15. März 2001 – 2 AZR 151/00, NZA 2001, 831; Ascheid/Preis/Schmidt/*Moll*, KSchG, § 23 Rn. 9.

3. Persönlicher Geltungsbereich

Der persönliche Geltungsbereich des Kündigungsschutzgesetzes erfasst nach § 1 Abs. 1 KSchG nur solche Arbeitnehmer, deren Arbeitsverhältnis in demselben Betrieb oder Unternehmen ohne Unterbrechung länger als sechs Monate bestanden hat.

Eine Kündigung kann demnach nur wirksam sein, wenn sie gegenüber einem Arbeitnehmer erfolgt. Voraussetzung ist damit, dass der Betroffene Arbeitnehmer i.S.d. Kündigungsschutzgesetzes ist. Eine eigene Legaldefinition enthält das Gesetz allerdings nicht. Es ist daher auf die allgemeinen Grundsätze, welche von der Rechtsprechung zum Arbeitnehmerbegriff entwickelt wurden, zurückzugreifen[447]. Danach ist Arbeitnehmer, wer auf privatrechtlicher Grundlage im Dienst eines anderen zu unselbstständiger – das heißt persönlich abhängiger – Arbeit verpflichtet ist[448].

Der allgemeine Kündigungsschutz des § 1 KSchG greift erst nach Ablauf der Wartezeit[449]. Ziel der in § 1 KSchG vorgesehenen Sechsmonatsfrist ist die Verwirklichung der Absicht des Gesetzgebers, eine Art gesetzliche Probezeit zu gewähren. Während der Probezeit kann ein Arbeitsverhältnis ohne besondere Voraussetzungen beendet werden[450]. Für den Ablauf der Wartezeit kommt es nicht etwa auf den Ablauf der Kündigungsfrist, sondern auf den Zugang der Kündigung an[451].

Die Wartezeit wird nur erfüllt, wenn ein Arbeitsverhältnis des Arbeitnehmers ununterbrochen in demselben Betrieb oder Unternehmen bestanden hat[452]. Ausnahmsweise können nicht anrechenbare Zeiten durch vertragliche Vereinbarung zu „anrechnungsfähigen Zeiten" werden[453].

---

447 Vgl. MünchKomm-BGB/*Hergenröder*, KSchG, § 1 Rn. 2; v. Hoyningen-Huene/Linck/*Krause*, KSchG, § 1 Rn. 59 f.

448 BAG v. 16. Februar 2000 – 5 AZB 71/99, NZA 2000, 385.

449 v. Hoyningen-Huene/Linck/*Krause*, KSchG, § 1 Rn. 99; Ascheid/Preis/Schmidt/*Dörner/Vossen*, KSchG, § 1 Rn. 22.

450 BAG v. 3. Dezember 1964 – 2 AZR 104/64, NJW 1965, 885.

451 *Rolfs*, Arbeitsrecht, KSchG, § 1 Rn. 12; *Löwisch/Caspers/Klumpp*, Arbeitsrecht, Rn. 695; *Junker*, Arbeitsrecht, Rn. 360; v. Hoyningen-Huene/Linck/*Krause*, KSchG, § 1 Rn. 106.

452 Ascheid/Preis/Schmidt/*Dörner/Vossen*, KSchG, § 1 Rn. 27.

453 Vgl. MünchKomm-BGB/*Hergenröder*, KSchG, § 1 Rn. 21; Fiebig/Gallner/Mestwerdt/Nägele/*Mayer*, KSchG, § 1 Rn. 59.

Die Regelung zur Wartezeit ist zwingendes Recht und darf daher nicht zum Nachteil des Arbeitnehmers verändert werden[454]. Eine Verkürzung oder vollständige Abbedingung der Wartezeit ist hingegen möglich[455].

Weitere über die Erfüllung der Wartezeit hinausgehende Voraussetzungen gibt es für das Vorliegen des persönlichen Geltungsbereichs nicht. Diese hätten ansonsten ausdrücklich im Gesetz genannt werden müssen. Somit spielt etwa das Alter des Arbeitnehmers im Rahmen des persönlichen Geltungsbereichs keine Rolle. Demnach fallen auch Arbeitnehmer nach dem Erreichen des Renteneintrittsalters unter den persönlichen Geltungsbereich und damit unter den allgemeinen Kündigungsschutz des Kündigungsschutzgesetzes.

VI. Kündigungsfrist

Bei ordentlichen Kündigungen haben Arbeitnehmer und Arbeitgeber i.d.R. eine Kündigungsfrist einzuhalten und meist auch einen Kündigungstermin zu beachten. Dabei ist Kündigungsfrist die Zeitspanne, die zwischen dem Zugang der Kündigungserklärung und dem Ende des Arbeitsverhältnisses mindestens liegen muss. Sie dient dem Schutz des Vertragspartners und bezieht sich häufig auf einen bestimmten Endtermin, der den Kündigungstermin darstellt[456]. Gesetzlich normiert sind die Kündigungsfristen in § 622 BGB.

Die Regelung gilt nicht nur für alle Arten von ordentlichen Kündigungen einschließlich Änderungskündigungen, sondern auch für Teilkündigungen, sofern diese ausnahmsweise zulässig sind[457].

Die gesetzlichen Kündigungsfristen erhöhen sich stufenweise. Nach § 622 Abs. 3 BGB kann das Arbeitsverhältnis während der Probezeit (längstens sechs Monate) von beiden Seiten mit einer Frist von zwei Wochen gekündigt werden. Danach gilt eine Frist von vier Wo-

454 BGH v. 10. Mai 2010 – II ZR 70/09, NZA 2010, 889.

455 *Rolfs*, Arbeitsrecht, KSchG, § 1 Rn. 15; Fiebig/Gallner/Mestwerdt/Nägele/*Mayer*, KSchG, § 1 Rn. 57; *Junker*, Arbeitsrecht, Rn. 360.

456 Vgl. *Junker*, Arbeitsrecht, Rn. 383; *Hromadka/Maschmann*, Arbeitsrecht Band 1, § 10 Rn. 83; *Löwisch/Caspers/Klumpp*, Arbeitsrecht, Rn. 621.

457 MünchKomm-BGB/*Hesse*, BGB, § 622 Rn. 11.

chen (§ 622 Abs. 1 BGB). Mit vier Wochen sind 28 Tage und nicht ein Monat gemeint[458].

Die Kündigungsfrist verlängert sich mit steigender Betriebszugehörigkeit. Nach § 622 Abs. 2 S. 1 BGB wird eine Frist von einem Monat nach zweijähriger Betriebszugehörigkeit angesetzt. Diese erhöht sich mit den Jahren auf maximal sieben Monate nach 20-jähriger Betriebszugehörigkeit. Dazwischen gilt ab fünf Jahren Betriebszugehörigkeit eine zweimonatige Frist, nach acht Jahren eine drei monatige Frist, nach zehn Jahren sind es vier Monate, nach zwölf Jahren fünf Monate und nach 15 Jahren Betriebszugehörigkeit beträgt die Kündigungsfrist sechs Monate (§ 622 Abs. 1 S. 2 BGB).

Die Kündigungsfristen berechnen sich nach den §§ 186 ff. BGB[459].

§ 622 Abs. 2 S. 2 BGB, der die Beschäftigungszeiten vor dem 25. Lebensjahr als nicht berücksichtigungsfähig erklärt, verstößt gegen europäisches Recht und ist deshalb nicht anzuwenden[460] (vgl. hierzu bereits *§ 2 I. 5. (Kücükdeveci)*).

Von den gesetzlichen Kündigungsfristen kann durch arbeits- und tarifvertragliche Regelungen nach der Maßgabe der § 622 Abs. 4 bis 6 BGB abgewichen werden[461].

Die Bestimmungen des § 622 BGB gelten für alle Arbeitnehmer, soweit diese nicht durch gesetzliche Sonderregelungen für bestimmte Arbeitnehmergruppen wie z. B. §§ 20 und 22 Abs. 1 und 2 BBiG, § 19 BEEG, § 86 SGB IX, § 113 InsO verdrängt werden[462].

VII. Weiterbeschäftigungsanspruch

Ein Arbeitnehmer hat in der Zeit zwischen dem Ablauf der Kündigungsfrist und dem Abschluss des Rechtsstreits einen Anspruch auf Weiterbeschäftigung nach § 102 Abs. 5 S. 1 BetrVG, sofern der Be-

458 ErfKomm ArbR/*Müller-Glöge*, BGB, § 622 Rn. 8.

459 Dornbusch/Fischermeier/Löwisch/*Fischermeier*, BGB, § 622 Rn. 4; MünchKomm-BGB/*Hesse*, BGB, § 622 Rn. 34.

460 EuGH v. 19. Januar 2010 – C-555/07, NZA 2010, 85 (Kücükdeveci).

461 Jauering/*Mansel*, BGB, § 622 Rn. 4; Dornbusch/Fischermeier/Löwisch/*Fischermeier*, BGB, § 622 Rn. 15.

462 Dornbusch/Fischermeier/Löwisch/*Fischermeier*, BGB, § 622 Rn. 1.

triebsrat der ordentlichen Kündigung gemäß § 102 Abs. 2 und Abs. 3 BetrVG widersprochen und der Arbeitnehmer Kündigungsschutzklage erhoben hat[463].

In freier Konkurrenz zu diesem Anspruch steht der allgemeine Weiterbeschäftigungsanspruch aus § 242 BGB i.V.m. Art. 1 und Art. 2 Abs. 1 GG[464]. Durch die mittelbare Drittwirkung des allgemeinen Persönlichkeitsrechts über § 242 BGB soll der Arbeitnehmer sich durch seine Arbeit selbst verwirklichen können[465]. Seine Grenze findet der Anspruch auf Weiterbeschäftigung bei entgegenstehenden Interessen des Arbeitgebers, die im Rahmen des allgemeinen Weiterbeschäftigungsanspruchs stärker berücksichtigt werden als im Rahmen des § 102 Abs. 5 S. 1 BetrVG[466].

§ 8 Personenbedingte Kündigung

Die personenbedingte Kündigung ist neben der verhaltens- und betriebsbedingten Kündigung in § 1 Abs. 2 S. 1 KSchG normiert. Maßgebliche Gründe für eine sozial gerechtfertigte personenbedingte Kündigung sind solche, die Arbeitgeberinteressen beeinträchtigen und auf persönlichen Eigenschaften und Fähigkeiten der Arbeitnehmer beruhen[467]. Demnach spielt diese Kündigungsmöglichkeit eine erhebliche Rolle bei Arbeitsverhältnissen mit Arbeitnehmern nach dem Erreichen des Renteneintrittsalters, sobald die Leistungsfähigkeit des älteren Arbeitnehmers abnimmt. Diese auch unter dem Stichwort „Low Performer" bekannte Problematik könnte eine Möglichkeit darstellen, Arbeitnehmern nach dem Erreichen der Regelaltersgrenze zu kündigen, und damit den Kündigungsschutz älterer Arbeitnehmer beeinträchtigen.

463 Stahlhacke/Preis/Vossen/*Vossen*, Kündigung und Kündigungsschutz, Rn. 2218.

464 *Junker*, Arbeitsrecht, Rn. 393; *Hromadka/Maschmann*, Arbeitsrecht Band 1, § 10 Rn. 350.

465 *Junker*, Arbeitsrecht, Rn. 393; *Hromadka/Maschmann*, Arbeitsrecht Band 1, § 10 Rn. 350.

466 BAG v. 27. Februar 1985 – GS 1/84, NJW 1985, 2968.

467 Dornbusch/Fischermeier/Löwisch/*Kaiser*, KSchG, § 1 Rn. 72; *Junker*, Arbeitsrecht, Rn. 365; *Reichold*, Arbeitsrecht, § 10 Rn. 46.

I. Ratio

Die personenbedingte Kündigung dient dazu, ein Arbeitsverhältnis zu beenden, sollte der Arbeitnehmer die erforderlichen Eigenschaften oder Fähigkeiten nicht (mehr) besitzen, um die anstehende geschuldete Leistung ganz oder teilweise zu erbringen[468].

Da sich die fehlende Fähigkeit und Eignung auch im Verhaltensbereich des Arbeitnehmers niederschlagen kann, ist eine eindeutige Abgrenzung gegenüber verhaltensbedingten Gründen maßgeblich. Entscheidend ist, ob ein vertragswidriges steuerbares Verhalten seitens des Arbeitnehmers vorliegt[469]. Ist dies nicht der Fall, kommt nur eine personenbedingte, nicht aber eine verhaltensbedingte Kündigung in Betracht[470]. Auf ein Verschulden des Arbeitnehmers kommt es demnach für die Wirksamkeit einer personenbedingten Kündigung nicht an[471].

Bei der Abgrenzung zwischen der personen- und verhaltensbedingten Kündigung ist folgender Merksatz heranzuziehen:

> *„Ein Grund in der Person liegt vor, wenn der Arbeitnehmer will, aber nicht kann. Ein Grund im Verhalten ist demgegenüber dann gegeben, wenn der Arbeitnehmer kann, aber nicht will.“*[472]

Die Fortsetzung des Arbeitsverhältnisses ist für den Arbeitgeber unzumutbar, obwohl keine Pflichtverletzung des Arbeitnehmers vorliegt, da dieser objektiv die Fähigkeit oder Eignung zur Erbringung der Arbeitsleistung verloren hat[473].

Dies darf nicht nur ein vorübergehender Zustand sein[474]. Eine vorherige Abmahnung ist generell obsolet, da der Arbeitnehmer mangels Steuerbarkeit des Verlustes der Fähigkeit oder Eignung zur Erfüllung der geschuldeten Arbeitsleistung eine Änderung nicht herbeiführen

---

468 Ascheid/Preis/Schmidt/*Dörner/Vossen*, KSchG, § 1 Rn. 118; Dornbusch/Fischermeier/Löwisch/*Kaiser*, KSchG, § 1 Rn. 73.

469 Fiebig/Gallner/Mestwerdt/Nägele/*Gallner*, KSchG, § 1 Rn. 466; Stahlhacke/Preis/Vossen/*Preis*, Kündigung und Kündigungsschutz, Rn. 1218.

470 Grobys/Panzer/*Mohnke*, SWK ArbR, Kündigung, personenbedingt, Rn. 4; KR/*Griebeling/Rachor*, KSchG, § 1 Rn. 267.

471 BAG v. 13. März 1987 – 7 AZR 724/85, NZA 1987, 629.

472 Vgl. Ascheid/Preis/Schmidt/*Dörner/Vossen*, KSchG, § 1 Rn. 120.

473 BAG v. 18. September 2008 – 2 AZR 976/06, NZA 2009, 425.

474 BAG v. 18. Januar 2007 – 2 AZR 731/05, NZA 2007, 680.

kann[475]. Eine Abmahnung wäre diesbezüglich sinnentleert. Das Bundesarbeitsgericht hingegen fordert zumindest bei einer Störung im Vertrauensbereich, die zur personenbedingten Kündigung führt, eine Abmahnung, wenn zu erwarten ist, dass aufgrund der Abmahnung das Vertrauen wiederhergestellt werden kann[476].

Typische Beispiele einer personenbedingten Kündigung sind:
- Mangelnde körperliche und geistige Eignung zur geforderten Tätigkeit[477]
- Arbeitsunfähigkeit wegen Krankheit[478]
- Mangelndes Vertrauensverhältnis zwischen Arbeitgeber und Arbeitnehmer[479]
- Verlust einer zur Berufsausübung erforderlichen Lizenz[480]
- Fehlende Arbeitserlaubnis[481]
- Arbeitsverhinderung wegen Verbüßung einer Haftstrafe[482].

II. Wirksamkeitsvoraussetzungen

Voraussetzung für die Wirksamkeit einer personenbedingten Kündigung ist neben den in der Person liegenden Gründen eine dreistufige Prüfung[483]. Die erste Stufe bildet eine negative Zukunftsprognose, deren Auswirkungen auf der zweiten Stufe zu einer erheblichen betrieblichen Beeinträchtigung führen müssen, und auf der letzten Stufe darf

475 Ascheid/Preis/Schmidt/*Dörner/Vossen*, KSchG, § 1 Rn. 120; Fiebig/Gallner/Mestwerdt/Nägele/*Gallner*, KSchG, § 1 Rn. 466.

476 BAG v. 4. Juni 1997 – 2 AZR 526/96, NJW 1998, 554; ebenso *Künzl*, NZA 1999, 744, 745.

477 BAG v. 2. Juli 1981 – 2 AZR 201/79, zit. n. Juris.

478 BAG v. 20. November 2014 – 2 AZR 755/13, NJW 2015, 1979.

479 BAG v. 26. September 1996 – 2 AZR 594/95, zit. n. Juris.

480 BAG v. 31. Januar 1996 – 2 AZR 68/95, DB 1996, 1629.

481 BAG v. 7. Februar 1990 – 2 AZR 359/89, DB 1990, 2373.

482 BAG v. 24. März 2011 – 2 AZR 790/09, NJW 2011, 2825; zu den Beispielen insgesamt vgl. MünchKomm-BGB/*Hergenröder*, KSchG, § 1 Rn. 123; *Junker*, Arbeitsrecht, Rn. 365.

483 *Junker*, Arbeitsrecht, Rn. 367; *Hromadka/Maschmann*, Arbeitsrecht Band 1, § 10 Rn. 169 ff.; *Löwisch/Caspers/Klumpp*, Arbeitsrecht, Rn. 716 ff.

keine Weiterbeschäftigungsmöglichkeit vorhanden sein und es muss eine umfassende Interessenabwägung stattfinden[484].

1. Grund in der Person des Arbeitnehmers

Der Grund für eine personenbedingte Kündigung muss gerade in der Person des Arbeitnehmers zu finden sein. Unerheblich ist dabei, ob der Arbeitnehmer die Fähigkeit und Eignung je besessen hat und ob er sie in absehbarer Zeit erstmals oder wieder erlangen kann[485]. Denn entscheidender Zeitpunkt für die Beurteilung der Rechtmäßigkeit der personenbedingten Kündigung ist der ihres Zugangs[486]. Der Arbeitgeber hat die Tatsachen darzulegen, welche die Kündigung bedingen. Er muss i.d.R. substantiiert aufzeigen, welche Störungen bisher aufgetreten sind, und darlegen, mit welchen Störungen in der Zukunft zu rechnen sein wird, dabei kommt es nur in Ausnahmefällen auf Leistungsausfälle in der Vergangenheit nicht an. Die personenbedingte Kündigung dient somit nicht der Sanktionierung vergangener Störungen des Arbeitsverhältnisses, sondern soll den Arbeitgeber – wie auch bei der verhaltensbedingten Kündigung – vor unzumutbaren Störungen in der Zukunft schützen[487]. Der Arbeitgeber kann dann kündigen, wenn feststeht, dass der Arbeitnehmer ab einem bestimmten Zeitpunkt die Arbeit nicht mehr erbringen wird[488]. Demzufolge muss auch hier eine negative Zukunftsprognose erstellt werden, welche die Grundlage der personenbedingten Kündigung darstellt.

Während eine verhaltensbedingte Kündigung nicht durch nicht vertragsbezogenes und nicht vertragswidriges Privatverhalten gerechtfertigt werden kann, kann dies aber in Ausnahmefällen die personenbedingte Kündigung bedingen. Das ist zum Beispiel der Fall, wenn durch das Privatverhalten die Eignung oder die Fähigkeit zur Erbringung der geschuldeten Arbeitsleistung entfällt[489].

---

484 Fiebig/Gallner/Mestwerdt/Nägele/*Gallner*, KSchG, § 1 Rn. 469 ff.

485 Ascheid/Preis/Schmidt/*Dörner/Vossen*, KSchG, § 1 Rn. 120; KR/*Griebeling/Rachor*, KSchG, § 1 Rn. 271.

486 BAG v. 17. Juni 1999 – 2 AZR 639/98, NZA 1999, 1328.

487 Fiebig/Gallner/Mestwerdt/Nägele/*Gallner*, KSchG, § 1 Rn. 475.

488 ErfKomm ArbR/*Oetker*, KSchG, § 1 Rn. 105; KR/*Griebeling/Rachor*, KSchG, § 1 Rn. 272.

489 BAG v. 10. September 2009 – 2 AZR 257/08, NZA 2010, 220.

Die personenbedingte Kündigung stellt sich gegenüber der betriebs- und der verhaltensbedingten Kündigung, bei denen eine relativ präzise Eingrenzung der Kündigungssachverhalte möglich ist, als Auffangtatbestand dar. Aus der Vertrags- oder Betriebsbezogenheit aller Kündigungsgründe folgt, dass die personenbedingte Kündigung nur dann gerechtfertigt sein kann, wenn vertragliche oder betriebliche Interessen erheblich durch die persönlichen Umstände des Arbeitnehmers beeinträchtigt werden[490]. Das bedeutet, dass die betrieblichen und wirtschaftlichen Belange des Arbeitgebers konkret und erheblich beeinträchtigt sein müssen[491].

2. Interessenabwägung und Weiterbeschäftigungsmöglichkeit

Es bedarf auch bei der personenbedingten Kündigung für deren Wirksamkeit der Berücksichtigung des Ultima-Ratio-Prinzips. Demnach ist auch hier eine umfassende Abwägung der Interessen des Arbeitgebers und der Interessen des Arbeitnehmers vorzunehmen. Berücksichtigungsfähige Umstände sind dabei nur solche, die im Zusammenhang mit dem Arbeitsverhältnis stehen, wie zum Beispiel die Ursache der personenbedingten Störung, die Dauer des bisher ungestört bestehenden Arbeitsverhältnisses sowie das Lebensalter[492]. Nicht außer Betracht zu lassen sind nach der Rechtsprechung des Bundesarbeitsgerichts eine Schwerbehinderung und Unterhaltspflichten des Arbeitnehmers[493]. Die Möglichkeit von Überbrückungsmaßnahmen kommt nur zum Tragen, soweit dem Arbeitgeber solche über das übliche Maß hinaus zumutbar sind[494].

Die Interessenabwägung fordert die Prüfung einer Weiterbeschäftigungsmöglichkeit des Arbeitnehmers auf einem anderen Arbeitsplatz in demselben Betrieb oder in einem anderen Betrieb des Unternehmens (§ 1 Abs. 2 S. 2 Nr. 1 b KSchG). Dabei muss auch geprüft werden, ob eine Weiterbeschäftigung nach zumutbaren Umschulungs-

490 Ascheid/Preis/Schmidt/*Dörner/Vossen*, KSchG, § 1 Rn. 121.
491 BAG v. 26. September 1991 – 2 AZR 132/91, NZA 1992, 1073.
492 Vgl. MünchKomm-BGB/*Hergenröder*, KSchG, § 1 Rn. 134; KR/*Griebeling/Rachor*, KSchG, § 1 Rn. 273 ff.
493 Fiebig/Gallner/Mestwerdt/Nägele/*Gallner*, KSchG, § 1 Rn. 484.
494 MünchKomm-BGB/*Hergenröder*, KSchG, § 1 Rn. 134.

oder Fortbildungsmaßnahmen oder unter geänderten Arbeitsbedingungen möglich ist und der Arbeitnehmer sein Einverständnis hiermit erklärt hat (§ 1 Abs. 2 S. 2 und 3 KSchG). Dazu gehört bei der krankheitsbedingten Kündigung ein leidensgerechter freier Arbeitsplatz[495].

Bei Überforderung des Arbeitnehmers ist auch an eine Versetzung an einen den fachlichen Leistungen des Arbeitnehmers entsprechenden Arbeitsplatz zu denken[496]. Dabei kommt dem Arbeitgeber nach wohl herrschender Ansicht nicht die Pflicht zu, einen geeigneten Arbeitsplatz „freizukündigen", wie dies etwa in Fällen des § 15 KSchG (Unzulässigkeit der Kündigung im Rahmen der Betriebsverfassung und Personalvertretung) bei der Stilllegung einer Betriebsabteilung der Fall ist[497]. Das Bundesarbeitsgericht verneint eine Obliegenheit zur Freikündigung eines leidensgerechten Arbeitsplatzes zugunsten des erkrankten Arbeitnehmers. Eine Verpflichtung zur Freikündigung käme einer unzulässigen „Austauschkündigung" gleich, die in die vertraglich begründete Rechtsposition eines Dritten eingreife, ohne dass dieser hierfür persönlich einen Grund gesetzt habe. Dies sei jedenfalls ohne eine ausdrückliche gesetzliche Anordnung nicht möglich[498]. Auf § 1 Abs. 3 KSchG könne nicht abgestellt werden, da es sich um eine personenbedingte und nicht um eine betriebsbedingte Kündigung handele[499].

III. Störungen im Austausch- und Äquivalenzverhältnis

Bei personenbedingten Kündigungen kommt es, wie bereits gezeigt, nicht auf ein vorwerfbares, steuerbares Verhalten des Arbeitnehmers an. Dies macht die Abgrenzung zwischen kündigungsrelevanten und -irrelevanten Sachverhalten äußert schwierig. Dies resultiert nicht zuletzt auch daraus, dass im Rahmen des Arbeitsverhältnisses kein be-

495 Vgl. Fiebig/Gallner/Mestwerdt/Nägele/*Gallner*, KSchG, § 1 Rn. 572; Stahlhacke/Preis/Vossen/*Preis*, Kündigung und Kündigungsschutz, Rn. 1229 f.

496 Vgl. MünchKomm-BGB/*Hergenröder*, KSchG, § 1 Rn. 132.

497 BAG v. 18. Oktober 2000 – 2 AZR 494/99, NZA 2001, 321; Fiebig/Gallner/Mestwerdt/Nägele/*Gallner*, KSchG, § 1 Rn. 479.

498 BAG v. 29. Januar 1997 – 2 AZR 9/96, NZA 1997, 709.

499 Vgl. *Horcher*, NZA-RR 2006, 393.

stimmter, objektiv feststellbarer Leistungserfolg geschuldet ist, sondern lediglich ein maximales Bemühen um den Leistungserfolg; lediglich die Tätigkeit als solche, nicht aber der Erfolg ist geschuldet (Abgrenzung Dienst- und Werkvertragsverhältnis)[500]. Das Bundesarbeitsgericht hat sich für den Bereich der Kündigungen wegen Leistungsminderungen mit unbekannter Ursache um eine systematische Präzisierung durch Einführung des Kernbegriffs „Störungen des Austauschverhältnisses“ bemüht. Es benutzt dabei den Begriff als Rückanbindung an das Leistungsstörungsrecht des Bürgerlichen Gesetzbuches[501]. Es geht also um die Situationen, in denen vor allem die Hauptleistungspflichten nicht oder nicht ordnungsgemäß erbracht werden, das Austauschverhältnis von Leistung und Gegenleistung also gestört ist[502].

Wie bei jedem schuldrechtlichen Vertrag sind auch hier als Ausgangsnormen die Bestimmungen in §§ 275 ff., 320 ff. BGB heranzuziehen, sprich die Regelungen zur Unmöglichkeit einer Leistungserbringung und die allgemeinen Regelungen zum gegenseitigen Vertrag. Auch im Arbeitsrecht wird dabei zwischen der Unmöglichkeit der Arbeitsleistung und der Unzumutbarkeit der Leistungserbringung unterschieden[503]. Die beiden Tatbestände führen zu einer Befreiung des Arbeitnehmers von seiner primären Leistungspflicht, also von seiner Pflicht zur Arbeitsleistung; für die Gegenleistung gelten dann die einschlägigen Vorschriften. Hinzu kommen dann noch die verspätete Leistungserbringung sowie die Schlechtleistung durch den Arbeitnehmer. Davon umfasst sind Haftungsfragen des Arbeitnehmers für Schäden, die er bei der Arbeit verursacht[504]; wobei auf die zuletzt genannten Punkte hier nicht näher eingegangen werden soll.

Das Austauschverhältnis, das sog. Synallagma, hat zur Folge, dass die Parteien eines gegenseitigen Vertrages die kongruente Erwartung haben, für ihre Leistung die vertragsgemäße Gegenleistung zu erhal-

500 Vgl. *Greiner*, RdA 2007, 22; Dornbusch/Fischermeier/Löwisch/*Kaiser*, KSchG, § 1 Rn. 72.

501 Vgl. *Greiner*, RdA 2007, 22, 23; Dornbusch/Fischermeier/Löwisch/*Kaiser*, KSchG, § 1 Rn. 72.

502 Vgl. Grobys/Panzer/*Mohnke*, SWK ArbR, Kündigung, personenbedingt, Rn. 6.

503 Vgl. Dornbusch/Fischermeier/Löwisch/*Kaiser*, KSchG, § 1 Rn. 72; BeckOK ArbR/*Joussen*, BGB, § 611 Rn. 348.

504 Vgl. BeckOK ArbR/*Joussen*, BGB, § 611 Rn. 348.

ten; sie geben, um zu empfangen (lat. Rechtsformel: „do ut des“)[505]. Die Ausprägung des konditionellen Synallagmas gewährleistet dementsprechend die Abhängigkeit der ausgetauschten Leistungen im Erfüllungsstadium des Vertrages[506]. Dies führt nach § 326 Abs. 1 BGB dazu, dass ein Entfall der Leistung auch zum Entfall der Gegenleistung führt. Übertragen auf das Arbeitsverhältnis entfällt damit der Entgeltanspruch, wenn der Arbeitnehmer seine Arbeitsleistung nicht erbringt. Durch diese Automatik wird auch im gestörten Austauschverhältnis eine gewisse Gleichwertigkeit der Lasten gewahrt, indem durch die Regelung grundsätzlich verhindert wird, dass eine Partei leistet, ohne die vertragsgemäße Gegenleistung zu erhalten[507]. Ausnahmen von diesem Grundgedanken finden sich zum Beispiel im Entgeltfortzahlungsgesetz und im Bundesurlaubsgesetz. Nach diesen Regelungen hat der Arbeitnehmer Anspruch auf Fortzahlung des Arbeitsentgelts, ohne dass er dafür eine Gegenleistung in Form von Arbeitsleistung erbringen muss.

Das Austauschverhältnis ist vom Äquivalenzverhältnis abzugrenzen. Äquivalenz bedeutet nach seinem Wortsinn „Gleichwertigkeit“, wobei das Bundesarbeitsgericht in diesem Zusammenhang von „Leistungsgleichgewicht“ spricht[508]. Die Äquivalenzstörung stellt gegenüber der Störung im Austauschverhältnis ein Aliud – also etwas anderes – und nicht etwa ein Minus dar. Demnach können auch nicht synallagmatische Nebenpflichten in einem Äquivalenzverhältnis stehen, wenn sie für den Gesamtwert der vertragsgemäßen Leistung mitbestimmt sind[509]. Die Äquivalenzstörung ist folglich nicht zwangsläufig ein Unterbegriff der Störung im Austauschverhältnis[510].

Eine solche Störung des Austauschverhältnisses liegt dann vor, wenn die Erwartung des vertragsgemäßen Austauschs der synallagmatisch verknüpften Leistung in irgendeiner Weise enttäuscht wird. Das ist der Fall, wenn der tatsächliche Leistungsaustausch von dem ver-

505 Vgl. *Greiner*, RdA 2007, 22, 26.
506 Vgl. *Greiner*, RdA 2007, 22, 26.
507 Vgl. *Greiner*, RdA 2007, 22, 26.
508 BAG v. 26. September 1991 – 2 AZR 132/91, NZA 1992, 1073.
509 BAG v. 4. Dezember 1986 – 2 AZR 776/85, BeckRS 1986, 30719472.
510 *Greiner*, RdA 2007, 22, 26.

tragsgemäßen Sollzustand mehr oder weniger erheblich abweicht[511]. Allen Störungen des Austauschverhältnisses ist gemeinsam, dass der Arbeitnehmer nicht so arbeitet wie er soll. Es ist – jedenfalls zum Teil – zu einer Einbuße des wirtschaftlichen Werts der Arbeitnehmerleistung, wie sie der Vorstellung und Erwartung der Parteien beim Abschluss des Arbeitsvertrages zugrunde lag, gekommen. Demnach wird das vertragsgemäße Leistungsgleichgewicht zulasten des Arbeitgebers dahingehend verschoben, dass er ein Arbeitsentgelt zahlt, ohne eine vertragsgemäße Gegenleistung zu erhalten[512].

IV. Low Performer

Ein ebenfalls von Bundesarbeitsgericht im Rahmen der Störungen im Äquivalenzverhältnis entwickelter Grundsatz ist der zur sogenannten „Low-Performer"-Problematik. Hierbei handelt es sich um objektive Minderleistungen, die nicht Vertragsinhalt geworden sind, und demnach auch keine Pflichtverletzung darstellen[513]. Während im Fall der Nichtleistung schlicht keine Leistung erbracht wird (z. B. „Krankfeiern", verspäteter Arbeitsantritt etc.), erbringt demgegenüber der Arbeitnehmer bei der Minderleistung zwar eine Arbeitsleistung, jedoch nicht in der Qualität und/oder Quantität, wie dies von ihm realistischerweise erwartet werden kann[514]. Unter diesen Voraussetzungen ist der Arbeitnehmer als Low Performer zu bezeichnen. Auch Mischtatbestände können vorliegen[515]. Das ist der Fall, wenn der Arbeitnehmer weder die Leistung erbringen kann noch will. Hierbei ist die im Vordergrund stehende Ursache zu ermitteln[516].

Nach einer Gallup-Studie sind 2014 in Deutschland 15 Prozent der Beschäftigten unengagierte oder sogenannte C-Mitarbeiter. Diese Mit-

---

511 Vgl. *Greiner*, RdA 2007, 22, 26.

512 *Greiner*, RdA 2007, 22, 26; *Tschöpe*, BB 2006, 213, 214.

513 Vgl. Grobys/Panzer/*Wisskirchen*, SWK ArbR, Low Performance, Rn. 1; KR/*Griebeling/Rachor*, KSchG, § 1 Rn. 384.

514 *Glanz*, NJW-Spezial 2008, 82; *Maschmann*, NZA-Beil. 2006, 13, 20; *Tschöpe*, BB 2006, 213.

515 Grobys/Panzer/*Wisskirchen*, SWK ArbR, Low Performance, Rn. 2; *Tschöpe*, BB 2006, 213, 219.

516 Grobys/Panzer/*Wisskirchen*, SWK ArbR, Low Performance, Rn. 14.

arbeiter zeigen häufig wenig Engagement, weisen eine höhere Fehlerquote auf, haben mehr Fehlzeiten, arbeiten langsamer und betreiben unter Umständen aktiv Sabotage gegen den Arbeitgeber[517].

Die Problematik der Low Performer kann sich sowohl – im Rahmen einer verhaltensbedingten Kündigung – durch steuerbare Minderleistung zeigen oder aber – wie im Folgenden – auf nicht steuerbarem Verhalten beruhen.

1. Maßstab der zu erbringenden Leistung

Zu klären ist zunächst, ob für die personenbedingte Kündigung auf das individuelle Leistungsvermögen oder auf einen objektiven Maßstab abzustellen ist[518]. Das Bundesarbeitsgericht führt dazu aus, dass die konkrete Vertragspflicht zur Arbeit individuell zu bestimmen sei. Allerdings enttäusche der Arbeitnehmer, der trotz angemessener Bemühungen die (objektive) Normalleistung nicht erbringt, die berechtigte Erwartung des Arbeitgebers von einem ausgewogenen Verhältnis von Leistung und Gegenleistung[519]. Es sei mithin auf die objektive Normalleistung abzustellen, die der Arbeitgeber bei Abschluss des Arbeitsvertrages erwarten durfte. Der Inhalt des Arbeitsvertrages und auch die Höhe der Bezüge spielten nach Ansicht des Bundesarbeitsgerichts eine erhebliche Rolle bei der Ermittlung, welche Erwartungen die Parteien an die Leistung des Arbeitnehmers knüpfen. Aus Provisionsvereinbarungen in erheblicher Höhe und der Vereinbarung einer Garantieprovision könne beispielsweise gefolgert werden, dass die Parteien bei Vertragsabschluss von erheblichen Erfolgen ausgingen[520].

Dabei stellt die Erheblichkeit der Unterschreitung, anders als bei der verhaltensbedingten Kündigung wegen Minderleistung, nicht nur eine Voraussetzung für Darlegungserleichterungen dar, sondern ist eine echte Kündigungsvoraussetzung. Handelt es sich lediglich um

517 Nach *Stück*, ArbR Aktuell 2011, 651 waren 2010 noch 21 Prozent der Arbeitnehmer unengagiert; http://www.gallup.com/de-de/181871/engagement-index-deutschland.aspx (zuletzt abgerufen am: 4. Oktober 2015).

518 *Tschöpe*, BB 2006, 213 f.; Grobys/Panzer/*Wisskirchen*, SWK ArbR, Low Performance, Rn. 3 f.; KR/*Griebeling/Rachor*, KSchG, § 1 Rn. 385.

519 BAG v. 11. Dezember 2003 – 2 AZR 667/02, NZA 2004, 784.

520 BAG v. 3. Juni 2004 – 2 AZR 386/03, NJW 2005, 90; *Friemel/Walk*, NJW 2005, 3669, 3671.

eine geringfügige Unterschreitung der durchschnittlichen Normalleistung aus Gründen, die in der Person des Arbeitnehmers liegen und von diesem nicht steuerbar sind, berechtigt dies den Arbeitgeber nicht zur Kündigung[521].

2. Leistungsminderung

Formen der Leistungsminderung können die Schlechtleistung, Fehlleistung, Andersleistung und Minderleistung darstellen[522]. In Schlechtleistungsfällen erbringt der Arbeitnehmer die Arbeit zwar zeitlich vertragsgemäß und die geleistete Menge stimmt bzw. liegt im üblichen Rahmen. Das Arbeitsergebnis ist aber (qualitativ) mangel- bzw. fehlerhaft[523]. Bei der Fehlleistung handelt es sich um einen Sonderfall der Schlechtleistung, bei der der Arbeitnehmer bekannte Grundregeln – insbesondere Schutz-/Sicherungspflichten für absolute Rechtsgüter wie Leben, Gesundheit oder Eigentum – verletzt[524]. Schließlich arbeitet der Arbeitnehmer bei einer Anders- oder Aliud-Leistung zeitlich durchgängig, sein Arbeitsergebnis ist qualitativ ordnungsgemäß und im Vergleich mit seinen Kollegen ist er auch nicht zu langsam, jedoch ist das Arbeitsergebnis ein anderes als angewiesen[525].

Im Fall der Minderleistung kann zwischen quantitativer und qualitativer Minderleistung unterschieden werden[526]. Quantitative Minderleistung meint ein Zurückbleiben des messbaren bzw. „zählbaren" Arbeitsergebnisses hinter den Leistungen vergleichbarer Arbeitnehmer[527]. So wurde eine Minderleistung zum Beispiel bei einem Arbeitnehmer angenommen, der in seiner Leistung etwa 50 Prozent hinter der Leistung vergleichbarer Arbeitnehmer zurückblieb[528]. Dies gilt auch dann, wenn dies auf einer besonders sorgfältigen und gründlichen Arbeits-

---

521 Vgl. *Friemel/Walk*, NJW 2005, 3669, 3671.
522 *Stück*, ArbR Aktuell 2011, 651 ff.
523 Vgl. *Stück*, ArbR Aktuell 2011, 651.
524 Vgl. *Stück*, ArbR Aktuell 2011, 651, 653.
525 *Stück*, ArbR Aktuell 2011, 651, 653.
526 *Tschöpe*, BB 2006, 213; Grobys/Panzer/*Wisskirchen*, SWK ArbR, Low Performance, Rn. 9; KR/*Griebeling/Rachor*, KSchG, § 1 Rn. 386.
527 BAG v. 27. November 2008 – 2 AZR 675/07, NZA 2009, 842.
528 LAG Hamm v. 13. April 1983 – 12 Sa 95/83, DB 1983, 1930.

weise des betreffenden Arbeitnehmers beruht[529]. Ebenso kann eine quantitative Minderleistung bei der Produktion von 25 Prozent mehr Ausschussware als dem bereits einkalkulierten Durchschnitt der Kollegen – trotz vorangegangener Abmahnung – angenommen werden[530].

Bei der qualitativen Minderleistung geht es weniger um die „Menge" der Arbeitsergebnisse als um die (allgemeine) Fehlerquote bzw. -häufigkeit, die das Arbeitsergebnis beeinflussen[531]. Hierbei kann jedoch nicht pauschal auf die bloße Fehlerhäufigkeit abgestellt werden, sondern je nach Art der Tätigkeit kann einem Fehler hinsichtlich der Beurteilung, ob das Verhältnis zwischen Leistung und Gegenleistung gestört ist, sehr unterschiedliches Gewicht beigemessen werden. Demzufolge ist eine einzelfallbezogene Betrachtungsweise unter Berücksichtigung der konkreten Arbeitsanforderungen und der konkreten Gegebenheiten des Arbeitsplatzes geboten[532]. So gibt es Tätigkeiten, wie die eines Piloten oder Arztes, bei denen ein einziger Fehler derart weitgehende Konsequenzen hat, dass eine Pflichtverletzung im Arbeitsverhältnis eher anzunehmen ist. Auf der anderen Seite gibt es Tätigkeiten, bei denen Fehler kaum zu vermeiden sind und daher vom Arbeitgeber hingenommen werden müssen[533].

Nach der Auffassung des Bundesarbeitsgerichts ist die personenbedingte Kündigung wegen Minderleistung letztlich ein Fall wirtschaftlicher Unzumutbarkeit, also eine Störung der Geschäftsgrundlage in der Ausprägung der Äquivalenzstörung[534]. Es begründet seine Auffassung, indem es sagt, dass die Parteien des gegenseitigen Vertrages typischerweise davon ausgehen, dass die Leistung des anderen Teils der eigenen mindestens gleichwertig ist. Die Vorstellung der Parteien von der annähernden Gleichwertigkeit (Äquivalenz) der beiderseitigen Leistungen ist bei gegenseitigen Verträgen regelmäßig Geschäftsgrundlage. Weichen die tatsächlichen Verhältnisse von Erwartungen schwerwiegend ab, so kann der in ihrer Erwartung enttäuschten Partei

---

529 BAG v. 21. Mai 1992 – 2 AZR 551/91, NZA 1992, 1028.
530 LAG Hessen v. 26. April 1989 – 10 Sa 1278/88, zit. n. Juris.
531 Grobys/Panzer/*Wisskirchen*, SWK ArbR, Low Performance, Rn. 11.
532 BAG v. 17. Januar 2008 – 2 AZR 536/06, NZA 2008, 693.
533 BAG v. 17. Januar 2008 – 2 AZR 536/06, NZA 2008, 693.
534 BAG v. 11. Dezember 2003 – 2 AZR 667/02, NZA 2004, 784; *Greiner*, RdA 2007, 22, 29.

ein Recht zur Anpassung oder zum Rücktritt entstehen (vgl. Rechtsfolgen des § 313 BGB). Im Arbeitsverhältnis stehen dem Arbeitgeber zur Reaktion auf derartige Störungen des Austauschverhältnisses, soweit sie aus der Sphäre des Arbeitnehmers stammen, im Wesentlichen die Vorschriften über die personenbedingte Beendigungskündigung oder Änderungskündigung zur Verfügung[535].

Diese Auffassung des Bundesarbeitsgerichts ist dahingehend zu verstehen, dass es keinesfalls meint, dass jeder krankheitsbedingte Ausfall oder jedes Unterschreiten einer objektiven Durchschnittsleistung eine Kündigung des Arbeitsverhältnisses rechtfertigen kann, jedoch schützt es die Parteien vor Äquivalenzstörungen im Arbeitsverhältnis, die ein bestimmtes Ausmaß, also die „Opfergrenze" des Arbeitgebers, überschreiten und eine Fortsetzung ebendieses wirtschaftlich unzumutbar machen[536].

3. Vorliegen der weiteren Wirksamkeitsvoraussetzungen

Wie bereits bei den Wirksamkeitsvoraussetzungen der personenbedingten Kündigung gezeigt, müssen neben den in der Person liegenden Gründen noch weitere Tatbestandsmerkmale erfüllt sein, um eine Kündigung zu rechtfertigen. Dafür muss zunächst eine negative Zukunftsprognose erstellt werden. Dabei ist der eigentliche Kündigungsgrund nicht die bisherige, sondern die in Zukunft zu erwartende Minderleistung[537]. Wie auch bei der verhaltensbedingten Kündigung setzt die personenbedingte Kündigung daher voraus, dass auch in Zukunft nicht mit einer Wiederherstellung des Gleichgewichts von Leistung und Gegenleistung zu rechnen ist und kein milderes Mittel zur Verfügung steht[538].

Hier kann eine parallele Wertung zur Kündigung wegen lang anhaltender (dauerhafter) Krankheit gezogen werden. Bei dieser muss im Zeitpunkt des Zugangs der Kündigung die Arbeitsunfähigkeit bereits bestehen und für voraussichtlich längere oder nicht absehbare Zeit an-

535 BAG v. 11. Dezember 2003 – 2 AZR 667/02, NZA 2004, 784.
536 Vgl. *Greiner*, RdA 2007, 22, 29.
537 *Maschmann*, NZA-Beil. 2006, 13, 20.
538 Vgl. *Friemel/Walk*, NJW 2005, 3669, 3672.

dauern[539]. Übertragen auf die Minderleistung muss diese für die Zukunft in einem erheblichen Maß sicher zu erwarten sein. Die Frage, ob die Minderleistung bereits länger erbracht wird, kann im Rahmen der Interessenabwägung berücksichtigungsfähig sein. Dabei kann von einer Minderleistung über einen langen Zeitraum in der Vergangenheit auf eine Minderleistung auch in der Zukunft geschlossen werden[540].

Als milderes Mittel zur Beendigungskündigung ist die Änderungskündigung anzusehen[541]. Hat der Arbeitgeber die Möglichkeit, den Arbeitnehmer auf einem anderen Arbeitsplatz einzusetzen oder durch eine Gehaltsanpassung das Ungleichgewicht zwischen Leistung und Gegenleistung auszugleichen, sollte der Arbeitgeber dem Arbeitnehmer zunächst eine Fortsetzung des Arbeitsverhältnisses unter geänderten Arbeitsbedingungen anbieten. Verzichtet er auf die vorrangige Änderungskündigung, kann dies zur Unwirksamkeit der Beendigungskündigung führen[542] (zur *Änderungskündigung* siehe *§ 11*). Da das Bundesarbeitsgericht eine Minderung der Vergütung wegen schlechter Leistungen ablehnt[543], werden Stimmen in der Literatur laut, die den Gesetzgeber zur Handlung auffordern. Sie verlangen eine Gesetzesänderung dahingehend, dass eine Minderung der Vergütung bei Low Performern ermöglicht wird, damit der Arbeitgeber so die Minderleistung sanktionieren kann[544]. Auf eine schärfere Sanktionierung kann und müsse dann verzichtet werden, da die Entgeltreduzierung ein milderes Mittel zur Änderungs- oder Beendigungskündigung darstellt.

Letztlich ist eine Interessenabwägung durchzuführen. Dabei sind insbesondere weitere betriebliche Auswirkungen der Minderleistung zu berücksichtigen. Das heißt, es ist auf eine nachteilige Entwicklung hinsichtlich der Beschäftigungsmöglichkeiten für andere Arbeitnehmer zu achten[545]. Demzufolge sind auch Auswirkungen der Minder-

539 BAG v. 25. November 1982 – 2 AZR 140/81, NJW 1983, 2897.
540 *Friemel/Walk*, NJW 2005, 3669, 3672.
541 KR/*Griebeling/Rachor*, KSchG, § 1 Rn. 387; *Tschöpe*, BB 2006, 213, 215 ff.; *Junker*, Arbeitsrecht, Rn. 422.
542 *Friemel/Walk*, NJW 2005, 3669, 3672.
543 Vgl. bereits BAG v. 6. Juni 1972 – 1 AZR 438/71, BAGE 24, 286.
544 BAG v. 11. Dezember 2003 – 2 AZR 667/02, BB 2004, 1682; kritisch *Tschöpe*, BB 2006, 213, 214, 217 ff.
545 BAG v. 11. Dezember 2003 – 2 AZR 667/02, NZA 2004, 784.

leistungen außerhalb des Gegenseitigkeitsverhältnisses, welche zur Unzumutbarkeit des Festhaltens am Vertrag führen können, im Rahmen der Interessenabwägung zu berücksichtigen[546].

4. Darlegungs- und Beweislast

Sowohl zur quantitativen als auch zur qualitativen Minderleistung ist eine gestufte Darlegungs- und Beweislast erforderlich[547].

Zunächst muss der Arbeitgeber darlegen, was die objektive Mindest- oder Normalleistung ist. Daher muss eine Vergleichsgruppe der Arbeitnehmer gebildet werden, die unter vergleichbaren Bedingungen tätig sind[548]. Diese müssen der Tätigkeit des Arbeitnehmers, der gekündigt werden soll, entsprechen[549].

Bei der quantitativen Minderleistung muss der Arbeitgeber zunächst nur das vortragen, was er wissen kann. Als Bemessungsgrenze kann die Drittellehre des Bundesarbeitsgerichts herangezogen werden[550]. Danach rechtfertigt eine dauerhafte Unterschreitung der Durchschnittsleistung regelmäßig um mehr als ein Drittel eine personenbedingte Kündigung. Dies muss der Arbeitgeber zunächst darlegen. Der Arbeitnehmer hat daraufhin die Möglichkeit, das Vorbringen des Arbeitgebers zu bestreiten. Bestreitet der Arbeitnehmer das Vorbringen des Arbeitgebers nicht, gilt der schlüssige Vortrag des Arbeitgebers, der Arbeitnehmer habe sein Leistungsvermögen nicht ausgeschöpft, gem. § 138 Abs. 3 ZPO als zugestanden[551]. Auf den Vortrag des Arbeitnehmers kann der Arbeitgeber erneut reagieren[552].

Bei der qualitativen Schlechtleistung gibt es insgesamt höhere Anforderungen, da es keine feste Grenze gibt, ab der eine Umkehr der

546 *Friemel/Walk*, NJW 2005, 3669, 3672; KR/*Griebeling/Rachor*, KSchG, § 1 Rn. 388.

547 Grobys/Panzer/*Wisskirchen*, SWK ArbR, Low Performance, Rn. 30 ff.; *Weber*, DB 2015, 1899, 1900; KR/*Griebeling/Rachor*, KSchG, § 1 Rn. 389.

548 Vgl. Grobys/Panzer/*Wisskirchen*, SWK ArbR, Low Performance, Rn. 5 ff.; *Tschöpe*, BB 2006, 213, 214 f.

549 BAG v. 11. Dezember 2003 – 2 AZR 667/02, NZA 2004, 784.

550 BAG v. 11. Dezember 2003 – 2 AZR 667/02, NZA 2004, 784; *Weber*, DB 2015, 1899, 1900.

551 BAG v. 3. Juni 2004 – 2 AZR 386/03, NZA 2004, 1380; *Weber*, DB 2015, 1899, 1900; *Tschöpe*, BB 2006, 213, 217.

552 BAG v. 11. Dezember 2003 – 2 AZR 667/02, NZA 2004, 784.

Darlegungs- und Beweislast angenommen wird. Eine Grenze von einem Drittel, wie sie bei der quantitativen Minderleistung herangezogen wird, wendet das Bundesarbeitsgericht hier nicht an. Vielmehr sind im Rahmen einer Einzelfallabwägung betriebliche Auswirkungen der Schlechtleistung zu berücksichtigen[553]. Dies sind neben der Fehlerzahl die Art, Schwere und Folgen der fehlerhaften Arbeitsleistung. Dabei stellt sich insbesondere die Frage, ob der Arbeitgeber die Fehler trotz ihrer Häufigkeit angesichts der konkreten Umstände hinnehmen muss. Hierbei handelt es sich um eine „vorgezogene Interessenabwägung“[554].

Bei Kündigungen wegen häufiger Kurzerkrankungen stellt das Bundesarbeitsgericht auf die Sechs-Wochen-Grenze des § 3 Abs. 1 EFZG ab[555]. Häufige Kurzerkrankungen meint dabei, dass der Arbeitnehmer immer wieder für einen kurzen Zeitraum (ein paar Tage oder wenige Wochen) erkrankt ist. Entgeltfortzahlungszeiträume, die über die Sechs-Wochen-Grenze hinausgehen, können eine Kündigung rechtfertigen. Daneben muss die durch die Erkrankung veranlasste Kostenbelastung „außergewöhnlich“ bzw. „extrem“ hoch sein[556]. Jedenfalls seien Entgeltfortzahlungskosten, die den Sechs-Wochen-Zeitraum um das Doppelte überschreiten, außerordentlich hoch und damit zur sozialen Rechtfertigung der Kündigung geeignet[557]. Die Sechs-Wochen-Grenze stellt demnach die Untergrenze dar, ab der Entgeltfortzahlungskosten bei der Festlegung der Opfergrenze des Arbeitgebers überhaupt berücksichtigt werden können[558]. Diese Zumutbarkeitsgrenze ist jedoch einzelfallbezogen. Berücksichtigungswürdig sind darüber hinaus die durchschnittliche Krankheitsquote vergleichbarer Arbeitnehmer[559], eine etwaige betriebliche Ursache der Erkrankung[560],

553 Grobys/Panzer/*Wisskirchen*, SWK ArbR, Low Performance, Rn. 32; KR/*Griebeling/Rachor*, KSchG, § 1 Rn. 386.
554 BAG v. 17. Januar 2008 – 2 AZR 536/06, NZA 2008, 693.
555 BAG v. 17. Juni 1999 – 2 AZR 639/98, NZA 1999, 1328.
556 BAG v. 5. Juli 1990 – 2 AZR 154/90, NZA 1991, 185.
557 BAG v. 5. Juli 1990 – 2 AZR 154/90, NZA 1991, 185.
558 *Greiner*, RdA 2007, 22, 32; Dornbusch/Fischermeier/Löwisch/*Kaiser*, KSchG, § 1 Rn. 93.
559 BAG v. 10. Mai 1990 – 2 AZR 580/89, zit. n. Juris.
560 BAG v. 10. Mai 1990 – 2 AZR 580/89, zit. n. Juris.

das Alter und die Unterhaltspflichten des Arbeitnehmers sowie der bisherige Verlauf des Arbeitsverhältnisses[561].

V. Häufige Kurzerkrankungen

Eine andere Grundkonstellation der Äquivalenzstörung bildet die Fallgruppe der häufigen Kurzerkrankungen. Bei ihnen scheidet, wie schon bei der Leistungsminderung eine Lösung über das Recht der Unmöglichkeit aus, da keine vollständige Einstellung des Leistungsaustausches stattfindet[562]. Eine Kündigung wegen wirtschaftlicher Belastungen durch etwaige anfallende Entgeltfortzahlungskosten nach § 3 Abs. 1 EFZG verursacht mit Hinblick auf das Maßregelungsverbot des § 612 a BGB erhebliche Bedenken[563]. § 3 Abs. 1 S. 1 EFZG regelt das Bestehen eines Anspruchs des Arbeitnehmers auf Entgeltfortzahlung im Krankheitsfall durch den Arbeitgeber für die Zeit der Arbeitsunfähigkeit bis zur Dauer von sechs Wochen.

Nimmt man die durch § 3 Abs. 1 EFZG gewährleistete und unabdingbare Entgeltfortzahlung als Anknüpfungspunkt des Kündigungsinteresses, so erscheint diese Anknüpfung als „Paradoxie des deutschen Arbeitsrechts“[564]. Nach § 612 a BGB darf der Arbeitgeber einen Arbeitnehmer bei einer Vereinbarung oder einer Maßnahme nicht benachteiligen, weil der Arbeitnehmer in zulässiger Weise seine Rechte ausübt. Seine Grenze findet § 612 a BGB im Rahmen der Verhältnismäßigkeit, wenn dem Arbeitgeber eine unbegrenzte Belastung mit Entgeltfortzahlungskosten zugemutet wird. Als zusätzliches Korrektiv und als Begrenzung der durch § 3 Abs. 1 EFZG auferlegten Lasten ist daher die Störung der Geschäftsgrundlage zu berücksichtigen[565]. Diese entfällt, wenn das Äquivalenzverhältnis durch immer neue beträchtliche Fehlzeiten und entsprechende Lohnfortzahlungen massiv zulasten

561 BAG v. 17. Juni 1999 – 2 AZR 639/98, NZA 1999, 1328; *Greiner*, RdA 2007, 22, 32.

562 *Greiner*, RdA 2007, 22, 30.

563 *Hanau*, ZfA 1984, 453, 562.

564 Vgl. *Preis*, Anm. zu BAG v. 16. Februar 1989 – 2 AZR 299/88, AP Nr. 20 zu § 1 KSchG 1969 Krankheit.

565 Vgl. *Greiner*, RdA 2007, 22, 30.

des Arbeitgebers verschoben wird. Parallel zur Leistungsminderung erweist sich dann die berechtigte Erwartung der Parteien, dass es nicht zu Äquivalenzstörungen kommen wird, welche die Opfergrenze des Arbeitgebers überschreiten, nachträglich als falsch, woraus ein (ordentliches) Kündigungsrecht des Arbeitgebers resultiert[566]. Dies scheint insbesondere vor dem Hintergrund geboten als dass bei häufigen Kurzerkrankungen der Anspruch des Arbeitnehmers aus § 3 Abs. 1 EFZG bei jeder Erkrankung neu und jedes Mal bis zur Dauer von sechs Wochen entsteht. Im Gegensatz zu Langzeiterkrankungen wird der Arbeitgeber hier gerade nicht durch die Zahlung des Krankengeldes nach § 44 SGB V durch die gesetzliche Krankenversicherung entlastet. Dies führt zu einer erheblichen finanziellen Belastung des Arbeitgebers und beeinflusst den betrieblichen Ablauf immens. Denn der Arbeitgeber kann nicht – wie bei einer lang andauernden Krankheit – die Arbeit von vornherein auf die anderen Arbeitnehmer gleichmäßig verteilen oder andere dauerhafte Überbrückungsmaßnahmen ergreifen, sondern muss dies bei jeder neuen Kurzerkrankung spontan und aufs Neue tun. Der Betriebsablauf des Arbeitgebers wird dadurch erheblich gestört.

Nicht zuletzt muss der Arbeitgeber im Rahmen der Interessenabwägung eine Sozialbewertung durchführen[567].

VI. Leidensgerechter Arbeitsplatz

Aus dem Anspruch auf leidensgerechte Beschäftigung für schwerbehinderte Arbeitnehmer aus § 81 Abs. 4 SGB IX hat das Bundesarbeitsgericht einen allgemeinen Anspruch auf leidensgerechte Beschäftigung entwickelt[568].

Ist es dem Arbeitgeber zumutbar, den Arbeitnehmer auf einem leidensgerechten Arbeitsplatz zu beschäftigen, so ist es ihm nicht möglich, diesen aufgrund Minderleistung personenbedingt zu kündigen[569].

---

566 Vgl. *Greiner*, RdA 2007, 22, 30.

567 *Glanz*, NJW-Spezial 2008, 82, 83.

568 BAG v. 13. August 2009 – 6 AZR 330/08, NZA-RR 2010, 420; *Mückl/Hiebert*, NZA 2010, 1259.

569 *Weber*, DB 2015, 1899, 1901; *Mückl/Hiebert*, NZA 2010, 1259.

Der Arbeitnehmer hat einen Anspruch auf einen leidensgerechten Arbeitsplatz, solange dies dem Arbeitgeber zumutbar und mit verhältnismäßigen Aufwendungen verbunden ist[570]. Dies ist im Wege einer Interessenabwägung festzustellen. Zu berücksichtigen sind dabei unter anderem die wirtschaftliche Lage des Unternehmens, die Gefährdung anderer Arbeitsplätze oder unverhältnismäßig hohe Kosten, die zu einer schlechten Kosten-Nutzen-Relation führen[571]. Letzteres soll etwa dann der Fall sein, wenn die erforderlichen Aufwendungen sehr hoch wären, das Arbeitsverhältnis aufgrund einer Altersgrenze aber in absehbarer Zeit beendet würde[572].

Grundsätzlich erscheint es fragwürdig, dem Arbeitgeber eine Pflicht zur Schaffung eines leidensgerechten Arbeitsplatzes zu übertragen, während die Störung des Vertragsverhältnisses aus der Sphäre des Arbeitnehmers rührt. Jedoch ergibt sich aus Art. 12 GG ein Abwehrrecht auch im Kündigungsrecht[573]. Zwar bewirkt dieser Schutz weder ein Recht auf Arbeit noch ein Recht auf einen bestimmten Arbeitsplatz (vgl. hierzu ausführlicher *§ 10 IV. 2. b) (Berufsfreiheit)*), jedoch muss ein gewisser Mindeststandard an Kündigungsschutz vorherrschen[574]. Prinzipiell muss das Interesse von Schwerbehinderten, Alleinerziehenden und älteren Arbeitnehmern besonders berücksichtigt werden[575]. Ausprägung hat dies auch in § 1 Abs. 2 S. 3 KSchG gefunden, wonach eine Kündigung sozial ungerechtfertigt ist, wenn eine Weiterbeschäftigung des Arbeitnehmers unter geänderten Arbeitsbedingungen möglich ist und der Arbeitnehmer sein Einverständnis hiermit erklärt hat[576]. Ähnliche Grundsätze hat das Bundesarbeitsgericht, wie gerade gezeigt, zu krankheitsbedingten Kündigungen entwickelt[577].

Lediglich klarstellend soll darauf hingewiesen werden, dass ein Anspruch auf einen leidensgerechten Arbeitsplatz nicht die Schaffung

570 *Mückl/Hiebert*, NZA 2010, 1259, 1260.

571 *Mückl/Hiebert*, NZA 2010, 1259, 1260.

572 ErfKomm ArbR/*Rolfs*, SGB IX, § 81 Rn. 15; *Mückl/Hiebert*, NZA 2010, 1259, 1260.

573 BVerfG v. 24. April 1991 – 1 BvR 1341/90, NJW 1991, 1667.

574 *Horcher*, NZA-RR 2006, 393, 397.

575 BVerfG v. 24. April 1991 – 1 BvR 1341/90, NJW 1991, 1667.

576 Vgl. *Mückl/Hiebert*, NZA 2010, 1259, 1261.

577 BAG v. 22. Oktober 2015 – 2 AZR 550/14, DB 2016, 1141.

eines neuen Arbeitsplatzes beinhaltet[578]. Auch hat der Arbeitnehmer keinen Anspruch auf Freikündigung eines geeigneten Arbeitsplatzes[579].

Werden Ansprüche aus § 81 Abs. 4 SGB IX schuldhaft nicht erfüllt, so bestehen Schadensersatzansprüche des Arbeitnehmers gegen den Arbeitgeber nach § 280 Abs. 1 BGB und § 823 Abs. 2 BGB i.V.m. § 81 Abs. 4 S. 1 SGB IX[580].

VII. Auswirkungen auf Arbeitsverhältnisse mit Arbeitnehmern nach dem Erreichen des Renteneintrittsalters

Die zur Leistungsminderung sowie zur kurz und lang andauernden Erkrankung entwickelten Grundsätze können grundsätzlich auch bei Arbeitnehmern nach dem Erreichen des Renteneintrittsalters angewandt werden, jedoch ergeben sich bezüglich der Dauer des jeweiligen Schutzes Unterschiede.

1. Krankheitsbedingter Leistungsabfall

Bei Arbeitnehmern nach dem Erreichen der Regelaltersgrenze kann vermehrt mit Erkrankungen gerechnet werden. Ein verhältnismäßiges Absenken des Bestandsschutzniveaus des Arbeitnehmers am Vertragsverhältnis ist in der Situation einer krankheitsbedingten Kündigung wegen häufiger Kurzerkrankungen möglich. Im Fall eines noch nicht rentenberechtigten Arbeitnehmers wird bis zu einem gewissen Grad die mit der krankheitsbedingten Einschränkung der Leistungsfähigkeit einhergehende Störung des Äquivalenzinteresses letztlich aus sozialpolitischen Erwägungen heraus hingenommen und dem Bestandsschutzinteresse des Arbeitnehmers Vorrang vor dem wirtschaftlichen Interesse des Arbeitgebers an einer Wiederherstellung der Äquivalenz eingeräumt[581]. Ein solcher Vorrang erscheint jedoch dann nicht mehr geboten, sobald der jeweilige Arbeitnehmer durch den Bezug der sozialver-

578 BAG v. 14. März 2006 – 9 AZR 411/05, NJW 2006, 3740.

579 BVerwG v. 2. Juni 1999 – 5 B 130.99, BeckRS 1999, 30438759; *Weber*, DB 2015, 1899, 1901.

580 BAG v. 4 Oktober 2005 – 9 AZR 632/04, NZA 2006, 442.

581 Vgl. *Greiner*, RdA 2007, 22, 25.

sicherungsrechtlichen Regelaltersrente abgesichert ist[582]. Die sozialversicherungsrechtliche und damit wirtschaftliche Absicherung durch die Regelaltersgrenze darf in diesem Zusammenhang als Argument herangezogen werden. Anders verhält sich dies im Rahmen der Sozialauswahl einer betriebsbedingten Kündigung, bei der dies nicht abschließend geklärt ist (vgl. *§ 10 IV. 1. (Die Gewichtung des Kriteriums Alter)*). Da es sich hier jedoch um eine Interessenabwägung außerhalb der vom Gesetzgeber vorgeschriebenen berücksichtigungsfähigen Gründe handelt, können oben angeführte Erwägungen getroffen werden. Demnach scheint es hier durchaus gerechtfertigt, den wirtschaftlichen Interessen des Arbeitgebers an einem leistungsfähigen Arbeitnehmer Vorrang zu gewähren. Dem krankheitsbedingt eingeschränkten Arbeitnehmer bleibt die Absicherung über die Rentenkasse. Sein Interesse am Fortbestand des Arbeitsverhältnisses überwiegt zu diesem Zeitpunkt nicht mehr. Natürlich kann dies nicht ab dem ersten Tag einer Krankmeldung gelten, da dies die Rechte des Arbeitnehmers zu sehr einschränken würde. Die Sechs-Wochen-Grenze erscheint in diesem Fall jedoch auch zu weit, da dies für den Arbeitgeber bereits einen erheblichen finanziellen Mehraufwand bedeuten würde, den er, wie gerade gezeigt, ab dem Erreichen der Regelaltersgrenze des Arbeitnehmers nicht mehr hinnehmen muss.

Dieses auf den ersten Blick arbeitnehmerunfreundlich wirkende Ergebnis fügt sich jedoch in die Rechtsprechung des Bundesarbeitsgerichts zu lang andauernden Erkrankungen bzw. dauerhaften Leistungsunfähigkeit ein. Bei einer Kündigung aus Anlass einer Langzeiterkrankung ist bei krankheitsbedingter dauerhafter Leistungsunfähigkeit in aller Regel von einer erheblichen Beeinträchtigung betrieblicher Interessen auszugehen. Der dauerhaften Leistungsunfähigkeit steht die Ungewissheit der Wiederherstellung der Arbeitsfähigkeit gleich, wenn in den nächsten 24 Monaten mit einer anderen Prognose nicht gerechnet werden kann. Für die Prognose kommt es auf den Zeitpunkt der Kündigung an[583].

Demnach besteht für Arbeitnehmer nach dem Erreichen des Renteneintrittsalters vermehrt die Gefahr der Auflösung des Arbeitsver-

582 Vgl. *Klösel/Reitz*, NZA 2014, 1366, 1372.

583 BAG v. 12. April 2002 – 2 AZR 148/01, NJW 2002, 3271; Dornbusch/Fischermeier/Löwisch/*Kaiser*, KSchG, § 1 Rn. 96.

hältnisses durch Kündigung wegen Erkrankung. Es ist dabei sowohl eine Kündigung wegen kurz aber auch wegen lang andauernder Erkrankung denkbar.

2. Altersbedingter Leistungsabfall

Grundsätzlich gilt zunächst, dass durch das Lebensalter bedingte Leistungsmängel nur zur Kündigung führen können, wenn sie die übliche Minderung weit überschreiten[584]. Das bedeutet aus Arbeitgebersicht, dass eine geringfügige Unterschreitung der Durchschnittsleistung, beispielsweise aus Altersgründen, hinzunehmen ist[585]. Zur Vorbereitung einer rechtswirksamen Kündigung muss der Arbeitgeber zudem die durchschnittliche Krankheitsquote vergleichbarer Arbeitnehmer ermitteln[586], eine etwaige betriebliche Ursache der Erkrankung[587], das Alter und die Unterhaltspflichten des Arbeitnehmers sowie den bisherigen Verlauf des Arbeitsverhältnisses berücksichtigen[588]. Insbesondere ist dies im Rahmen einer Interessenabwägung bei Kündigungen wegen Krankheit zum Schutz des Arbeitnehmers zu berücksichtigen[589].

Gelingt dem Arbeitnehmer der Nachweis, dass er an sich mehr leisten wolle, aber krankheits- oder altersbedingt nicht könne, dürfte ihm eigentlich nicht gekündigt werden. Fraglich erscheint, ob dies dem Arbeitgeber zuzumuten ist, da bei Arbeitnehmern nach dem Erreichen des Renteneintrittsalters früher oder später mit einem Absinken der Arbeitsleistung zu rechnen ist[590]. Dies kann den Arbeitgeber vor erhebliche Probleme stellen, sollte die Rechtsprechung weiterhin auf dem Standpunkt stehen, dass der Arbeitnehmer stets nur das schuldet, was er unter angemessener Ausschöpfung seiner persönlichen Leistungsfähigkeit zu leisten im Stande ist. Insbesondere wird es dem Ar-

---

584 MünchKomm-BGB/*Hergenröder*, KSchG, § 1 Rn. 178; Grobys/Panzer/*Wisskirchen*, SWK ArbR, Kündigung, personenbedingt, Rn. 26.

585 *Friemel/Walk*, NJW 2005, 3669, 3671; Ascheid/Preis/Schmidt/*Dörner/Vossen*, KSchG, § 1 Rn. 252.

586 BAG v. 10. Mai 1990 – 2 AZR 580/89, zit. n. Juris.

587 BAG v. 10. Mai 1990 – 2 AZR 580/89, zit. n. Juris.

588 BAG v. 17. Juni 1999 – 2 AZR 639/98, NZA 1999, 1328.

589 BAG v. 11. Dezember 2003 – 2 AZR 667/02, NZA 2004, 784; *Friemel/Walk*, NJW 2005, 3669, 3672.

590 Vgl. *Bayreuther*, NJW 2012, 2758, 2759; *Tschöpe*, BB 2006, 213, 214 f.

beitgeber kaum möglich sein, die vom Arbeitnehmer aufgestellte Vermutung, er würde seine Leistungsfähigkeit voll ausschöpfen, zu entkräften. Eine personenbedingte Kündigung wegen Minderleistung erscheint in diesen Fällen kaum denkbar[591].

Auch unter dem Gesichtspunkt, dass der Arbeitgeber eine Vergleichsgruppe der Arbeitnehmer bilden soll, um eine Vergleichbarkeit der Leistungen zu erhalten[592], erscheinen erhebliche Probleme. Bei der Bildung einer Vergleichsgruppe ist unter anderem das Alter zu berücksichtigen. Vergleicht man folglich die Leistungen von verschiedenen Arbeitnehmern nach dem Erreichen des Renteneintrittsalters[593], so ist allgemein davon auszugehen, dass auch das durchschnittliche Leistungsniveau der Vergleichsgruppe hinter dem von Arbeitnehmern vor dem Erreichen der Regelaltersgrenze zurückbleiben wird. Ein signifikantes Zurückbleiben der Leistung des einzelnen Arbeitnehmers nach dem Erreichen des Renteneintrittsalters hinter den Arbeitsleistungen seiner Kollegen aus der Vergleichsgruppe wird folglich kaum noch möglich sein.

Interessengerecht scheint es, da der Arbeitgeber die subjektive Leistungsfähigkeit eines Arbeitnehmers kaum ermitteln und sich nur an objektiven Gesichtspunkten orientieren kann, bei einer nicht mehr ganz unerheblichen Unterschreitung der objektiven Durchschnittsleistung, die eine Pflichtverletzung als wahrscheinlich erscheinen lässt, dem Arbeitnehmer bereits die Darlegungslast dafür aufzuerlegen, dass er mit Erbringung dieser Minderleistung seine eigene Leistungsfähigkeit vollständig ausschöpft[594].

Fraglich ist, ob das Rechtsinstitut der Störung im Äquivalenzverhältnis in einem solchen Fall zu einer interessengerechten Lösung führt. Demnach ist der Ansatzpunkt für eine Kündigung nicht die vorwerfbare Vertragsverletzung, sondern eine Störung des Leistungs-Gegenleistungsverhältnisses, die so erheblich ist, dass dem Arbeitgeber das Festhalten am Vertrag nicht zugemutet werden kann[595]. Sinkt demnach die Arbeitsleistung des Arbeitnehmers dauerhaft um ein

591 So auch *Bayreuther*, NJW 2012, 2758, 2759.
592 *Greiner*, RdA 2007, 22, 32.
593 Ascheid/Preis/Schmidt/*Dörner/Vossen*, KSchG, § 1 Rn. 252.
594 Vgl. *Friemel/Walk*, NJW 2005, 3669, 3673; *Tschöpe*, BB 2006, 213, 217 f.
595 Vgl. *Maschmann*, NZA-Beil. 2006, 13, 20.

Drittel und ist auch für die Zukunft nicht mehr mit einer Wiederherstellung des Gleichgewichts von Leistung und Gegenleistung zu rechnen und kein milderes Mittel zur Wiederherstellung des Vertragsgleichgewichts ersichtlich, kann dies eine Kündigung rechtfertigen, wenn letztlich auch die Interessenabwägung zu einem überwiegenden Interesse des Arbeitgebers an der Beendigung des Arbeitsverhältnisses führt. Erneut sei dabei auf eine Berücksichtigung der Kriterien Alter, Beschäftigungsdauer und Ursache des Leistungsabfalls hingewiesen[596]. Zwar ist auch hier eine Vergleichsgruppe von Arbeitnehmern mit derselben Tätigkeit zu bilden und es erscheint problematisch, rechtssicher beweisen zu können, dass die Arbeitsleistung des Arbeitnehmers nach dem Erreichen des Renteneintrittsalters abgesunken ist, zumal der Arbeitgeber den normalen altersbedingten Abfall der Leistungsfähigkeit hinzunehmen hat[597]. Je nach Konstellation des Arbeitsplatzes und der geschuldeten Leistung ist es hier dem Arbeitgeber jedoch leichter, einen Leistungsabfall von mindestens einem Drittel zu beweisen, da es alleine auf die tatsächliche Unterschreitung der Durchschnittsleistung der Belegschaft ankommt. Unberücksichtigt bleibt, ob dies der individuellen Leistungsfähigkeit des Arbeitnehmers entspricht, die, wie oben gezeigt, bei einer personenbedingten Kündigung außerhalb des Rechtsgrundsatzes der Störungen im Äquivalenzverhältnis das maßgebliche Kriterium für eine wirksame personenbedingte Kündigung ist.

Fraglich erscheint, ob bereits vor dem Unterschreiten der Durchschnittsleistung um ein Drittel eine Übertragung der bei der krankheitsbedingten Kündigung von Arbeitnehmern nach dem Erreichen des Renteneintrittsalters entwickelten Grundsätze in Betracht kommt. Eine solche Übertragung würde ab dem Erreichen des Renteneintrittsalters das Bestandsschutzinteresse des Arbeitnehmers hinter die wirtschaftlichen Interessen des Arbeitgebers zurücktreten lassen. Damit würde erneut die sozialversicherungsrechtliche und damit wirtschaftliche Absicherung durch die gesetzliche Rentenversicherung herangezogen werden. Bei den hiesigen Erwägungen handelt es sich, wie schon bei den obigen Erwägungen, gerade nicht um solche einer betriebsbedingten Kündigung, sodass weitergehende Kriterien herangezogen

596 BAG v. 11. Dezember 2003 – 2 AZR 667/02, NZA 2004, 784.

597 BAG v. 20. November 1987 – 2 AZR 284/86, NZA 1988, 617; KR/*Griebeling/Rachor*, KSchG, § 1 Rn. 385; *Schiefer*, NZA 1994, 534, 536.

werden können. Problematisch erscheint hierbei jedoch, dass der Arbeitnehmer im Gegensatz zu einem krankheitsbedingten Ausfall weiterhin eine Leistung – wenn auch eine solche, die hinter der Durchschnittsleistung zurückbleibt – erbringt. Das Zugeständnis im Rahmen der krankheitsbedingten Kündigung basiert gerade auf dem Ausbleiben einer Gegenleistung und den dadurch verursachten betrieblichen Beeinträchtigungen. Ein solch gravierendes Ungleichgewicht der Leistungen besteht in diesem Fall jedoch noch nicht. Wie bereits gesagt, hat der Arbeitgeber ein gewisses Absinken der Leistungsfähigkeit durch das Alter hinzunehmen. Zudem müsste dann eine neue Grenze entwickelt werden, ab der das Absinken der Leistung des Arbeitnehmers eine Kündigung rechtfertigt. Die Rechtsprechung hat eine solche jedoch bereits bei einem Drittel gesetzt. Diese Grenze erscheint auch bei einem Arbeitnehmern nach dem Erreichen des Renteneintrittsalters als gerechtfertigt, insbesondere wenn man von einer Vergleichbarkeit mit der Durchschnittsleistung des Betriebes und nicht vergleichbarer Arbeitnehmer im gleichen Alter ausgeht. Bedacht werden muss hierbei erneut, dass es bei der Ermittlung der Leistungen im Betrieb immer Arbeitnehmer geben wird, die hinter den Leistungen der überwiegenden Anzahl zurückbleiben[598]. Diesen darf dann aber nicht unmittelbar gekündigt werden. Eine Kündigung kann erst bei einem signifikanten Absinken gerechtfertigt sein. Dies muss auch für Arbeitnehmer nach dem Erreichen der Regelaltersgrenze gelten. Somit ist die vom Bundesarbeitsgericht entwickelte Drittel-Grenze auch bei Rentnerarbeitnehmern anwendbar. Ein vor dieser Grenze erreichtes Absinken der Leistungsfähigkeit, bedingt durch das Alter, rechtfertigt eine personenbedingte Kündigung nicht.

Ist ein Arbeitnehmer nach dem Erreichen des Renteneintrittsalters jedoch weiterhin leistungsfähig, so verhindert diese Rechtsprechung gerade Kündigungen, die lediglich unter dem Deckmantel des Alters des Arbeitnehmers ausgesprochen werden. Es ist dem Arbeitgeber folglich nicht möglich, durch eine pauschale Behauptung des Leis-

---

598 John Francis Welch (langjähriger Chef von General Electric) stellte eine 70/20/10-Regel auf, die besagt, dass in einem Betrieb 70 Prozent der Belegschaft ihre Arbeit ordentlich erledigten, 20 Prozent eine überdurchschnittliche Leistungen erbrächten und 10 Prozent schwache Arbeitnehmer vorhanden seien (vgl. *Tschöpe*, BB 2006, 213).

tungsabfalls aufgrund eines gewissen Alters des Arbeitnehmers eine Kündigung rechtswirksam auszusprechen. Dieser Schutz muss den Arbeitnehmern nach dem Erreichen des Renteneintrittsalters im gleichen Umfang wie Arbeitnehmern vor dem Erreichen des Renteneintrittsalters zustehen.

3. Kein Anspruch auf einen altersgerechten Arbeitsplatz

Ob auch ein Arbeitnehmer nach dem Erreichen des Renteneintrittsalters einen Anspruch auf einen leidensgerechten Arbeitsplatz im Sinne eines altersgerechten Arbeitsplatzes hat, ist indessen fraglich.

Zunächst wäre zu klären, ob man das Alter als Leiden ansehen kann.

In seinem Urteil zum allgemeinen Anspruch auf leidensgerechte Beschäftigung führt das Bundesarbeitsgericht aus:

> *„Aus einem Schuldverhältnis erwächst einer Vertragspartei auch die Pflicht zur Rücksichtnahme auf die Rechte, Rechtsgüter und Interessen des anderen Vertragsteils. […] Welche konkreten Folgen sich aus der Rücksichtnahmepflicht ergeben, hängt von der Art des Schuldverhältnisses und den Umständen des Einzelfalls ab. Im Arbeitsverhältnis folgt daraus die Verpflichtung jedes Vertragspartners, seine Pflichten aus dem Arbeitsverhältnis so zu erfüllen, seine Rechte so auszuüben und die im Zusammenhang mit dem Arbeitsverhältnis stehenden Interessen des Vertragspartners so zu wahren, wie dies unter Berücksichtigung der wechselseitigen Belange verlangt werden kann. Die Vertragspartner können deshalb zur Verwirklichung des Leistungsinteresses zu leistungssichernden Maßnahmen verpflichtet sein. Dazu gehört auch die Pflicht, im Zusammenwirken mit dem Vertragspartner die Voraussetzungen für die Durchführung des Vertrags zu schaffen, Erfüllungshindernisse nicht entstehen zu lassen bzw. zu beseitigen und dem anderen Teil den angestrebten Leistungserfolg zukommen zu lassen. Im Rahmen dieser Mitwirkungspflicht kann es auch geboten sein, auf den Wunsch nach Vertragsanpassungen als Reaktion auf unerwartete Änderungen der tatsächlichen Verhältnisse einzugehen, insbesondere wenn andernfalls in Dauerschuldverhältnissen Unvermögen des Schuldners droht. Eine derartige Vertragsanpassungspflicht wird jedenfalls dann zu erwägen sein, wenn die Vertragsänderung die Interessen des Gläubigers nicht beeinträchtigt, andererseits aber dem Schuldner ohne Vertragsänderung erheblicher Schaden droht.“*[599]

599 BAG v. 13. August 2009 – 6 AZR 330/08, NZA-RR 2010, 420.

Dieser allgemeine Grundsatz bezieht sich nicht ausschließlich auf einen krankheitsbedingten Leistungsabfall eines Arbeitnehmers. Vielmehr spricht das Bundesarbeitsgericht lediglich von allgemeinen Rücksichtnahmepflichten, wenn es einem Teil nicht mehr möglich ist, seine vertragsmäßigen Pflichten unverändert auszuüben. Demnach erscheint es durchaus als angebracht, auch ein altersbedingtes Absinken der Leistungsfähigkeit unter dieser Rechtsprechung zu subsumieren.

Allerdings muss es dem Arbeitgeber möglich und zumutbar sein, den Arbeitnehmer auf einen anderen altersgerechten Arbeitsplatz zu versetzen[600]. Hierbei kann an eine Übertragung der zur krankheitsbedingten Kündigung aufgeführten Argumente, insbesondere derer zu häufiger Kurzerkrankungen, gedacht werden. Demnach überwiegt das wirtschaftliche Interesse des Arbeitgebers das Bestandsschutzinteresse des Arbeitnehmers ab dem Zeitpunkt, ab dem der Arbeitnehmer eine finanzielle Absicherung über die Rente erhalten kann. Dies erscheint auch an dieser Stelle angemessen. Die Kosten-Nutzen-Relation fällt demnach sowohl unter dem Aspekt der finanziellen Mehr-Belastung für den Arbeitgeber als auch über den nur noch absehbaren Zeitraum, für den die Versetzung auf einen altersgerechten Arbeitsplatz stattfinden würde, gering aus.

Dies geht auch mit dem gerade zur Kündigung wegen altersbedingten Leistungsabfalls Gesagten einher, indem dem Arbeitnehmer zwar alleine aufgrund dessen nicht gekündigt werden darf, solange die Arbeitsleistung nicht mehr als ein Drittel von der Durchschnittsleistung absinkt, ihm aber dadurch auch keine weiteren Vorteile zukommen sollen. Er soll demnach zwar seinen Arbeitsplatz so lange behalten, bis seine Leistung signifikant hinter denen seiner Kollegen absinkt, bis dahin soll aber auch der Arbeitgeber nicht weiter finanziell, durch mögliche Umstrukturierungen und Versetzungen, belastet werden.

Folglich ist der Arbeitgeber nicht verpflichtet, einem Arbeitnehmer ab dem Erreichen der Regelaltersgrenze einen altersgerechten Arbeitsplatz – sofern ein solcher zur Verfügung stünde – anzubieten.

---

600 BAG v. 13. August 2009 – 6 AZR 330/08, NZA-RR 2010, 420.

§ 9 Verhaltensbedingte Kündigung

Wie bereits einleitend erwähnt, stellt sich die Frage, ob das Überschreiten der Regelaltersgrenze mit einer Absenkung des Kündigungsschutzes einhergeht. Verbunden damit tritt das Problem auf, ob das Alter des Mitarbeiters bzw. der damit zusammenhängende Umstand, dass dieser durch die Regelaltersrente abgesichert ist, zu seinen Ungunsten berücksichtigt werden kann[601].

I. Ratio

Die verhaltensbedingte Kündigung wird im Gesetz selbst nicht definiert. Relevant wird sie jedoch, wenn es um eine fristlose Kündigung aus wichtigem Grund nach § 626 BGB oder um eine ordentliche Kündigung nach § 1 Abs. 2 S. 1 KSchG geht. Letztere bietet dem Arbeitgeber die Möglichkeit, auf ein vertragswidriges Verhalten des Arbeitnehmers auch dort angemessen zu reagieren, wo die Schwelle des wichtigen Grundes zur außerordentlichen Kündigung noch nicht erreicht wird[602]. Damit kennzeichnet der Begriff der verhaltensbedingten Gründe ein vertragswidriges Verhalten des Arbeitnehmers[603]. Dabei kann auch ein Fehlverhalten des Arbeitnehmers gegenüber einem anderen, mit dem Arbeitgeber konzernrechtlich verbundenen Unternehmen, kündigungsrelevant sein, sofern das Arbeitsverhältnis durch das Fehlverhalten konkret und erheblich beeinträchtigt wird[604]. Der verhaltensbedingten Kündigung wird ein steuer- und zurechenbares Verhalten bzw. die Vorwerfbarkeit des vertragswidrigen Verhaltens (Verschulden) zugrunde gelegt[605].

601 So auch *Klösel/Reitz*, NZA 2014, 1366, 1370.

602 v. Hoyningen-Huene/Linck/*Krause*, KSchG, § 1 Rn. 488; Ascheid/Preis/Schmidt/*Dörner/Vossen*, KSchG, § 1 Rn. 265.

603 KR/*Griebeling/Rachor*, KSchG, § 1 Rn. 395; Fiebig/Gallner/Mestwerdt/Nägele/*Fiebig/Zimmermann*, KSchG, § 1 Rn. 207.

604 BAG v. 20. September 1984 – 2 AZR 233/83, NZA 1985, 285; Ascheid/Preis/Schmidt/*Dörner/Vossen*, KSchG, § 1 Rn. 265.

605 Ascheid/Preis/Schmidt/*Dörner/Vossen*, KSchG, § 1 Rn. 265; ErfKomm ArbR/*Oetker*, KSchG, § 1 Rn. 188; Fiebig/Gallner/Mestwerdt/Nägele/*Fiebig/Zimmermann*, KSchG, § 1 Rn. 207.

Die verhaltensbedingte Kündigung ist von einer personenbedingten Kündigung wie folgt abzugrenzen. Eine verhaltensbedingte Kündigung kommt in Betracht, wenn der Arbeitnehmer vorwerfbar gegen Pflichten aus dem Arbeitsvertrag verstoßen hat. Eine personenbedingte Kündigung liegt hingegen vor, wenn gerade keine vorwerfbare Verletzung von Haupt- und Nebenpflichten aus dem Arbeitsvertrag vorliegt[606].

Im Unterschied zur außerordentlichen Kündigung aus wichtigem Grund nach § 626 Abs. 1 BGB müssen die verhaltensbedingten Gründe des § 1 Abs. 2 S. 1 KSchG nicht so schwerwiegend sein, dass sie für den Arbeitgeber die Unzumutbarkeit der Fortsetzung des Arbeitsverhältnisses bis zum Ende der Kündigungsfrist oder bis zur vereinbarten Beendigung des Arbeitsverhältnisses begründen[607]. Der Arbeitnehmer muss durch sein Verhalten seine vertraglichen Pflichten erheblich – i.d.R. schuldhaft – in der Art verletzen, dass das Arbeitsverhältnis konkret beeinträchtigt wird, eine zumutbare Möglichkeit einer anderen, weitere Störungen zuverlässig ausschließenden Beschäftigung nicht besteht und die Lösung des Arbeitsverhältnisses in Abwägung der Interessen beider Vertragsparteien billigenswert und angemessen erscheint[608].

Sonderformen der verhaltensbedingten Kündigung sind die ordentliche Verdachts- und die ordentliche Druckkündigung[609].

---

606 BAG v. 10. Oktober 2002 – 2 AZR 472/01, NZA 2003, 483; *Preis*, DB 1990, 630, 685.

607 Ascheid/Preis/Schmidt/*Dörner/Vossen*, KSchG, § 1 Rn. 267.

608 BAG v. 28. Januar 2010 – 2 AZR 1008/08, NZA-RR 2010, 461.

609 Fiebig/Gallner/Mestwerdt/Nägele/*Fiebig/Zimmermann*, KSchG, § 1 Rn. 212; Ascheid/Preis/Schmidt/*Dörner/Vossen*, KSchG, § 1 Rn. 270. Auf diese beiden Formen der verhaltensbedingten Kündigung soll im Folgenden aus mangelnder Bearbeitungserheblichkeit nicht weiter eingegangen werden.

II. Abstrakte Eignung

Es muss zunächst ein Sachverhalt vorliegen, der abstrakt dazu geeignet ist einen Kündigungsgrund zu bilden. Dabei geht es primär um die Klärung der Frage, ob die behauptete Vertragsverletzung vorliegt[610].

Typische Beispiele der verhaltensbedingten Kündigung sind:

- Störungen im Leistungsbereich (Schlecht- oder Fehlleistungen[611])
- Verstöße gegen die betriebliche Ordnung (z. B. Rauch- und Alkoholverbot[612])
- Störungen im personellen Vertrauensbereich (z. B. Vollmachtsmissbrauch, Annahme von Schmiergeldern[613])
- Verletzungen von arbeitsvertraglichen Nebenpflichten (z. B. Verstöße gegen die Gehorsams-, Treue- und Geheimhaltungspflichten[614])[615].

III. Konkrete Eignung

Weiter muss es zu einer konkreten Störung im Leistungsbereich, im betrieblichen Bereich – das heißt einer Störung des Betriebsablaufes, der Organisation oder des Betriebsfriedens –, im Vertrauensbereich oder im Unternehmensbereich kommen[616].

Die verhaltensbedingte Kündigung setzt grundsätzlich ein Verschulden des Arbeitnehmers voraus. Dementsprechend ist ihm ein kündigungsrelevantes Verhalten regelmäßig nur dann zuzurechnen, wenn er bei der Handlung schuldfähig war[617].

---

610 MünchKomm-BGB/*Hergenröder*, KSchG, § 1 Rn. 191; Stahlhacke/Preis/Vossen/*Preis*, Kündigung und Kündigungsschutz, Rn. 1200.

611 BAG v. 17. Februar 1994 – 2 AZR 616/93, DB 1994, 1477.

612 BAG v. 27. September 2012 – 2 AZR 955/11, DB 2013, 1060.

613 BAG v. 21. Juni 2001 – 2 AZR 30/00, NZA 2002, 508.

614 BAG v. 23. Oktober 2008 – 2 ABR 59/07, NZA 2009, 855.

615 Vgl. Ascheid/Preis/Schmidt/*Dörner*/*Vossen*, KSchG, § 1 Rn. 269.

616 MünchKomm-BGB/*Hergenröder*, KSchG, § 1 Rn. 192; v. Hoyningen-Huene/Linck/*Krause*, KSchG, § 1 Rn. 490; Stahlhacke/Preis/Vossen/*Preis*, Kündigung und Kündigungsschutz, Rn. 1200.

617 BAG v. 25. Oktober 1989 – 2 AZR 633/88, NZA 1990, 561; MünchKomm-BGB/*Hergenröder*, KSchG, § 1 Rn. 193.

Die verhaltensbedingte Kündigung soll keine Sanktion für das Verhalten des Arbeitnehmers darstellen[618]. Vielmehr soll durch die Kündigung verhindert werden, dass es in Zukunft zu weiteren Beeinträchtigungen des Arbeitsverhältnisses kommt. Demzufolge ist eine negative Zukunftsprognose Voraussetzung für die Wirksamkeit einer verhaltensbedingten Kündigung. Die negative Zukunftsprognose kann sich ergeben, wenn mit weiterem Fehlverhalten in Zukunft zu rechnen ist[619]. Ob die negative Zukunftsprognose besteht, lässt sich u. a. daraus ableiten, wie häufig das Fehlverhalten in der Vergangenheit aufgetreten ist und welcher Verschuldensgrad dem Arbeitnehmer vorzuwerfen ist[620].

Einer verhaltensbedingten Kündigung ist eine Abmahnung als milderes Mittel voranzustellen. Wird das vertragswidrige Verhalten nach einer Abmahnung fortgesetzt, so kann von einer negativen Zukunftsprognose und damit von einer Erforderlichkeit der Kündigung im Sinne einer Ultima-Ratio-Lösung ausgegangen werden[621]. Der Ultima-Ratio-Grundsatz kommt in § 2 Abs. 1 Nr. 2 SGB III zum Ausdruck und gilt allgemein im Kündigungsrecht als verbindlicher Grundsatz[622]. Demnach sollen Arbeitgeber vorrangig durch betriebliche Maßnahmen die Inanspruchnahme von Leistungen der Arbeitsförderung sowie die Entlassung von Arbeitnehmern vermeiden[623].

Da Kündigungen immer nur als Ultima Ratio, also als letzte Möglichkeit, durchgeführt werden sollen, müssen sie den Anforderungen an die Verhältnismäßigkeit standhalten. Demnach darf kein milderes Mittel in Betracht kommen, um die Betriebsstörung in Zukunft zu unterbinden[624]. Generell stellt die Abmahnung ein solches milderes Mit-

---

618 v. Hoyningen-Huene/Linck/*Krause*, KSchG, § 1 Rn. 498.

619 BAG v. 21. November 1996 – 2 AZR 375/95, AP BGB § 626 Nr. 130.

620 LAG Hamm v. 30. Mai 1996 – 4 Sa 2342/95, NZA 1997, 1056.

621 Vgl. MünchKomm-BGB/*Hergenröder*, KSchG, § 1 Rn. 198; Fiebig/Gallner/Mestwerdt/Nägele/*Fiebig/Zimmermann*, KSchG, § 1 Rn. 240.

622 BAG v. 25. März 1976 – 2 AZR 127/75, DB 1976, 1066; Ascheid/Preis/Schmidt/*Kiel*, KSchG, § 1 Rn. 564.

623 Vgl. ErfKomm ArbR/*Oetker*, KSchG, § 1 Rn. 74.

624 *Junker*, Arbeitsrecht, Rn. 369; Stahlhacke/Preis/Vossen/*Preis*, Kündigung und Kündigungsschutz, Rn. 1201 f.; *Rolfs*, Arbeitsrecht, KSchG, § 1 Rn. 18 ff.

tel zur Kündigung dar[625]. Aber auch die Weiterbeschäftigung an einem anderen Arbeitsplatz durch eine Um- oder Versetzung kommt hierbei in Betracht. Dabei muss die Weiterbeschäftigung für den Arbeitgeber jedoch möglich und zumutbar sein. Neben den allgemeinen Voraussetzungen für die Weiterbeschäftigung ist insbesondere zu prüfen, ob objektive Anhaltspunkte dafür sprechen, dass mit der Um- oder Versetzung die Störung des Arbeitsverhältnisses behoben werden kann[626]. Das wird i.d.R. nur dann zu erwarten sein, wenn es sich um arbeitsplatzbezogene Störungen handelt. Betrifft das störende Verhalten des Arbeitnehmers hingegen den Vertrauensbereich, das heißt handelt es sich um arbeitnehmerbezogene Störungen des Arbeitsverhältnisses, wird eine Weiterbeschäftigung selten als geeignetes milderes Mittel in Betracht kommen[627]. Im Rahmen der Prüfung, ob dem Arbeitgeber die Weiterbeschäftigung zumutbar ist, ist maßgeblich, wie hoch das Verschulden des Arbeitnehmers war. Eine Versetzung ist bei verschuldeten, also vom Arbeitnehmer steuerbaren Vertragspflichtverletzungen für den Arbeitgeber eher unzumutbar als bei anderen Kündigungsgründen[628].

Letztlich bedarf es noch einer vollständigen Abwägung der Interessen von Arbeitnehmer und Arbeitgeber[629]. Diese hat unter Berücksichtigung des Ultima-Ratio-Prinzips zu erfolgen. Im Rahmen der Interessenabwägung ist das Interesse des Arbeitnehmers am Erhalt seines Arbeitsplatzes im konkreten Fall gegenüber dem Interesse des Arbeitgebers, das Arbeitsverhältnis zu beenden, abzuwägen[630]. Liegt eine so starke Beeinträchtigung vertraglicher oder betrieblicher Interessen des Arbeitgebers vor, dass sie die schutzwürdigen Interessen des Arbeitnehmers überwiegt, ist die Kündigung sozial gerechtfertigt[631]. Als Maßstab dient also in erster Linie die Intensität der Pflichtverletzung

625 MünchKomm-BGB/*Hergenröder*, KSchG, § 1 Rn. 198; Stahlhacke/Preis/Vossen/*Preis*, Kündigung und Kündigungsschutz, Rn. 1201.

626 Vgl. v. Hoyningen-Huene/Linck/*Krause*, KSchG, § 1 Rn. 500; *Junker*, Arbeitsrecht, Rn. 370.

627 BAG v. 31. März 1993 – 2 AZR 493/92, NJW 1994, 1891.

628 MünchKomm-BGB/*Hergenröder*, KSchG, § 1 Rn. 212.

629 KR/*Griebeling/Rachor*, KSchG, § 1 Rn. 409 ff.; *Junker*, Arbeitsrecht, Rn. 370; *Reichold*, Arbeitsrecht, § 10 Rn. 55.

630 MünchKomm-BGB/*Hergenröder*, KSchG, § 1 Rn. 214.

631 Vgl. KR/*Griebeling/Rachor*, KSchG, § 1 Rn. 410; *Preis*, DB 1990, 685, 688.

durch den Arbeitnehmer[632]. Eine an sich geeignete Pflichtverletzung ist nur unter besonderen Umständen als sozialwidrig zu bewerten[633].

IV. Übertragung auf Arbeitsverhältnisse mit Arbeitnehmern nach dem Erreichen des Renteneintrittsalters

Überträgt man das Gesagte auf Arbeitsverhältnisse mit Arbeitnehmern, welche die Regelaltersgrenze bereits erreicht haben, so stellt man fest, dass die verhaltensbedingte Kündigung von keiner großen problemspezifischen Bedeutung ist. Arbeitnehmer nach dem Erreichen des Renteneintrittsalters können durch ihr Fehlverhalten eine verhaltensbedingte Kündigung – zwar durch erleichterte Interessenabwägung, aber nach vorheriger Abmahnung – erhalten.

1. Verletzung von Nebenpflichten

Auch im Rahmen der verhaltensbedingten Kündigung kann das eine oder andere altersspezifische Problem auftreten. Dieses spielt zum einen bei Kündigungen wegen Krankheit eine Rolle. Ist der Arbeitnehmer wegen Krankheit arbeitsunfähig, so kommt allein wegen der durch Krankheit bedingten Fehlzeiten zunächst nur eine personenbedingte Kündigung in Betracht[634]. Der Arbeitnehmer hat aber bei krankheitsbedingter Arbeitsunfähigkeit verschiedenen Nebenpflichten nachzukommen, bei deren Nichterfüllung der Arbeitgeber zu einer verhaltensbedingten ordentlichen, unter Umständen auch außerordentlichen Kündigung berechtigt sein kann[635].

Als Nebenpflichten gelten hier insbesondere Anzeige- und Nachweispflichten sowie die Pflicht zu gesundheits- und heilungsförderndem Verhalten[636]. Nach § 5 Abs. 1 S. 1 EFZG ist der Arbeitnehmer im

632 MünchKomm-BGB/*Hergenröder*, KSchG, § 1 Rn. 214.

633 LAG Köln v. 25. Januar 1995 – 7 Sa 1044/94, BB 1995, 1194.

634 *Löwisch/Caspers/Klumpp*, Arbeitsrecht, Rn. 714; *Junker*, Arbeitsrecht, Rn. 368; *Hromadka/Maschmann*, Arbeitsrecht Band 1, § 10 Rn. 172.

635 MünchKomm-BGB/*Hergenröder*, KSchG, § 1 Rn. 253; v. Hoyningen-Huene/Linck/*Krause*, KSchG, § 1 Rn. 569; KR/*Griebeling/Rachor*, KSchG, § 1 Rn. 494.

636 BAG v. 26. August 1993 – 2 AZR 154/93, NZA 1994, 63.

Falle einer Krankheit verpflichtet, dem Arbeitgeber seine Arbeitsunfähigkeit und deren voraussichtliche Dauer unverzüglich anzuzeigen. Die Anzeigepflicht besteht auch dann, wenn die Krankheit länger dauert als ursprünglich angenommen oder ärztlich bescheinigt wurde oder wenn sie über den Ablauf des sechswöchigen Entgeltfortzahlungszeitraum hinaus andauert[637]. Weiter hat der Arbeitnehmer nach § 5 Abs. 1 S. 2 EFZG die Pflicht, eine ärztliche Bescheinigung über die Arbeitsunfähigkeit vorzulegen und diese somit nachzuweisen.

2. Schlecht- oder Langsamarbeit

Zum anderen kommt bei Arbeitnehmern nach dem Erreichen des Renteneintrittsalters die verhaltensbedingte Kündigung wegen Schlecht- oder Langsamarbeit in Betracht[638]. Wird die Schlecht- oder Langsamarbeit vorsätzlich und mit Schädigungsabsicht ausgeführt, so berechtigt dies unter Umständen sogar zu einer außerordentlichen Kündigung[639]. Der Arbeitgeber muss generell beweisen, dass eine vorsätzliche Pflichtverletzung vorliegt, auf die er seine Prognoseentscheidung stützt. In der Regel wird zudem eine Abmahnung erforderlich sein[640]. Auf Fahrlässigkeit beruhende, vereinzelte Fehlleistungen berechtigen weder zur ordentlichen noch zur außerordentlichen Kündigung[641]. Solange Schlechtleistungen nicht den Grad einer beharrlichen Arbeitsverweigerung angenommen haben, können sie grundsätzlich nicht als wichtiger Grund i.S.d. § 626 BGB angesehen werden[642]. Hiervon streng abzugrenzen ist der ungewollte dauernde Leistungsabfall (vgl. hierzu genauer *§ 8 III. und IV. (Störungen im Austausch- und Äquivalenzverhältnis und Low Performer)*), der nur in absoluten Ausnahmefällen die außerordentliche Kündigung rechtfertigen kann[643].

---

637 v. Hoyningen-Huene/Linck/*Krause*, KSchG, § 1 Rn. 597; MünchKomm-BGB/*Hergenröder*, KSchG, § 1 Rn. 254; KR/*Griebeling/Rachor*, KSchG, § 1 Rn. 494.

638 Dornbusch/Fischermeier/Löwisch/*Kaiser*, KSchG, § 1 Rn. 50; v. Hoyningen-Huene/Linck/*Krause*, KSchG, § 1 Rn. 683.

639 BAG v. 20. März 1969 – 2 AZR 283/68, BB 1969, 796; Stahlhacke/Preis/Vossen/*Preis*, Kündigung und Kündigungsschutz, Rn. 596.

640 Vgl. MünchKomm-BGB/*Hergenröder*, KSchG, § 1 Rn. 273.

641 LAG Hessen v. 5. Juni 2012 – 12 Sa 652/11, BeckRS 2012, 75673.

642 LAG Schleswig-Holstein v. 27. Juni 2013 – 5 Sa 31/13, BeckRS 2013, 71567.

643 BeckOK ArbR/*Stoffels*, BGB, § 626 Rn. 90.

Fraglich erscheint, ob auch einem Arbeitnehmer nach dem Erreichen des Renteneintrittsalters gegenüber zunächst eine Abmahnung auszusprechen ist. Grundsätzlich ist eine Abmahnung entbehrlich, wenn sie kein geeignetes Mittel oder zur Begründung einer negativen Zukunftsprognose für die weitere Vertragsbeziehung nicht erforderlich ist[644]. Entbehrlich ist die Abmahnung außerdem, wenn aufgrund objektiver Umstände die an sich mögliche Verhaltensänderung in der Zukunft nicht zu erwarten ist[645]. Jedoch dient die Abmahnung gerade der Dokumentation und hat zudem eine Ankündigungs- und Warnfunktion[646]. Diese Funktionen behält die Abmahnung auch, wenn der Arbeitnehmer das Renteneintrittsalter erreicht hat. Ihm nach dem Erreichen des Renteneintrittsalters den Anspruch auf eine Abmahnung als milderes Mittel zur Kündigung abzusprechen, widerspricht zum einem dem Sinn und Zweck des Ultima-Ratio-Grundsatzes und zum anderen stellt dies eine nicht zu rechtfertigende Ungleichbehandlung dar. Letzteres ist der Fall, da es sich bei der verhaltensbedingten Kündigung gerade um eine steuerbare Pflichtverletzung handelt, die der Arbeitnehmer beeinflussen kann. Auch nach dem Erreichen des Renteneintrittsalters ist eine Änderung des Verhaltens durch den Arbeitnehmer weiterhin möglich. Daher ist auch diesem Arbeitnehmer zunächst eine Abmahnung auszusprechen.

Im Rahmen der Interessenabwägung könnte ab dem Erreichen des Renteneintrittsalters an eine vorrangige Schutzbedürftigkeit des Arbeitgebers gedacht werden, so wie dies bei krankheitsbedingten Kündigungen von Arbeitnehmern nach dem Erreichen des Renteneintrittsalters der Fall ist. Übertragen auf die verhaltensbedingte Kündigung könnte somit das wirtschaftliche Interesse des Arbeitgebers ab diesem Alter schutzwürdiger als das Bestandsschutzinteresse des Arbeitnehmers sein.

Fraglich ist, ob man an dieser Stelle einen erst Recht Schluss zur personenbedingten Kündigung ziehen kann, denn wenn einem Arbeitnehmer bei verhaltensunabhängigem Verhalten (Krankheit) gekündigt werden kann, könnte dies erst Recht bei steuerbarem Verhalten gelten. Problematisch hieran ist jedoch, ob die Grundsätze zur krankheitsbe-

644 BeckOK ArbR/*Rolfs*, KSchG, § 1 Rn. 255.

645 BAG v. 12. Januar 2006 – 2 AZR 179/05, NZA 2006, 980.

646 MünchKomm-BGB/*Hergenröder*, KSchG, § 1 Rn. 199.

dingten Kündigung auf die verhaltensbedingte Kündigung zu übertragen sind. Bei der krankheitsbedingten Kündigung wird dem unternehmerischen Interesse des Arbeitgebers aufgrund der finanziellen Mehrbelastung trotz Absicherung des Arbeitnehmers über die Rentenkasse Vorrang gegeben. Zwar besteht diesbezüglich die gleiche Situation auch bei der verhaltensbedingten Kündigung, jedoch kann dies nicht bei jedem Fehlverhalten des Arbeitnehmers angenommen werden. Auch bei der krankheitsbedingten Kündigung kann dem Arbeitnehmer nicht ab dem ersten Tag einer Krankheit aus den angeführten Gründen gekündigt werden. Jedoch ist durchaus an eine Verschiebung im Rahmen der Interessenabwägung zugunsten des Arbeitgebers zu denken und die Anforderungen für eine Kündigung sind herabzusetzen.

Dabei ist zu beachten, dass die Anforderungen bei einer verhaltensbedingten Kündigung an eine Interessenabwägung weniger streng sind, da es der Arbeitnehmer selbst in der Hand hat, sich vertragsgerecht zu verhalten[647]. Dabei kommt es insbesondere auf den Grad des Verschuldens, die Bedeutung der verletzten Vertragspflicht und die Dauer der störungsfreien Vertragsbeziehung an[648]. Telos dieses Kündigungsgrundes ist jedoch gerade nicht eine Sanktion, sondern die Verhinderung zukünftigen Fehlverhaltens. Nichtsdestotrotz erscheint es sachgerecht, auch hier einen strengeren Maßstab zugunsten des Arbeitgebers anzulegen. Zu beachten ist, dass dies nicht für jedes Verhalten gelten kann und sich hier vornehmlich auf Schlecht- oder Langsamarbeit bezieht, da diese einen finanziellen Nachteil für den Arbeitgeber auslöst.

Demzufolge hängt es nicht von dem Erreichen des Renteneintrittsalters ab, ob dem Arbeitnehmer eine verhaltensbedingte Kündigung auszusprechen ist, sondern vielmehr von dessen Verhalten, welches unabhängig vom Alter bewertet werden muss. Zwar ist davon auszugehen, dass ältere Arbeitnehmer in regelmäßigeren Abständen erkranken, jedoch tragen alle Arbeitnehmer auch die oben genannten Nebenpflichten. Somit besteht auch für alle Arbeitnehmer in gleicher Weise die Möglichkeit, diese Pflichten, insbesondere die Anzeige-, Beibrin-

---

647 v. Hoyningen-Huene/Linck/*Krause*, KSchG, § 1 Rn. 501; *Junker*, Arbeitsrecht, Rn. 370; *Löwisch/Caspers/Klumpp*, Arbeitsrecht, Rn. 708.

648 Vgl. Moll/*Ulrich*, ArbR, § 43 Ordentliche Kündigung, Rn. 323.

gungs- und Schonpflichten zu verletzen. Eine möglichlicherweise auf dem Alter beruhende Schlecht- oder Langsamarbeit wirkt sich auf die verhaltensbedingte Kündigung nur insoweit aus als dass sich die Interessenabwägung zugunsten des Arbeitgebers verschieben kann. Natürlich hängt auch dies noch vom Grad und der Intensität der Schlecht- oder Langsamarbeit ab, da der Arbeitnehmer, wie bei der personenbedingten Kündigung bereits gezeigt, ein gewisses Absenken des Leistungsfähigkeit hinzunehmen hat. Spezielle Nachteile allein durch ihr Alter erleiden Arbeitnehmer bei diesem Kündigungstypen nicht.

§ 10 Betriebsbedingte Kündigung

Der neben der personen- und verhaltensbedingten Kündigung in § 1 Abs. 2 KSchG normierte Kündigungsgrund der Betriebsbedingtheit rechtfertigt eine Kündigung, wenn diese durch dringende betriebliche Erfordernisse bedingt ist, die einer Weiterbeschäftigung des Arbeitnehmers in dem konkreten Betrieb entgegenstehen. Bei diesem Kündigungsgrund handelt es sich, im Gegensatz zu den beiden anderen, um einen Grund, der aus der Sphäre des Arbeitgebers stammt[649].

I. Ratio

Die Wirksamkeitsvoraussetzungen der betriebsbedingten Kündigung schaffen einen gerechten Ausgleich zwischen der unternehmerischen Freiheit des Arbeitgebers und dem Bestandsschutzinteresse des Arbeitnehmers. Einer betriebsbedingten Kündigung geht regelmäßig eine unternehmerische Entscheidung voraus, die einen Arbeitskräfteüberschuss bewirkt. Dies löst den Wegfall eines oder mehrerer Arbeitsplätze aus[650].

Der Arbeitnehmer verliert vor diesem Hintergrund entschädigungslos seinen Arbeitsplatz, ohne dass er – wie dies bei einer perso-

---

649 Stahlhacke/Preis/Vossen/*Preis*, Kündigung und Kündigungsschutz, Rn. 902; *Junker*, Arbeitsrecht, Rn. 371.

650 Schaub/*Linck*, ArbR-Hb., § 134 Rn. 1; KR/*Griebeling/Rachor*, KSchG, § 1 Rn. 514.

nen- oder verhaltensbedingten Kündigung der Fall ist – zur Kündigung Anlass gegeben hat. Das Kündigungsschutzgesetz bietet demnach nur einen relativen Bestandsschutz des Arbeitsplatzes[651]. Dem Arbeitnehmer steht ein absolutes Recht auf einen Arbeitsplatz i.S.d. § 823 Abs. 1 BGB nicht zu[652]. Eine Abfindung wird dabei nicht generell gewährt, sondern ist nur unter den Voraussetzungen der §§ 1 a sowie 9 und 10 KSchG vorgesehen. Somit trägt der Arbeitnehmer die Folgen einer betriebsbedingten Kündigung, im Gegensatz zur Betriebsänderung nach §§ 111 ff. BetrVG, für die durch den Sozialplan zumindest ein Ausgleich vorgesehen ist, weitgehend allein[653].

II. Wirksamkeitsvoraussetzungen

Für eine wirksame betriebsbedingte Kündigung müssen zunächst dringende betriebliche Erfordernisse vorliegen, die dann den Wegfall des konkreten Arbeitsplatzes begründen. Zudem darf es keine andere Weiterbeschäftigungsmöglichkeit im Betrieb geben und die Auswahl des oder der zu kündigenden Arbeitnehmer muss sozial gerecht sein[654].

1. Dringende betriebliche Erfordernisse

Betriebliche Erfordernisse basieren grundsätzlich auf einer unternehmerischen Entscheidung[655]. Dieser können dabei sowohl innerbetriebliche Umstände, wie etwa die Stilllegung eines Betriebsteils oder technische Rationalisierungsmaßnahmen, als auch außerbetriebliche Umstände, wie zum Beispiel ein Auftragsrückgang, zugrunde liegen[656].

Die unternehmerische Entscheidung ist dabei nicht die Kündigung als solche, sondern das unternehmerische Konzept zur Anpassung des

651 MünchKomm-BGB/*Hergenröder*, KSchG, § 1 Rn. 285.

652 BAG v. 30. September 1970 – 1 AZR 535/69, DB 1971, 101; KR/*Griebeling/Rachor*, KSchG, § 1 Rn. 514.

653 MünchKomm-BGB/*Hergenröder*, KSchG, § 1 Rn. 285.

654 Dornbusch/Fischermeier/Löwisch/*Kaiser*, KSchG, § 1 Rn. 113; *Junker*, Arbeitsrecht, Rn. 371 ff.; *Rolfs*, Arbeitsrecht, KSchG, § 1 Rn. 62 ff.

655 *Roth*, ZIP 2009, 1845.

656 Ascheid/Preis/Schmidt/*Kiel*, KSchG, § 1 Rn. 473 ff.; Küttner/*Eisemann*, Personalhandbuch, Kündigung, betriebsbedingte, Rn. 2.

Personalbedarfs an die vorhandene Arbeit, aus welchem die Kündigungsentscheidung resultiert[657].

Die unternehmerische Entscheidung wird jeweils in dem entscheidungsbefugten Organ getroffen. Um welches Organ es sich im konkreten Fall handelt, ist sowohl abhängig von der Rechtsform des Unternehmens als auch von der beabsichtigten Maßnahme. Bei Kapitalgesellschaften wie zum Beispiel der GmbH oder der AG handeln grundsätzlich Geschäftsführer oder Vorstand. Deren Befugnis zur Geschäftsführung richtet sich nach dem jeweiligen Gesellschaftsvertrag sowie dem Dienstvertrag, welche grundsätzlich die Vornahme aller Maßnahmen im Rahmen des gewöhnlichen Geschäftsbetriebes des Unternehmens umfassen[658].

Die unternehmerische Entscheidung ist vom Arbeitsgericht nicht auf ihre Notwendigkeit und Zweckmäßigkeit hin zu überprüfen[659]. Es findet lediglich eine Kontrolle statt, die überprüft, ob die Entscheidung „offenbar unsachlich, unvernünftig oder willkürlich" ist (sog. Missbrauchskontrolle)[660]. Als offenbar unsachlich werden Unternehmensentscheidungen beurteilt, die unmittelbar oder mittelbar gegen Gesetze oder Tarifverträge verstoßen, deren Umgehung dienen oder sich nur unter Verstoß gegen ebendiese oder gegen arbeitsvertragliche Vorgaben realisieren lassen[661]. Eine unternehmerische Entscheidung ist dann offenbar unvernünftig, wenn sie für den Betrieb oder das Unternehmen keinen erkennbaren wirtschaftlichen oder unternehmensstrategischen Sinn aufweist, so zum Beispiel, wenn Arbeiten ohne ersichtlichen Vorteil – etwa aus politischen oder privaten Gründen – an ein anderes Unternehmen vergeben werden[662]. Letztlich liegt eine offenbar willkürliche Unternehmensentscheidung vor, wenn ihr keine anerkennenswerten sachlichen Erwägungen zugrunde liegen. Trifft ein Arbeitgeber eine unternehmerische Entscheidung lediglich, um die Grün-

657 BAG v. 17. Juni 1999 – 2 AZR 522/98, NJW 2000, 378; Ascheid/Preis/Schmidt/*Kiel*, KSchG, § 1 Rn. 462; *Roth*, ZIP 2009, 1845.

658 Moll/*Ulrich*, ArbR, § 43 Ordentliche Kündigung, Rn. 125.

659 Moll/*Ulrich*, ArbR, § 43 Ordentliche Kündigung, Rn. 130; Dornbusch/Fischermeier/Löwisch/*Kaiser*, KSchG, § 1 Rn. 113; *Roth*, ZIP 2009, 1845.

660 Willkürverbot des BAG v. 30. April 1987 – 2 AZR 184/86, NJW 1987, 3216; Ascheid/Preis/Schmidt/*Kiel*, KSchG, § 1 Rn. 455.

661 Ascheid/Preis/Schmidt/*Kiel*, KSchG, § 1 Rn. 458.

662 Vgl. Ascheid/Preis/Schmidt/*Kiel*, KSchG, § 1 Rn. 460.

dung eines Betriebsrats zu verhindern oder um sich aus Kostengründen von langjährig bei ihm beschäftigten Arbeitnehmern zu trennen, so ist diese Entscheidung offensichtlich willkürlich[663]. Berücksichtigt werden muss in diesem Zusammenhang jedoch auch, dass es die grundrechtlich geschützte Freiheit eines Unternehmers ist, seinen Betrieb zu schließen (Art. 12 GG; vgl. hierzu ausführlich *§ 10 IV. 2. b) (Berufsfreiheit)*).

Bei europarechtskonformer Auslegung des Kündigungsschutzgesetzes vor dem Hintergrund des gebotenen Diskriminierungsschutzes ist nunmehr auch zu prüfen, ob eine Benachteiligung aufgrund eines verpönten Differenzierungsmerkmals vorliegen kann[664]. Dies ist dann denkbar, wenn ein Betrieb stillgelegt werden soll, in dem überwiegend ältere, weibliche, farbige, behinderte oder muslimische Arbeitnehmer beschäftigt sind[665]. Hier findet zudem ein Wechsel in der Darlegungslast statt, wenn der Arbeitnehmer Tatsachen, die eine Diskriminierung vermuten lassen, glaubhaft macht[666].

Dementsprechend hat der Gerichtshof zumindest das Vorliegen einer Unternehmerentscheidung voll nachzuprüfen[667]. Eine rechtmäßige unternehmerische Entscheidung liegt nur vor, wenn sie ernst gemeint und die organisatorische Umsetzung im Betrieb tatsächlich beabsichtigt ist[668].

Das Erfordernis der betriebsbedingten Kündigung muss ein dringendes sein[669]. Das bedeutet nicht, dass die Unternehmensentscheidung, welche die Kündigung bedingt, selbst dringend sein muss[670]. Der Betrieb braucht keine defizitären Ergebnisse aufzuweisen, sodass auch eine betriebsbedingte Kündigung zur Gewinnsteigerung sozial

663 ArbG Berlin v. 17. Februar 2000 – 4 Ca 32471/99, BeckRS 2000, 30899133; Ascheid/Preis/Schmidt/*Kiel*, KSchG, § 1 Rn. 461.

664 Vgl. *Hamacher/Ulrich*, NZA 2007, 657, 661.

665 *Hamacher/Ulrich*, NZA 2007, 657, 661.

666 *Hamacher/Ulrich*, NZA 2007, 657, 661.

667 Stahlhacke/Preis/Vossen/*Preis*, Kündigung und Kündigungsschutz, Rn. 917 f.

668 MünchKomm-BGB/*Hergenröder*, KSchG, § 1 Rn. 287.

669 Küttner/*Eisemann*, Personalhandbuch, Kündigung, betriebsbedingte, Rn. 11; Stahlhacke/Preis/Vossen/*Preis*, Kündigung und Kündigungsschutz, Rn. 924.

670 Schaub/*Linck*, ArbR-Hb., § 134 Rn. 13; KR/*Griebeling/Rachor*, KSchG, § 1 Rn. 528.

gerechtfertigt sein kann[671]. Die Kündigung muss, ohne dass das unternehmerische Konzept durch andere Maßnahmen auf technischem, wirtschaftlichem, organisatorischem oder personellem Gebiet verwirklicht werden könnte, unvermeidbar sein[672].Das Merkmal der Dringlichkeit impliziert damit den Grundsatz der Verhältnismäßigkeit in den Wortlaut des Gesetzes[673].

Demzufolge liegt ein dringendes Erfordernis nicht vor, wenn in einer Abteilung beständig Überstunden geleistet oder betriebsfremde Leiharbeitnehmer eingesetzt werden, um die anfallenden Aufträge erledigen zu können[674].

2. Wegfall eines konkreten Arbeitsplatzes

Die inner- oder außerbetrieblichen Umstände müssen dazu führen, dass ein Arbeitsplatz tatsächlich weggefallen ist. Dies ist dann der Fall, wenn mehr besetzte Arbeitsplätze vorhanden sind als der Arbeitgeber für die anfallende Arbeit benötigt. Es muss also nicht der konkrete Arbeitsplatz des betroffenen Arbeitnehmers weggefallen sein[675].

Der Wegfall darf nicht nur vorübergehend, sondern muss dauerhaft sein[676].

Dabei bezieht sich der Wegfall des konkreten Arbeitsplatzes auf den jeweiligen Betrieb. Der in § 1 KSchG verwandte Betriebsbegriff ist im Kündigungsschutzgesetz nicht näher definiert[677]. Es kann nicht auf den Betriebsbegriff des Betriebsverfassungsgesetzes und insbesondere nicht auf die Regelung in § 3 BetrVG zurückgegriffen werden. Der Gesetzgeber hat mit § 3 Abs. 5 S. 1 BetrVG die nach § 3 Abs. 1 Nr. 1 bis 3 BetrVG gebildeten betriebsverfassungsrechtlichen Organisationseinheiten ausdrücklich als Betriebe im Sinne des Betriebsverfassungsgesetzes bezeichnet und die Fiktionswirkung dieser Regelung damit auf

---

671 *Preis*, NZA 1995, 241, 248 f.

672 Vgl. MünchKomm-BGB/*Hergenröder*, KSchG, § 1 Rn. 296.

673 Vgl. KR/*Griebeling/Rachor*, KSchG, § 1 Rn. 528.

674 *Hillebrecht*, ZIP 1985, 257, 260.

675 BAG v. 24. Juni 2004 – 2 AZR 326/03, NZA 2004, 1268.

676 Ascheid/Preis/Schmidt/*Kiel*, KSchG, § 1 Rn. 467; MünchKomm-BGB/*Hergenröder*, KSchG, § 1 Rn. 290.

677 Küttner/*Eisemann*, Personalhandbuch, Kündigung, betriebsbedingte, Rn. 1; KR/*Griebeling/Rachor*, KSchG, § 1 Rn. 537.

dieses Gesetz begrenzt. Im Kündigungsschutzgesetz gilt vielmehr ein allgemeiner Betriebsbegriff[678]. Unter einem Betrieb im kündigungsschutzrechtlichen Sinn ist demnach die organisatorische Einheit zu verstehen, innerhalb derer ein Arbeitgeber, allein oder gemeinsam mit seinen Arbeitnehmern, mithilfe von sächlichen und immateriellen Mitteln bestimmte arbeitstechnische Zwecke fortgesetzt verfolgt, die sich nicht in der Befriedigung von Eigenbedarf erschöpfen[679]. Das setzt einen einheitlichen organisatorischen Einsatz der Sachmittel und Personalressourcen voraus. Die Leitungsmacht, die einen Betrieb im kündigungsschutzrechtlichen Sinn begründet, wird dadurch bestimmt, dass der Kern der Arbeitgeberfunktionen in personellen und sozialen Angelegenheiten von derselben institutionalisierten Leitung im Wesentlichen selbstständig ausgeübt wird. Entscheidend ist, wo im Schwerpunkt über Arbeitsbedingungen und Organisationsfragen entschieden wird und in welcher Weise Einstellungen, Entlassungen und Versetzungen vorgenommen werden[680].

Vom Betrieb als Ganzem sind Betriebsteile zu unterscheiden, die gegenüber dem Hauptbetrieb organisatorisch selbstständig sind und eine Teilfunktion von dessen arbeitstechnischem Zweck wahrnehmen[681].

3. Keine andere Weiterbeschäftigungsmöglichkeit

Wie auch schon bei den vorangegangenen Kündigungsgründen darf auch hier die Kündigung nur als Ultima Ratio erfolgen. Sind mildere Mittel ersichtlich, so sind diese vorrangig anzuwenden. Als milderes Mittel im Rahmen der Verhältnismäßigkeit kommt hier eine Weiterbeschäftigungsmöglichkeit in Betracht[682].

Die betriebsbedingte Kündigung ist nach § 1 Abs. 2 S. 2 Nr. 1 b) KSchG sozial ungerechtfertigt, wenn der betroffene Arbeitnehmer auf einem anderen, freien Arbeitsplatz in demselben Betrieb (zu denselben

---

678 BAG v. 31. Mai 2007 – 2 AZR 276/06, NZA 2008, 33.
679 BAG v. 28. Oktober 2010 – 2 AZR 392/08, BB 2011, 1339.
680 BAG v. 18. Oktober 2012 – 6 AZR 86/11, BAGE 143, 217.
681 BAG v. 28. Oktober 2010 – 2 AZR 392/08, BB 2011, 1339.
682 Ascheid/Preis/Schmidt/*Kiel*, KSchG, § 1 Rn. 542 f.; KR/*Griebeling/Rachor*, KSchG, § 1 Rn. 545.

Bedingungen) oder in einem anderen Betrieb des Unternehmens weiterbeschäftigt werden könnte.

Hierbei ist zu berücksichtigen, dass die Weiterbeschäftigungsmöglichkeit eine Ausnahme von der Betriebsbezogenheit des Kündigungsschutzes bildet[683]. Ob auch die Weiterbeschäftigung nach zumutbaren Umschulungs- oder Fortbildungsmaßnahmen bzw. zu geänderten Arbeitsbedingungen nach § 1 Abs. 2 S. 3 KSchG unternehmens- oder nur betriebsbezogen zu bewerten ist, lässt sich zwar nicht aus dem Gesetzeswortlaut entnehmen. Die Weiterbeschäftigungsmöglichkeit ist aber insgesamt auf das Unternehmen bezogen und nicht nur auf den Betrieb. Die Regelungen des § 1 Abs. 2 S. 2 und S. 3 KSchG entsprechen denen des § 102 Abs. 3 Nr. 3 bis 5 BetrVG[684].

Ein Konzernbezug[685] kann bei der Frage der Weiterbeschäftigungsmöglichkeit grundsätzlich nicht bejaht werden[686]. Nach der Rechtsprechung des Bundesarbeitsgerichts ist nur in Ausnahmefällen auch eine konzernweite Betrachtung möglich. Voraussetzung hierfür ist es, dass sich ein anderes Konzernunternehmen ausdrücklich zur Übernahme des Arbeitnehmers bereit erklärt hat oder sich seine Übernahmeverpflichtung unmittelbar aus dem Arbeitsvertrag oder anderen vertraglichen Absprachen ergibt[687]. Weitere Voraussetzung einer derartigen unternehmensübergreifenden Weiterbeschäftigungspflicht ist ein bestimmender Einfluss des Beschäftigungsbetriebes bzw. des vertragsschließenden Unternehmens auf die "Versetzung". Die Versetzungsentscheidung darf grundsätzlich nicht dem zur Übernahme bereiten Unternehmen vorbehalten sein[688].

---

683 Stahlhacke/Preis/Vossen/*Preis*, Kündigung und Kündigungsschutz, Rn. 988; MünchKomm-BGB/*Hergenröder*, KSchG, § 1 Rn. 291.

684 Vgl. MünchKomm-BGB/*Hergenröder*, KSchG, § 1 Rn. 304.

685 Nach § 18 Abs. 1 AktG bilden ein herrschendes und ein oder mehrere abhängige Unternehmen unter der einheitlichen Leitung des herrschenden Unternehmens einen Konzern; die einzelnen Unternehmen sind dabei Konzernunternehmen. Nach § 18 Abs. 2 AktG sind rechtlich selbstständige Unternehmen, ohne dass das eine Unternehmen von dem anderen abhängig ist, unter einheitlicher Leitung ebenfalls ein Konzern; die einzelnen Unternehmen sind auch hier die Konzernunternehmen.

686 BAG v. 23. November 2004 – 2 AZR 24/04, NZA 2005, 929; Stahlhacke/Preis/Vossen/*Preis*, Kündigung und Kündigungsschutz, Rn. 998.

687 MünchKomm-BGB/*Hergenröder*, KSchG, § 1 Rn. 304.

688 BAG v. 23. November 2004 – 2 AZR 24/04, NZA 2005, 929.

Die Weiterbeschäftigungsmöglichkeit bezieht sich grundsätzlich nicht auf freie Arbeitsplätze in einem im Ausland gelegenen Betrieb des Arbeitgebers[689].

Der Arbeitgeber hat dem Arbeitnehmer von sich aus die Weiterbeschäftigung anzubieten. Das Erkennen der Weiterbeschäftigungsmöglichkeit kann sich in der Praxis besonders dann als problematisch erweisen, wenn die Beschäftigungsmöglichkeit nicht auf einem anderen, sondern auf dem bisher innegehabten Arbeitsplatz – wenn auch mit Modifikationen – besteht[690]. Dabei muss die Weiterbeschäftigung sowohl dem Arbeitnehmer als auch dem Arbeitgeber objektiv möglich und zumutbar sein[691]. Dies ist aus Sicht des Arbeitgebers dann gegeben, wenn der Arbeitnehmer die fachlichen und persönlichen Anforderungen des anderen Arbeitsplatzes, gegebenenfalls nach Umschulung oder Fortbildung, erfüllt[692]. Als Indiz gilt die bereits vorherige Zuweisung entsprechender Aufgaben durch den Arbeitgeber[693]. Unter den Begriffen Umschulung und Fortbildung ist jede Bildungsmaßnahme in einem weiten Sinne zu verstehen, die geeignet ist, dem Arbeitnehmer zu einer bestimmten Qualifikation für eine im Unternehmen vorhandene Beschäftigungsmöglichkeit zu verhelfen[694].

Voraussetzung für eine entsprechende Weiterbeschäftigung ist das Vorliegen eines freien Arbeitsplatzes, der von dem betroffenen Arbeitnehmer eingenommen werden kann[695]. Frei sind Arbeitsplätze, die im Zeitpunkt der Kündigung unbesetzt sind oder bis zum Ablauf der Kündigungsfrist[696], zum Beispiel aufgrund Ausscheidens eines älteren Mitarbeiters, unbesetzt sein werden[697]. In Betracht kommen aber auch Arbeitsplätze, die in absehbarer Zeit frei werden, solange die Überbrü-

689 BAG v. 29 August 2013 – 2 AZR 809/12, NZA 2014, 730; Stahlhacke/Preis/Vossen/*Preis*, Kündigung und Kündigungsschutz, Rn. 1002 a f.

690 *Gaul/Kühnreich*, BB 2003, 254, 257.

691 MünchKomm-BGB/*Hergenröder*, KSchG, § 1 Rn. 303.

692 BAG v. 7. Februar 1991 – 2 AZR 205/90, BAGE 67, 198; Stahlhacke/Preis/Vossen/*Preis*, Kündigung und Kündigungsschutz, Rn. 1001 f.

693 MünchKomm-BGB/*Hergenröder*, KSchG, § 1 Rn. 306.

694 Stahlhacke/Preis/Vossen/*Preis*, Kündigung und Kündigungsschutz, Rn. 1002; Ascheid/Preis/Schmidt/*Kiel*, KSchG, § 1 Rn. 566.

695 Küttner/*Eisemann*, Personalhandbuch, Kündigung, betriebsbedingte, Rn. 13.

696 Ascheid/Preis/Schmidt/*Kiel*, KSchG, § 1 Rn. 558; Schaub/*Linck*, ArbR-Hb., § 134 Rn. 22.

697 BAG v. 15. Dezember 1994 – 2 AZR 327/94, NZA 1995, 521.

ckung des Zeitraums für den Arbeitgeber zumutbar ist; das ist jedenfalls bis zum Ablauf der Kündigungsfrist, aber auch bei einem Zeitraum, den ein anderer Stellenbewerber zur Einarbeitung benötigen würde, der Fall[698]. Ein Arbeitsplatz ist nicht frei, solange er mit einem arbeitsunfähigen Arbeitnehmer besetzt ist. Das gilt wegen der fortbestehenden vertraglichen Bindung auch dann, wenn es wahrscheinlich ist oder feststeht, dass der erkrankte Arbeitnehmer nicht an seinen Arbeitsplatz zurückkehren wird[699].

Es besteht kein Anspruch des Arbeitnehmers auf Einrichtung eines neuen Arbeitsplatzes[700]. Eine Freikündigung eines belegten Arbeitsplatzes durch den Arbeitgeber ist nicht notwendig. Der Arbeitnehmer kann dies vom Arbeitgeber nicht verlangen[701].

Die Weiterbeschäftigung muss unter unveränderten Bedingungen möglich sein. Die neue Beschäftigung muss sich für den Arbeitnehmer demnach fachlich und persönlich eignen. In Betracht kommen Arbeitsplätze, die der Arbeitgeber dem betroffenen Arbeitnehmer aufgrund seines Weisungsrechts ohne Änderung des Arbeitsvertrages zuweisen kann. Das Weisungsrecht und damit die Vergleichbarkeit der Arbeitsplätze hängen folglich von der Ausgestaltung des Arbeitsvertrages ab[702].

Kann das Arbeitsverhältnis jedoch nicht zu unveränderten Bedingungen fortgeführt werden, so kommt als milderes Mittel vor einer Beendigungskündigung eine Änderungskündigung in Betracht[703] (vgl. unter *§ 11*). Für eine Weiterbeschäftigung auf einem anderen (geringerwertigen) Arbeitsplatz kommen alle Vertragsänderungen in Betracht, die das konkrete betriebliche Bedürfnis befriedigen, also zum Beispiel auch eine Teilzeitbeschäftigung, die Kürzung übertariflicher Leistungen oder des Arbeitsentgelts[704]. Das Bundesarbeitsgericht geht

698 BAG v. 15. Dezember 1994 – 2 AZR 327/94, NZA 1995, 521.
699 BAG v. 2. Februar 2006 – 2 AZR 38/05, NZA 2007, 352; Schaub/*Linck*, ArbR-Hb., § 134 Rn. 22 b.
700 MünchKomm-BGB/*Hergenröder*, KSchG, § 1 Rn. 305; Küttner/*Eisemann*, Personalhandbuch, Kündigung, betriebsbedingte, Rn. 13.
701 Schaub/*Linck*, ArbR-Hb., § 134 Rn. 22; *Tschöpe*, BB 2006, 213, 217.
702 BAG v. 15. Dezember 1994 – 2 AZR 327/94, NZA 1995, 521.
703 BAG v. 21. April 2005 – 2 AZR 132/04, NZA 2005, 1289; Küttner/*Eisemann*, Personalhandbuch, Kündigung, betriebsbedingte, Rn. 18.
704 Ascheid/Preis/Schmidt/*Kiel*, KSchG, § 1 Rn. 564.

nach geänderter Rechtsprechung[705] davon aus, dass ein klärendes Gespräch vor Ausspruch der Kündigung nicht stattfinden muss. Aus dem Vertragsinhaltsschutz folgt, dass der Arbeitgeber selbst dann eine Änderungskündigung aussprechen muss, wenn der Arbeitnehmer eine Weiterbeschäftigungsmöglichkeit im Vorfeld bereits abgelehnt hat. Denn die fehlende Bereitschaft zu einer einverständlichen Abänderung schließt nicht aus, dass der Arbeitnehmer bereit ist, zu geänderten Bedingungen weiterzuarbeiten, wenn die Berechtigung der Änderung in einem Änderungsschutzverfahren gerichtlich festgestellt wird[706]. Spätestens mit der Kündigungserklärung ist das Änderungsangebot abzugeben. Der Arbeitnehmer kann dann innerhalb der Dreiwochenfrist des § 4 KSchG darüber entscheiden, ob er das Angebot ablehnen, es endgültig oder unter dem Vorbehalt seiner sozialen Rechtfertigung annehmen will[707].

Ein absoluter Unwirksamkeitsgrund der betriebsbedingten Kündigung liegt vor, wenn der Betriebsrat oder der Personalrat aus einem der in § 1 Abs. 2 S. 2 und S. 3 KSchG genannten Gründe form- und fristgerecht zu Recht widersprochen hat. Eine Interessenabwägung – zugunsten des Arbeitgebers – findet nicht statt[708].

4. Ordnungsgemäße Sozialauswahl

Die betriebsbezogene Kündigung ist dann nicht gerechtfertigt, wenn keine oder lediglich eine mangelhafte Sozialauswahl stattgefunden hat (§ 1 Abs. 3 S. 1 KSchG).

Das Erfordernis der ordnungsgemäßen Sozialauswahl ist auf die betriebsbedingte Kündigung beschränkt. Eine entsprechende Anwendung des § 1 Abs. 3 KSchG auf die personen- oder verhaltensbedingte Kündigung findet nicht statt[709]. Nach dem eindeutigen Wortlaut der Norm ist Voraussetzung, dass die Kündigung „aus dringenden betrieblichen Erfordernissen im Sinne des Absatzes 2“ ausgesprochen worden

---

705 Frühere Ansicht: Verhandlungslösung, BAG v. 27. September 1984 – 2 AZR 62/83, NZA 1985, 455; aufgegeben durch BAG v. 21. April 2005 – 2 AZR 132/04, NZA 2005, 1289.

706 BAG v. 21. April 2005 – 2 AZR 132/04, NZA 2005, 1289.

707 Ascheid/Preis/Schmidt/*Kiel*, KSchG, § 1 Rn. 573.

708 BAG v. 13. September 1973 – 2 AZR 601/72, NJW 1974, 470.

709 MünchKomm-BGB/*Hergenröder*, KSchG, § 1 Rn. 332.

ist. Eine Krankheit kann zwar betriebliche Ursachen haben, die Kündigung soll aber gerade aufgrund der krankheitsbedingten Leistungsunfähigkeit bzw. eingeschränkten Leistungsfähigkeit und nicht aufgrund der betrieblichen Erfordernisse erfolgen[710].

Im Rahmen der ordnungsgemäßen Sozialauswahl kommt dem Arbeitgeber ein gewisser Beurteilungsspielraum zu[711].

Die ordnungsgemäße Sozialauswahl erfolgt in drei Schritten:

1. Bildung einer Vergleichsgruppe (horizontale Betrachtungsweise von Arbeitnehmern, die auf gleicher Ebene tätig sind),
2. Berücksichtigung und Gewichtung der Sozialdaten (Dauer der Betriebszugehörigkeit, Lebensalter, Unterhaltspflichten und Schwerbehinderung) und
3. Herausnahme von Arbeitnehmern, die aufgrund ihrer Kenntnisse und Fähigkeiten oder zu Sicherung einer ausgewogenen Personalstruktur für den Betrieb von erheblichem Interesse sind[712].

Die Sozialauswahl erfolgt betriebsbezogen. Eine Ausweitung auf das Unternehmen, wie dies im Rahmen einer Weiterbeschäftigungsmöglichkeit der Fall ist, ist hier nicht anzuwenden[713]. Demnach sind andere Betriebe des Unternehmens oder des Konzerns nicht mit in die Betrachtung einzubeziehen, wohl aber sind alle Abteilungen und Teile des gesamten Betriebes in der Auswahl umfasst[714].

Bilden mehrere Unternehmen einen gemeinschaftlichen Betrieb, erstreckt sich die Sozialauswahl auf den gesamten Betrieb. Dies erfolgt bis zu einer etwaigen Auflösung des Gemeinschaftsbetriebs[715]. Ein gemeinsamer Betrieb mehrerer Unternehmen liegt vor, wenn die in einer Betriebsstätte vorhandenen materiellen und immateriellen Betriebsmittel mehrerer Unternehmen zu arbeitstechnischen Zwecken zusam-

710 Gallner/Mestwerdt/Nägele/*Mestwerdt/Zimmermann*, KSchG, § 1 Rn. 813.

711 BAG v. 5. Dezember 2002 – 2 AZR 549/01, NZA 2003, 791.

712 *Hromadka/Maschmann*, Arbeitsrecht Band 1, § 10 Rn. 207; *Junker*, Arbeitsrecht, Rn. 374 ff.; *Löwisch/Caspers/Klumpp*, Arbeitsrecht, Rn. 736; *Rolfs*, Arbeitsrecht, KSchG, § 1 Rn. 62 ff.

713 Vgl. KR/*Griebeling/Rachor*, KSchG, § 1 Rn. 608; MünchKomm-BGB/*Hergenröder*, KSchG, § 1 Rn. 336 f.

714 Gallner/Mestwerdt/Nägele/*Mestwerdt/Zimmermann*, KSchG, § 1 Rn. 820; KR/*Griebeling/Rachor*, KSchG, § 1 Rn. 608.

715 Gallner/Mestwerdt/Nägele/*Mestwerdt/Zimmermann*, KSchG, § 1 Rn. 825; KR/*Griebeling/Rachor*, KSchG, § 1 Rn. 609 a.

mengefasst, geordnet und gezielt eingesetzt werden und der Einsatz der menschlichen Arbeitskraft von einem einheitlichen Leitungsapparat betriebsbezogen gesteuert wird[716]. Die beteiligten Unternehmen müssen sich zumindest stillschweigend zu einer gemeinsamen Führung rechtlich verbunden haben, so dass der Kern der Arbeitgeberfunktion im sozialen und personellen Bereich von derselben institutionellen Leitung ausgeübt wird[717] (z. B. Einstellungen, Entlassungen, Versetzungen oder die Anordnung von Überstunden)[718].

Der zur Sozialauswahl durchzuführende Vergleich erstreckt sich nur auf dieselbe Ebene der Betriebshierarchie (sog. horizontale Vergleichbarkeit)[719]. Die Annahme einer vertikalen Vergleichbarkeit würde letztlich zu einem „Veränderungswettbewerb nach unten" führen, bei dem der Zusammenhang zwischen dem dringenden betrieblichen Erfordernis nach § 1 Abs. 2 S. 1 KSchG und der mit § 1 Abs. 3 KSchG bezweckten personellen Konkretisierung der betrieblichen Gründe verloren ginge[720].

Die Sozialauswahl verfehlt ihren Zweck, wenn sie letztlich nicht der Bemessung der Chancen am Arbeitsmarkt dient[721].

Berücksichtigungsfähige Kriterien bei der Sozialauswahl sind die in § 1 Abs. 3 KSchG abschließend[722] genannten, nämlich die Dauer der Betriebszugehörigkeit, das Lebensalter, die Unterhaltspflichten und die Schwerbehinderung des Arbeitnehmers. Für die Problematik von besonderer Bedeutung sind die Dauer der Betriebszugehörigkeit und das Lebensalter des Arbeitnehmers. Auf die Unterhaltspflichten sowie auf die Schwerbehinderung soll im Weiteren nicht eingegangen werden.

---

716 *Junker*, Arbeitsrecht, Rn. 658 f.; *Hromadka/Maschmann*, Arbeitsrecht Band 1, § 10 Rn. 148.

717 BAG v. 10. April 2014 – 2 AZR 647/13, NZA 2015, 162.

718 BAG v. 9. Juni 2011 – 6 AZR 132/10, NZS 2011, 712.

719 BAG v. 18. Oktober 2000 – 2 AZR 465/99, NZA 2001, 437; KR/*Griebeling/Rachor*, KSchG, § 1 Rn. 617.

720 Schaub/*Linck*, ArbR-Hb., § 135 Rn. 7; Stahlhacke/Preis/Vossen/*Preis*, Kündigung und Kündigungsschutz, Rn. 1061.

721 MünchKomm-BGB/*Thüsing*, AGG, § 10 Rn. 51.

722 BAG v. 31. Mai 2007 – 2 AZR 276/06, NZA 2008, 33; Dornbusch/Fischermeier/Löwisch/*Kaiser*, KSchG, § 1 Rn. 228.

III. Dauer der Betriebszugehörigkeit bei älteren Arbeitnehmern

Bei der Betrachtung der Sozialauswahl spielt zunächst die Betriebszugehörigkeit eines Arbeitnehmers eine große Rolle. Die Dauer der Betriebszugehörigkeit wird als Auswahlkriterium herangezogen, weil davon auszugehen ist, dass mit zunehmender Betriebszugehörigkeit auch der Beitrag wächst, den der Arbeitnehmer zum Wert des Unternehmens leistet. Auch die persönliche Bindung zum Unternehmen und die Identifikation mit dem/den Produkt(en) nimmt dabei zu[723].

Entscheidend für die Berechnung der Dauer der Betriebszugehörigkeit ist die Beschäftigung bei demselben Arbeitgeber, auch wenn sie in verschiedenen Betrieben stattfand. Denn mit einer nicht allein an den Betrieb anknüpfenden, sondern arbeitgeberbezogenen Bindung sind wirtschaftliche und soziale Wirkungen verbunden[724]. Dabei zählen zur Betriebszugehörigkeit auch gesetzliche Ruhezeiten. Dies folgt für Wehr- und Zivildienstzeiten aus § 6 Abs. 2 ArbPlSchG (i.V.m. § 78 Abs. Nr. 1 ZDG). Auch die Elternzeit nach dem BEEG gehört zur Dauer der Betriebszugehörigkeit[725].

Eine längere Betriebszugehörigkeit kann nur mit einem höheren Alter erreicht werden, wodurch die Dauer der Betriebszugehörigkeit das Lebensalter mittelbar berührt, da zum einen eine mittelbare Schlechterstellung jüngerer Arbeitnehmer erfolgt und zum anderen das Alter des Arbeitnehmers in doppelter Hinsicht berücksichtigt wird. Denn mit steigendem Alter wachsen nicht nur die Sozialpunkte für ebendieses an, sondern auch die Sozialpunkte für die Dauer der Betriebszugehörigkeit. Dies scheint jedoch gerechtfertigt, da die Dauer der Betriebszugehörigkeit nicht auch das höhere Alter honorieren soll, sondern vielmehr die Betriebstreue des Arbeitnehmers und das Vertrauen auf den Fortbestand des Arbeitsverhältnisses belohnt[726]. Daher nehmen, wie unter *§ 7 VI. (Kündigungsfrist)* gezeigt, die gesetzlichen

---

723 Dornbusch/Fischermeier/Löwisch/*Kaiser*, KSchG, § 1 Rn. 201; Schaub/*Linck*, ArbR-Hb., § 135 Rn. 28-30.

724 Vgl. Schaub/*Linck*, ArbR-Hb., § 135 Rn. 28-30.

725 Ascheid/Preis/Schmidt/*Kiel*, KSchG, § 1 Rn. 633; Stahlhacke/Preis/Vossen/*Preis*, Kündigung und Kündigungsschutz, Rn. 1079.

726 *Rolfs*, NZA-Beil. 2008, 8, 14; Stahlhacke/Preis/Vossen/*Preis*, Kündigung und Kündigungsschutz, Rn. 1081.

Kündigungsfristen in § 622 Abs. 2 BGB mit zunehmender Betriebszugehörigkeit zu[727].

Da die Dauer der Betriebszugehörigkeit nur mittelbar durch das Alter bedingt wird und ihr Telos in der Honorierung der Betriebstreue liegt, sollten hier keine Einschränkungen bei dem Erreichen der Regelaltersgrenze vorgenommen werden.

Gerade Arbeitnehmern, die einen Großteil ihres Arbeitslebens bei demselben Arbeitgeber verbracht haben und denen damit ein hoher Wert an Sozialpunkten zugesprochen wird, sollte das Erreichen der Regelaltersgrenze nicht zum Nachteil gereichen.

Zwar steigt somit mit steigendem Alter auch die Betriebszugehörigkeit an, das ist jedoch letztlich auch der Sinn und Zweck der Sozialauswahl. Es soll ermittelt werden, welchen Arbeitnehmern eine höhere Schutzbedürftigkeit zukommt. Dazu hat der Gesetzgeber die in § 1 Abs. 3 KSchG genannten Kriterien ausgegeben, zu denen neben Alter auch die Betriebszugehörigkeit gehört. Die Kriterien sind kumulativ und nicht alternativ zu betrachten und zu berücksichtigen.

IV. Lebensalter

Bei der Sozialauswahl spielt weiter das Lebensalter eine Rolle. Bei der Frage nach dem Fortbestand des Kündigungsschutzes nach dem Erreichen des Renteneintrittsalters spielt dieses Kriterium die zentrale Rolle.

1. Die Gewichtung des Kriteriums Alter

Inwiefern das Lebensalter im Rahmen der Sozialauswahl zu berücksichtigen ist, ist dabei umstritten. Im Mittelpunkt steht die Frage, ob das Alter bei einer Vergabe von Sozialpunkten stetig linear berücksichtigt werden sollte oder ob es einer Kappung oder zumindest Abnahme der Gewichtung mit der Annäherung an das Erreichen der Regelaltersgrenze bedarf. Dabei geht es auch um die Schutzbedürftigkeit älterer Arbeitnehmer und den Vergleich zu Arbeitnehmern vor dem Erreichen der Regelaltersgrenze. Dabei spielen insbesondere die Rentennä-

727 Ascheid/Preis/Schmidt/*Kiel*, KSchG, § 1 Rn. 635.

he und der Bezug von Rente bzw. der Anspruch auf eine solche eine Rolle. Dabei müssen neben den Chancen des Arbeitnehmers auf dem Arbeitsmarkt auch das Allgemeine Gleichbehandlungsgesetz und das Altersteilzeitgesetz berücksichtigt werden. Eine mögliche Lösung des Problems der Berücksichtigung des Lebensalters kann in der Bildung von Altersgruppen zur Sicherung einer ausgewogenen Personalstruktur im Betrieb erachtet werden; insbesondere dann, wenn man die Möglichkeit einer eigenen Altersgruppe von Arbeitnehmern nach dem Erreichen des Renteneintrittsalters in Betracht zieht.

a) Historischer Rückblick

In seiner Historie zeigt das Merkmal Alter einen allumfänglichen Wandel. So wurde das Kriterium Alter der Arbeitnehmer in der Zeit der Vollbeschäftigung, zu Beginn der 60er Jahre, vom Bundesarbeitsgericht sehr hoch bewertet. Dabei schätzte das Gericht die Chancen des älteren Arbeitnehmers, eine neue Stellung zu finden, als entscheidend ungünstiger ein[728]. In der Folgezeit nahm das Bundesarbeitsgericht diese besondere Hervorhebung des Alters mit der Begründung, dass die größere Berufserfahrung und Qualifikation das Lebensalter aufwiegen würde, immer mehr zurück[729]. Das Bundesarbeitsgericht erkannte damit die Abhängigkeit der Bewertung des Kriteriums im Rahmen der Sozialauswahl von der Konjunktur und Arbeitsmarktlage an[730]. Dabei wurden ausdrücklich die veränderte Arbeitsmarktsituation und die herrschende Massenarbeitslosigkeit und deren Folgen, insbesondere auch für jüngere Arbeitnehmer, betont[731].

b) Telos des Merkmals „Alter"

Zunächst kann die Begründung des Regierungsentwurfs zum Arbeitsmarktreformgesetz aus dem Jahr 2003 herangezogen werden, um den Hintergrund des § 1 Abs. 3 KSchG zu erfahren. Grundsätzlich soll danach die Sozialauswahl auf die im Gesetz genannten Grunddaten be-

728 BAG v. 20. Januar 1961 – 2 AZR 495/59, NJW 1961, 940.
729 *Bauer/Lingemann*, NZA 1993, 625.
730 BAG v. 24. März 1983 – 2 AZR 21/82, NJW 1984, 78.
731 BAG v. 24. März 1983 – 2 AZR 21/82, NJW 1984, 78.

schränkt sein, wobei die Beschränkung auf die vier Grunddaten „*die Beachtung unbilliger Härten im Einzelfall*“ nicht ausschließt[732]. Weiter heißt es, dass die erfassbaren Tatsachen „*in einem unmittelbaren spezifischen Zusammenhang mit den Grunddaten stehen oder sich aus solchen betrieblichen Gegebenheiten herleiten [sollen], die evident einsichtig sind.*“[733] Die Bezugnahme auf betriebliche Gegebenheiten zeigt dabei, dass Aspekte, die aus dem privaten Lebensbereich des Arbeitnehmers stammen, grundsätzlich nicht berücksichtigungsfähig sind[734].

Dabei ist jedoch zu beachten, dass die Umstände, die schon nach der bisherigen Rechtslage nicht berücksichtigungsfähig waren (z. B. die Vermögenslage des Arbeitnehmers bzw. allgemeine Aspekte aus dem privaten Lebensbereich), dies auch nach der jetzigen Rechtslage nicht sind[735]. Die nach alter Rechtslage berücksichtigungsfähigen Sachverhalte müssen zusätzlich in einem unmittelbaren spezifischen Zusammenhang zu den vier Grunddaten stehen oder auf evident einsichtigen betrieblichen Gegebenheiten beruhen, um zulässigerweise in die Sozialauswahl mit einbezogen werden zu können[736].

Unter welchen Voraussetzungen ein spezifischer Zusammenhang mit den vier gesetzlich vorgesehenen Sozialindikatoren vorliegt, ist in Literatur und Rechtsprechung bislang nicht eindeutig geklärt[737].

Keine Rolle soll der allgemeine Gesundheitszustand eines Arbeitnehmers spielen, sofern dieser nicht ausnahmsweise an einer Berufskrankheit oder einer durch einen nicht verschuldeten Arbeitsunfall erlittenen Verletzung leidet[738].

Aus dem gleichen Grund soll nach Ansicht des Gesetzgebers auch die allgemeine Vermittelbarkeit des Arbeitnehmers auf dem Arbeits-

---

732 Begründung des Regierungsentwurfs eines Gesetzes zur Reform am Arbeitsmarkt v. 24. Juni 2003, BT-Drs. 15/1204, S. 11.

733 BT-Drs. 15/1204, S. 11.

734 Mues/Eisenbeis/Laber/*Mues*, Handbuch Kündigungsrecht , Teil 2, Rn. 407.

735 Mues/Eisenbeis/Laber/*Mues*, Handbuch Kündigungsrecht, Teil 2, Rn. 408.

736 Vgl. Ascheid/Preis/Schmidt/*Kiel*, KSchG, § 1 Rn. 653.

737 Vgl. Ascheid/Preis/Schmidt/*Kiel*, KSchG, § 1 Rn. 653; v. Hoyningen-Huene/Linck/*Krause*, KSchG, § 1 Rn. 963 f.; Moll/*Ulrich*, ArbR, § 43 Ordentliche Kündigung, Rn. 198; Gallner/Mestwerdt/Nägele/*Mestwerdt/Zimmermann*, KSchG, § 1 Rn. 858 ff.

738 Vgl. Begründung des Regierungsentwurfs v. 24. Juni 2003, BT-Drs. 15/1204, S. 11.

markt als Auswahlkriterium grundsätzlich nicht in Betracht kommen[739].

Stützt der Arbeitgeber die Sozialauswahl auf zusätzliche Kriterien, läuft er Gefahr, dass die Gerichte den betrieblichen Bezug oder den unmittelbaren spezifischen Zusammenhang zu einem der vier Grunddaten verneinen und die Sozialauswahl deshalb scheitert. Grundsätzlich sollte sich der Arbeitgeber auf die vier Grundkriterien beschränken[740]. Unterlässt er hingegen die Einbeziehung eines zusätzlichen, berücksichtigungsfähigen Kriteriums, macht dies allein die Sozialauswahl nicht fehlerhaft, da der Arbeitgeber nur die im Gesetz genannten Kriterien zwingend zu berücksichtigen hat[741].

Hingegen spreche gerade der Fortbestand gesetzlicher Vorschriften wie § 2 Abs. 2 S. 2 ArbPlSchG und § 8 Abs. 1 AltTZG, die bestimmen, dass der Wehrdienst bzw. die Möglichkeit der Inanspruchnahme von Altersteilzeit nicht zuungunsten des Arbeitnehmers berücksichtigt werden dürften, dafür, auch soziale Erwägungen jenseits der vier Grundkriterien zu berücksichtigen. Diese Regelungen seien ansonsten schlichtweg überflüssig[742].

Folglich sollten in die Sozialauswahl lediglich die im Gesetz ausdrücklich genannten vier Kriterien miteinbezogen werden, es sei denn, der Gesetzgeber hat in anderen Normen ausdrücklich deren Berücksichtigungsfähigkeit angeordnet.

c) Chancen auf dem Arbeitsmarkt

Problematisch ist, dass das Kriterium Alter durch den Gesetzgeber herausgegeben wurde, ohne es mit einer klaren Bewertung zu verbinden. Das Alter dient mitunter nicht dazu, eine sichere Bewertung zu treffen, da auch die Entlassung eines jüngeren Arbeitnehmers im Einzelfall „unsozialer“ sein kann als die eines älteren Arbeitnehmers.

Während ein Teil der Literatur die allgemeine Vermittelbarkeit des Arbeitnehmers auf dem Arbeitsmarkt als Auswahlkriterium aus-

739 Vgl. Begründung des Regierungsentwurfs v. 24. Juni 2003, BT-Drs. 15/1204, S. 11.

740 Vgl. Mues/Eisenbeis/Laber/*Mues*, Handbuch Kündigungsrecht, Teil 2, Rn. 410.

741 Mues/Eisenbeis/Laber/*Mues*, Handbuch Kündigungsrecht, Teil 2, Rn. 410.

742 Vgl. *Klösel/Reitz*, NZA 2014, 1366, 1371.

schließt und dies auf die Begründung des Regierungsentwurfs stützt[743], versuchen ein anderer Teil der Literatur und die Rechtsprechung, über das Lebensalter die Chancen auf dem Arbeitsmarkt ebenso wie die versorgungsrechtliche Absicherung mit in die Beurteilung einzubeziehen[744]. Bezieht man die Vermittelbarkeit eines Arbeitnehmers auf dem Arbeitsmarkt als Auswahlkriterium mit in die Sozialauswahl ein, werden in aller Regel die älteren Arbeitnehmer schutzwürdiger sein, da diese den verbreitet zum Alter umgekehrt proportionalen Arbeitsmarktchancen ausgeliefert sind[745]. Zudem seien die mit einem Arbeitsplatzwechsel verbundenen Folgen – insbesondere die Einstellung auf die neue Arbeit und ein etwaiger Wohnungswechsel – von einem jüngeren Arbeitnehmer leichter zu tragen als von einem älteren Arbeitnehmer[746]. Eine Kündigung müsse demnach eher von einem jüngeren Arbeitnehmer hingenommen werden[747]. Hingegen darf nicht außer Acht gelassen werden, dass jüngere Menschen mit Familie in besonderem Maße auf das Erwerbseinkommen angewiesen sind und wegen der familiären Bindung ihrerseits auch nicht uneingeschränkt räumlich flexibel sind[748].

Die Vereinbarkeit dieser Auslegung mit den europarechtlichen Vorgaben ist offen, da die Richtlinie 2000/78/EG des Rates vom 27. November 2000 zur Festlegung eines allgemeinen Rahmens für die Verwirklichung der Gleichbehandlung in Beschäftigung und Beruf nicht nur Diskriminierungen wegen des höheren, sondern auch wegen des niedrigeren Alters untersagt (vgl. bereits *§ 2 I. 5. (Kücükdeveci)*)[749]. Dies ist insbesondere vor dem Hintergrund zu betrachten, dass § 1 Abs. 3 KSchG undifferenziert steigendes Alter privilegiert und darüber

743 Mues/Eisenbeis/Laber/*Mues*, Handbuch Kündigungsrecht, Teil 2, Rn. 407; *Willemsen/Annuß*, NJW 2004, 177, 178; BT-Drs. 15/1204, S. 11.

744 So etwa BAG v. 24. Oktober 2013 – 6 AZR 854/11, NZA 2014, 46; BAG v. 15. Dezember 2011 – 2 AZR 42/10, DB 2012, 1445; Stahlhacke/Preis/Vossen/*Preis*, Kündigung und Kündigungsschutz, Rn. 1084; *Straube/Hilgenstock*, ArbR Aktuell 2010, 567, 568 f.

745 KR/*Griebeling/Rachor*, KSchG, § 1 Rn. 673; Ascheid/Preis/Schmidt/*Kiel*, KSchG, § 1 Rn. 640.

746 Vgl. *Löwisch/Spinner/Wertheimer*, KSchG, Rn. 368.

747 Vgl. *Löwisch/Spinner/Wertheimer*, KSchG, Rn. 368.

748 Vgl. Schaub/*Linck*, ArbR-Hb., § 135 Rn. 31, 32.

749 Vgl. EuGH v. 19. Januar 2010 – C-555/07, EuZW 2010, 177 (Kücükdeveci).

hinaus wegen des Kriteriums „Dauer der Betriebszugehörigkeit" ältere Arbeitnehmer häufig doppelt bevorzugt[750]. Da der Europäische Gerichtshof den sich aus Art. 6 und Art. 7 der Richtlinie 2000/78/EG ergebenden Grundsatz der Verhältnismäßigkeit strikt anwendet und eine Wahrung des Gleichbehandlungsgrundsatzes fordert, soweit dies mit dem angestrebten jeweiligen Ziel vereinbar ist, solle es letztlich auf die typisierend zu prognostizierende Lage auf dem jeweils einschlägigen Arbeitsmarkt ankommen[751].

Zwar werden in der Regel die Chancen für ältere Arbeitnehmer schlechter sein, jedoch kann auch ein jüngeres Alter zuungunsten des Arbeitnehmers ausgelegt werden, etwa wenn es auf die Berufserfahrung ankommt. Auch kann das Alter einen neutralen Faktor bilden. Das ist in Fällen denkbar, in denen generell eine sehr schlechte oder sehr gute Arbeitsmarktlage in einer bestimmten Branche vorzufinden ist[752]. Dabei solle nach einer Ansicht in der Literatur eine Abwägung der im Einzelfall tatsächlich vorhandenen Chancen auf dem Arbeitsmarkt nicht notwendig sein; die typische Situation und Erfahrungswerte seien ausreichend[753]; auf ein Abstellen der individuellen Schutzbedürftigkeit einzelner Arbeitnehmer komme es daher nicht an[754]. Eine gegenteilige Handhabung wäre für den Arbeitgeber auch nicht tragbar.

Demzufolge ist bei der Einbeziehung der Arbeitsmarktchancen zu differenzieren. Soweit es um die Vermittelbarkeit aufgrund des Alters geht, ist dieser Aspekt unter den Grunddaten beim Lebensalter mit abgedeckt. Soweit sie durch die allgemeinen Aussichten auf dem Arbeitsmarkt für die bestimmte Berufssparte bemessen werden, kann dies keinen Einfluss haben, da in diesem Fall alle Arbeitnehmer den gleichen Chancen ausgesetzt sind[755].

---

750 Vgl. *Richardi*, NZA 2006, 881, 884; Kittner/Däubler/Zwanziger/*Deinert*, KSchR, § 1 Rn. 698.

751 Vgl. KR/*Griebeling*, KSchG, § 1 Rn. 673.

752 KR/*Griebeling/Rachor*, KSchG, § 1 Rn. 673.

753 Vgl. *Gaul/Bonanni*, BB 2008, 218.

754 Vgl. KR/*Griebeling/Rachor*, KSchG, § 1 Rn. 673.

755 MünchKomm-BGB/*Hergenröder*, KSchG, § 1 Rn. 362.

Kriterien wie etwa ein sicheres Auftreten, Flexibilität, Höflichkeit und Auffassungsgabe bilden keine rechtssichere Beurteilungsgrundlage[756].

Der jüngere Arbeitnehmer steht in der Regel noch vor dem Aufbau einer Existenz, über die ein älterer Arbeitnehmer regelmäßig schon verfügt[757].

d) Sozialauswahl durch die Vergabe von Punkten

Eine ausreichende Berücksichtigung und Gewichtung der in § 1 Abs. 3 KSchG genannten Sozialdaten wird in der Regel über die Vergabe eines Punktesystems gewährleistet. Durch die Verwendung eines solchen Punkteschemas kann den vier gesetzlichen Kriterien eine Gewichtung zugeführt werden[758].

Ein mögliches Schema sah in der Entscheidung des Bundesarbeitsgerichts vom 19. Juni 2007[759] wie folgt aus:

Betriebszugehörigkeit: – bis 10 Jahre – ab 11 Jahre	 – 1 Punkt/Jahr – 2 Punkte/Jahr Max. 70 Punkte
Lebensalter	1 Punkt/Jahr Max. 55 Punkte
Unterhalt	– 5 Punkte/Kind (nachweispflichtig), keine Deckelung – 5 Punkte/Kind, pro anerkannter Pflegestufe, max. 15 Punkte
Verheiratet/Eingetragene Lebenspartnerschaft	4 Punkte

756 Vgl. v. Hoyningen-Huene/Linck/*Krause*, KSchG, § 1 Rn. 963.
757 *Bauer/Lingemann*, NZA 1993, 625.
758 *Fuhlrott*, ArbR Aktuell 2012, 108.

Schwerbehinderte/ Gleichgestellte	– 5 Punkte – 1 Punkt je 10 Prozent GdB über 50 Prozent GdB – besondere Härtefälle: bis 10 Punkte

Die Punktevergabe kann dabei linear verlaufen oder eine feste Berücksichtigung nach Altersgruppen vorsehen. Dies ist trotz unmittelbarer Benachteiligung Jüngerer gerechtfertigt[760].

Ein Auswahlfehler liege nach Ansicht der Rechtsprechung hierbei weder vor, wenn der Arbeitgeber bei der Vergabe der Sozialpunkte diese auf ein bestimmtes Alter begrenzt (z. B. 55 Jahre), noch, wenn er Sozialpunkte auch über dieses Alter hinaus vergibt[761].

Der Arbeitgeber sei berechtigt, das Ergebnis seiner Punktevergabe der Entscheidung über die von der Kündigung betroffenen Arbeitnehmer zugrunde zu legen[762]. Eine Einzelfallbetrachtung nach Abschluss der Punktevergabe ist demnach nicht notwendig[763], kann aber vom Arbeitgeber durchgeführt werden[764]. Einzelfallbetrachtungen bei unbilliger Härte sind folglich weiterhin möglich.

e) Keine Berücksichtigung der Rente

Besonders problematisch wird die Berücksichtigung des Lebensalters bei der Sozialauswahl jedoch, sobald ein Arbeitnehmer sich unmittelbar vor Eintritt in den Ruhestand befindet oder einen Rentenanspruch bereits besitzt. Insbesondere die Begrenzung der Sozialpunktevergabe auf ein bestimmtes Alter steht dabei im Mittelpunkt.

759 BAG v. 19. Juni 2007 – 2 AZR 304/06, NZA 2008, 103.

760 BAG v. 19. Juni 2007 – 2 AZR 304/06, NZA 2008, 103.

761 BAG v. 18. Januar 1990 – 2 AZR 357/89, NZA 1990, 729 (keine weitere Punktevergabe ab dem 55. Lebensjahr); LAG Köln v. 2. Februar 2006 – 6 Sa 1287/05, BeckRS 2006, 42543 (Kein Auswahlfehler für die Vergabe von Sozialpunkten für das Lebensalter über 55 Jahre).

762 Vgl. Gallner/Mestwerdt/Nägele/*Mestwerdt/Zimmermann*, KSchG, § 1 Rn. 876.

763 BAG v. 9. September 2006 – 2 AZR 812/05, NZA 2007, 549.

764 BAG v. 9. September 2006 – 2 AZR 812/05, NZA 2007, 549.

aa) Rentennähe als berücksichtigungsfähiges Kriterium

Diesbezüglich wird vertreten, dass innerhalb der Sozialauswahl berücksichtigt werden muss, dass die soziale Schutzbedürftigkeit älterer Arbeitnehmer mit zunehmender Rentennähe gegenüber jüngeren Arbeitnehmern abnimmt[765]. Dies muss dann folgerichtig erst recht gelten, wenn der Arbeitnehmer einen Anspruch auf Rente hat. Teilweise wird daher auch eine Beendigung der Progressionswirkung des aufsteigenden Alters von einer bestimmten Altersgrenze an, etwa der Vollendung des 60. Lebensjahres, als unbedenklich angesehen[766]. Aber auch die Möglichkeit, das Alter überhaupt erst ab einer bestimmten Altersgrenze, etwa von der Vollendung des 40. Lebensjahres an, zu berücksichtigen, steht im Raum[767].

Nach Ansicht des Bundesarbeitsgerichts handelt es sich bei dem Kriterium Alter um eine ambivalente Größe, die auch in Bezug zu anderen Faktoren (Qualifikation, Berufserfahrung, Arbeitsmarktsituation, Gesundheitszustand usw.) stehe[768]. Die Bedeutung des Lebensalters steige typischerweise zunächst kontinuierlich an und nehme mit zeitlicher Nähe zum Rentenalter wieder ab[769]. Nach dieser Ansicht sei es sowohl zulässig, ein Punktesystem mit einer Steigerung des Punktwerts nach zehnjähriger Betriebszugehörigkeit auf zwei Punkte pro Jahr als auch keine weitere Punktevergabe ab dem 55. Lebensjahr vorzusehen[770]. Dabei ist nach Ansicht des Gerichts eine etwas stärkere Gewichtung der Beschäftigungsdauer, die nur dann zum Tragen kommt, wenn bei vergleichbaren Arbeitnehmern diese auf der Grundlage ihrer übrigen Sozialdaten gleich schutzwürdig sind, mit § 1 Abs. 3 KSchG zu vereinbaren[771].

Dem steht nicht entgegen, dass auch eine Sozialauswahl rechtmäßig sein kann, weil sie zugunsten des älteren und länger beschäftigten

765 LAG Niedersachsen v. 23. Mai 2005 – 5 a 198/05, NZA-RR 2005, 584; so auch Schaub/*Linck*, ArbR-Hb., § 135 Rn. 31, 32; *Rolfs*, NZA-Beil. 2008, 8, 14.

766 Vgl. Henssler/Willemsen/Kalb/*Quecke*, KSchG, § 1 Rn. 372.

767 Vgl. v. Hoyningen-Huene/Linck/*Krause*, KSchG, § 1 Rn. 975; Mues/Eisenbeis/Laber/*Mues*, Handbuch Kündigungsrecht, Teil 2, Rn. 388.

768 BAG v. 18. Januar 1990 – 2 AZR 357/89, NZA 1990, 729.

769 KR/*Griebeling/Rachor*, KSchG, § 1 Rn. 674.

770 BAG v. 18. Januar 1990 – 2 AZR 357/89, NZA 1990, 729.

771 BAG v. 18. Januar 1990 – 2 AZR 357/89, NZA 1990, 729.

Arbeitnehmers ausgelegt ist. Ihre Fehlerhaftigkeit ergibt sich dabei nicht dadurch, dass Arbeitnehmer aufgrund ihrer Rentennähe eine Arbeitslosigkeit weniger hart träfe als einen Arbeitskollegen, der, weil jünger, vom Erreichen der Altersgrenze noch weiter entfernt ist[772]. Das Landesarbeitsgericht Düsseldorf betont hierbei, dass ein Arbeitgeber nicht den möglichen Bezug von Altersrente zulasten des Arbeitnehmers mitberücksichtigen muss[773].

Gegenteilig wird dies jedoch vom Landesarbeitsgericht Niedersachsen beurteilt, indem es anbringt, dass ein älterer, rentennaher Arbeitnehmer die Zeit bis zum Renteneintritt mit dem Bezug von Arbeitslosengeld sowie durch die Inanspruchnahme von Leistungen aus der gesetzlichen Renten- oder Arbeitslosenversicherung wirtschaftlich zu überbrücken vermag[774]. Dies sei im Rahmen der Gesamtabwägung zu würdigen. Bei dem vergleichbaren jüngeren Arbeitnehmer würde die Kündigung bei einer anzustellenden Prognose weit größere wirtschaftliche Probleme nach sich ziehen[775]. Eine Regel dahingehend, dass mit höherem Alter eine höhere Schutzbedürftigkeit bei der Sozialauswahl einhergehen müsse, ließe sich daher nicht aufstellen[776]. Nicht zu vergessen sei dabei, dass der Zweck der Sozialauswahl nicht der Erhalt des Arbeitsplatzes, sondern der Schutz des Lebensstandards bzw. des durch die vormalige Beschäftigung erreichten Besitzstandes sei[777].

Legt man diesen Argumentationsstrang zugrunde, so wäre für Arbeitnehmer nach dem Erreichen des Renteneintrittsalters letztlich ein Erst-Recht-Schluss zu ziehen. Diese hätten bereits Anspruch auf die Regelaltersrente und wären somit finanziell „abgesichert". Eine Inanspruchnahme der Sozialversicherungen wäre indes nicht mehr vonnöten. Die Sicherung des Lebensstandards wäre gewährleistet.

Nach der Ansicht des Landesarbeitsgerichts Niedersachsen hat der rentennahe Arbeitnehmer dabei auch Abschläge in der Rentenhöhe hinzunehmen. Legitim und angemessen könne dies im Einzelfall er-

---

772 LAG Düsseldorf v. 21. Januar 2004 – 12 Sa 1188/03, BeckRS 2007, 47691.

773 LAG Düsseldorf v. 21. Januar 2004 – 12 Sa 1188/03, BeckRS 2007, 47691.

774 LAG Niedersachsen v. 23 Mai 2005 – 5 Sa 198/05, NZA-RR 2005, 584; so auch Ascheid/Preis/Schmidt/*Kiel*, KSchG, § 1 Rn. 642; *Gaul/Bonanni*, BB 2008, 218.

775 LAG Niedersachsen v. 23 Mai 2005 – 5 Sa 198/05, NZA-RR 2005, 584.

776 So auch MünchKomm-BGB/*Hergenröder*, KSchG, § 1 Rn. 356.

777 Vgl. *Gaul/Bonanni*, BB 2008, 218.

scheinen, wenn bereits jüngere Arbeitnehmer in dem Beruf oder der Branche nur sehr geringe Chancen auf eine erneute Anstellung besäßen und die Höhe der Abschläge nicht unangemessen sei[778]. Dennoch sei der rentennahe Arbeitnehmer trotz dieses Umstands weniger schutzwürdig als seine Kollegen, da diese verhältnismäßig geringe Aussichten haben, auf dem Arbeitsmarkt (im streitgegenständlichen Fall handelte es sich um die Bauindustrie) eine Anschlussbeschäftigung zu finden[779]. Zudem sei die Verschlechterung des wirtschaftlichen Lebensstandards ein Umstand, mit dem auch jüngere Arbeitnehmer bei Beendigung des Arbeitsverhältnisses rechnen müssten[780].

Mit seiner Rechtsansicht steht das Landesarbeitsgericht Niedersachsen nicht alleine dar. Auch in der Literatur wird die Ansicht vertreten, der Anspruch auf Alters- und ggf. Betriebsrente nach Vollendung des regulären Beginns der gesetzlichen Altersrente könne zuungunsten der anspruchsberechtigen Arbeitnehmer berücksichtigt werden, auch wenn ein kurzer Zeitraum bis zum Rentenbeginn zu überbrücken sei. Sie reduzierten die Schutzbedürftigkeit von Arbeitnehmern ab einem bestimmten Alter und wurden vom Arbeitgeber mitfinanziert, womit ein betrieblicher Bezug aufgewiesen wäre[781].

Die Einschränkung des Kündigungsschutzes bestimmter Gruppen älterer Arbeitnehmer sei verhältnismäßig und damit weder europarechts- noch verfassungswidrig[782].

Auch stünde das allgemeine Verbot aus § 41 S. 1 SGB VI, den Anspruch des Versicherten auf eine Rente nicht als einen Grund anzusehen, der die Kündigung nach Maßgabe des Kündigungsschutzgesetzes rechtfertigen kann, einer geringeren Bewertung des Alters bei der so-

778 LAG Niedersachsen v. 23 Mai 2005 – 5 Sa 198/05, NZA-RR 2005, 584; Ascheid/Preis/Schmidt/*Kiel*, KSchG, § 1 Rn. 642.

779 LAG Niedersachsen v. 23 Mai 2005 – 5 Sa 198/05, NZA-RR 2005, 584; zustimmend Wulf Gravenhorst in seiner Anmerkung zu diesem Urteil, jurisPR-ArbR 35/2005 Anm. 5. Er erkennt die Gewichtung der Abwägungskriterien an, obwohl er gleichzeitig darauf hinweist, dass das Gesetz hierauf nicht abstellt und sogar die früheren allgemeinen „sozialen Gesichtspunkte" aufgegeben hat und nur noch die in § 1 Abs. 3 KSchG genannten Kriterien entscheidungserheblich sind.

780 Vgl. *Gaul/Bonanni*, BB 2008, 218.

781 Vgl. KR/*Griebeling/Rachor*, KSchG, § 1 Rn. 674.

782 Vgl. v. Hoyningen-Huene/Linck/*Krause*, KSchG, § 1 Rn. 976; a.A. *Trittin*, AuR 1995, 51.

zialen Auswahl nicht entgegen[783]. Hingegen schließe die Regelung des § 8 AltTZG es aus, dem Kriterium Lebensalter wegen der Möglichkeit der Inanspruchnahme von Altersteilzeit das Gewicht zu nehmen[784].

Dem ist jedoch entgegenzuhalten, dass dies in einer anderen Branche das genaue Gegenteil sein kann. In Berufen, in denen es weniger auf körperliche und mehr auf geistige Leistung und Erfahrung ankommt, kann ein höheres Alter von Vorteil sein. Die Rentennähe kann hierbei jedoch dann eher abschreckend auf eine Neueinstellung wirken, da der Arbeitnehmer nur noch über einen absehbaren Zeitraum im Betrieb arbeiten könnte[785].

Vorgeschlagen wird dabei auch, dem Kriterium Lebensalter lediglich Bedeutung zuzusprechen, wenn es im Rahmen der Sozialauswahl mit der Betriebszugehörigkeit korrespondiert, wenn also ein älterer Arbeitnehmer schon länger in einem Betrieb beschäftigt ist. Dann sei es völlig ausreichend, allein auf das Kriterium der Betriebszugehörigkeit abzustellen[786].

Wird jedoch in einer Sozialauswahl dem Kriterium der Rentennähe eine deutlich überzogene Bedeutung beigemessen und werden dabei die anderen Kriterien, insbesondere das Kriterium der Betriebszugehörigkeit, völlig unzureichend berücksichtigt, so kann dies zur Fehlerhaftigkeit der Sozialauswahl führen[787]. Dies kann etwa der Fall sein, wenn die Punktevergabe ein Kriterium übermäßig durch hohe Punkte bevorzugt. Generell gilt daher, dass keinem Kriterium ein grundsätzlicher Vorrang vor allen anderen Sozialdaten zukommen darf[788].

Dies entspricht auch dem Willen des Gesetzgebers. Eine Bestimmung des Gewichts der jeweiligen Grunddaten anhand eines objektiven, allgemeinverbindlichen Bewertungsmaßstabes soll nicht gegeben sein. Die vier Grunddaten sollen demgegenüber einzelfallbezogen gegeneinander abgewogen werden, wobei die Gewichtung dabei auch

783 Vgl. Ascheid/Preis/Schmidt/*Kiel*, KSchG, § 1 Rn. 642; *Klösel/Reitz*, NZA 2014, 1366, 1370.

784 Ascheid/Preis/Schmidt/*Kiel*, KSchG, § 1 Rn. 642.

785 Vgl. Ascheid/Preis/Schmidt/*Kiel*, KSchG, § 1 Rn. 642.

786 Vgl. Mues/Eisenbeis/Laber/*Mues*, Handbuch Kündigungsrecht, Teil 2, Rn. 388.

787 LAG Berlin-Brandenburg v. 26. Juli 2007 – 14 Sa 508/07, zit. n. Juris; Küttner/*Eisemann*, Personalhandbuch, Kündigung, betriebsbedingte, Rn. 34.

788 MünchKomm-BGB/*Hergenröder*, KSchG, § 1 Rn. 353; *Bayreuther*, DB 2006, 1842; *Gaul/Bonanni*, BB 2008, 218.

von der aktuellen arbeitsmarktpolitischen oder wirtschaftlichen Lage abhängen kann[789].

Die Ansicht, die Vollendung des 52. Lebensjahres als Anknüpfungspunkt für die Ablehnung einer weiteren Zunahme der altersbedingten Schutzbedürftigkeit mit der Begründung anzusetzen, dass von diesem Zeitpunkt an auch eine erleichterte Wiedereinstellung nach § 14 Abs. 3 TzBfG in Betracht kommt[790], vermag nicht zu überzeugen, da die tatsächliche Anwendbarkeit dieser Norm (wie unter *§ 4 IV. 3. b) bb) (Vereinbarkeit des § 14 Abs. 3 TzBfG mit Europarecht)*) bezweifelt wird.

Auch das Landesarbeitsgericht Berlin-Brandenburg vertritt den Standpunkt, dass sich die Entwertung des Lebensaltes durch (auswahlfremde) Erwägungen zur wirtschaftlichen, sozialversicherungs- oder versorgungsrechtlichen Situation des Arbeitnehmers verbietet. Derartige Erwägungen seien amorph und griffen typischerweise zu kurz: Die Akzeptanz der Rentennähe gäbe dabei ein Stück Kontrolle der Sozialauswahl darüber aus der Hand, ob dieser Aspekt nur Camouflage für eine Auswahl nach Leistungs-, Alters- oder Lohnkostengesichtspunkten ist[791]. Wenn daher über das Kriterium Lebensalter wie auch über die anderen Kriterien die wirtschaftlichen Verhältnisse und der Versorgungsgrad der einzelnen Arbeitnehmer nicht einbezogen werden dürften, erübrige es sich, für die gesetzliche Sozialauswahl zu klären, ob etwa Bedürftigkeit, die durch eine auf Verschuldung und unzureichende Altersvorsorge angelegte Lebensgestaltung hervorgerufen ist, gegenüber Absicherung, die durch Arbeit und sparsame Lebensführung erreicht worden ist, arbeitsplatzerhaltend wirkt[792].

Nicht zu verkennen ist, dass eine finanzielle Absicherung losgelöst vom Alter bestehen kann. So ist es durchaus denkbar, dass auch jüngere Arbeitnehmer – etwa durch eine Erbschaft – finanziell abgesichert sind. Diese Arbeitnehmer, ungeachtet ihres Lebensalters, wären dann generell weniger schutzbedürftig. Jedoch ist die finanzielle Absicherung kein ausdrücklich in § 1 Abs. 3 KSchG genanntes Kriterium, wo-

789 Begründung des Regierungsentwurfs v. 24. Juni 2003, BT-Drs. 15/1204, S. 12.
790 *Gaul/Bonanni*, BB 2008, 218.
791 LAG Berlin-Brandenburg v. 26. Juli 2007 – 14 Sa 508/07, zit. n. Juris.
792 LAG Berlin-Brandenburg v. 26. Juli 2007 – 14 Sa 508/07, zit. n. Juris; ebenso LAG Düsseldorf v. 13. Juli 2005 – 12 Sa 616/05, BeckRS 2005, 42896.

bei – wie bereits erwähnt – der Gesetzgeber eine Begrenzung auf die Grunddaten vorgesehen hatte[793]. Zudem wird für den Arbeitgeber die wirtschaftliche Bedürftigkeit eines Arbeitnehmers nicht nachvollzogen werden können[794]. Demzufolge kann es auf die Höhe bzw. Angemessenheit der Altersrente nicht ankommen, wenn dem Betreffenden für den Fall einer nur sehr niedrigen Rente eine hinreichende Grundsicherung gewährt wird. Diesbezüglich dürften auch „allgemeine" Sozialleistungen, wie etwa solche des SGB II, ausreichen[795]. Härtefälle bezüglich besonders geringer Renten können durch eine Einzelfallbetrachtung durch den Arbeitgeber vermieden werden.

Andererseits sei die wirtschaftliche Absicherung notwendig, um eine Generationengerechtigkeit herzustellen und eine ausnahmslose Besserstellung älterer Arbeitnehmer zu vermeiden, die eintreten würde, würde man eine unreflektierte Berücksichtigung des Lebensalters nach der schlichten Faustformel „je älter, desto schutzwürdiger" zugrunde legen[796].

Die Regelungsintention des § 1 Abs. 3 S. 1 KSchG soll den Arbeitnehmern nach dem Maß der Erfüllung der vier Kriterien Bestandsschutz gewähren und damit das Auswahlergebnis berechenbar und rechtssicher machen[797]. Nach diesem Normgehalt, der durch die Ausnahmeregelung in § 1 Abs. 3 S. 2 KSchG und durch § 1 a Abs. 2, § 10 KSchG bestätigt wird, die für Arbeitnehmer mit mindestens 15-jähriger Beschäftigung nach Vollendung des 50. Lebensjahres einen erhöhten Abfindungsrahmen vorsehen, ist es geboten, die Sozialdaten grundsätzlich zu deren Gunsten zu berücksichtigen[798]. Diese positive Berücksichtigung der vier Grundkriterien schließt es demnach grundsätzlich aus, einem Arbeitnehmer wegen Rentennähe eine geringere soziale Schutzwürdigkeit aufgrund seines (höheren) Alters zuzugeste-

---

793 BT-Drs. 15/1204, S. 11 („*Um betriebsbedingte Kündigungen für den Arbeitgeber und den Arbeitnehmer rechtssicherer zu gestalten und berechenbarer zu machen, wird die Sozialauswahl auf die drei Grunddaten Dauer der Betriebszugehörigkeit, Lebensalter und Unterhaltspflichten des Arbeitnehmers begrenzt.*").

794 Vgl. *Klösel/Reitz*, NZA 2014, 1366, 1370.

795 Vgl. *Bayreuther*, NJW 2012, 2758.

796 Vgl. *Klösel/Reitz*, NZA 2014, 1366, 1371.

797 BT-Drs. 15/1204, S. 11.

798 LAG Köln v. 2. Februar 2006 – 6 Sa 1287/05, BeckRS 2006, 42543; LAG Düsseldorf v. 13. Juli 2005 – 12 Sa 616/05, BeckRS 2005, 42896.

hen. Letzten Endes würde der Normzweck des § 1 Abs. 3 S. 1 KSchG in sein Gegenteil verkehrt, wenn die höhere Erfüllung von Kriterien unmittelbar oder mittelbar zum Negativmerkmal bei der Auswahl mutieren würde[799]. Demnach kann bei der Sozialauswahl höheres Alter kein Malus, sondern muss ein Bonus sein[800].

Letztlich sieht das Gesetz selbst keine Höchstgrenzen für die jeweiligen Sozialdaten vor. Dass dem Gesetzgeber die Möglichkeit, Altersgrenzen im Gesetz zu verankern, bekannt war, zeigt sich nicht zuletzt in den Regelungen des § 10 Abs. 2 KSchG oder § 14 Abs. 3 TzBfG. Auch besteht keine Pflicht, die Rente mit Erreichen des jeweils notwendigen Alters zu beantragen.

bb) Rente als berücksichtigungsfähiges Kriterium

Sieht man zwar die Rentennähe nicht als berücksichtigungsfähiges Kriterium an, so kann dies aber sehr wohl für die Rentenberechtigung ab Erreichen der Regelaltersgrenze gelten[801]. So entschied etwa das Arbeitsgericht Wetzlar, welches dies über den Wortlaut des Art. 6 § 5 des RRG vom 16. Oktober 1972 (BGBl. I 1972, S. 1965) begründete; denn dort war ausdrücklich bestimmt, dass nur die Möglichkeit der Inanspruchnahme des vorgezogenen Altersruhegeldes bei der Sozialauswahl nicht berücksichtigt werden darf[802]. Nach dem Erreichen der „normalen" Altersgrenze, sprich der Regelaltersgrenze, müsse dies daher möglich sein, also dann, wenn der betreffende Arbeitnehmer eine ausreichende Altersversorgung erreicht hat. Diese Annahme gebiete auch die Solidarität aller Arbeitnehmer; denn bei (damals) über 2 Millionen Arbeitslosen könne von dem Bezieher einer ausreichenden Altersrente erwartet werden, dass er seinen Arbeitsplatz für einen anderen (ggf. sonst arbeitslosen) Mitarbeiter räume[803].

So wird heute vertreten, dass ein Anspruch auf Rente vor Erreichen der Regelaltersgrenze dem Arbeitnehmer nicht zum Nachteil ge-

799 LAG Düsseldorf v. 13. Juli 2005 – 12 Sa 616/05, BeckRS 2005, 42896.
800 LAG Düsseldorf v. 13. Juli 2005 – 12 Sa 616/05, BeckRS 2005, 42896.
801 ArbG Wetzlar v. 21. Juli 1987 – 1 Ca 402/86, BB 1987, 760; Henssler/Willemsen/Kalb/*Quecke*, KSchG, § 1 Rn. 372.
802 ArbG Wetzlar v. 21. Juli 1987 – 1 Ca 402/86, BB 1987, 760; BGBl. I 1972, S. 1965.
803 ArbG Wetzlar v. 21. Juli 1987 – 1 Ca 402/86, BB 1987, 760; *Ammermüller* DB 1990, 221, 223.

reichen soll. Seitdem § 1 Abs. 3 KSchG die Sozialauswahl ausdrücklich auf die vier Gesichtspunkte beschränkt hat, könne dem Umstand, dass die frühere Vorschrift des § 41 Abs. 4 S. 2 SGB VI aufgehoben worden ist, kein Gegenschluss mehr entnommen werden[804]. Die Streichung der Norm sei dabei viel mehr eine gesetzestechnische Änderung als eine Änderung der Wertvorstellungen bezüglich der Altersvorsorge. Daher sei die Einbeziehung der Ansprüche aus Alters- oder Rentenbezügen auch ohne die Vorschrift des § 41 Abs. 4 S. 2 SGB VI abzulehnen[805]. Insbesondere vor dem Hintergrund des Art. 6 Abs. 1 der Richtlinie 2000/78/EG wäre eine solche Einbeziehung nicht gerechtfertigt und damit unverhältnismäßig[806].

Zugunsten und zulasten des Arbeitnehmers können nur noch die mit dem von ihm erreichten Lebensalter typischerweise einhergehenden Umstände im oben geschilderten Sinne berücksichtigt werden[807].

Problematisch erscheint weiter, inwieweit § 10 Abs. 2 S. 2 KSchG zu berücksichtigen ist. Die Vorschrift nimmt dabei Arbeitnehmer, welche die Regelaltersgrenze des Sechsten Buches des Sozialgesetzbuchs erreicht haben, von einer Erhöhung der Höchstgrenze für eine Abfindung aus. Eine Erhöhung der Höchstgrenze für eine Abfindung ist für Arbeitnehmer, die mindestens das 50. Lebensjahr vollendet und mindestens 15 Jahre im Betrieb gearbeitet haben, vorgesehen (§ 10 Abs. 2 S. 1 KSchG; vgl. hierzu genauer *§ 13 (Anspruch auf Abfindung)*). Man könnte aus der Rückausnahme für Arbeitnehmer nach dem Erreichen der Regelaltersgrenze auf einen auf § 1 Abs. 3 KSchG übertragbaren Grundsatz schließen, denn die Rückausnahme könnte für eine verminderte Schutzbedürftigkeit der Arbeitnehmer nach dem Erreichen der Regelaltersgrenze sprechen. Der Sinn und Zweck des § 10 Abs. 2 S. 2 KSchG sieht den Ausgleich für den Verlust des Arbeitsplatzes trotz unwirksamer Kündigung vor[808]. Durch die Anhebung der Höchstgrenze der Abfindung in § 10 Abs. 2 S. 1 KSchG hebt er die Schutzbedürftigkeit von Arbeitnehmern ab einem bestimmten Alter und einer bestimmten Betriebszugehörigkeit an, reduziert diesen Schutz jedoch ab

804 Vgl. *Löwisch/Spinner/Wertheimer*, KSchG, Rn. 368.
805 Vgl. *Löwisch/Spinner/Wertheimer*, KSchG, Rn. 368.
806 Vgl. MünchKomm-BGB/*Hergenröder*, KSchG, § 1 Rn. 362.
807 Vgl. *Löwisch/Spinner/Wertheimer*, KSchG, Rn. 368.
808 Vgl. Ascheid/Preis/Schmidt/*Biebl*, KSchG, § 10 Rn. 38.

dem Erreichen der Regelaltersgrenze wieder. Demnach könnte dann im Rahmen der Sozialauswahl das Alter ab dem Erreichen der Regelaltersgrenze vermindert oder gar nicht mehr berücksichtigt werden.

Hiergegen spricht jedoch zunächst der eindeutige Wortlaut. Während § 10 Abs. 2 S. 2 KSchG Arbeitnehmer ab dem Erreichen der Regelaltersgrenze ausdrücklich von der Anhebung der Höchstgrenze der Abfindung ausnimmt, ist eine vergleichbare Ausnahme in § 1 Abs. 3 KSchG nicht verankert. Daher erscheint fraglich, ob eine solche Ausnahme vom Gesetzgeber überhaupt gewollt war, denn es ist ersichtlich, dass ihm bewusst war, eine solche Ausnahme direkt im Gesetz aufzunehmen. Vom Fehlen einer solchen Ausnahme im Rahmen der Sozialauswahl kann daher darauf geschlossen werden, dass eine solche auch nicht gewollt war[809].

Eine Übertragung des Grundsatzes aus § 10 Abs. 2 S. 2 KSchG auf § 1 Abs. 3 KSchG ist zudem auch nicht geboten. Zum einen findet sich in der Vorschrift zur Sozialauswahl keine Bevorzugung einer Altersgruppe und zum anderen führt § 10 Abs. 2 S. 2 KSchG nicht zu einer allgemeinen Absenkung der Schutzbedürftigkeit der Arbeitnehmer nach dem Erreichen der Regelaltersgrenze. Vielmehr bevorzugt der vorherige Satz eine bestimmte Altersgruppe und nur diese Bevorzugung wird den Arbeitnehmern ab dem Erreichen der Regelaltersgrenze wieder abgesprochen, sodass eine Gleichstellung mit den Arbeitnehmern, die nicht unter die Bevorzugung des § 10 Abs. 2 S. 1 KSchG fallen, erfolgt. Von einer darüber hinausgehenden Absenkung der Schutzbedürftigkeit von Arbeitnehmern nach dem Erreichen der Regelaltersgrenze ist demnach nach § 10 Abs. 2 S. 2 KSchG nicht auszugehen.

Demzufolge sind keine Gründe ersichtlich, Arbeitnehmern, welche die Regelaltersgrenze erreicht haben, ihre Schutzbedürftigkeit abzusprechen. Der Bezug einer Rente oder der Anspruch auf eine solche können daher keine berücksichtigungsfähigen Kriterien im Rahmen der Sozialauswahl sein.

809 LAG Hamm v. 7. August 2015 – 13 Sa 166/15, BeckRS 2015, 72074.

cc) Keine Berücksichtigung der Rentennähe und der Rente

Letztlich kann auch die Auffassung vertreten werden, dass ein möglicher Altersrentenbezug nicht zu einem erhöhten Kündigungsrisiko im Rahmen des § 1 Abs. 3 KSchG führt. Demnach würde also weder die Rentennähe noch die Rentenberechtigung berücksichtigt und der Kündigungsschutz würde folglich über das Erreichen der Regelaltersgrenze hinaus bestehen[810].

Dies geht am stringentesten mit dem Wortlaut des § 1 Abs. 3 KSchG konform. Aber auch nach dessen Telos seien auswahlfremde Kriterien nicht zu billigen. Das Kriterium der Rentennähe bzw. -berechtigung stünde dabei weder mittelbar noch unmittelbar mit dem konkreten Arbeitsverhältnis und dessen personalen Bezügen in Verbindung[811]. Wie bereits erwähnt, ist aber ein spezifischer Zusammenhang vonnöten. Dieser wird zum Teil in der Absicherung durch die Regelaltersrente gesehen[812].

Jedoch urteilte das Bundesarbeitsgericht bereits 1961, dass allein das Erreichen des 65. Lebensjahres in der privaten Wirtschaft kein in der Person des Arbeitnehmers liegender Kündigungsgrund i.S.d. § 1 Abs. 2 KSchG sei[813]. Es führte dazu aus:

> *„Auch kann nicht etwa die Erreichung des 65. Lebensjahres als Fiktion, ja nicht einmal als Vermutung des Eintrittes einer in so hohem Maß beschränkten Arbeitsfähigkeit – zumindest nicht bei Büroarbeit – angesehen werden, daß der Arbeitgeber des Beweises eines Kündigungsgrundes enthoben wäre oder daß die Beweislast für eine den Erfordernissen des Betriebes noch entsprechende Leistungsfähigkeit den Arbeitnehmer treffen müßte. Denn zutreffend spricht das LAG es aus, daß die Frage des Alterns nicht allein eine Frage des Lebensalters ist. Das deckt sich mit den Ergebnissen der Altersmedizin und aller anderen Zweige der Wissenschaft, die sich mit dem alternden Menschen befaßt haben. Die gestiegene Lebenserwartung und der damit zusammenhängende spätere Eintritt der Invalidität verbieten es erst recht, die Vollendung des 65. Lebensjahres ganz allgemein und ohne weiteres als triftigen Kündigungsgrund anzusehen. Daß mit diesem Zeitpunkt in der*

---

810 LAG Hamm v. 7. August 2015 – 13 Sa 166/15, BeckRS 2015, 72074; *Bauer*, NZA 2002, 529, 531.

811 Vgl. Stahlhacke/Preis/Vossen/*Preis*, Kündigung und Kündigungsschutz, Rn. 1098.

812 Vgl. *Klösel/Reitz*, NZA 2014, 1366, 1371.

813 BAG v. 28. September 1961 – 2 AZR 428/60, NJW 1962, 73.

Regel die Altersversorgung einsetzt, ist kein genügender Grund, um die Kündigung schematisch zu rechtfertigen.“[814]

Aufgegriffen wurde diese Rechtsprechung vom Arbeitsgericht Paderborn, indem dieses urteilte, dass der Bezug der Altersrente durch einen – in diesem Fall 70-jährigen – Arbeitnehmer und dessen finanzielle Verhältnisse keine Kriterien darstellten, die eine ausreichende Berücksichtigung der in § 1 Abs. 3 S. 1 KSchG genannten Kriterien entbehrlich machten[815]. Der Arbeitgeber hat demnach auch bei einem Arbeitnehmer, der eine Rente bezieht, die vier relevanten Kriterien ausreichend zu berücksichtigen und kann weitere Gesichtspunkte wie den Rentenbezug lediglich im Rahmen seines Beurteilungsspielraums in die Wertung fließen lassen[816]. Zur Begründung zieht das Gericht heran, dass nicht davon ausgegangen werden kann, dass ein Arbeitnehmer mit Bezug einer Altersrente generell „ausgesorgt“ hat[817].

Die Lockerung des allgemeinen Kündigungsschutzes über eine abgeschwächte Berücksichtigung des Lebensalters mit Erreichen der Rentennähe oder Rente stelle zudem eine Sonderbehandlung dar, die zu ihrer Rechtfertigung eines sachlichen Grundes bedürfe[818]. Eine lediglich auf das Erreichen eines bestimmten Alters abstellende Begründung würde nach dieser Ansicht sowohl gegen das Verbot der Altersdiskriminierung aus Art. 3 GG als auch gegen den Schutz der Arbeitnehmer aus Art. 12 GG verstoßen[819].

Ebenso unbeachtlich seien die Vermögens- und Einkommensverhältnisse des Arbeitnehmers[820]. Ein Abstellen auf die individuelle Schutzbedürftigkeit sei weder praktikabel noch mit der gesetzlichen Vorgabe vereinbar[821]. Hier fehle es an einem mit dem Arbeitsverhält-

---

814 BAG v. 28. September 1961 – 2 AZR 428/60, NJW 1962, 73.

815 ArbG Paderborn v. 22. März 2006 – 3 Ca 1947/05, zit. n. Juris.

816 ArbG Paderborn v. 22. März 2006 – 3 Ca 1947/05, zit. n. Juris; das Urteil kritisch betrachtend: *Klösel/Reitz*, NZA 2014, 1366, 1370.

817 ArbG Paderborn v. 22. März 2006 – 3 Ca 1947/05, zit. n. Juris.

818 *Trittin*, AuR 1995, 51, 53.

819 *Trittin*, AuR 1995, 51, 53; differenzierend *Waltermann*, RdA 2015, 343.

820 Vgl. Stahlhacke/Preis/Vossen/*Preis*, Kündigung und Kündigungsschutz, Rn. 1098; KR/*Griebeling/Rachor*, KSchG, § 1 Rn. 674; Ascheid/Preis/Schmidt/*Kiel*, KSchG, § 1 Rn. 642.

821 Vgl. KR/*Griebeling/Rachor*, KSchG, § 1 Rn. 673.

nis zusammenhängenden Faktor und sie sei demnach für die Sozialauswahl unbeachtlich[822].

Differenzierender wird angenommen, dass es sich bei Arbeitsverhältnissen mit Arbeitnehmern nach dem Erreichen des Renteneintrittsalters um eine Verschiebung der Gewichtung vom arbeitsrechtlichen Bestandsschutz in Richtung eines Willkürschutzes handele[823].

Auch dienten die erleichterten Befristungsmöglichkeiten für ältere Arbeitnehmer nicht dazu, ein Arbeitsverhältnis mit Arbeitnehmern nach dem Erreichen des Renteneintrittsalters zu unterbinden. Sie sollen hingegen mit Blick auf eine Beschäftigungsförderung jüngerer Arbeitnehmer lediglich eine erleichterte Beendigung dieser Beschäftigungsverhältnisse gegenüber einer ansonsten notwendigen Kündigung ermöglichen[824].

Auch § 41 SGB VI spricht dafür, dass bei der Sozialauswahl eine Regelaltersrente und eine dadurch gesicherte Versorgung außer Acht zu lassen sind[825].

Letztlich hat auch das Bundesarbeitsgericht im Zusammenhang mit einer Befristung aktuell darauf hingewiesen, dass ein Arbeitnehmer mit seinem Wunsch auf dauerhafte Fortsetzung seines Arbeitsverhältnisses über die gesetzliche Regelaltersgrenze hinaus legitime wirtschaftliche und ideelle Anliegen verfolgt und auf diesem Wege von der Möglichkeit beruflicher Selbstverwirklichung Gebrauch macht[826] (vgl. hierzu bereits *§ 4 IV. 3. b) aa) (Allgemeine Anforderungen)*).

Im Kündigungsschutzgesetz selbst bemisst der Gesetzgeber, wie bereits gezeigt, dem Erreichen der Regelaltersgrenze lediglich im Rahmen der Bemessung einer Abfindung nach § 10 Abs. 2 S. 2 KSchG Bedeutung zu[827].

822 Vgl. Ascheid/Preis/Schmidt/*Kiel*, KSchG, § 1 Rn. 642.
823 Vgl. *Klösel/Reitz*, NZA 2014, 1366, 1372.
824 Vgl. *Klösel/Reitz*, NZA 2014, 1366, 1372.
825 LAG Hamm v. 7. August 2015 – 13 Sa 166/15, BeckRS 2015, 72074 (nachgehend BAG v. 19. Januar 2016 – 2 AZN 954/15, Beschluss: Stattgabe (nicht dokumentiert); anhängig BAG unter 2 AZR 67/16).
826 BAG v. 11. Februar 2015 – 7 AZR 17/13, BB 2015, 1786.
827 LAG Hamm v. 7. August 2015 – 13 Sa 166/15, BeckRS 2015, 72074.

f) Das Alter im Lichte des Allgemeinen Gleichbehandlungsgesetzes

Auch rein systematisch ist die Berücksichtigung des Alters nicht ganz unproblematisch, denn bei der Prüfung der Rechtswirksamkeit der sozialen Auswahl sind die Diskriminierungsverbote des Allgemeinen Gleichbehandlungsgesetzes zu beachten. Eine Kündigung kann demnach sozialwidrig sein, wenn sie gegen eines der im Allgemeinen Gleichbehandlungsgesetz näher ausgestalteten Diskriminierungsverbote verstößt. Dabei gelangt das Bundesarbeitsgericht in seiner neueren Rechtsprechung jedoch zutreffend zu dem Ergebnis, dass das Lebensalter trotz des Verbots der Altersdiskriminierung als Auswahlkriterium grundsätzlich bei der Sozialauswahl berücksichtigt werden darf[828].Nach dem Gericht führt das in der Tendenz zu einer Bevorzugung älterer und zu einer unmittelbaren Benachteiligung jüngerer Arbeitnehmer. Diese Ungleichbehandlung i.S.v. § 3 Abs. 1 S. 1 AGG ist aber sowohl durch § 10 S. 1 und S. 2 AGG als auch durch Art. 6 Abs. 1 UnterAbs. 1 und 2 lit. a der Richtlinie 2000/78/EG des Rates vom 27. November 2000 zur Festlegung eines allgemeinen Rahmens für die Verwirklichung der Gleichbehandlung in Beschäftigung und Beruf gerechtfertigt[829].

Eine unmittelbare Benachteiligung i.S.d. § 3 Abs. 1 S. 1 AGG liegt vor, sobald ein Arbeitnehmer wegen der Möglichkeit des Bezugs einer Rente wegen Alters weniger günstig behandelt wird als eine andere Person in einer vergleichbaren Situation[830]. Bei dieser Entscheidung des Bundesarbeitsgerichts ist jedoch zu berücksichtigen, dass es sich bei der Beklagten um einen Kleinbetrieb handelt. Ein solcher fällt nach der Regelung des § 23 Abs. 1 KSchG mangels ausreichender Arbeitnehmeranzahl nicht unter den Geltungsbereich des Kündigungsschutzgesetzes.

Eine unterschiedliche Behandlung wegen des Alters ist nach § 10 S. 1 AGG hingegen zulässig, wenn sie objektiv und angemessen und durch ein legitimes Ziel gerechtfertigt ist. Nach § 10 S. 2 AGG müssen die Mittel zur Erreichung dieses Ziels angemessen und erforderlich sein. § 10 AGG dient dabei der Umsetzung von Art. 6 der Richtlinie

828 BAG v. 15. Dezember 2011 – 2 AZR 42/10, NZA 2012, 1044.
829 BAG v. 15. Dezember 2011 – 2 AZR 42/10, NZA 2012, 1044.
830 BAG v. 23. Juli 2015 – 6 AZR 457/14, NZA 2015, 1380.

2000/78/EG in das nationale Recht. Ein legitimes Ziel i.S.d. Richtlinie liegt demnach vor, wenn es aus dem Bereich der Sozialpolitik stammt und damit im Allgemeininteresse steht. Die Ziele dürfen demzufolge nicht im Eigeninteresse des Arbeitgebers liegen. Ausgeschlossen sind damit Ziele zur Kostenreduzierung und zur Verbesserung der Wettbewerbsfähigkeit[831].

Auch kann die Berücksichtigung der Rentennähe oder die Möglichkeit von vorzeitigem Bezug von Altersrente zum Nachteil des Arbeitnehmers als unzulässige Altersdiskriminierung im Rahmen des § 7 AGG verstanden werden[832].

Grundsätzlich sind die Diskriminierungsverbote des Allgemeinen Gleichbehandlungsgesetzes dazu gedacht, bei der Auslegung der unbestimmten Rechtsbegriffe des Kündigungsschutzgesetzes so beachtet zu werden, dass sie die Sozialwidrigkeit konkretisieren[833].

g) Keine Benachteiligung durch Inanspruchnahme von Altersteilzeit

Nimmt ein Arbeitnehmer die Möglichkeit, Altersteilzeit nach dem Altersteilzeitgesetz zu beanspruchen, wahr, so darf ihm dies im Rahmen einer Kündigung nicht zum Nachteil gereichen (§ 8 Abs. 1 AltTZG)[834].

Dies gilt grundsätzlich für alle in Frage kommenden Kündigungen. Ausdrücklich regelt § 8 Abs. 1 Hs. 2 AltTZG, dass die Altersteilzeit nicht bei der sozialen Auswahl nach § 1 Abs. 3 KSchG zum Nachteil des Arbeitnehmers berücksichtigt werden darf[835]. Es spielt folglich keine Rolle, ob der Arbeitnehmer in Vollzeit oder lediglich in (Alters-)Teilzeit bei dem Arbeitgeber beschäftigt ist. Beide Arbeitnehmergruppen sind in vollem Umfang in die Sozialauswahl mit einzubeziehen und miteinander zu vergleichen.

---

831 BAG v. 23. Juli 2015 – 6 AZR 457/14, NZA 2015, 1380.

832 LAG Köln v. 2. Februar 2006 – 6 Sa 1287/05, BeckRS 2006, 42543; Däubler/Hjort/Schubert/Wolmerath/*Schubert*, KSchG, § 1 Rn. 568.

833 Ascheid/Preis/Schmidt/*Kiel*, KSchG, § 1 Rn. 637.

834 Näheres zum *Altersteilzeitgesetz* unter *§ 4 IV. 3. a)*.

835 Rittweger/Petri/Schweigert/*Rittweger*, ATG, § 8 Rn. 16 f.

h) Streichung des Kriteriums

Das Kriterium Alter hat letztlich eine von der Einstellung älterer Arbeitnehmer abschreckende Wirkung und es ist nach dem oben Ausgeführten durchaus zweifelhaft, ob es insgesamt die Beschäftigung Älterer tatsächlich fördert. Aufgrund dessen wird auch über eine Streichung des Kriteriums[836] zugunsten einer unmittelbar auf die Chancen auf dem Arbeitsmarkt abstellende Regelung diskutiert[837].

Jedoch unterscheiden sich die Chancen der Arbeitnehmer, die miteinander vergleichbar sind und der gleichen Berufsgruppe angehören, schon kaum. Ein Altersunterschied ist dabei bereits beim Lebensalter berücksichtigt. Sonstige Aspekte bei der Vermittelbarkeit müssen zudem, soweit sie nicht ausnahmsweise Bezug zum Arbeitsverhältnis haben, außer Betracht bleiben. Berücksichtigungen von Aspekten aus der Interessensphäre des Arbeitgebers scheiden als soziale Gesichtspunkte grundsätzlich aus[838].

i) Sicherung einer ausgewogenen Personalstruktur

In die Sozialauswahl nach § 1 Abs. 3 S. 1 KSchG sind Arbeitnehmer, deren Weiterbeschäftigung unter anderem zur Sicherung einer ausgewogenen Personalstruktur des Betriebes im berechtigten betrieblichen Interesse liegt, nicht einzubeziehen (§ 1 Abs. 3 S. 2 KSchG). Ein betriebliches Interesse kann in der Vermeidung von Überalterung der Belegschaft liegen[839].

Dabei geht es um die Personalstruktur des Betriebes und nicht um die innerhalb einzelner betrieblicher Gruppen[840]. Der Begriff der ausgewogenen Personalstruktur ist sehr unbestimmt und seinem Wortlaut nach sehr weit. Es ist jedoch von einer Betriebsbelegschaft die Rede, deren Arbeitnehmer sich nach Leistungsstärke, Alter, aber auch den betrieblich benötigten Berufen und Qualifikationen ausgewogen zusammensetzen, was allerdings auch ältere und leistungsschwächere Ar-

836 Aufgrund Europarechtswidrigkeit *Kaiser/Dahm*, NZA 2010, 473.

837 Vgl. so etwa KR/*Griebeling/Rachor*, KSchG, § 1 Rn. 674 a; *Giesen*, NZA 2008, 905, 908; a.A. *Brors*, AuR 2008, 288.

838 Vgl. Henssler/Willemsen/Kalb/*Quecke*, KSchG, § 1 Rn. 384.

839 Vgl. *Bauer/Lingemann*, NZA 1993, 625.

840 LAG Baden-Württemberg v. 10. April 2008 – 11 Sa 80/07, BeckRS 2008, 55301.

beitnehmer mit einschließt[841]. Dementsprechend kann die Sicherung einer idealen Personalstruktur die Abweichung von den Sozialauswahlgrundsätzen nicht rechtfertigen[842].

Zudem lässt die Norm lediglich die Sicherung einer ausgewogenen Personalstruktur zu[843]. Die Schaffung einer solchen ist hingegen in § 125 Abs. 1 S. 1 InsO normiert und allein durch das Ziel der Sanierung eines insolventen Unternehmens gerechtfertigt[844]. Gestattete man hingegen auch im „nicht-insolvenzlichen" Geltungsbereich des § 1 Abs. 3 S. 2 KSchG eine disproportionale Beteiligung der Altersgruppen, könnten sich die Betriebsparteien willkürlich selbst über die nicht zu ihrer Disposition stehenden gesetzlichen Grundbedingungen der sozialen Auswahl hinwegsetzen[845]. Dementsprechend muss bereits eine ausgewogene Personalstruktur vorhanden sein, die erhalten und nicht erst geschaffen werden soll[846]. Die Gegenansicht, welche sich auf ein Dogma der freien Unternehmensentscheidung beruft[847], verkennt hier, dass eine solche Unternehmensentscheidung durch die Beschränkung der Kündigungsfreiheit des Arbeitgebers im Kündigungsschutzgesetz gerade nicht frei ist[848].

Den Arbeitgeber trifft die Beweislast, dass durch die Abweichung von den allgemeinen Grundsätzen der Sozialauswahl eine Beeinträchtigung der Altersstruktur des Betriebes eintreten würde, die nachteilige Auswirkungen hätte[849]. Allerdings soll bei einer Massenkündigung i.S.d. § 17 Abs. 1 KSchG der Erhalt der bestehenden Altersstruktur regelmäßig im betrieblichen Interesse liegen, so dass der Arbeitnehmer die Vermutung des Vorliegens berechtigter betrieblicher Interessen zu widerlegen hat[850].

---

841 Vgl. Kittner/Däubler/Zwanziger/*Deinert*, KSchR, § 1 Rn. 694.
842 Vgl. Kittner/Däubler/Zwanziger/*Deinert*, KSchR, § 1 Rn. 694.
843 BAG v. 19. Juli 2012 – 2 AZR 352/11, NZA 2013, 86.
844 Vgl. Grobys/Panzer/*Wisskirchen*, SWK ArbR, Kündigung, betriebsbedingt, Rn. 57.
845 BAG v. 19. Dezember 2013 – 6 AZR 790/12, NJW 2014, 2743.
846 BAG v. 22. Januar 2009 – 8 AZR 906/07, NZA 2009, 945.
847 Vgl. *Schiefer/Worzalla*, NZA 2004, 345, 349.
848 Vgl. Kittner/Däubler/Zwanziger/*Deinert*, KSchR, § 1 Rn. 696; *Straube/Hilgenstock*, ArbR Aktuell 2010, 567, 568.
849 Grobys/Panzer/*Wisskirchen*, SWK ArbR, Kündigung, betriebsbedingt, Rn. 58.
850 BAG v. 18. März 2010 – 2 AZR 167/11, NZA 2010, 1059.

Bei weiteren Merkmalen neben dem Alter ist zu berücksichtigen, dass nicht auf diesem Umweg die Anforderungen und die drei ausdrücklich genannten Interessen – sprich Kenntnisse, Fähigkeiten und Leistungen – aufgeweicht werden. Demnach ist es nicht mit dem Gesetz vereinbar, Gruppen mit pauschalisierter Leistungsstärke, Zahl der Abmahnungen oder Fehlzeiten zu bilden[851]. Diese Kriterien würden im Endeffekt nicht zu einer ausgewogenen Personalstruktur führen. Im Rahmen von personen- und verhaltensbedingten Kündigungen könnte dieses Merkmal – wie oben gezeigt – ohne weiteres herangezogen werden, sofern sie die Schwelle zur Kündigungsberechtigung dabei überschreiten.

j) Altersgruppenbildung

Anstelle einer Sozialauswahl unter allen in Frage kommenden Arbeitnehmern besteht auch die Möglichkeit, Altersgruppen zu bilden[852].

Die Bildung von Altersgruppen ermöglicht zudem die Aufrechterhaltung der Altersstruktur im Betrieb.

In der Bildung von Altersgruppen liegt keine unzulässige Altersdiskriminierung[853], solange die Altersgruppen nach sachlichen Kriterien gebildet werden. Die Bildung von Altersgruppen kann dabei einer ungerechten linearen Berücksichtigung des Lebensalters entgegenwirken[854].

Der Arbeitgeber hat bei der Bildung der Altersgruppen jedoch auch einen Beurteilungsspielraum. Dabei muss sich die Gruppenbildung nachvollziehbar aus den vom Arbeitgeber zu benennenden betrieblichen Zwecken ableiten lassen[855].

Im Anschluss ist die Sozialauswahl innerhalb der jeweiligen Gruppe durchzuführen. Die Interessenabwägung ist dem anzuschließen.

Die Herausnahme einzelner Arbeitnehmer ist bei der Gruppenbildung ausgenommen, da das Gesetz gerade auf die Personalstruktur im Betrieb abstellt, die aber nur durch eine Segmentierung der Sozialaus-

851 Vgl. Kittner/Däubler/Zwanziger/*Deinert*, KSchR, § 1 Rn. 699.
852 Kittner/Däubler/Zwanziger/*Deinert*, KSchR, § 1 Rn. 697.
853 BAG v. 15. Dezember 2011 – 2 AZR 42/10, NZA 2012, 1044.
854 Vgl. *Annuß*, BB 2006, 325.
855 Kittner/Däubler/Zwanziger/*Deinert*, KSchR, § 1 Rn. 697.

wahl betroffen sein kann, nicht hingegen durch die Durchbrechung der Sozialauswahl im Einzelfall[856].

Sind die Altersgruppen nach sachlichen Kriterien gebildet, ist die Belegschaft prozentual auf sie zu verteilen. Letztlich sind die auszusprechenden Kündigungen auf die einzelnen Altersgruppen nach dem Proporz zu verteilen[857]. Nach Ansicht des Bundesarbeitsgerichts muss auf jede Altersgruppe in jeder Vergleichsgruppe mindestens eine Kündigung fallen, damit die Altersgruppenbildung weiterhin geeignet ist, die Personalstruktur im Betrieb aufrechtzuerhalten[858]. Gibt es mehr Altersgruppen als auszusprechende Kündigungen, soll eine Altersgruppenbildung scheitern[859].

Beispiel einer unwirksamen Gruppenbildung, wobei vier Kündigungen auf 22 Arbeitnehmer in fünf Altersgruppen verteilt werden sollten[860]:

Gruppe	**Alter**	**Anzahl der Arbeitnehmer**	**Anteil an der Altersgruppe in Prozent (gerundet)**	**Rechnerische Anzahl der Kündigungen**	**Tatsächliche Kündigungen**
1	0-24	1	4,54	0,18	0
2	25-34	4	18,18	0,72	1
3	35-44	7	31,78	1,27	1
4	45-54	8	36,36	1,45	2
5	55+	2	9,09	0,36	0

Das Bundesarbeitsgericht beachtet bei seiner Rechtsprechung nicht ausreichend, dass es zum einen oftmals nur vom Zufall abhängt, wie viele Mitarbeiter in die einzelnen Altersgruppen fallen[861]. Unter Um-

856 Vgl. *Thüsing/Wege*, RdA 2005, 12, 22.
857 BAG v. 26. März 2015 – 2 AZR 478/13, BB 2015, 1341; BAG v. 19. Juli 2012 – 2 AZR 352/11, NZA 2013, 86.
858 BAG v. 24. Oktober 2013 – 6 AZR 854/11, NZA 2014, 46; a.A. LAG Rheinland-Pfalz v. 29. Januar 2015 – 5 Sa 486/14, BeckRS 2015, 67846.
859 BAG v. 19. Juli 2012 – 2 AZR 352/11, NZA 2013, 86.
860 BAG v. 24. Oktober 2013 – 6 AZR 854/11, NZA 2014, 46.
861 Vgl. *Lingemann/Otte*, NZA 2016, 65, 67.

ständen werden dann mehr Kündigungen als zunächst angedacht ausgesprochen, damit auf jede Altersgruppe eine Kündigung entfällt und die Altersgruppenbildung im Nachhinein nicht mehr angreifbar ist. Dass eine Altersstruktur in einem Betrieb auch aufrechterhalten bleiben kann, wenn in einer Altersgruppe keine Kündigung ausgesprochen werden kann, verkennt das Bundesarbeitsgericht in seinen Begründungen[862].

Auswirkungen der Rechtsprechung ergeben sich auch für die Überlegung, für Arbeitnehmer nach dem Erreichen des Renteneintrittsalters eine eigene Altersgruppe aufzubauen. Zum einen wird es zunächst nur eine geringe Anzahl an Arbeitnehmern geben, die in diese Altersgruppe fallen. Darüber hinaus verkleinert sich die Gruppe – folgt man der Rechtsprechung, dass in jeder Altersgruppe zumindest auch eine Kündigung auszusprechen ist – bei jeder Kündigungswelle. Vorteile bringt eine Altersgruppenbildung in Hinblick auf die Problematik der Vergleichbarkeit zwischen rentennahen Arbeitnehmern und Arbeitnehmern nach dem Erreichen des Renteneintrittsalters, da sie zunächst in unterschiedliche Altersgruppen eingeteilt werden könnten und folglich ein direkter Vergleich nicht stattfinden würde.

Die Bildung von Altersgruppen ist sowohl in Fünf-[863] als auch in Zehnjahresschritten[864] gerechtfertigt.

Bei der Gruppenbildung besteht mitunter die Gefahr einer Verschiebung der Altersstruktur im Vergleich mit einer Sozialauswahl ohne Bildung von Altersgruppen[865]. Grund dafür ist der Grenzwert als diejenige Mindestpunktzahl, ab der jemand nicht zu den zu Kündigenden gehört. Dies kann in jeder Gruppe verschieden sein, so dass etwa einem 35-jährigen Arbeitnehmer nicht zu kündigen sein kann und einem 36-jährigen Arbeitnehmer bei im Übrigen gleichen Punktzahlen aber sehr wohl die Kündigung ausgesprochen wird (Altersgruppenbildung im vorliegenden Fall: „älter als 25 Jahre bis zum vollendeten 35. Lebensjahr“ und „älter als 35 Jahre bis zum vollendeten 45. Lebensjahr“), während ohne Altersgruppenbildung unter Umständen

862 *Lingemann/Otte*, NZA 2016, 65, 68.

863 BAG v. 26. März 2015 – 2 AZR 478/13, BB 2015, 1341; Grobys/Panzer/*Wisskirchen*, SWK ArbR, Kündigung, betriebsbedingt, Rn. 58.

864 BAG v. 19. Juni 2007 – 2 AZR 304/06, NZA 2008, 103.

865 *Gaul/Niklas*, NZA-RR 2009, 457, 459.

beiden oder keinem von beiden zu kündigen wäre. In solchen Grenzfällen kann also die Altersgruppenbildung zu einer allein auf das Alter zurückzuführenden unterschiedlichen Behandlung führen, was das Bundesarbeitsgericht als dem Gesetz immanent ansieht[866].

Zum Teil werden die praktische Bedeutung und die Sinnhaftigkeit der Altersgruppen bereits bezweifelt, da sich aufgrund der strengeren Anforderungen des Bundesarbeitsgerichts an die Verteilung der Kündigungen auf die einzelnen Altersgruppen eine Altersgruppenbildung nur noch für größere Betriebe bei einer Vielzahl von Kündigungen (rechtswirksam) anbietet[867].

Wird eine Altersgruppe überproportional oder gerade nicht herangezogen, wird die bestehende Altersstruktur nicht „gesichert", sondern verändert. Das hat zur Folge, dass nicht nur die Kündigungen unwirksam sind, die unter Beibehaltung des Altersgruppensystems über den eigentlich auf die Altersgruppe entfallenden Anteil hinausgehen. Vielmehr ist damit die gesamte Sozialauswahl nach Altersgruppen hinfällig und die fragliche Kündigung ohne dieses Privileg an § 1 Abs. 3 S. 1 und § 1 Abs. 5 KSchG zu messen[868]. Der entsprechende Fehler im Auswahlverfahren führt damit zwar nicht per se zur Unwirksamkeit der Kündigung, jedoch erstreckt sich die Ergebniskontrolle nunmehr auf die gesamte Vergleichsgruppe, weil die Voraussetzungen der Ausnahmeregelung des § 1 Abs. Abs. 3 S. 2 KSchG nicht – allesamt – erfüllt sind. Diese strenge Rechtsfolge steht nicht im Einklang mit der Aufgabe der Dominotheorie (vgl. zugleich *§ 10 IV. 1. k) (Rechtsfolgen)*). Das Gericht verkennt, dass ein Fehler zwar bei der Verteilung auf die Altersgruppen stattgefunden hat, nicht jedoch bei der Bildung der Altersgruppen und der Aufteilung der Belegschaft auf die Gruppen. Damit liegt grundsätzlich eine vergleichbare Situation wie bei fehlerhaft ausgesprochenen Kündigungen ohne Altersgruppenbildung vor.

Es wird vertreten, innerhalb der verschiedenen Altersgruppen nur noch nach Dauer der Betriebszugehörigkeit, Unterhaltspflichten und Schwerbehinderung zu differenzieren[869]. Das Alter des Arbeitnehmers

866 BAG v. 6. November 2008 – 2 AZR 523/07, NZA 2009, 361; *Gaul/Niklas*, NZA-RR 2009, 457, 460.
867 Vgl. *Lingemann/Otte*, NZA 2016, 65, 67 f.
868 BAG v. 26. März 2015 – 2 AZR 478/13, BB 2015, 1341.
869 Vgl. *Gaul/Bonanni*, BB 2008, 218, 219.

wäre hierbei bei der Verteilung auf die einzelne Gruppe bereits berücksichtigt worden. Die Gefahr, das Kriterium nicht oder nur unzureichend zu berücksichtigen, würde hier nicht bestehen. Im Gegenteil: Man würde das Alter sogar doppelt berücksichtigen, würde man zum einen eine Altersgruppe bilden und sodann dem Alter erneut eine gewisse Bedeutung beimessen. Eine solche Auswahl hätte demnach den Vorteil, dass man die Arbeitnehmer in der etwa gleichen Lebensphase vergleicht und hier dann nur noch auf die noch zu berücksichtigenden drei weiteren Kriterien abstellt.

Um eine Vergleichbarkeit unter den Gruppen untereinander zu schaffen, ist auch denkbar, jeder Altersgruppe eine pauschale Punktzahl zuzuordnen. Dies könnte wie folgt aussehen:

Gruppe	**Alter**	**Pauschale Punktzahl**
1	0-24	10
2	25-34	20
3	35-44	30
4	45-54	40
5	55+	50

Eine solche Verteilung berücksichtigt das Alter, lässt ihm aber kein übermäßiges Gewicht zukommen. Auch hier sind dann die Kriterien Betriebszugehörigkeit, Unterhaltspflichten und Schwerbehinderung ausschlaggebend. Ein Altersunterschied von wenigen Jahren wird dann nicht berücksichtigt, jedoch, wie lange der Arbeitnehmer bereits in dem Betrieb tätig ist und ob er unterhaltspflichtig oder schwerbehindert ist. Dies erscheint gerecht, da die anderen Kriterien, die eine Schutzbedürftigkeit vermehrt begründen, dann den Ausschlag geben.

Greift man die Überlegungen, eine eigene Altersgruppe für Arbeitnehmer nach dem Erreichen des Renteneintrittsalters zu bilden, an dieser Stelle erneut auf, so ergeben sich auch hier Vorteile. Zunächst sind auch bei den Arbeitnehmern nach dem Erreichen des Renteneintrittsalters untereinander die übrigen Sozialdaten die ausschlaggebenden Kriterien. Im Verhältnis zu rentennahen Arbeitnehmern werden diese nicht unmittelbar miteinander verglichen, sodass man nicht Gefahr läuft, die unterschiedlichen Lebensabschnitte und nicht zuletzt die finanzielle Absicherung über einen möglichen Rentenbezug berücksichtigen zu müssen.

Urteile des Europäischen Gerichtshofs sind im Rahmen der Sozialauswahl mit der hier diskutierten Problematik noch nicht ergangen[870].

k) Rechtsfolgen

Ein Fehler in der Sozialauswahl führt nicht gleich zu deren Unwirksamkeit. Sie ist nur dann unwirksam, wenn sie auch im Ergebnis unzutreffend ist. Das bedeutet, dass eine betriebsbedingte Kündigung nicht sozialwidrig ist, wenn sich die Sozialauswahl im Ergebnis als zutreffend erweist, obwohl der Arbeitgeber tatsächlich eine Abwägung der sozialen Gesichtspunkte überhaupt nicht vorgenommen hat[871]. Ist demnach ein Fehler in der Auswahl des gekündigten Arbeitnehmers aufgetreten, der jedoch nicht ursächlich geworden ist, ist die Sozialauswahl wirksam durchgeführt[872].

Diese Ansicht vertritt nunmehr auch das Bundesarbeitsgericht[873]. Es ist damit von seiner Dominotheorie abgewichen. Nach dieser Rechtsprechung wurden alle Kündigungen als unwirksam betrachtet, wenn dem Arbeitgeber bei der Ermittlung der Punktzahlen ein Fehler mit der Folge unterlief, dass auch nur das Arbeitsverhältnis eines Arbeitnehmers, der bei richtiger Ermittlung der Punktzahlen zur Kündigung angestanden hätte, nicht gekündigt wurde. Die Aufgabe der Dominotheorie beschränkt sich nicht auf Punktesysteme. Auch wenn eine Sozialauswahl gar nicht oder methodisch fehlerhaft durchgeführt wurde, ist die Kündigung nicht aus diesem Grund unwirksam, wenn mit der Person des Gekündigten gleichwohl eine objektiv vertretbare Auswahl getroffen wurde[874].

Die Aufgabe der Dominotheorie erscheint sinnvoll und praxisorientiert. Sie trägt zur allgemeinen Rechtssicherheit bei, da gerade im

---

870 Stand: Juni 17.

871 BAG v. 9. November 2006 – 2 AZR 812/05, BB 2007, 1393; Mues/Eisenbeis/Laber/*Mues*, Handbuch Kündigungsrecht, Teil 2, Rn. 414.

872 Mues/Eisenbeis/Laber/*Mues*, Handbuch Kündigungsrecht, Teil 2, Rn. 418.

873 BAG v. 9. November 2006 – 2 AZR 812/05, BB 2007, 1393.

874 Gallner/Mestwerdt/Nägele/*Mestwerdt/Zimmermann*, KSchG, § 1 Rn. 878; *Bauer*, FD-ArbR 2006, 200879 (Anmerkung zum Urteil BAG v. 9. November 2006 – 2 AZR 812/05, BB 2007, 1393).

Falle von größeren Entlassungen nur die jeweils betroffenen Kündigungen unwirksam sind, die restlichen jedoch weiterhin aufrechterhalten blieben. Dies wirkt sich auch für die betroffenen Arbeitnehmer nicht negativ aus. Denn wenn ein Auswahlfehler auf die Kündigung Auswirkungen hat, so steht ihnen weiterhin der volle Schutz des Kündigungsschutzgesetzes zu. Ist ein Fehler ursächlich, so wäre es unbillig, alle Kündigungen als unwirksam zu erklären.

2. Grundgesetz

Die vorhandenen Regelungen zum Lebensalter als Sozialkriterium sowie die Übertragungsmöglichkeit auf Arbeitnehmer nach dem Erreichen des Renteneintrittsalters greifen in die Grundrechte der einzelnen Arbeitnehmer sowie der Arbeitgeber ein. Besonders berücksichtigt werden müssen hierbei der allgemeine Gleichheitssatz des Art. 3 GG sowie die Berufsfreiheit aus Art. 12 GG. Jedoch ergibt sich aus keinem der beiden Grundrechte eine Beschränkung des Rechts auf Berufsausübung nach Erreichen des Renteneintrittsalters und damit keine Auswirkung auf den Kündigungsschutz von Arbeitnehmern nach dem Erreichen des Renteneintrittsalters.

a) Gleichheit vor dem Gesetz

„Alle Menschen sind vor dem Gesetz gleich.“

Der allgemeine Gleichheitssatz des Art. 3 Abs. 1 GG verlangt die Rechtsanwendungsgleichheit (Gleichheit vor dem Gesetz) und die Rechtssetzungsgleichheit (Gleichheit des Gesetzes)[875]. Allgemein gesprochen verbietet Art. 3 Abs. 1 GG die Ungleichbehandlung von wesentlich Gleichem sowie die Gleichbehandlung von wesentlich Ungleichem, sofern für die Behandlung kein Rechtfertigungsgrund vorliegt[876].

---

875 *Kingreen/Poscher*, Staatsrecht II, Rn. 482; von Münch/Kunig/*Boysen*, GG, Art. 3 Rn. 6.

876 BVerfG v. 9. August 1978 – 2 BvR 831/76, BVerfGE 49, 148 zur Ungleichbehandlung von wesentlich Gleichem; BVerfG v. 15. Juli 1998 – 1 BvR 1554/89, 1 BvR 963/94, 1 BvR 964/94, BVerfGE 98, 365 zur Gleichbehandlung von wesentlich Ungleichem.

In Art. 3 Abs. 2 und Abs. 3 GG finden sich spezielle Gleichheitssätze, wie etwa die Gleichbehandlung von Mann und Frau (Abs. 2) und die Verbote der Ungleichbehandlung aufgrund des Geschlechts, der Abstammung, der Rasse, der Sprache, der Heimat oder Herkunft, des Glaubens, der religiösen oder politischen Anschauung (Abs. 3). Die Aufzählung ist abschließend[877].

Ein in Art. 3 GG ausdrücklich festgeschriebenes Verbot der Altersdiskriminierung existiert nicht. Eine Berücksichtigung ist damit lediglich über den allgemeinen Gleichheitssatz möglich, der jedoch das Risiko der Einführung von Quasi-Diskriminierungsverboten hegt[878]. Eine Verletzung des allgemeinen Gleichheitssatzes durch eine mögliche Differenzierung wegen des Alters kann durch einen sachlichen Grund gerechtfertigt werden[879]. Dies ist, wie gezeigt, bei beruflichen Altersgrenzen der Fall[880].

Eine Nichtdiskriminierungsregelung findet sich hingegen in Art. 21 GRC (vgl. hierzu bereits unter *§ 1 (Charta der Grundrechte der Europäischen Union)*). Weitere Gleichbehandlungsregelungen finden sich in der bereits erwähnten Richtlinie 2000/78/EG des Rates vom 27. November 2000 zur Festlegung eines allgemeinen Rahmens für die Verwirklichung der Gleichbehandlung in Beschäftigung und Beruf, auch Gleichbehandlungsrahmenrichtlinie genannt. Auf nationaler Ebene wurde zudem das Allgemeine Gleichbehandlungsgesetz als Umsetzung und Ergänzung der Richtlinie 2000/78/EG eingeführt.

Bezogen auf Arbeitnehmer nach dem Erreichen des Renteneintrittsalters ergibt sich aus Art. 3 GG kein ausdrücklicher oder besonderer Schutz vor Diskriminierung im Kündigungsschutz. Sofern eine Regelung durch einen sachlichen Grund gerechtfertigt werden kann, stellt sie keinen Verstoß gegen das allgemeine Gleichheitsgebot des Art. 3 GG dar.

---

877 BeckOK GG/*Kischel*, GG, Art. 3 Rn. 231; von Münch/Kunig/*Boysen*, GG, Art. 3 Rn. 115.

878 Vgl. BeckOK GG/*Kischel*, GG, Art. 3 Rn. 231.

879 BeckOK GG/*Kischel*, GG, Art. 3 Rn. 140.

880 BVerfG v. 7. August 2007 – 1 BvR 1941/07, NZS 2008, 311.

b) Berufsfreiheit

„Alle Deutschen haben das Recht, Beruf, Arbeitsplatz und Ausbildungsstätte frei zu wählen. Die Berufsausübung kann durch Gesetz oder aufgrund eines Gesetzes geregelt werden.“

Art. 12 Abs. 1 GG garantiert neben der freien Wahl des Berufs und der freien Wahl des Arbeitsplatzes auch die freie Wahl der Fortsetzung und Beendigung eines Berufs[881]. Folglich umfasst der Schutz des Grundrechts jegliche Wahlfreiheit[882]. Zwar steht der Schutz des Grundrechts demnach staatlichen Maßnahmen, welche die Aufgabe eines Arbeitsplatzes verlangen, entgegen, jedoch wird durch die Wahlfreiheit weder ein Anspruch auf Bereitstellung eines Arbeitsplatzes noch eine Bestandsgarantie für einen gewählten Arbeitsplatz gewährleistet[883]. Ebenso wenig gewährt Art. 12 Abs. 1 GG Schutz gegen den Verlust eines Arbeitsplatzes aufgrund privater Dispositionen. Solche Rechte lassen sich aufgrund eines fehlenden staatlichen Arbeitsplatzmonopols bzw. eines staatlichen Verfügungsrechts über Produktionsmittel und Arbeitsplätze nicht begründen[884]. Der Staat hat lediglich

881 BVerfG v 24. April 1991 – 1 BvR 1341/90, BVerfGE 84, 133.

882 *Kingreen/Poscher*, Staatsrechte II, Rn. 897; Sachs/*Mann*, GG, Art. 12 Rn. 44; Kittner/Däubler/Zwanziger/*Däubler*, GG, § 12 Rn. 1.

883 BVerfG v 24. April 1991 – 1 BvR 1341/90, BVerfGE 84, 133; Kittner/Däubler/Zwanziger/*Däubler*, GG, § 12 Rn. 2.

884 Vgl. Sachs/*Mann*, GG, Art. 12 Rn. 20; Maunz/Dürig/*Scholz*, GG, Art. 12 Rn. 53. Ein solches Recht kann sich nur in Volkswirtschaften oder Wirtschaftsverfassungen bilden, die auf einem planwirtschaftlichen (zentralverwaltungswirtschaftlichen) Grundkonzept aufgebaut sind. Ein soziales Grundrecht auf Arbeit war dabei etwa in Art. 9, 21, 24 DDR-Verfassung vom 6. April 1968 (in der Fassung vom 7. Oktober 1974) verankert.
Art. 24 DDR-Verfassung:
(1) Jeder Bürger der Deutschen Demokratischen Republik hat **das Recht auf Arbeit**. Er hat das Recht auf einen Arbeitsplatz und dessen freie Wahl entsprechend den gesellschaftlichen Erfordernissen und der persönlichen Qualifikation. Er hat das Recht auf Lohn nach Qualität und Quantität der Arbeit. Mann und Frau, Erwachsene und Jugendliche haben das Recht auf gleichen Lohn bei gleicher Arbeitsleistung.
(2) Gesellschaftlich nützliche Tätigkeit ist eine ehrenvolle Pflicht für jeden arbeitsfähigen Bürger. Das Recht auf Arbeit und die Pflicht zur Arbeit bilden eine Einheit.
(3) Das Recht auf Arbeit wird gewährleistet
durch das sozialistische Eigentum an den Produktionsmitteln;

eine Schutzpflicht, die er durch die Vorschriften des Kündigungsschutzes erfüllt hat[885].

Durch die Regelungen des Kündigungsschutzes wird ein gesetzlicher Mindeststandard begründet. Der Mindeststandard darf auch nicht durch die Tarifvertragsparteien bei der Schaffung von Rechtsnormen nach § 1 TVG unterschritten werden. Die den Kündigungsschutz beschränkenden Regelungen müssen demnach die ihm zugrunde liegenden Wertentscheidungen respektieren und sachlich begründet sein[886].

Die Berufsfreiheit steht systematisch in einem engen Zusammenhang mit dem Recht auf freie Entfaltung der Persönlichkeit (Art. 2 Abs. 1 GG). Damit ist das Recht der (positiven) Berufsfreiheit vor allem persönlichkeitsbezogen zu verstehen und im weiteren Zusammenhang auch in Bezug auf den allgemeinen Satz zum Schutz der Menschenwürde gemäß Art. 1 Abs. 1 GG zu setzen[887]. Daraus lässt sich entnehmen, dass der Schutz des Grundgesetzes – und damit auch der Schutz des Art. 12 GG – nicht mit einem bestimmten Alter endet.

Das Recht des Arbeitgebers wird über die Eigentumsgarantie des Art. 14 GG geschützt. Das Recht am Unternehmen aus Art. 14 GG sowie die Vertragsfreiheit von Arbeitnehmer und Arbeitgeber übertragen grundsätzlich dem Arbeitgeber das prinzipielle Dispositionsrecht über die Arbeitsplätze in seinem Unternehmen[888]. Demnach umfasst Art. 12 GG auch das prinzipielle Kündigungsrecht, und das sowohl für

---

durch die sozialistische Leitung und Planung des gesellschaftlichen Reproduktionsprozesses;
durch das stetige und planmäßige Wachstum der sozialistischen Produktivkräfte und der Arbeitsproduktivität;
durch die konsequente Durchführung der wissenschaftlich-technischen Revolution;
durch ständige Bildung und Weiterbildung der Bürger und durch das einheitliche sozialistische Arbeitsrecht.
[Hervorhebung durch die Verfasserin hinzugefügt].

885 BVerfG v 24. April 1991 – 1 BvR 1341/90, BVerfGE 84, 133; Kittner/Däubler/Zwanziger/*Däubler*, GG, § 12 Rn. 5.

886 BAG v. 27. Februar 2002 – 9 AZR 562/00, NZA 2002, 1099.

887 Dornbusch/Fischermeier/Löwisch/*Spelge*, GG, § 12 Rn. 33 f.; Maunz/Dürig/*Scholz*, GG, Art. 12 Rn. 9.

888 Vgl. Kittner/Däubler/Zwanziger/*Däubler*, GG, § 12 Rn. 20; Maunz/Dürig/*Scholz*, GG, Art. 12 Rn. 58 f.; Dornbusch/Fischermeier/Löwisch/*Spelge*, GG, § 12 Rn. 35.

den Arbeitgeber als auch für den Arbeitnehmer. Ein genereller Ausschluss des Kündigungsrechts wäre mit Art. 12 GG nicht vereinbar. Einschränkungen des Kündigungsrechts wären aus sozialstaatlichen Gründen möglich, solange sie das Kündigungsrecht nicht im Übermaß einschränken[889]. Der Fortbestand eines Arbeitsverhältnisses über eine (rechtmäßige) Kündigung hinaus ist nur mit dem Grundgesetz vereinbar, wenn für diesen Fortbestand verfassungsrechtlich gleichrangige (soziale) Gründe sprechen. Solche sozialen Gründe sind im Kündigungsschutzgesetz, im Schwerbehindertengesetz oder im Mutterschutzgesetz niedergelegt[890].

Demzufolge wäre eine Regelung mit der Berufsfreiheit vereinbar, die die Kündigung an „einen sachbezogenen und als billig und gerecht anerkennenswerten Grund" bände. Hingegen mit Art. 12 GG unvereinbar wäre eine Regelung, welche lediglich das Recht der ordentlichen Kündigung anerkennen und die außerordentliche Kündigung generell ausschließen würde[891].

Die sozialstaatlichen Grenzen des Kündigungsrechts sind prinzipiell an den individuellen Einzelfall und sein konkretes soziales Schutzbedürfnis zu binden. Daraus folgt die Rechtmäßigkeit weiterer Einschränkungen des Kündigungsrechts namentlich im Bereich sozial besonders gefährdeter oder abhängiger Personengruppen[892].

Von dem Recht der Berufsaufnahme und Berufsbeendigung ist auch das Recht, eine feste Berufsdauer festzulegen, grundrechtlich mit umfasst[893].

Das Recht der freien Berufsbeendigung wird durch berufliche Altersgrenzen beschränkt[894]. Altersgrenzen bilden dabei im System der Schrankenvorbehalte des Art. 12 Abs. 1 GG eine subjektive Zulassungsvoraussetzung, welche nur unter den für diese schrankenrecht-

---

889 Vgl. Kittner/Däubler/Zwanziger/*Däubler*, GG, § 12 Rn. 8 f.; Maunz/Dürig/*Scholz*, GG, Art. 12 Rn. 59.

890 Dornbusch/Fischermeier/Löwisch/*Spelge*, GG, § 12 Rn. 23; Maunz/Dürig/*Scholz*, GG, Art. 12 Rn. 59.

891 Vgl. Maunz/Dürig/*Scholz*, GG, Art. 12 Rn. 59.

892 Vgl. Maunz/Dürig/*Scholz*, GG, Art. 12 Rn. 59.

893 Vgl. Maunz/Dürig/*Scholz*, GG, Art. 12 Rn. 289.

894 Vgl. *Rolfs*, NZA-Beil. 2008, 8, 12; Dornbusch/Fischermeier/Löwisch/*Spelge*, GG, § 12 Rn. 17.

lich geltenden Voraussetzungen eingeführt werden darf[895]. Zulässig sind Altersgrenzen, sofern das berufsbeendende Alter nicht außer Verhältnis zum angestrebten Zweck der ordnungsgemäßen Erfüllung der betreffenden Berufstätigkeit steht und keine übermäßige oder unzumutbare Belastung für die Angehörigen des betreffenden Berufs darstellt[896].

Für eine Zwangspensionierung von Arbeitnehmern in der Privatwirtschaft hat das Bundesarbeitsgericht beschlossen, dass die Vollendung des 65. Lebensjahres keinen automatischen Kündigungsgrund darstelle[897]. Später stellte das Gericht fest, dass die Einführung einer Altersgrenze mit 65 gerechtfertigt sei, da eine entsprechende Altersversorgung gewährleistet wäre[898]. Der Aspekt der sozialen Absicherung durch eine Altersversorgung stellt allein keinen maßgeblichen Rechtfertigungsgrund dar[899]. Die Berufsausübung dient hier nicht nur der wirtschaftlichen oder der sozialen Existenzsicherung, sondern auch der Persönlichkeitsentfaltung und darf demnach nicht allein unter dem Aspekt der sozialen Absicherung beendet werden[900].

Letztlich erscheint auch eine Altersgrenze aus Gründen der Bekämpfung von Arbeitslosigkeit nicht verfassungskonform. Zwar können solche Herabsetzungen dazu führen, dass ein bestimmtes Arbeitsplatzpotential wieder verfügbar und damit durch Arbeitslose wiederbesetzt werden kann, jedoch dürfen solche Maßnahmen die Berufsfreiheit der durch die Altersbegrenzung betroffenen Arbeitnehmer nicht übermäßig beeinträchtigen[901]. Altersgrenzen dürfen nicht aus Gründen der (allgemeinen) Verteilung von Arbeitsplätzen gebildet werden. Dies bildet keinen Rechtfertigungsgrund[902]. So werden auch im Lichte des Sozialstaatsprinzips verteilungspolitisch bedingte Altersbegrenzungen nur als Ultima Ratio herangezogen. Dies kann nur dann

895 BVerfG v. 16. Juni 1959 – 1 BvR 71/57, NJW 1959, 1579.
896 BVerfG v. 9. November 1955 – 1 BvL 13 u. 21/52; Dornbusch/Fischermeier/Löwisch/*Spelge*, GG, § 12 Rn. 17.
897 BAG v. 28. September 1961 – 2 AZR 428/60, NJW 1962, 73.
898 BAG v. 25. März 1971 – 2 AZR 185/70, NJW 1971, 1629.
899 *Hanau*, RdA 1976, 24 ff.
900 Maunz/Dürig/*Scholz*, GG, Art. 12 Rn. 290.
901 Vgl. Kittner/Däubler/Zwanziger/*Däubler*, GG, § 12 Rn. 19; Maunz/Dürig/*Scholz*, GG, Art. 12 Rn. 290.
902 EuGH v. 27. Januar 2005 – C-188/03, NJW 2005, 1099 (Junk/Kühnel).

gerechtfertigt sein, wenn die beruflich Betroffenen in ihrer beruflichen Entfaltungsfreiheit allenfalls minimal eingeschränkt werden (etwa durch eine Absenkung einer Altersgrenze z. B. um ein bis zwei Jahre) und wenn ihnen eine voll adäquate wirtschaftliche bzw. soziale Absicherung garantiert wird[903].

Das zur gesetzlichen Einführung oder Herabsetzung der Altersgrenzen Gesagte gilt für Tarifverträge und Betriebsvereinbarungen entsprechend[904].

3. Zwischenergebnis

Folglich legt das Grundgesetz keine Höchstgrenze für ein Alter fest, bis zu der sein Schutz besteht. Das Lebensalter als Sozialkriterium erfährt demnach keine Begrenzung.

Auch erscheint es unter dem oben Gesagten nicht gerecht, die finanzielle Absicherung – die es oftmals gar nicht so gibt wie man sie verstehen mag – mit zu berücksichtigen.

Folglich ergibt sich aus dem Gesetz kein Anhaltspunkt, das Lebensalter nicht weiter zu berücksichtigen. Die Rechtsprechung bezüglich der Begrenzung der Punktesysteme auf ein bestimmtes Alter ist indes kritisch zu sehen und geht aus dem Gesetz nicht unmittelbar hervor. Insbesondere ist dabei fraglich, ob die Nichtberücksichtigung ab einem bestimmten Alter überhaupt noch eine angemessene Berücksichtigung des Kriteriums darstellt. Will man dem Kriterium Lebensalter ab einer bestimmten Punktzahl nicht mehr die volle Berücksichtigung schenken, so wäre es denkbar, jedem hinzukommenden Alter keinen vollen Sozialpunkt mehr zu gewähren. Dadurch würde gewährleistet, dass das Alter zumindest weiterhin berücksichtigt wird, jedoch nicht mehr im vollen Umfang. Das Alter würde demnach linear bis zu einem bestimmten Alter mit jeweils einem Sozialpunkt berücksichtigt und ab diesem Alter verringert sich der Wert um einen viertel oder halben Sozialpunkt. Insoweit wäre es wünschenswert, dass der Gesetzgeber eine klare Regelung treffen würde.

903 Vgl. Maunz/Dürig/*Scholz*, GG, Art. 12 Rn. 290.
904 Vgl. Maunz/Dürig/*Scholz*, GG, Art. 12 Rn. 290.

Als eine besonders gerechte Lösung erscheint die Verteilung der Arbeitnehmer auf Altersgruppen. Dies bietet zum einem dem Arbeitgeber die Möglichkeit, Kündigungen auszusprechen, hält auf der anderen Seite aber auch die Altersstruktur im Betrieb aufrecht. Somit können ältere Arbeitnehmer ihr Wissen und ihre Erfahrungen an jüngere Arbeitnehmer weitergeben und folglich qualifizierten Nachwuchs für den Arbeitgeber schaffen.

Die Kündigungen verteilen sich durch die Altersgruppen möglichst gerecht auf die Arbeitnehmer. Durch die Betroffenheit aller Altersgruppen verteilt sich die Belastung der Kündigung auf alle Altersschichten. Dass eine Kündigung den jeweils betroffenen Arbeitnehmer (hart) trifft, steht dabei außer Frage.

Besonders von Vorteil erscheint auch die Überlegung der pauschalen Punktevergabe auf die Altersgruppen, da damit die anderen, nicht zu vernachlässigenden Kriterien ausschlaggebend sind und nicht die Unterscheidung nur weniger Jahre. Arbeitnehmer in der gleichen Lebensphase können dadurch angemessener miteinander verglichen werden.

Letztlich besteht dabei dann auch die Möglichkeit der Bildung einer Altersgruppe von Arbeitnehmern nach dem Erreichen des Renteneintrittsalters. Auch sie werden nicht von den Kündigungen verschont; man muss aber auch die finanzielle Situation nicht berücksichtigen, da sie aufgrund ihrer eigenen Altersgruppe nicht mit rentennahen – oder anderen – Arbeitnehmern verglichen werden müssen. Ausschlaggebend wären dann die weiteren Sozialdaten des § 1 Abs. 3 KSchG. Diese werden von der hiesigen Problematik eines möglicherweise abgesenkten Schutzes mit Rentennähe oder dem Erreichen der Regelaltersgrenze nicht umfasst und sind daher weiterhin uneingeschränkt zu berücksichtigen.

Folglich endet der Schutz des Kündigungsschutzgesetzes vor Kündigung nicht mit dem Erreichen der Regelaltersgrenze, sondern besteht darüber hinaus.

V. Anpassung über Kündigungsfristen?

Sollte ein Arbeitnehmer über das Erreichen der Regelaltersgrenze weiterbeschäftigt werden, so kann über eine Anpassung der Kündigungsfristen nachgedacht werden. Die Möglichkeit einer verkürzten Kündigungsfrist könnte Arbeitgebern den Anreiz verschaffen, Arbeitnehmer auch über das Erreichen der Regelaltersgrenze hinaus zu beschäftigten. Dies gilt insbesondere bei unbefristeten Arbeitsverhältnissen und bei befristeten Arbeitsverhältnissen insofern, wenn das Recht zur ordentlichen Kündigung ausdrücklich vereinbart wurde.

Eine mögliche Anpassung wird in Form einer Kündigungsfrist von sechs Wochen zum Quartalsende, in Anlehnung an Art. 61 ADHGB 1861, vorgeschlagen[905]. Dieser lautete:

> *„Das Dienstverhältniß zwischen dem Prinzipal und dem Handlungsdiener kann von jedem Theile mit Ablauf eines jeden Kalendervierteljahres nach vorgängiger sechswöchiger Kündigung aufgehoben werden. […]“*

Eine solche Regelung findet sich in § 622 BGB nicht mehr[906].

Zwar besteht durchaus die Möglichkeit, von dem Gesetz abweichende Regelungen in einem Tarifvertrag zu vereinbaren (§ 622 Abs. 4 BGB), dies ist jedoch den Tarifvertragsparteien vorbehalten.

Besteht keine tarifvertragliche Regelung, so kann nur eine einzelvertragliche Regelung Abhilfe schaffen. Eine solche ist jedoch aufgrund der nur eingeschränkten Abdingbarkeit der § 622 Abs. 1 und Abs. 2 BGB nur sehr schwer umsetzbar[907]. Dabei darf der Arbeitsvertrag für eine Arbeitnehmerkündigung keine längere Frist als für eine Arbeitgeberkündigung vorsehen (§ 622 Abs. 6 BGB).

Will man eine Regelung wie die oben vorgeschlagene so in Arbeitsverträge übernehmen, dass eine Änderung der Kündigungsfrist mit dem Erreichen des Renteneintrittsalters eintritt, entsteht das Problem, dass in einzelnen Fällen die Kündigungsfrist verlängert, überwiegend aber verkürzt wird. Würde ein Arbeitnehmer nach dem Errei-

---

905 Vgl. *Roth*, RdA 2012, 1, 14.

906 Die Regelung wurde durch das Gesetz zur Vereinheitlichung der Kündigungsfristen von Arbeitern und Angestellten (Kündigungsfristengesetz) vom 7. Oktober 1993 (BGBl. I 1993, S. 1668) aus dem Gesetz gestrichen.

907 Ascheid/Preis/Schmidt/*Linck*, BGB, § 622 Rn. 101; Dornbusch/Fischermeier/Löwisch/*Fischermeier*, BGB, § 622 Rn. 16 f.

chen des Renteneintrittsalters einen neuen Vertrag mit einer solchen Regelung unterzeichnen, würde seine Kündigungsfrist von vier Wochen (§ 622 Abs. 1 BGB) verlängert. Einen Arbeitnehmer, der bereits mehrere Jahre in einem Betrieb angestellt ist und dessen Kündigungsfrist sich nach § 622 Abs. 2 BGB bemisst, würde mit dem Erreichen des Renteneintrittsalters eine kürzere Kündigungsfrist treffen.

Eine Kündigungsfrist kann über die Maßgabe des § 622 Abs. 1 bis Abs. 3 BGB hinaus einzelvertraglich gemäß § 622 Abs. 5 S. 3 BGB verlängert werden.

Eine einzelvertragliche Verkürzung der Kündigungsfrist unter die Vier-Wochenfrist des § 622 Abs. 1 BGB ist nur in der Probezeit (§ 622 Abs. 3 BGB) oder in einem Aushilfsarbeitsverhältnis oder Kleinunternehmen möglich (§ 622 Abs. 5 S. 1 BGB). Eine Verkürzung der Kündigungsfristen des § 622 Abs. 2 und Abs. 3 BGB sieht das Gesetz nicht vor.

Aufgrund des Aufbaus des Gesetzes lässt sich schließen, dass dem Gesetzgeber durchaus bewusst war, Regelungen zu abweichenden Kündigungsfristen zu treffen. Dass es gerade keine Regelung für nach unten von § 622 Abs. 1 bis Abs. 3 abweichende Kündigungsfristen gibt, lässt folglich darauf schließen, dass der Gesetzgeber eine Abweichung gerade nicht vorgesehen hat und demnach eine solche auch nicht möglich ist[908]. In der Gesetzesbegründung heißt es hierzu wörtlich:

> *„Zusätzlich wird ausdrücklich klargestellt, daß einzelvertraglich keine weiteren Abkürzungen der Kündigungsfristen, sondern lediglich Regelungen zugunsten der Arbeitnehmer zulässig sind, insbesondere in Form der Verlängerung der Kündigungsfristen."*[909]

Folglich ist eine Regelung, die mit dem Erreichen der Regelaltersgrenze eine Änderung der Kündigungsfrist auf sechs Wochen zum Quartalsende vorsieht, nach der heutigen Rechtslage nicht möglich[910].

Eine solche Anpassung de lege ferenda durch den Gesetzgeber böte jedoch nicht nur für den Arbeitgeber, sondern auch für den Arbeitnehmer im Rahmen einer Arbeitnehmerkündigung eine Erleichterung, da der Arbeitsvertrag zu einem zeitnahen Ende führen würde.

908 Vgl. Ascheid/Preis/Schmidt/*Linck*, BGB, § 622 Rn. 101; ErfKomm ArbR/*Müller-Glöge*, BGB, § 622 Rn. 34.

909 BT-Drs. 12/4902, S. 9.

910 BT-Drs. 12/4902, S. 9.

Die Möglichkeit der Anpassung der Kündigungsfristen nach dem Erreichen des Renteneintrittsalters läuft dem Normzweck des § 622 BGB nicht entgegen. Dieser soll zum einen den Arbeitnehmer gerade vor wirtschaftlichen Nachteilen schützen, indem er ihm eine Überbrückungsdauer einräumt, die ihm die Gelegenheit bietet, eine neue Arbeitsstelle zu finden[911]. Zum anderen der Sinn und Zweck der Kündigungsfristen darin, dem Arbeitgeber eine angemessene Personalplanung zu ermöglichen[912]. Beide Zwecke würde eine Regelung zu abgeänderten Kündigungsfristen nach dem Erreichen des Renteneintrittsalters erfüllen. Der Arbeitnehmer hat weiterhin die Möglichkeit, sich eine Anschlussbeschäftigung zu suchen, und der Arbeitgeber kann die Zeit zur Personalplanung nutzen. Durch den Rentenanspruch entsteht dem Arbeitnehmer auch kein wesentlicher wirtschaftlicher Nachteil.

Letztlich steht dies auch der Befürchtung der Agentur für Arbeit nicht entgegen, dass es zu einer Konzentration von Kündigungen auf vier Kündigungstermine im Jahr komme und damit eine untragbare Beratungs- und Vermittlungstätigkeit verbunden sei. Unter anderem diese Bedenken führten 1993 zu einer Ablehnung der Quartalskündigungstermine[913]. Zum einen wird es nur einen Teil der Arbeitnehmer geben, die über das Erreichen des Renteneintrittsalters hinaus weiter arbeiten werden, und zum anderen wird von ihnen wiederum nur ein Teil im Falle einer Kündigung noch eine Anschlussbeschäftigung suchen. Eine Überlastung der Agentur für Arbeit am Quartalsende ist aufgrund dieser Arbeitnehmer folglich nicht zu erwarten.

Folglich stehen einer Einführung besonderer Kündigungsfristen nach dem Erreichen des Renteneintrittsalters keine Bedenken entgegen.

911 Vgl. ErfKomm ArbR/*Müller-Glöge*, BGB, § 622 Rn. 1; Dornbusch/Fischermeier/Löwisch/*Fischermeier*, BGB, § 622 Rn. 1.

912 ErfKomm ArbR/*Müller-Glöge*, BGB, § 622 Rn. 1; Dornbusch/Fischermeier/Löwisch/*Fischermeier*, BGB, § 622 Rn. 1.

913 BT-Drs. 12/4902, S. 7.

§ 11 Änderungskündigung

Eine Änderungskündigung kommt immer dann in Betracht, wenn ein Arbeitsverhältnis zu geänderten Bedingungen fortgeführt werden soll und die Änderung der Bedingungen nicht mehr vom Direktionsrecht des Arbeitgebers nach § 106 GewO gedeckt ist und die Änderung auch nicht von einer (wirksamen) arbeitsvertraglichen Umsetzungs- oder Versetzungsklausel umfasst ist[914]. Nach § 106 GewO kann der Arbeitgeber Inhalt, Ort und Zeit der Arbeitsleistung nach billigem Ermessen näher bestimmen, soweit diese Arbeitsbedingungen nicht durch den Arbeitsvertrag, Bestimmungen einer Betriebsvereinbarung, eines anwendbaren Tarifvertrages oder gesetzliche Vorschriften festgelegt sind (§ 106 S. 1 GewO). Hierüber hinausgehende Änderungen der Arbeitsbedingungen können nur durch eine Änderungskündigung abgeändert werden[915].

Die durch den Arbeitgeber ausgesprochene Änderungskündigung ist in § 2 KSchG gesetzlich normiert. Danach liegt eine wirksame Änderungskündigung vor, sollte der Arbeitgeber das Arbeitsverhältnis kündigen und dem Arbeitnehmer im Zusammenhang mit der Kündigung die Fortsetzung des Arbeitsverhältnisses zu geänderten Arbeitsbedingungen anbieten. Der Arbeitnehmer kann dieses Angebot unter dem Vorbehalt annehmen, dass die Änderung der Arbeitsbedingung nicht sozial ungerechtfertigt ist (§ 1 Abs. 2 S. 1 bis S. 3, Abs. 3 S. 1 und S. 2 KSchG).

Die Änderungskündigung besteht aus zwei Teilen, einer Kündigung und einem Änderungsangebot[916]. An die Kündigung sind alle bereits bekannten Anforderungen, wie etwa Schriftformerfordernis,

---

914 v. Hoyningen-Huene/Linck/*Linck*, KSchG, § 2 Rn. 30; Mues/Eisenbeis/Laber/*Mues*, Handbuch Kündigungsrecht, Teil 1, Rn. 396; ErfKomm ArbR/*Oetker*, KSchG, § 2 Rn. 14.

915 ErfKomm ArbR/*Oetker*, KSchG, § 2 Rn. 14; Mues/Eisenbeis/Laber/*Mues*, Handbuch Kündigungsrecht, Teil 1, Rn. 400.

916 *Reichold*, Arbeitsrecht, § 10 Rn. 90; Stahlhacke/Preis/Vossen/*Preis*, Kündigung und Kündigungsschutz, Rn. 1288; *Junker*, Arbeitsrecht, Rn. 417; *Rolfs*, Arbeitsrecht, KSchG, § 2 Rn. 2.

Anhörung des Betriebsrats und soziale Rechtfertigung zu stellen[917]. Demnach ist auch bei der Änderungskündigung zunächst festzustellen, ob ein Kündigungsgrund vorliegt, und sodann eine Interessenabwägung durchzuführen, bei der festzustellen ist, ob sich der Arbeitgeber bei einem an sich anerkennenswerten Anlass zur Änderungskündigung darauf beschränkt hat, nur solche Änderungen vorzuschlagen, die der Arbeitnehmer billigerweise hinnehmen durfte[918].

Eine Änderungskündigung kann sowohl auf verhaltensbedingten Gründen als auch auf personen- oder betriebsbedingten Gründen beruhen. Sie stellt grundsätzlich ein milderes Mittel nach dem Grundsatz der Verhältnismäßigkeit zur Beendigungskündigung dar[919].

I. Personenbedingte Kündigungsgründe

Eine Änderungskündigung kann durch in der Person des Arbeitnehmers liegende Gründe bedingt sein. Sie kommt daher vorwiegend bei alters- oder krankheitsbedingtem Nachlassen der Leistungsfähigkeit in Betracht[920].

Personenbedingte Gründe können sich insbesondere aus der Durchführung eines betrieblichen Eingliederungsmanagements (§ 84 Abs. 2 SGB IX) ergeben. Ein solches ist durchzuführen, wenn ein Beschäftigter innerhalb eines Jahres länger als sechs Wochen ununterbrochen oder wiederholt arbeitsunfähig ist. Dann hat der Arbeitgeber mit dem Betriebs-, Personal-, Richter-, Staatsanwalts- oder Präsidialrat – bei schwerbehinderten Menschen außerdem mit der Schwerbehindertenvertretung – mit Zustimmung und Beteiligung der betroffenen Personen die Möglichkeiten zu klären, wie die Arbeitsunfähigkeit möglichst überwunden werden und mit welchen Leistungen oder Hilfen

---

917 *Junker*, Arbeitsrecht, Rn. 417; *Hromadka/Maschmann*, Arbeitsrecht Band 1, § 10 Rn. 377; *Rolfs*, Arbeitsrecht, KSchG, § 2 Rn. 4 ff.; *Löwisch/Caspers/Klumpp*, Arbeitsrecht, Rn. 799.

918 ErfKomm ArbR/*Oetker*, KSchG, § 2 Rn. 5 ff.; *Junker*, Arbeitsrecht, Rn. 417 f., 422 ff.; *Reichold*, Arbeitsrecht, § 10 Rn. 96.

919 Ascheid/Preis/Schmidt/*Künzl*, KSchG, § 2 Rn. 245.

920 Vgl. Stahlhacke/Preis/Vossen/*Preis*, Kündigung und Kündigungsschutz, Rn. 1331; BeckOK ArbR/*Rolfs*, KSchG, § 2 Rn. 74.

einer erneuten Arbeitsunfähigkeit vorgebeugt und der Arbeitsplatz erhalten werden kann (§ 84 Abs. 2 S. 1 SGB IX).

Im Rahmen des krankheitsbedingten Nachlassens der Leistungsfähigkeit und bei Low Performern kann grundsätzlich eine Änderungskündigung mit dem Ziel der Übertragung einer leistungsgerechten Tätigkeit als milderes Mittel zur Beendigungskündigung angesehen werden[921]. Auch eine Änderungskündigung zur Entgeltreduzierung kann in Betracht gezogen werden[922]. Hieran knüpft das Bundesarbeitsgericht jedoch hohe Anforderungen, wie etwa die Aufrechterhaltung der bisherigen Personalstruktur, wenn weitere betriebliche nicht mehr auffangbare Verluste entstehen, die absehbar zu einer Reduzierung der Belegschaft führen würden[923].

Jedoch gilt dies nicht mehr für Arbeitnehmer nach dem Erreichen der Regelaltersgrenze. Wie bereits unter *§ 8 VII. (Auswirkungen auf Arbeitsverhältnisse mit Arbeitnehmern nach dem Erreichen des Renteneintrittsalters)* gezeigt, sinken der Schutz bei krankheitsbedingten Kündigungen und der Anspruch auf einen altersgerechten Arbeitsplatz nach diesem Alter ab. Demnach kommt auch eine Änderungskündigung in diesem Fall nicht in Betracht. Das wirtschaftliche Interesse des Arbeitgebers geht ab diesem Zeitpunkt dem Bestandsschutzinteresse des Arbeitnehmers vor. Auch ist hier die finanzielle Absicherung des Arbeitnehmers durch den Rentenanspruch zu berücksichtigen. Eine Kosten-Nutzen-Relation spricht für den Arbeitgeber. Eine Berücksichtigung der finanziellen Absicherung ist in diesem Fall parallel zur personenbedingten Kündigung ausnahmsweise möglich.

II. Verhaltensbedingte Kündigungsgründe

Auch im Rahmen der Änderungskündigung muss das Verhalten des Arbeitnehmers steuerbar und zurechenbar sein[924]. Aufgrund des Ver-

921 Ascheid/Preis/Schmidt/*Künzl*, KSchG, § 2 Rn. 243 a.

922 Stahlhacke/Preis/Vossen/*Preis*, Kündigung und Kündigungsschutz, Rn. 1310; Dornbusch/Fischermeier/Löwisch/*Lauterbach*, KSchG, § 2 Rn. 43; Ascheid/Preis/Schmidt/*Künzl*, KSchG, § 2 Rn. 243 a.

923 BAG v. 12. Januar 2006 – 2 AZR 126/05, NZA 2006, 587.

924 BeckOK ArbR/*Rolfs*, KSchG, § 2 Rn. 75.

hältnismäßigkeitsgrundsatzes ist ihr grundsätzlich eine Abmahnung voranzustellen[925].

Voraussetzung für eine verhaltensbedingte Änderungskündigung ist, dass der Arbeitgeber einen freien Arbeitsplatz zur Verfügung hat, auf dem das Fehlverhalten des Arbeitnehmers nicht (mehr) auftreten würde[926]. Ist davon auszugehen, dass sich das Verhalten auch nach einer Änderungskündigung nicht ändern würde, so kommt nur eine Beendigungskündigung in Betracht[927]. Dies ist insbesondere bei arbeitsplatzunabhängigen Störungen der Fall[928].

Bezieht man dies auf Arbeitsverhältnisse mit Arbeitnehmern nach dem Erreichen des Renteneintrittsalters, so ist auch hier zunächst eine Änderungskündigung auszusprechen. Wie schon bei der verhaltensbedingten Beendigungskündigung (vgl. unter *§ 9 IV. (Übertragung auf Arbeitsverhältnisse mit Arbeitnehmern nach dem Erreichen des Renteneintrittsalters)*) ist alleine das Verhalten und nicht auch das Alter ausschlaggebend. Das Verhalten kann dabei unabhängig vom Alter variieren und demnach kann ein Fehlverhalten in allen Altersstufen auftreten. Zu beachten ist jedoch auch hier, dass das wirtschaftliche Interesse des Arbeitgebers überwiegen kann und dem Arbeitnehmer dann keine Änderungskündigung mehr auszusprechen ist. Insbesondere bei verhaltensbedingter Schlecht- oder Langsamarbeit kann dies ab einem gewissen Grad der Leistungsminderung der Fall sein.

III. Betriebsbedingte Kündigungsgründe

Bei einer Änderungskündigung basierend auf betriebsbedingten Gründen ist die Sozialauswahl nicht allein daran auszurichten, welcher von mehreren vergleichbaren Arbeitnehmern durch den Verlust des Arbeitsplatzes am wenigsten hart getroffen würde. Es ist vielmehr zu prüfen, ob der Arbeitgeber, statt die Arbeitsbedingungen des gekün-

925 BAG v. 10. November 1988 – 2 AZR 215/88, NJW 1989, 2493; Dornbusch/Fischermeier/Löwisch/*Lauterbach*, KSchG, § 2 Rn. 38.
926 BeckOK ArbR/*Rolfs*, KSchG, § 2 Rn. 76; v. Hoyningen-Huene/Linck/*Linck*, KSchG, § 2 Rn. 139.
927 BAG v. 22. Juli 1982 – 2 AZR 30/81, NJW 1983, 700.
928 Ascheid/Preis/Schmidt/*Künzl*, KSchG, § 2 Rn. 245.

digten Arbeitnehmers zu ändern, diese Änderung einem vergleichbaren Arbeitnehmer hätte anbieten können, dem sie eher zumutbar gewesen wäre. Auch hierfür sind allein die Kriterien Betriebszugehörigkeit, Unterhaltspflichten, Lebensalter und Schwerbehinderung maßgebend[929].

Änderungskündigungen, die auf betriebsbedingten Gründen basieren, stellen regelmäßig ein milderes Mittel zur Beendigungskündigung dar[930]. Fraglich erscheint auch hier, ob einem Arbeitnehmer vor und nach dem Erreichen der Regelaltersgrenze der gleiche Schutz zukommt und demnach auch einem Arbeitnehmer nach dem Erreichen der Regelaltersgrenze gegenüber zunächst eine Änderungskündigung auszusprechen ist. Im Gegensatz zur Beendigungskündigung müssen für eine Vergleichbarkeit der Arbeitnehmer im Rahmen einer Änderungskündigung diese Arbeitnehmer auch für die Tätigkeit, die Gegenstand des Änderungsangebotes ist, wenigstens annährend gleich geeignet sein[931]. Da bei der Änderungskündigung im Rahmen der Sozialauswahl zu prüfen ist, welchen Arbeitnehmern die angebotene Änderung der Arbeitsbedingungen eher zumutbar ist, muss sich die Abwägung auch daran orientieren, welchem Arbeitnehmer eine Umstellung auf die neue Tätigkeit nach seiner Vorbildung und seinen persönlichen Eigenschaften leichter oder schwerer fällt[932]. Hier können Eigenschaften wie Wendigkeit, schnelle Auffassungsgabe, Anpassungsfähigkeit und Gesundheitszustand von Bedeutung sein. Alle diese Umstände, die jeweils ein verschiedenes Gewicht haben können, fließen in die Sozialauswahl ein und sind gegeneinander abzuwägen. Allerdings steht dem Arbeitgeber hierbei ein gewisser Wertungsspielraum zu[933].

Aber auch diese Kriterien sind in ihrer Beständigkeit nicht an ein gewisses Alter gebunden. So ist durchaus möglich, natürlich abhängig von der Art der Tätigkeit und Branche, dass auch ein älterer Arbeitnehmer diese Eigenschaften aufweist und sie zu seinen Gunsten be-

929 BAG v. 29. Januar 2015 – 2 AZR 164/14, NZA 2015, 426; Stahlhacke/Preis/Vossen/*Preis*, Kündigung und Kündigungsschutz, Rn. 1325.

930 BAG v. 21. April 2005 – 2 AZR 244/04, NZA 2005, 1294; MünchKomm-BGB/*Hergenröder*, KSchG, § 2 Rn. 80; Stahlhacke/Preis/Vossen/*Preis*, Kündigung und Kündigungsschutz, Rn. 1320.

931 BAG v. 18. Januar 2007 – 2 AZR 796/05, NJOZ 2008, 4233.

932 BAG v. 18. Januar 2007 – 2 AZR 796/05, NJOZ 2008, 4233.

933 BAG v. 18. Januar 2007 – 2 AZR 796/05, NJOZ 2008, 4233.

wertet werden. Folglich sind sie auch bei betriebsbedingten Änderungskündigungen von Arbeitnehmern nach dem Erreichen der Regelaltersgrenze zu berücksichtigen.

Die Änderungskündigung hat jedoch keinen Vorrang vor der Beendigungskündigung. Eine Beendigungskündigung ist folglich nicht bereits deshalb unwirksam, weil zuvor kein Änderungsangebot erfolgte[934].

Da die Änderungskündigung letzten Endes auch eine Kündigung darstellt, unterliegt auch sie den besonderen Schutzbestimmungen des § 9 MuSchG, § 21 BEEG, § 5 PflegeZG und § 85 SGB IX[935].

IV. Übertragung auf Arbeitsverhältnisse mit Arbeitnehmern nach dem Erreichen des Renteneintrittsalters

Eine Änderungskündigung ist demnach mit einem Arbeitnehmer nach dem Erreichen des Renteneintrittsalters nur als betriebsbedingte Änderungskündigung möglich. Im Rahmen der Wirksamkeit der Kündigung kann insoweit auf die obigen Ausführungen unter *§§ 7 bis 10 (Allgemeine Voraussetzungen einer ordentlichen Kündigung; Personen-, verhaltens- und betriebsbedingte Kündigung)* verwiesen werden. Eine Änderungskündigung aus personen- oder verhaltensbedingten Gründen kann hingegen ausgeschlossen sein. Dies ist kein unbilliges Ergebnis, da bei der personen- und der verhaltensbedingten Kündigung die Störung gerade aus der Sphäre des Arbeitnehmers stammt. Die Störung muss der Arbeitgeber aber ab dem Erreichen des Renteneintrittsalters nicht mehr vollends hinnehmen, sodass hier ein abgeschwächter Schutz der Arbeitnehmer gerechtfertigt ist. Bei der betriebsbedingten Kündigung hingegen resultiert die Störung aus der Sphäre des Arbeitgebers, sodass der Arbeitnehmer in diesem Fall einen höheren Schutz genießen kann.

---

934 BAG v. 21. April 2005 – 2 AZR 241/04, NZA 2005, 1307; ErfKomm ArbR/*Oetker*, KSchG, § 2 Rn. 4.

935 ErfKomm ArbR/*Oetker*, KSchG, § 2 Rn. 2; v. Hoyningen-Huene/Linck/*Linck*, KSchG, § 2 Rn. 118.

§ 12 Außerordentliche Kündigung

Neben der Möglichkeit, einem Arbeitnehmer ordentlich nach den oben genannten Gründen zu kündigen, kann der Arbeitgeber nach Maßgabe des § 626 BGB auch eine außerordentliche Kündigung aussprechen. Danach kann das Dienstverhältnis von jedem Vertragsteil aus wichtigem Grund ohne Einhaltung einer Kündigungsfrist gekündigt werden, sofern Tatsachen vorliegen, aufgrund derer dem Kündigenden unter Berücksichtigung aller Umstände des Einzelfalles und unter Abwägung der Interessen beider Vertragsteile die Fortsetzung des Dienstverhältnisses bis zum Ablauf einer Kündigungsfrist oder bis zu der vereinbarten Beendigung des Dienstverhältnisses nicht zugemutet werden kann.

Die ordentliche Kündigung bildet dabei ein Minus gegenüber der außerordentlichen Kündigung. Ist die Frist der außerordentlichen Kündigung (nach § 626 Abs. 2 S. 1 und S. 2 BGB beträgt diese zwei Wochen ab Kenntniserlangung der die Kündigung maßgebenden Tatsachen) abgelaufen oder sind die Anforderungen des § 626 Abs. 1 BGB an den „wichtigen Grund" nicht erfüllt, so kann das Arbeitsverhältnis dennoch durch ordentliche Kündigung rechtmäßig aufgelöst werden[936].

I. Wirksamkeitsvoraussetzungen

Die Wirksamkeitsvoraussetzungen einer außerordentlichen Kündigung unterscheiden sich teilweise von denen einer ordentlichen Kündigung.

1. Überblick Wirksamkeitsvoraussetzungen

Zunächst bedarf auch die außerordentliche Kündigung zu ihrer Wirksamkeit der Schriftform, wobei die elektronische Form hierbei explizit ausgenommen ist (§ 623 BGB). Der Kündigungsgrund muss nicht im

936 Tschöpe/*Rinck*, Teil 3 F, Rn. 29; *Junker*, Arbeitsrecht, Rn. 394; *Löwisch/Caspers/Klumpp*, Arbeitsrecht, Rn. 645.

Kündigungsschreiben enthalten sein, jedoch ist er auf Verlangen des anderen Teils unverzüglich schriftlich mitzuteilen (§ 626 Abs. 2 S. 3 BGB).

Die Vorschriften zum Recht auf außerordentliche Kündigung eines Arbeitsverhältnisses werden durch das Kündigungsschutzgesetz nicht berührt (§ 13 Abs. 1 S. 1 KSchG). Zudem greift auch hier die unter *§ 7 II. (Ausschlussfrist)* bereits erwähnte Ausschlussfrist der §§ 4 und 7 KSchG, wonach ein Arbeitnehmer die Rechtsunwirksamkeit einer außerordentlichen Kündigung nur durch Klage beim Arbeitsgericht geltend machen kann, ansonsten wird die außerordentliche Kündigung als von Anfang an rechtswirksam angesehen (§ 13 Abs. 1 S. 2 KSchG).

Des Weiteren ist auch bei einer außerordentlichen Kündigung der Betriebsrat gemäß § 102 Abs. 1 S. 1 BetrVG anzuhören. Dieser muss binnen dreier Tage seine Stellungnahme zur außerordentlichen Kündigung abgeben (§ 102 Abs. 2 S. 3 BetrVG).

2. Wichtiger Grund und Zumutbarkeit

Besondere Bedeutung bei der außerordentlichen Kündigung kommt dem „wichtigen Grund“ und der „Zumutbarkeit“ zu. Die beiden unbestimmten Rechtsbegriffe wurden durch die Rechtsprechung und Literatur bestimmt[937]. Dabei kann nach dem Vorbild des § 1 Abs. 2 S. 1 KSchG zwischen personen-, verhaltens- oder betriebsbedingten Gründen unterschieden werden[938]. Ein eine außerordentliche Kündigung rechtfertigender wichtiger Grund liegt dann vor, wenn Tatsachen gegeben sind, aufgrund derer es dem Kündigenden nicht zugemutet werden kann, das Arbeitsverhältnis bis zum Ablauf der Kündigungsfrist oder bis zur vereinbarten Beendigung fortzusetzen[939].

Im Rahmen der außerordentlichen Kündigung haben die verhaltensbedingten Gründe die größte Bedeutung. Auch hier setzt die Kündigung ein vertragswidriges Verhalten des Arbeitnehmers voraus, wel-

937 Vgl. ErfKomm ArbR/*Müller-Glöge*, BGB, § 626 Rn. 14; Tschöpe/*Rinck*, Teil 3 F, Rn. 18.

938 *Junker*, Arbeitsrecht, Rn. 401; Dornbusch/Fischermeier/Löwisch/*Fischermeier*, BGB, § 626 Rn. 85 ff.

939 *Junker*, Arbeitsrecht, Rn. 394; Tschöpe/*Rinck*, Teil 3 F, Rn. 23.

ches sich häufig in der Verletzung einer Nebenpflicht des Arbeitsverhältnisses niederschlägt[940]. Beispiele hierfür können Beleidigungen im Betrieb[941], Eigentums- und Vermögensdelikte[942], aber auch Krankheiten darstellen. Letzteres ist insbesondere bei der Verletzung von Anzeigepflichten oder Missbrauchstatbeständen gegeben[943]. Aber auch die generelle Schlechtleistung kann eine außerordentliche Kündigung des Arbeitnehmers rechtfertigen. Eine solche setzt jedoch eine vorsätzliche Zurückhaltung der Leistungskraft durch den Arbeitnehmer voraus, was der Arbeitgeber im Streitfall zu beweisen hat[944]. Ein darüber hinausgehendes außerordentliches Kündigungsrecht wird nur bei besonders schwerem und folgenreichem Versagen von leitenden Angestellten oder Angestellten in gehobener Stellung anerkannt[945]. Ein fahrlässiges Verhalten kann nur bei mehrfacher Wiederholung ausreichen, um eine außerordentliche Kündigung zu rechtfertigen[946].

Eine krankheitsbedingte Minderung der Leistungsfähigkeit kann auch als personenbedingter Grund für eine außerordentliche Kündigung herangezogen werden, da auch sie an sich geeignet ist, eine solche Kündigung zu rechtfertigen. Das spielt insbesondere dann eine Rolle, wenn eine ordentliche Kündigung tariflich ausgeschlossen ist. Dabei ist jedoch an die Unzumutbarkeit der Weiterbeschäftigung ein besonders hoher Maßstab anzulegen[947]. Aus diesem Grund sind außerordentliche personenbedingte Kündigungen nur selten wirksam[948].

Eine ebenso untergeordnete Rolle spielen außerordentliche betriebsbedingte Kündigungen. Auch diese kommen lediglich im Fall einer (tariflich) ausgeschlossenen ordentlichen Kündigung in eng um-

940 Dornbusch/Fischermeier/Löwisch/*Fischermeier*, BGB, § 626 Rn. 92; *Reichold*, Arbeitsrecht, § 10 Rn. 84; *Junker*, Arbeitsrecht, Rn. 402.

941 BAG v. 7. Juli 2011 – 2 AZR 355/10, NZA 2011, 1413.

942 BAG v. 10. Juni 2010 – 2 AZR 541/09, NZA 2010, 1227 (Fall „Emmely“).

943 BAG v. 5. November 1992 – 2 AZR 147/92, NZA 1993, 308.

944 OLG Düsseldorf v. 15. Januar 1987 – 8 U 239/85, DB 1987, 1099.

945 BAG v. 4. Juli 1991 – 2 AZR 79/91, BeckRS 1991, 30738141.

946 MünchKomm-BGB/*Henssler*, BGB, § 626 Rn. 149; Dornbusch/Fischermeier/Löwisch/*Fischermeier*, BGB, § 626 Rn. 93.

947 BAG v. 19. September 1999 – 2 AZR 123/99, NZA 2000, 141.

948 Vgl. *Rolfs*, Arbeitsrecht, BGB, § 626 Rn. 15; *Junker*, Arbeitsrecht, Rn. 401; Dornbusch/Fischermeier/Löwisch/*Fischermeier*, BGB, § 626 Rn. 88; Tschöpe/*Rinck*, Teil 3 F, Rn. 60.

rissenen Ausnahmefällen zum Tragen[949] (vgl. hierzu genauer *§ 17 (Arbeitnehmer ist wegen Sonderkündigungsschutz ordentlich nicht kündbar))*.

Liegt ein wichtiger Grund in einer der oben aufgeführten Formen vor, so führt dies zunächst nicht automatisch zur Rechtfertigung der außerordentlichen Kündigung[950]. Die Weiterbeschäftigung des Arbeitnehmers bis zum Ablauf der Kündigungsfrist oder bis zu der vereinbarten Beendigung des Dienstverhältnisses muss dem Arbeitgeber unter Berücksichtigung aller Umstände des Einzelfalles und unter Abwägung der beidseitigen Interessen unzumutbar sein (§ 626 Abs. 1 BGB). Erforderlich hierfür ist eine Prognose, dass das Arbeitsverhältnis durch die eingetretene Störung auch künftig erheblich beeinträchtigt sein wird. Zudem muss die Kündigung das letzte Mittel sein, um die eingetretene Störung des Arbeitsverhältnisses auszuräumen[951]. Als milderes Mittel muss der außerordentlichen Kündigung grundsätzlich eine Abmahnung vorausgehen[952].

II. Übertragung auf Arbeitsverhältnisse mit Arbeitnehmern nach dem Erreichen des Renteneintrittsalters

Wie schon bei der verhaltensbedingten Kündigung kann sich die Abwägung im Rahmen der Zumutbarkeit zugunsten des Arbeitgebers verschieben. Da es bei der außerordentlichen Kündigung jedoch maßgeblich auf das Verhalten des Arbeitnehmers ankommt und dieses sich durch seine Steuerbarkeit durch den Arbeitnehmer kennzeichnet, kann jeder Arbeitnehmer, gleich welchen Alters, zur Vermeidung einer außerordentlichen Kündigung beitragen. Insbesondere stellt das Alter an sich keinen wichtigen Grund i.S.d. § 626 Abs. 1 BGB dar. Demnach

949 BAG v. 12. August 1999 – 2 AZR 748/98, NZA 1999, 1267; Dornbusch/Fischermeier/Löwisch/*Fischermeier*, BGB, § 626 Rn. 105; *Rolfs*, Arbeitsrecht, BGB, § 626 Rn. 25.

950 Vgl. *Junker*, Arbeitsrecht, Rn. 404; *Hromadka/Maschmann*, Arbeitsrecht Band 1, § 10 Rn. 106.

951 Vgl. Dornbusch/Fischermeier/Löwisch/*Fischermeier*, BGB, § 626 Rn. 161; *Junker*, Arbeitsrecht, Rn. 404 f.; *Reichold*, Arbeitsrecht, § 10 Rn. 85.

952 MünchKomm-BGB/*Henssler*, BGB, § 626 Rn. 89; Dornbusch/Fischermeier/Löwisch/*Fischermeier*, BGB, § 626 Rn. 166 ff.

stellt auch das Erreichen der Regelaltersgrenze insbesondere keinen wichtigen Grund dar, der die Fortsetzung des Arbeitsverhältnisses bis zum Ablauf der Kündigungsfrist oder bis zur vereinbarten Beendigung unzumutbar machen würde. Denn stellt das Alter bereits bei der ordentlichen Kündigung keinen Grund dar, der diese rechtfertigen würde, so muss dies bei der außerordentlichen Kündigung, an die im Allgemeinen strengere Voraussetzungen gestellt werden, erst recht gelten.

Kapitel 4: Weitere berücksichtigungsbedürftige Bereiche

Neben den bereits benannten Problemen können weitere Besonderheiten bei einem Arbeitsverhältnis mit einem Arbeitnehmer nach dem Erreichen des Renteneintrittsalters bzw. bei Beendigung dieses Arbeitsverhältnisses auftreten. Fraglich ist dabei, ob sich bezüglich des Anspruchs auf Abfindung nach dem Kündigungsschutzgesetz oder bei einem Aufhebungsvertrag Spezifika ergeben. Auch ist unter anderem fraglich, ob die Betriebsratsmitgliedschaft oder die Stellung als leitender Angestellter etwas an den Kündigungsvoraussetzungen ändern. Weiter ist problematisch, ob bei Massenentlassungen Arbeitnehmer nach dem Erreichen des Renteneintrittsalters innerhalb der vom Arbeitgeber zu tätigenden Anzeige an die Agentur für Arbeit zu berücksichtigen sind. Außerdem gibt es vermehrt Tarifverträge, die einen Sonderkündigungsschutz für Arbeitnehmer ab dem Erreichen eines darin festgelegten Alters vorsehen. Fraglich ist auch, ob Arbeitnehmer nach dem Erreichen des Renteneintrittsalters noch bei dem Sozialplan im Rahmen einer Betriebsänderung zu berücksichtigen sind. Letztlich stellt sich noch die Frage der Auswirkungen auf die betriebliche Altersversorgung bei Arbeitnehmern nach dem Erreichen des Renteneintrittsalters.

§ 13 Anspruch auf Abfindung

Nicht jedem Arbeitnehmer steht im Rahmen einer Kündigung eine Abfindung zu. Die Regelungen des § 9 Abs. 1 und § 13 Abs. 1 KSchG sehen bei der Auflösung des Arbeitsverhältnisses eine Zahlung einer Abfindung durch den Arbeitgeber vor. Eine Abfindung durch den Arbeitgeber ist demnach zu zahlen, wenn das Gericht feststellt, dass zwar die Kündigung unwirksam ist, dem Arbeitnehmer die Fortsetzung des

Arbeitsverhältnisses jedoch unzumutbar ist (§ 9 Abs. 1 S. 1 KSchG). Die Abfindung dient dem Arbeitnehmer als Ausgleich für den Verlust des Arbeitsplatzes trotz unwirksamer Kündigung[953].

Die Höhe der Abfindung bemisst sich nach § 10 KSchG, wobei die Höchstgrenze durch den Gesetzgeber festgelegt ist. Die Höhe der Abfindung wird dann individuell angemessen durch das Ermessen des Gerichts bestimmt[954].

Grundsätzlich kann ein Arbeitgeber zur Zahlung einer Abfindung von bis zu zwölf Monatsverdiensten verurteilt werden (§ 10 Abs. 1 KSchG). Als Monatsverdienst gilt, was dem Arbeitnehmer bei der für ihn maßgebenden regelmäßigen Arbeitszeit in dem Monat, in dem das Arbeitsverhältnis endet, an Geld und Sachbezügen zusteht (§ 10 Abs. 3 KSchG).

Als Geldbezüge gelten neben allen Grundvergütungen (Gehalt, Provision usw.) auch andere Zuwendungen mit Entgeltcharakter (wie ein 13. Monatsgehalt, Tantiemen, Umsatzbeteiligungen, Jahresabschlussvergütungen). Soweit letztere für ganze Jahre gezahlt werden, sind sie für den Monatsverdienst anteilig umzulegen[955]. Zu den Geldbezügen gehören darüber hinaus alle regelmäßig zu zahlenden Zulagen, wie z. B. Schichtzuschläge, Nachtarbeitszuschläge, Gefahrenzulagen und Ähnliches. Bei Akkordlohn ist zu ermitteln, welchen Betrag der Arbeitnehmer unter Zugrundelegung seiner regelmäßigen Arbeitszeit im Auflösungsmonat vermutlich verdient hätte[956].

Die Höchstgrenze von zwölf Monatsverdiensten kann für Arbeitnehmer, die das 50. Lebensjahr vollendet haben und bei denen das Arbeitsverhältnis mindestens fünfzehn Jahre bestand, auf bis zu 15 Monatsverdienste angehoben werden. Hat der Arbeitnehmer sogar das 55. Lebensjahr vollendet und hat das Arbeitsverhältnis mindestens 20 Jahre bestanden, so ist ein Betrag von bis zu 18 Monatsverdiensten festzusetzen (§ 10 Abs. 2 S. 1 KSchG).

953 Ascheid/Preis/Schmidt/*Biebl*, KSchG, § 10 Rn. 38; Stahlhacke/Preis/Vossen/*Vossen*, Kündigung und Kündigungsschutz, Rn. 2087.

954 Ascheid/Preis/Schmidt/*Biebl*, KSchG, § 10 Rn. 2; Stahlhacke/Preis/Vossen/*Vossen*, Kündigung und Kündigungsschutz, Rn. 2153.

955 KR/*Spilger*, KSchG, § 10 Rn. 38; v. Hoyningen-Huene/Linck/*Linck*, KSchG, § 10 Rn. 16.

956 Vgl. Ascheid/Preis/Schmidt/*Biebl*, KSchG, § 10 Rn. 16.

Von der Erhöhung der Höchstgrenze sind jedoch nach § 10 Abs. 2 S. 2 KSchG Arbeitnehmer ausgenommen, die im Auflösungszeitraum die Grenze der Regelaltersrente nach § 35 Nr. 1 SGB VI, sprich das 67. Lebensjahr, erreicht haben. Für sie gilt dann wieder die Höchstgrenze des § 10 Abs. 1 KSchG von zwölf Monatsverdiensten[957].

Nach dem eindeutigen Gesetzeswortlaut ist dabei unerheblich, ob der Arbeitnehmer nach den sozialversicherungsrechtlichen Bestimmungen auch tatsächlich Altersrente beanspruchen kann, insbesondere ob er die in § 35 Nr. 2 SGB VI vorgeschriebene allgemeine Wartezeit erfüllt. § 10 Abs. 2 S. 2 KSchG ist deshalb sozialpolitisch und diskriminierungsrechtlich bedenklich; de lege ferenda sollte erwogen werden, die Herausnahme von Arbeitnehmern im Rentenalter von der Erhöhung der Höchstgrenze für die Abfindung nach § 10 Abs. 2 S. 1 KSchG nicht bloß an die Vollendung des 67. Lebensjahres, sondern an das Bestehen eines Anspruchs auf Altersruhegeld anzuknüpfen[958]. Altersgrenzen für den unter bestimmten Voraussetzungen möglichen Rentenbezug vor Vollendung des 67. Lebensjahres bleiben nach dem ausdrücklichen Gesetzeswortlaut außer Betracht[959].

§ 10 KSchG gilt kraft gesetzlicher Verweisung auch für die Auflösung des Arbeitsverhältnisses bei fristloser Kündigung (§ 13 Abs. 1 S. 5 KSchG) und bei sittenwidriger Kündigung (§ 13 Abs. 2 KSchG) sowie für die Höhe des Nachteilsausgleichs (§ 113 Abs. 1 Hs. 2 BetrVG).

Von der Abfindung nach § 10 KSchG sind Abfindungen aufgrund einzelvertraglicher oder gerichtlicher und außergerichtlicher Vergleiche zu unterscheiden, wobei letztere in der Praxis sehr häufig vorkommen und daher allgemein ein Anspruch auf Abfindung nach jeder Kündigung angenommen wird. In solchen Fällen dürfen die in § 10 KSchG festgelegten Höchstgrenzen daher überschritten werden. Dies gilt auch für tarifliche Abfindungsregelungen und Sozialpläne[960].

---

957 v. Hoyningen-Huene/Linck/*Linck*, KSchG, § 10 Rn. 30; Ascheid/Preis/Schmidt/*Biebl*, KSchG, § 10 Rn. 10.

958 Vgl. Ascheid/Preis/Schmidt/*Biebl*, KSchG, § 10 Rn. 10; v. Hoyningen-Huene/Linck/*Linck*, KSchG, § 10 Rn. 30.

959 v. Hoyningen-Huene/Linck/*Linck*, KSchG, § 10 Rn. 30; Dornbusch/Fischermeier/Löwisch/*Lukas*, KSchG, § 10 Rn. 6.

960 Ascheid/Preis/Schmidt/*Biebl*, KSchG, § 10 Rn. 4; Dornbusch/Fischermeier/Löwisch/*Lukas*, KSchG, § 10 Rn. 22.

§ 14 Aufhebungsvertrag

Ein Arbeitsverhältnis kann jederzeit gem. § 311 Abs. 1 BGB durch übereinstimmende Willenserklärung der Arbeitsvertragsparteien beendet werden[961].

Der Aufhebungsvertrag bedarf gem. § 623 BGB der Schriftform i.S.d. § 126 BGB, wobei die elektronische Form ausgeschlossen ist (§ 623 Hs. 2 BGB)[962].

Die Wirksamkeit bestimmt sich zunächst nach den allgemein für Rechtsgeschäfte geltenden Regelungen, insbesondere §§ 134 und 138 BGB, die Rechtsgeschäfte für nichtig erklären, wenn gegen ein gesetzliches Verbot verstoßen wird oder ein Rechtsgeschäft sittenwidrig ist[963]. Ein Aufhebungsvertrag kann demnach wegen Umgehung zwingender Kündigungsschutzbestimmungen i.V.m. § 134 BGB nichtig sein[964]. Das ist z. B. der Fall, wenn die Parteien in einem antizipierten Aufhebungsvertrag die Beendigung des Arbeitsverhältnisses für den Fall vereinbaren, dass der Arbeitnehmer seine Arbeit nach Ablauf des Urlaubs nicht wieder rechtzeitig antritt[965]. Gleich gelagert ist die Rechtslage in dem Fall, dass der Aufhebungsvertrag unbedingt abgeschlossen wird und dem Arbeitnehmer ein Wiedereinstellungsanspruch bei rechtzeitiger Wiederaufnahme der Arbeit zugesagt wird[966].

Da ein Aufhebungsvertrag auch einseitig von dem Arbeitgeber vorformuliert i.S.d. § 305 BGB sein kann, unterliegt er in diesem Fall einer AGB-rechtlichen Inhaltskontrolle gem. §§ 305 ff. BGB[967].

Daneben hat bei einem durch den Arbeitgeber initiierten Aufhebungsvertrag dieser gewisse vertragliche Nebenpflichten gemäß § 241 Abs. 2 BGB, namentlich Hinweis- und Aufklärungspflichten. Inhaltlich beziehen sie sich im Wesentlichen auf die betriebliche Altersversorgung sowie auf sozialversicherungsrechtliche Folgen eines Aufhe-

961 BAG v. 13. November 1996 – 10 AZR 340/96, BB 1997, 1362; Stahlhacke/Preis/Vossen/*Preis*, Kündigung und Kündigungsschutz, Rn. 34.

962 BeckOK ArbR/*Hesse*, BGB, § 620 Rn. 73; Tschöpe/*Schulte*, Teil 3 C, Rn. 27.

963 BeckOK ArbR/*Hesse*, BGB, § 620 Rn. 75; Tschöpe/*Schulte*, Teil 3 C, Rn. 7, 11.

964 Vgl. Tschöpe/*Schulte*, Teil 3 C, Rn. 7; BeckOK ArbR/*Hesse*, BGB, § 620 Rn. 75.

965 BAG v. 19. Dezember 1974 – 2 AZR 565/73, NJW 1975, 1531.

966 BAG v. 13. Dezember 1984 – 2 AZR 294/83, NJW 1985, 1918.

967 Tschöpe/*Schulte*, Teil 3 C, Rn. 4; Stahlhacke/Preis/Vossen/*Preis*, Kündigung und Kündigungsschutz, Rn. 36.

bungsvertrages (insbesondere auf den möglichen Verlust des Anspruchs auf Arbeitslosengeld)[968].

Da es sich bei einem Aufhebungsvertrag um einen normalen Vertrag i.S.d. Privatautonomie handelt, kann ein solcher sowohl von einem Arbeitnehmer vor als auch nach Erreichen der Regelaltersgrenze abgeschlossen werden. Etwaige Besonderheiten für Arbeitnehmer nach dem Erreichen des Renteneintrittsalters bestehen indessen nicht.

§ 15 Betriebsratsmitgliedschaft

Ein Betriebsratsmitglied genießt nach § 15 KSchG besonderen Schutz bei Kündigungen. Ob dieser Schutz bei einem Arbeitnehmer, der das Amt eines Betriebsratsmitglieds innehat, nach dem Erreichen des Renteneintrittsalters fortbesteht oder ob sich für eine solche Gegebenheit Ausnahmen bestimmen lassen, ist nicht abschließend geklärt.

Zunächst ist die Kündigung eines Mitglieds eines Betriebsrats unzulässig, es sei denn, dass Tatsachen vorliegen, die den Arbeitgeber zur Kündigung aus wichtigem Grund ohne Einhaltung einer Kündigungsfrist berechtigen und dass die nach § 103 BetrVG erforderliche Zustimmung vorliegt oder durch gerichtliche Entscheidung ersetzt ist (§ 15 Abs. 1 S. 1 KSchG). Nach der Beendigung der Amtszeit ist die Kündigung eines Mitglieds eines Betriebsrats innerhalb eines Jahres – jeweils vom Zeitpunkt der Beendigung der Amtszeit an gerechnet – unzulässig, es sei denn, dass Tatsachen vorliegen, die den Arbeitgeber zur Kündigung aus wichtigem Grund ohne Einhaltung einer Kündigungsfrist berechtigen. Dies gilt nicht, wenn die Beendigung der Mitgliedschaft auf einer gerichtlichen Entscheidung beruht (§ 15 Abs. 1 S. 2 KSchG).

Den Betriebsratsmitgliedern ist demnach innerhalb ihrer vierjährigen Amtszeit (§ 21 BetrVG) und ein Jahr nach Beendigung der Amtszeit nur außerordentlich aus wichtigem Grund nach Maßgabe des § 626 BGB zu kündigen. Dass das Erreichen der Regelaltersgrenze keinen wichtigen Grund i.S.d. § 626 Abs. 1 BGB darstellt, wurde be-

968 Vgl. *Junker*, Arbeitsrecht, Rn. 431.

reits unter *§ 12 II. (Übertragung auf Arbeitsverhältnisse mit Arbeitnehmern nach dem Erreichen des Renteneintrittsalters)* gezeigt.

§ 15 KSchG sieht selbst keine Höchstaltersgrenzen, bis zu welchen sein Schutz greift, vor.

Ein Betriebsrat setzt sich nach den Voraussetzungen des Betriebsverfassungsgesetzes zusammen. Im Rahmen der Wählbarkeitsvoraussetzungen der Betriebsratsmitglieder finden sich Altersgrenzen. Nach § 61 BetrVG sind alle Arbeitnehmer des Betriebes, die das 25. Lebensjahr noch nicht vollendet haben, wählbar. Hierbei handelt es sich jedoch nicht um die Wählbarkeitsvoraussetzung zum Betriebsrat, sondern um die Wählbarkeit zur Jugend- und Auszubildendenvertretung. Eine parallele Altersgrenze sieht § 8 BetrVG, der die Wählbarkeitsvoraussetzungen zum Betriebsrat normiert, nicht vor. Daher ist hier davon auszugehen, dass eine solche Begrenzung vom Gesetzgeber nicht gewollt war, obwohl ihm die Möglichkeit, eine Höchstaltersgrenze einzuführen, bekannt war.

Das Betriebsverfassungsgesetz sieht neben den Voraussetzungen zur Wählbarkeit auch Erlöschensgründe für die Mitgliedschaft im Betriebsrat vor. § 24 BetrVG sieht dabei etwa den Ablauf der Amtszeit, die Beendigung des Arbeitsverhältnisses oder auch den Verlust der Wählbarkeit vor. Der Verlust der Wählbarkeit tritt etwa ein, wenn der Arbeitnehmer in einen anderen Betrieb versetzt oder unter gesetzliche Betreuung gestellt wird, in Elternzeit geht oder infolge strafrechtlicher Verurteilung die Fähigkeit verliert, Rechte aus öffentlichen Wahlen zu erlangen[969]. Die Mitgliedschaft erlischt nach § 24 BetrVG nicht durch das Erreichen eines bestimmten Alters.

Letzten Endes spricht auch der Zweck des § 15 KSchG gegen eine von der Regel abweichende Auslegung der Norm für Arbeitnehmer nach dem Erreichen des Renteneintrittsalters. Der Sonderkündigungsschutz des § 15 KSchG soll den dort geschützten Personen die Voraussetzung schaffen, ihr Amt unabhängig auszuüben. Nur mit einer solchen Absicherung kann der Betriebsrat sich effektiv gegen Maßnahmen des Arbeitgebers wenden und mögliche Konflikte austragen, ohne mit einer ordentlichen Kündigung des Arbeitgebers rechnen zu müs-

969 Richardi/*Thüsing*, BetrVG, § 24 Rn. 22, 25 ff.; *Fitting*, BetrVG, § 24 Rn. 8 ff.; Löwisch/Kaiser, BetrVG, § 24 Rn. 4 ff.

sen[970]. Will der Arbeitgeber einem Betriebsratsmitglied außerordentlich kündigen, so bedarf diese Kündigung zu ihrer Wirksamkeit der Zustimmung des Betriebsrats (§ 103 BetrVG). Dies stellt eine weitere Sicherung der Stellung als Betriebsrat dar.

Die Regelung des § 15 KSchG ist zwingend und kann nicht abgedungen werden[971].

Dies zeigt, dass der Gesetzgeber dem Arbeitgeber einen möglichst starken und handlungsfähigen Betriebsrat gegenüberstellen wollte. Ein solcher Betriebsrat entsteht jedoch nur, sofern alle Mitglieder dem Schutz des § 15 KSchG ohne Ausnahme unterstellt sind. Würde man Arbeitnehmer, welche die Regelaltersgrenze bereits erreicht haben, von diesem Schutz ausnehmen, so würde dies zur Schwächung des Betriebsrats und somit zu einem verringerten Schutz für die übrigen im Betrieb angestellten Arbeitnehmer führen. Zum anderen würde dies zu einer nicht zu rechtfertigenden Ungleichbehandlung zwischen dem älteren Arbeitnehmer und einem solchen, der die Regelaltersgrenze noch nicht erreicht hat, führen.

Folglich fällt der Arbeitnehmer nach dem Erreichen des Renteneintrittsalters im gleichen Umfang wie ein jüngerer Arbeitnehmer unter den Schutz des § 15 KSchG.

§ 16 Arbeitnehmer ist leitender Angestellter

Ein Arbeitnehmer kann im Laufe seiner Karriere zum leitenden Angestellten aufsteigen, wodurch sich nicht nur seine Stellung innerhalb eines Betriebs, sondern auch seine rechtliche Stellung ändert. Das Gesetz unterscheidet zwischen Arbeitnehmern und leitenden Angestellten. Fraglich ist, welche Auswirkungen das Innehaben einer Position als leitender Angestellter für einen Arbeitnehmer nach dem Erreichen des Renteneintrittsalters hat.

---

970 Vgl. Ascheid/Preis/Schmidt/*Linck*, KSchG, § 15 Rn. 1; v. Hoyningen-Huene/Linck/*v. Hoyningen-Huene*, KSchG, § 15 Rn. 1.

971 Ascheid/Preis/Schmidt/*Linck*, KSchG, § 15 Rn. 5; v. Hoyningen-Huene/Linck/*v. Hoyningen-Huene*, KSchG, § 15 Rn. 3; Dornbusch/Fischermeier/Löwisch/*Fischermeier/Leschnig*, KSchG, § 15 Rn. 64.

Der Begriff des leitenden Angestellten ist nicht einheitlich definiert. Neben § 14 Abs. 2 KSchG finden sich Begriffsbestimmungen im BetrVG (§ 5 Abs. 3 und Abs. 4), im ArbGG (§ 22 Abs. 2 Nr. 2) und im SGG (§ 16 Abs. 4 Nr. 4)[972]. Übereinstimmend stellen die Normen jedoch auf die besondere funktionale Nähe des leitenden Angestellten zum Arbeitgeber und die daraus resultierende Sonderstellung ab[973]. § 14 Abs. 2 KSchG bezieht Geschäftsführer, Betriebsleiter und ähnliche leitende Angestellte, soweit diese zur selbstständigen Einstellung oder Entlassung von Arbeitnehmern berechtigt sind, in die Begriffsbestimmung ein. Leitende Angestellte müssen dabei eine vergleichbare Position wie die Geschäftsführer oder Betriebsleiter innehaben[974]. Kennzeichnend dafür sind eine hierarchische Position im Betrieb sowie die Übernahme von Führungsaufgaben[975]. Auch ist die selbstständige Einstellung und Entlassung einer bedeutsamen Anzahl von Arbeitnehmern, die sich sowohl aus der Qualität als auch aus der Quantität der Arbeitnehmergruppe ergibt, von besonderer Bedeutung bei der Einordnung zum leitenden Angestellten[976]. Dies muss einen wesentlichen Teil der Tätigkeit des leitenden Angestellten ausmachen[977].

Durch die besondere Nähe zum Arbeitgeber sind leitende Angestellte nicht nur von Positionen etwa des Betriebsrats ausgeschlossen (§ 5 Abs. 3 und Abs. 4 BetrVG), auf sie finden die kündigungsschutzrechtlichen Vorschriften zudem nur bedingt Anwendung. Nach der Maßgabe des § 14 Abs. 2 KSchG finden hier die Vorschriften des ersten Abschnitts, sprich der allgemeine Kündigungsschutz, mit Ausnahme des § 3 KSchG (Kündigungseinspruch) Anwendung (§ 14 Abs. 2 S. 1 KSchG). Laut § 14 Abs. 2 S. 2 KSchG findet § 9 Abs. 1 S. 2 KSchG

---

972 Dornbusch/Fischermeier/Löwisch/*Lukas*, KSchG, § 14 Rn. 8; MünchKomm-BGB/*Hergenröder*, KSchG, § 14 Rn. 16; v. Hoyningen-Huene/Linck/*v. Hoyningen-Huene*, KSchG, § 14 Rn. 18.

973 v. Hoyningen-Huene/Linck/*v. Hoyningen-Huene*, KSchG, § 14 Rn. 23; Dornbusch/Fischermeier/Löwisch/*Lukas*, KSchG, § 14 Rn. 8; MünchKomm-BGB/*Hergenröder*, KSchG, § 14 Rn. 16.

974 Vgl. ErfKomm ArbR/*Kiel*, KSchG, § 14 Rn. 10; Dornbusch/Fischermeier/Löwisch/*Lukas*, KSchG, § 14 Rn. 11.

975 MünchKomm-BGB/*Hergenröder*, KSchG, § 14 Rn. 19; v. Hoyningen-Huene/Linck/*v. Hoyningen-Huene*, KSchG, § 14 Rn. 24.

976 MünchKomm-BGB/*Hergenröder*, KSchG, § 14 Rn. 19.

977 BAG v. 19. April 2012 – 2 AZR 186/11, NJW 2013, 104.

(Auflösung des Arbeitsverhältnisses durch Urteil des Gerichts; Abfindung des Arbeitnehmers) mit der Maßgabe Anwendung, dass der Antrag des Arbeitgebers auf Auflösung des Arbeitsverhältnisses keiner Begründung bedarf.

Durch den Ausschluss des Kündigungseinspruchs ist ein leitender Angestellter demnach nicht berechtigt, einen Einspruch nach § 3 KSchG beim Betriebsrat einzulegen und damit bei einer Kündigung eine Verständigung mit dem Arbeitgeber herbeizuführen, vorausgesetzt der Arbeitnehmer ist sowohl nach dem betriebsverfassungsrechtlichen als auch nach dem kündigungsschutzrechtlichen Begriff ein leitender Angestellter[978]. Jedoch ist vor der Kündigung eines leitenden Angestellten der Sprecherausschuss zu hören (§ 31 Abs. 2 SprAuG)[979].

Durch den Wegfall eines Begründungserfordernisses im Falle einer Kündigung nach § 14 Abs. 2 S. 2 i.V.m. § 9 Abs. 1 S. 2 KSchG wird der Kündigungsschutz auf einen Abfindungsschutz reduziert[980]. Der Arbeitgeber kann demnach eine Auflösung des Arbeitsverhältnisses durch das Arbeitsgericht ohne Abgabe einer Begründung der Kündigung verlangen[981]. Dies soll der besonderen Vertrauensstellung des leitenden Angestellten, die dieser regelmäßig innehat, Tribut zollen, da es allein dem Arbeitgeber überlassen bleiben soll, ob er dieses Vertrauensverhältnis als zerstört ansieht oder nicht[982].

Parallel zu dem unter *§ 15 (Betriebsratsmitgliedschaft)* zu der Stellung des Betriebsratsmitglieds und dessen Auswirkung auf den Arbeitnehmer nach dem Erreichen des Renteneintrittsalters Gesagten ergibt sich hier weder aus dem Wortlaut der einzelnen Normen noch aus der Systematik eine hiervon abweichende Regelung für Arbeitnehmer nach dem Erreichen des Renteneintrittsalters. Auch ist aus teleologischen Gesichtspunkten nicht zu begründen, warum ein leitender An-

978 Stahlhacke/Preis/Vossen/*Preis*, Kündigung und Kündigungsschutz, Rn. 395; MünchKomm-BGB/*Hergenröder*, KSchG, § 14 Rn. 23.

979 Stahlhacke/Preis/Vossen/*Preis*, Kündigung und Kündigungsschutz, Rn. 396.

980 Vgl. ErfKomm ArbR/*Kiel*, KSchG, § 14 Rn. 1; Dornbusch/Fischermeier/Löwisch/*Lukas*, KSchG, § 14 Rn. 1; v. Hoyningen-Huene/Linck/*v. Hoyningen-Huene*, KSchG, § 14 Rn. 35.

981 MünchKomm-BGB/*Hergenröder*, KSchG, § 14 Rn. 2; v. Hoyningen-Huene/Linck/*v. Hoyningen-Huene*, KSchG, § 14 Rn. 36.

982 MünchKomm-BGB/*Hergenröder*, KSchG, § 14 Rn. 24; Dornbusch/Fischermeier/Löwisch/*Lukas*, KSchG, § 14 Rn. 16.

gestellter ab dem Erreichen der Regelaltersgrenze anders gestellt sein sollte als ein leitender Angestellter vor diesem Alter. Insbesondere das Vertrauensverhältnis, welches das Begründungserfordernis einer Kündigung entfallen lässt, und die besondere Nähe zum Arbeitgeber ändern sich nicht durch das Erreichen einer Altersgrenze. Alleine das Erreichen eines bestimmten, lediglich vom Gesetzgeber definierten Alters ändert an dem Vertrauensverhältnis und der Nähe zum Arbeitgeber nichts, wodurch sich eine Ungleichbehandlung rechtfertigen würde, zumal das Vertrauen durch eine lange Betriebszugehörigkeit und damit ein höheres Alter regelmäßig steigt.

Weitere Rechtfertigungsgründe für eine zulässige Ungleichbehandlung sind nicht gegeben. Aus Gleichbehandlungsgrundsätzen ist daher ein leitender Angestellter nach dem Erreichen der Regelaltersgrenze nicht anders zu behandeln als vor dem Erreichen der Altersgrenze.

§ 17 Arbeitnehmer ist wegen Sonderkündigungsschutz ordentlich nicht kündbar

Nicht nur das Kündigungsschutzgesetz kann besondere Gruppen von Arbeitnehmern oder Arbeitnehmer in besonderen Funktionen vor Kündigungen schützen, auch sind Regelungen in Tarifverträgen möglich, die einen besonderen Kündigungsschutz begründen. Dieser bezweckt meist die Einschränkung oder den Ausschluss einer ordentlichen Kündigung. Er bemisst sich dabei nach dem Lebensalter oder der Betriebszugehörigkeit[983]. Eine solche tarifvertragliche Regelung kann beispielsweise wie folgt lauten:

> „*§ 6 Alterssicherung*
> 6.1 *Einem Beschäftigten, der das 55., aber noch nicht das 65. Lebensjahr vollendet hat und dem Betrieb mindestens 3 Jahre angehört, kann nur noch aus wichtigem Grund gekündigt werden.*“[984]

---

983 Nipperdey/*Kortstock*, Sonderkündigungsschutz; *Kamanabrou*, NZA-Beil. 2006, 138, 144 f.

984 Manteltarifvertrag für Beschäftigte – Bereich Metallbau, zwischen dem Unternehmerverband Metall Baden Württemberg und der IG Metall Bezirk Baden-Würt-

Durch eine solche tarifliche Unkündbarkeitsregelung für ältere Arbeitnehmer sind diese im Rahmen einer betriebsbedingten Kündigung nicht mit in die Sozialauswahl einzubeziehen.

Eine Unkündbarkeitsregelung bietet zwar für bereits im Betrieb beschäftigte Arbeitnehmer einen Vorteil, sie birgt jedoch für ältere arbeitsuchende Arbeitnehmer die Gefahr, dass ein Arbeitgeber sich gegen ihre Einstellung entscheidet, da, insbesondere wenn die Unkündbarkeitsvereinbarung nur eine kurze Wartezeit in Form einer kurzen Betriebszugehörigkeit (wie oben) vorsieht, es für den Arbeitgeber schwieriger wird, sich von dem Arbeitnehmer wieder zu trennen[985].

Will der Arbeitgeber trotz tariflicher Unkündbarkeitsklausel das Arbeitsverhältnis mit dem Arbeitnehmer kündigen, kann er dies zunächst außerordentlich tun. Der Arbeitgeber muss bei dieser Kündigung die Voraussetzungen des § 626 Abs. 1 BGB berücksichtigen; insbesondere muss ein wichtiger Grund vorliegen (vgl. *§ 12 (Außerordentliche Kündigung)*). Problematisch wird dies, wenn personen- oder betriebsbedingte Gründe eine ordentliche Kündigung rechtfertigen würden, die Anforderungen an den wichtigen Grund – was regelmäßig bei diesen Gründen der Fall sein wird – aber nicht erfüllen[986]. Für solche Konstellationen hat das Bundesarbeitsgericht ein Lösungsmodell entwickelt, welches unter engen Voraussetzungen eine außerordentliche Kündigung mit notwendiger Auslauffrist ausnahmsweise zulässt[987].

Eine außerordentliche betriebsbedingte Kündigung mit notwendiger Auslauffrist ist demnach zulässig, wenn der Arbeitsplatz eines ordentlich unkündbaren Arbeitnehmers entfällt und der Arbeitnehmer nicht weiterbeschäftigt werden kann[988]. Die Fortsetzung eines sinnentleerten Arbeitsverhältnisses durch Lohnzahlungen, denen keine Arbeitsleistung gegenübersteht, würde die Berufsfreiheit des Arbeitgebers nach Art. 12 Abs. 1 GG verletzen und stellt demnach einen wichtigen Grund für eine außerordentliche Kündigung dar[989].

---

temberg, Bezirksleitung Baden-Württemberg, in der Fassung vom 11. Dezember 2013, gültig ab 1. Januar 2014.

985 Vgl. *Kamanabrou*, NZA-Beil. 2006, 138, 145.

986 *Eylert/Sänger*, RdA 2010, 24, 41; Stahlhacke/Preis/Vossen/*Preis*, Kündigung und Kündigungsschutz, Rn. 760 ff.

987 BAG v. 10. Mai 2007 – 2 AZR 626/05, NZA 2007, 1278.

988 Tschöpe/*Schrader*, Teil 3 F, Rn. 58.

989 BAG v. 10. Mai 2007 – 2 AZR 626/05, NZA 2007, 1278.

Durch die notwendige Auslauffrist ist das Arbeitsverhältnis nicht fristlos zu beenden, vielmehr hat der Arbeitgeber die einschlägige gesetzliche bzw. tarifliche Kündigungsfrist zu beachten, die gelten würde, wenn die ordentliche Kündigung nicht ausgeschlossen wäre[990]. Damit soll verhindert werden, dass ein besonders geschützter Arbeitnehmer schlechter steht als ein Arbeitnehmer ohne Sonderkündigungsschutz, dem im Rahmen einer ordentlichen Kündigung eine Kündigungsfrist nach § 622 BGB zusteht[991].

Fraglich erscheint, ob solche Regelungen auf Arbeitnehmer nach dem Erreichen des Renteneintrittsalters übertragbar sind. An dieser Stelle ist zwischen solchen Regelungen, die ein Mindest- und ein Höchstalter vorsehen, und solchen, die lediglich ein Mindestalter für den tariflichen Sonderkündigungsschutz vorsehen, zu unterscheiden.

Sieht eine tarifvertragliche Vorschrift ein Mindest- und ein Höchstalter – wie die oben abgebildete Regelung des Manteltarifvertrages für Beschäftigte im Bereich Metallbau – vor, so sind Arbeitnehmer nach dem Erreichen des Renteneintrittsalters vom Wortlaut dieser Vorschrift ausgenommen. Arbeitnehmer, die das 65. Lebensjahr erreicht haben, fallen nicht mehr unter den Sonderkündigungsschutz des Tarifvertrages und wären somit in eine Sozialauswahl nach § 1 Abs. 3 KSchG miteinzubeziehen. Fraglich erscheint jedoch, ob eine solche Regelung, besonders unter Gleichbehandlungsaspekten, wirksam ist.

Das Bundesarbeitsgericht entschied, dass tarifliche Regelungen, die den Ausschluss einer ordentlichen Kündigung an ein bestimmtes Lebensalter knüpfen, an den Vorschriften des Allgemeinen Gleichbehandlungsgesetzes zu messen sind. Es sah den tariflichen Ausschluss der Kündigung für ältere Arbeitnehmer dann nicht mehr als durch ein legitimes Ziel i.S.v. § 10 S. 1 AGG, Art. 6 der Richtlinie 2000/78/EG gerechtfertigt an, wenn dieser Ausschluss gerade zu einem grob fehlerhaften Auswahlergebnis gemäß § 1 Abs. 3 KSchG führen würde[992].

In Hinblick auf jüngere Arbeitnehmer kann eine solche Regelung somit gerechtfertigt sein. Dies muss jedoch bei Arbeitnehmern nach

990 Vgl. Ascheid/Preis/Schmidt/*Linck*, BGB, § 622 Rn. 31; Tschöpe/*Schrader*, Teil 3 F, Rn. 57.

991 Ascheid/Preis/Schmidt/*Linck*, BGB, § 622 Rn. 31.

992 BAG v. 20. Juni 2013 – 2 AZR 295/12, NZA 2014, 208; BAG v. 5. Juni 2008 – 2 AZR 907/06, NZA 2008, 1120.

dem Erreichen des Renteneintrittsalters nicht der Fall sein, da nicht auszuschließen ist, dass ein Arbeitnehmer nach dem Erreichen des Renteneintrittsalters im Rahmen einer Sozialauswahl schutzwürdiger ist als ein Arbeitnehmer vor dem Erreichen der Regelaltersgrenze. Würde man daraufhin den Arbeitnehmer mit Sonderkündigungsschutz nicht in die Sozialauswahl einbeziehen und stattdessen einen Arbeitnehmer nach dem Erreichen des Renteneintrittsalters kündigen, so kann dies zu einem grob fehlerhaften Auswahlergebnis im Rahmen der Sozialauswahl nach § 1 Abs. 3 KSchG und folglich zu einer Altersdiskriminierung mit der Folge von unwirksamen Kündigungen führen.

Welche Regelungen bei tariflichen Unkündbarkeitsvereinbarungen, die lediglich ein Mindest-, aber kein Höchstalter vorsehen, für Arbeitnehmer nach dem Erreichen des Renteneintrittsalters gelten, ist umstritten. Ein Teil der Literatur verlangt die Anpassung der Vorschriften der Tarifverträge über den Sonderkündigungsschutz älterer Arbeitnehmer. Unkündbarkeitsklauseln sollen Arbeitnehmer nicht mehr schützen, wenn sie die Regelaltersgrenze überschritten haben[993]. Das Überschreiten der Regelaltersgrenze solle dann bei der Sozialauswahl, in die der Arbeitnehmer ohne Sonderkündigungsschutz fallen würde, Berücksichtigung finden[994].

Dagegen könnte jedoch der Wortlaut der tariflichen Norm sprechen, da diese explizit nur ein Mindestalter vorsieht. Es ist davon auszugehen, dass den Tarifvertragsparteien die Möglichkeit, neben einem Mindestalter auch ein Höchstalter einzuführen, bekannt war, sie sich jedoch bewusst dagegen entschieden haben.

Dem Arbeitgeber bleibt in diesem Fall, wie oben gezeigt, lediglich die Möglichkeit, das Arbeitsverhältnis mit sozialer Auslauffrist außerordentlich zu kündigen, sofern die Kündigung objektiv gerechtfertigt ist[995].

Neben tarifvertraglichen können auch einzelvertragliche Unkündbarkeitsregelungen vereinbart werden[996]. Unkündbarkeitsvereinbarungen in Betriebsvereinbarungen sind hingegen nicht möglich, da diese bereits an der fehlenden normativen Regelungskompetenz des Be-

993 Vgl. *Waltermann*, NJW 2008, 2529, 2534; *Bayreuther*, NZA-Beil. 2015, 84, 88.
994 Vgl. *Waltermann*, NJW 2008, 2529, 2534.
995 Vgl. *Bayreuther*, NJW 2012, 2758, 2759.
996 *Waltermann*, NJW 2008, 2529, 2534; Tschöpe/*Schrader*, Teil 3 F, Rn. 57.

triebsrats in personellen Angelegenheiten und an der inhaltlichen Regelungsgrenze des § 1 Abs. 4 KSchG, jedenfalls aber an der Kontrolle nach § 75 BetrVG i.V.m. der staatlichen Schutzpflicht aus Art. 12 Abs. 1 und Art. 6 GG scheitern[997].

§ 18 Keine Berücksichtigung bei Massenentlassungsanzeigen im Rahmen einer betriebsbedingten Kündigung

Entlässt ein Arbeitgeber eine größere Anzahl von Arbeitnehmern, so ist er verpflichtet, dies der Agentur für Arbeit anzuzeigen. Es ist zweifelhaft, ob bei der Berechnung der Anzahl der zu entlassenden Arbeitnehmer auch solche nach dem Erreichen des Renteneintrittsalters zu berücksichtigen sind. Dies kann für einen Arbeitgeber insbesondere dann von Bedeutung sein, wenn er sich an der Grenze der anzeigepflichtigen Entlassungen befindet.

§ 17 Abs. 1 S. 1 KSchG verlangt eine Anzeige in Betrieben mit in der Regel mehr als 20 und weniger als 60 Arbeitnehmern, wenn mehr als 5 Arbeitnehmer, in Betrieben mit in der Regel mindestens 60 und weniger als 500 Arbeitnehmern, wenn 10 von Hundert der im Betrieb regelmäßig beschäftigten Arbeitnehmer oder aber mehr als 25 Arbeitnehmer oder in Betrieben mit in der Regel mindestens 500 Arbeitnehmern mindestens 30 Arbeitnehmer innerhalb von 30 Tagen entlassen werden. Andere vom Arbeitgeber veranlasste Beendigungen des Arbeitsverhältnisses stehen dabei einer Entlassung gleich (§ 17 Abs. 1 S. 2 KSchG).

Die Anzeige ist vor dem Kündigungszeitpunkt bei der Agentur für Arbeit einzureichen[998].

Durch die frühzeitige Unterrichtung der anstehenden Entlassungen soll es der Agentur für Arbeit ermöglicht werden, durch rechtzeitige und gezielte Maßnahmen das Entstehen größerer Arbeitslosigkeit

997 *Rieble*, NZA 2003, 1243, 1245 f.

998 Dornbusch/Fischermeier/Löwisch/*Leschnig*, KSchG, § 17 Rn. 2; Ascheid/Preis/Schmidt/*Moll*, KSchG, § 17 Rn. 124.

zu vermeiden oder zu verzögern[999]. Es handelt sich demnach um eine arbeitsmarktpolitische Regelung[1000].

Kündigungen, die der Arbeitgeber ohne eine nach § 17 Abs. 1 und Abs. 3 KSchG wirksame Massenentlassungsanzeige ausgesprochen hat, sind nach § 134 BGB nichtig[1001]. Erfolgt eine unwirksame Anzeige oder unterbleibt diese etwa ganz, so sind sämtliche Entlassungen und nicht etwa nur diejenigen, die den Umfang der Schwellenwerte des § 17 Abs. 1 S. 1 KSchG überschreiten, unwirksam[1002]. Die Unwirksamkeit der Kündigung ist zwar nicht der primäre Zweck der Norm, aber eine Nebenfolge, auf die sich der einzelne Arbeitnehmer berufen kann[1003]. Besondere Bedeutung kommt der Nebenfolge durch die „Junk“-Entscheidung des Europäischen Gerichtshofs zu, da ein Arbeitnehmer nicht mehr nur sein Ausscheiden zum in der Kündigung angegebenen Beendigungszeitpunkt verhindern kann, sondern die Wirksamkeit der Kündigung selbst in Frage stellen kann[1004].

Insbesondere die gestiegene Bedeutung der Rechtsfolge einer unwirksamen oder unterbliebenen Anzeige zeigt die immense Bedeutung für den Arbeitgeber sich genauestens an die gesetzlichen Vorgaben zu halten. Daher sind für ihn die in § 17 Abs. 1 S. 1 KSchG genannten Schwellenwerte und damit die Frage, ob Arbeitnehmer nach dem Erreichen des Renteneintrittsalters bei der Berechnung der Schwellenwerte zu berücksichtigen sind, von erheblicher Wichtigkeit.

§ 17 Abs. 1 S. 2 KSchG besagt, dass allen Entlassungen andere Beendigungen des Arbeitsverhältnisses gleich stehen, die vom Arbeitgeber veranlasst werden. Nicht mitzuzählen sind demnach Beendigungen, die von dem Arbeitnehmer ausgehen[1005]. Ebenfalls nicht mitzuzählen sind Arbeitnehmer, die durch den Abschluss einer Vorruhe-

---

999 Vgl. MünchKomm-BGB/*Hergenröder*, KSchG, § 17 Rn. 1.

1000 BeckOK ArbR/*Volkening*, KSchG, § 17 Rn. 1; Dornbusch/Fischermeier/Löwisch/*Leschnig*, KSchG, § 17 Rn. 1.

1001 BAG v. 22. November 2012 – 2 AZR 371/11, NZA 2013, 845; Dornbusch/Fischermeier/Löwisch/*Leschnig*, KSchG, § 17 Rn. 45.

1002 Vgl. *Bauer/Röder*, NZA 1985, 201, 203.

1003 BAG v. 11. März 1999 – 2 AZR 461/98, NZA 1999, 761.

1004 EuGH v. 27. Januar 2005 – C-188/03, EuZW 2005, 145 (Junk/Kühnel).

1005 v. Hoyningen-Huene/Linck/*v. Hoyningen-Huene*, KSchG, § 17 Rn. 28; ErfKomm ArbR/*Kiel*, KSchG, § 17 Rn. 14.

standsvereinbarung aus dem Betrieb ausscheiden[1006]. Sie stehen dem Arbeitsmarkt nicht mehr zur Verfügung und fallen daher nicht unter den ursprünglichen Normzweck, nämlich der Agentur für Arbeit Vorlaufzeit für das Ermitteln einer Anschlussbeschäftigung einzuräumen. Gleiches gilt auch dann, wenn der Arbeitnehmer mit der Beendigung des Arbeitsverhältnisses in den Ruhestand tritt, ohne dass er zwischenzeitlich arbeitslos wird[1007].

Arbeitnehmer nach dem Erreichen des Renteneintrittsalters, die folglich anschließend tatsächlich in den Ruhestand treten, sind demnach bei der Massenentlassungsanzeige nicht zu berücksichtigen. Was ist aber nun mit solchen, die dennoch weiterarbeiten wollen; stehen diese dem Arbeitsmarkt noch zur Verfügung?

Diesbezüglich regelt § 5 i.V.m. § 12 a SGB II, dass vor der Inanspruchnahme der Sozialkassen andere Leistungen in Anspruch genommen werden sollen. § 12 a SGB II ist eine Vorschrift zur Konkretisierung des allgemeinen Nachranggrundsatzes, der insbesondere Regelungsgegenstand des § 5 Abs. 3 SGB II ist[1008]. § 5 Abs. 3 und § 12 a S. 1 und S. 2 Nr. 1 SGB II lauten wie folgt:

> „*§ 5 Verhältnis zu anderen Leistungen*
> *[…]*
> *(3) Stellen Leistungsberechtigte trotz Aufforderung einen erforderlichen Antrag auf Leistungen eines anderen Trägers nicht, können die Leistungsträger nach diesem Buch den Antrag stellen sowie Rechtsbehelfe und Rechtsmittel einlegen. Der Ablauf von Fristen, die ohne Verschulden der Leistungsträger nach diesem Buch verstrichen sind, wirkt nicht gegen die Leistungsträger nach diesem Buch; das gilt nicht für Verfahrensfristen, soweit die Leistungsträger nach diesem Buch das Verfahren selbst betreiben.*
> *[…]*
> *§ 12 a Vorrangige Leistungen*
> *Leistungsberechtigte sind verpflichtet, Sozialleistungen anderer Träger in Anspruch zu nehmen und die dafür erforderlichen Anträge zu stellen, sofern dies zur Vermeidung, Beseitigung, Verkürzung oder Verminderung der Hilfebedürftigkeit erforderlich ist.*

1006 ErfKomm ArbR/*Kiel*, KSchG, § 17 Rn. 14; v. Hoyningen-Huene/Linck/*v. Hoyningen-Huene*, KSchG, § 17 Rn. 32; *Bauer/Röder*, NZA 1985, 201, 205.

1007 Vgl. Ascheid/Preis/Schmidt/*Moll*, KSchG, § 17 Rn. 29.

1008 BeckOK SozR/*Fahlbusch*, SGB II, § 12 a Rn. 1.

Abweichend von Satz 1 sind Leistungsberechtigte nicht verpflichtet,
1. *bis zur Vollendung des 63. Lebensjahres eine Rente wegen Alters vorzeitig in Anspruch zu nehmen oder*
[...]."

Daraus folgt jedoch im Umkehrschluss, dass Arbeitnehmer ab dem Erreichen des 63. Lebensjahres eine Rente wegen Alters vorzeitig in Anspruch nehmen müssen. Folglich werden die Sozialkassen nicht belastet und der Arbeitnehmer nach dem Erreichen des Renteneintrittsalters wird nicht arbeitslos. Damit stünde er dem Arbeitsmarkt zwar theoretisch zur Verfügung, nach dem Telos der Norm jedoch nicht mehr. Die Agentur für Arbeit muss sich folglich nicht um eine Anschlussbeschäftigung für diese Arbeitnehmer bemühen.

Somit sind Arbeitnehmer nach dem Erreichen des Renteneintrittsalters bei der Anzeige an die Agentur für Arbeit im Rahmen einer Massenentlassung bei der Berechnung der Schwellenwerte des § 17 Abs. 1 S. 1 KSchG nicht zu berücksichtigen.

§ 19 Berücksichtigung im Sozialplan bei betriebsbedingter Kündigung im Rahmen einer Betriebsänderung

Stehen in einem Betrieb Betriebsänderungen an, die wesentliche Nachteile für die Belegschaft oder erhebliche Teile der Belegschaft zur Folge haben können, so haben der Arbeitgeber und der Betriebsrat einen Interessenausgleich herbeizuführen. In einem solchen Interessenausgleich werden Regelungen zur unternehmerischen Maßnahme, dem Kreis und der Zahl der betroffenen Arbeitnehmer sowie der Art, in der sie betroffen sind, vereinbart[1009]. Die mit einer Betriebsänderung verbundenen Nachteile werden nicht durch den Interessenausgleich, sondern durch einen Sozialplan aufgefangen und abgeschwächt[1010].

Ein Sozialplan ist eine Einigung über den Ausgleich oder die Milderung der wirtschaftlichen Nachteile, die den Arbeitnehmern infolge der geplanten Betriebsänderung entstehen (§ 112 Abs. 1 S. 2 BetrVG).

1009 Vgl. Küttner/*Eisemann*, Personalhandbuch, Interessenausgleich, Rn. 2.

1010 Vgl. *Löwisch/Kaiser*, BetrVG, § 112 Rn. 1 ff.; Küttner/*Eisemann*, Personalhandbuch, Interessenausgleich, Rn. 2.

Eine Betriebsänderung liegt vor bei Einschränkung oder Stilllegung des ganzen Betriebes oder von wesentlichen Betriebsteilen, bei der Verlegung des ganzen Betriebes oder von wesentlichen Betriebsteilen, bei einem Zusammenschluss mit anderen Betrieben oder der Spaltung von Betrieben, bei grundlegenden Änderungen der Betriebsorganisation, des Betriebszwecks oder der Betriebsanlagen und bei der Einführung grundlegend neuer Arbeitsmethoden und Fertigungsverfahren (§ 111 S. 3 BetrVG).

Fraglich erscheint, in welchem Umfang ältere Arbeitnehmer und Arbeitnehmer nach dem Erreichen des Renteneintrittsalters bei einem solchen Sozialplan und den wirtschaftlichen Ausgleichszahlungen zu berücksichtigen sind.

Ein Sozialplan und die daraus resultierende Höhe der Abfindungssumme orientieren sich regelmäßig an dem Alter und der Betriebszugehörigkeit[1011]. Dabei entstehen, gleichlaufend zur Diskriminierungsproblematik im Rahmen der Sozialauswahl bezüglich der Berücksichtigungsfähigkeit von Alter und Betriebszugehörigkeit, gleichbehandlungsrechtliche Probleme[1012].

Findet demnach ein linearer Anstieg der Abfindungshöhe gemessen am Alter oder der Betriebszugehörigkeit oder eine Verteilung der Arbeitnehmer auf Altersgruppen statt, werden jüngere Arbeitnehmer unmittelbar aufgrund ihres Alters benachteiligt. Jüngere Arbeitnehmer bekommen demnach eine geringere Abfindungssumme als ältere, länger dem Betrieb angehörende Arbeitnehmer.

Eine solche Ungleichbehandlung ist jedoch gerechtfertigt, wenn sie objektiv und angemessen und durch ein legitimes Ziel gerechtfertigt ist. Die Mittel zur Erreichung müssen angemessen und erforderlich sein (§ 10 S. 1 und S. 2 AGG; vgl. bereits *§ 4 IV. 3. c) (Allgemeines Gleichbehandlungsgesetz)*). § 10 S. 3 Nr. 6 AGG sieht eine Differenzierung von Leistungen in Sozialplänen als gerechtfertigt an, wenn der Sozialplan gerade nach Alter oder Betriebszugehörigkeit gestaffelte Abfindungsregelungen beinhaltet. Dabei muss der Sozialplan gerade die wesentlichen vom Alter abhängigen Chancen auf dem Arbeits-

1011 Vgl. Küttner/*Eisemann*, Personalhandbuch, Interessenausgleich, Rn. 6; *Löwisch/Kaiser*, BetrVG, § 112 Rn. 35; Richardi/*Annuß*, BetrVG, § 112 Rn. 91.

1012 *Fitting*, BetrVG, § 112, 112 a Rn. 137 a.

markt durch eine verhältnismäßig starke Betonung des Lebensalters erkennbar berücksichtigen (§ 10 S. 3 Nr. 6 AGG).

Sinn und Zweck der Regelung ist es gerade, die einem Arbeitnehmer entstehenden wirtschaftlichen Nachteile aufgrund der im Alter verschlechterten Arbeitsmarktchancen auszugleichen. Dabei geht der Gesetzgeber davon aus, dass die Chancen auf dem Arbeitsmarkt vom Alter abhängen[1013]. Dies muss der Sozialplan ausdrücklich berücksichtigen und den älteren Arbeitnehmern wegen der schlechteren Arbeitsmarktchancen einen höheren Nachteilsausgleich gewähren[1014]. Ein Sozialplan darf sich demnach auch nicht ausschließlich an der Betriebszugehörigkeit orientieren[1015].

Dabei ist der Arbeitgeber nicht verpflichtet, die Chancen der Arbeitnehmer auf dem Arbeitsmarkt in einzelnen Regionen konkret zu ermitteln[1016]. Vielmehr ist eine pauschale und typisierende Betrachtung und Bewertung der wirtschaftlichen Nachteile geboten[1017]. Auch ist es dem Arbeitgeber überlassen, eine lineare Verteilung oder eine Altersgruppenbildung vorzunehmen[1018]. Lediglich zu beachten ist, dass die benachteiligten Altersgruppen nicht unverhältnismäßig stark vernachlässigt werden dürfen[1019].

Ein Sozialplan, der Alterszuschläge mit dem Erreichen des 45. und des 50. Lebensjahres vorsieht, stellt keine unzulässige Benachteiligung gegenüber jüngeren Arbeitnehmern dar und ist demnach zulässig[1020]. Diese Regelung ist nach Ansicht der Richter des Bundesarbeitsgerichts angemessen und erforderlich i.S.d. § 10 S. 2 AGG, da der Sozialplan in vertretbarer Weise auf die im Alter sinkenden Arbeitsmarktchancen abstelle und diesen Nachteil stufenweise ausgleiche[1021].

1013 *Löwisch/Kaiser*, BetrVG, § 112 Rn. 35; *Oelkers*, NJW 2008, 614, 616.

1014 BAG v. 12. April 2011 – 1 AZR 743/09, NZA 2011, 985.

1015 *Löwisch/Kaiser*, BetrVG, § 112 Rn. 35; *Fitting*, BetrVG, § 112, 112 a, Rn. 137; *Oelkers*, NJW 2008, 614, 617.

1016 BAG v. 12. April 2011 – 1 AZR 764/09, NZA 2011, 988.

1017 BAG v. 12. April 2011 – 1 AZR 743/09, NZA 2011, 985; *Zange*, NZA 2013, 601, 602.

1018 BAG v. 12. April 2011 – 1 AZR 764/09, NZA 2011, 988; *Fitting*, BetrVG, § 112, 112 a, Rn. 151.

1019 BAG v. 23. März 2010 – 1 AZR 832/08, NZA 2010, 774.

1020 BAG v. 12. April 2011 – 1 AZR 743/09, NZA 2011, 985; *Fitting*, BetrVG, § 112, 112 a, Rn. 156; Richardi/*Annuß*, BetrVG, § 112 Rn. 115.

1021 BAG v. 26. März 2013 – 1 AZR 693/11, BeckRS 2013, 71106.

Die Regelung des § 10 S. 3 Nr. 6 AGG sieht darüber hinaus sogar vor, Beschäftigte von den Leistungen des Sozialplans auszuschließen, die wirtschaftlich durch eine Rentenberechtigung, gegebenenfalls nach Bezug von Arbeitslosengeld, abgesichert sind. Demnach können rentennahe Arbeitnehmer eine geringere Abfindung erhalten oder sogar leer ausgehen[1022]. Auch ist eine Abfindungspauschale zum Ausgleich der monatlichen Rentenkürzungen bei im Zeitpunkt des Ausscheidens aus dem Betrieb bereits rentenberechtigten Arbeitnehmern zulässig[1023]. Zwar haben ältere Arbeitnehmer schlechtere Chancen auf dem Arbeitsmarkt, die Leistungen aus dem Sozialplan sollen jedoch vielmehr eine „zukunftsbezogene Ausgleich- und Überbrückungsfunktion“ haben und demzufolge den Arbeitnehmern den finanziellen Druck bei der Suche einer neuen Anstellung nehmen[1024]. Leistungen aus dem Sozialplan stellen kein zusätzliches Entgelt für erbrachte Leistungen des Arbeitnehmers dar[1025].

Der Sozialplan muss den „frühestmöglichen Renteneintritt“ festlegen und dabei, aus diskriminierungsrechtlichen Gesichtspunkten, ausdrücklich bestimmen, dass die vorzeitige Rente für Schwerbehinderte und für Frauen davon nicht umfasst sind[1026].

Eine Mindestabfindung ist einem rentennahen Beschäftigten nicht zu zahlen. Dies wurde sogar bereits unionsrechtlich vom Europäischen Gerichtshof in der Sache „Odar“ bestätigt[1027]. Gleichwohl können Arbeitgeber und Betriebsrat eine solche Mindestabfindung im Sozialplan verankern. Die Mindestabfindung kann dabei geringer ausfallen als Abfindungen von jüngeren Arbeitnehmern[1028]. Zu beachten ist hier-

---

1022 BAG v. 23. März 2010 – 1 AZR 832/08, NZA 2010, 774; Richardi/*Richardi/Maschmann*, BetrVG, § 75 Rn. 42; *Oelkers*, NJW 2008, 614, 615; *Rolfs*, NZA-Beil. 2008, 8, 16.

1023 BAG v. 26. März 2013 – 1 AZR 857/11, NJW-Spezial 2013, 596; Richardi/*Richardi/Maschmann*, BetrVG, § 75 Rn. 42.

1024 BAG v. 9. Dezember 2014 – 1 AZR 102/13, NZA 2015, 365; *Oelkers*, NJW 2008, 614, 616; *Zange*, NZA 2013, 601 f.

1025 BAG v. 23. April 2013 – 1 AZR 916/11, NJW 2013, 2619; *Zange*, NZA 2013, 601.

1026 Für Behinderung: EuGH v. 6. Dezember 2012 – C-152/11, NZA 2012, 1435 (Odar); für Frauen: EuGH v. 18. November 2010 – C-356/09, NZA 2010, 1401 (Kleist); *Fitting*, BetrVG, § 112, 112 a, Rn. 148, 149; *Zange*, NZA 2013, 601, 603 f.

1027 EuGH v. 6. Dezember 2012 – C-152/11, NZA 2012, 1435 (Odar); *Fitting*, BetrVG, § 112, 112 a, Rn. 154 a.

1028 BAG v. 26. März 2013 – 1 AZR 857/11, NJW-Spezial 2013, 596.

bei, dass bei einer pauschalen Abfindungsberechnung und der daraus resultierenden Mindestabfindung die Gefahr besteht, dass ein Arbeitnehmer, der nach dem Ausscheiden nur unmittelbar vor der vorzeitigen Inanspruchnahme der Rente steht, die gleiche Abfindung erhalten würde wie ein Arbeitnehmer, der hiervon noch weiter entfernt ist. Dies widerspräche jedoch der Überbrückungsfunktion von Sozialplänen.

Grundsätzlich ist eine Höchstbetragsklausel oder Kappungsgrenze in einem Sozialplan zulässig, jedoch darf sich diese nicht am Alter oder der Betriebszugehörigkeit orientieren. Eine pauschale Kappungsgrenze kann jedoch dazu führen, dass Arbeitnehmer, die nach Ablauf des Arbeitslosengeldbezugs das Rentenalter noch nicht erreicht haben, überdurchschnittlich benachteiligt werden, da die Abfindung nicht mehr ihre Überbrückungsfunktion erfüllt und damit die Existenz des Arbeitnehmers gefährdet[1029].

Hat ein Arbeitnehmer bereits die Regelaltersgrenze überschritten und demnach einen Rentenanspruch, muss das Gesagte für ihn erst recht gelten. Durch den Rentenanspruch entfällt die Funktion des Sozialplans, als Vorsorge- und Überbrückungsgeld zu dienen. Der Arbeitnehmer gelangt durch den Bezug von Rente gerade nicht in eine Situation, die seine Existenz gefährdet. Arbeitnehmer nach dem Erreichen des Renteneintrittsalters sind bei Abfindungen im Rahmen eines Sozialplans bei einer Betriebsänderung nicht zu berücksichtigen.

§ 20 AGB-Kontrolle bei Altersgrenzen in einzelvertraglichen Arbeitsverträgen

Arbeitsvertragsklauseln unterliegen wie andere Vertragsklauseln der Rechtskontrolle in Form einer AGB-Kontrolle. Damit in einem Arbeitsvertrag eine Klausel zur Altersgrenze wirksam vereinbart werden kann, muss sie einer solchen AGB-Kontrolle standhalten.

Die Bestimmungen in Allgemeinen Geschäftsbedingungen sind grundsätzlich nur wirksam, wenn sie den Vertragspartner des Verwenders nicht entgegen den Geboten von Treu und Glauben unangemessen benachteiligen (§ 307 Abs. 1. S. 1 BGB). Dabei sind bei der Anwen-

1029 *Zange*, NZA 2013, 601, 604 f.

dung auf Arbeitsverträge die im Arbeitsrecht geltenden Besonderheiten angemessen zu berücksichtigen (§ 310 Abs. 4 S. 2 BGB).

Neben den verschiedensten Problemen zu arbeitsvertraglichen Klauseln, wie Arbeitszeit, Tätigkeitsbeschreibung oder Entgeltabreden[1030], sind insbesondere solche zu Befristungen von Bedeutung. Davon umfasst sind Regelungen zu Altersgrenzen[1031].

Ist eine Befristung nicht „ausgehandelt" i.S.v. § 305 Abs. 1 S. 3 BGB, so kann sie dennoch wirksam sein. Voraussetzung hierfür ist, dass der Verwender die Klausel bezüglich ihrer inhaltlichen Regelung tatsächlich zur Disposition stellt und damit dem Vertragspartner die Möglichkeit einräumt, die Klausel mitzugestalten[1032].

Auch ist eine Klausel, die lediglich auf eine „Altersrente" abstellt, so auszulegen, dass sie auf die Regelaltersrente abzielt. Ein Abstellen auf eine vorgezogene Altersrente suggeriert dem Arbeitnehmer, dass sein Arbeitsverhältnis bereits verfrüht enden wird. Dies verstößt gegen die AGB-rechtlichen Vorschriften nach § 305 b und § 307 Abs. 1 und Abs. 2 BGB[1033]. Der Arbeitnehmer wird folglich nicht unangemessen benachteiligt, wenn er bei Vertragsabschluss die Möglichkeit besaß, im Verlauf des Arbeitsverhältnisses eine gesetzliche Altersrente in Anspruch zu nehmen[1034]. Gemäß § 307 Abs. 3 S. 1 BGB aufgrund von § 41 S. 2 SGB VI findet eine Angemessenheitskontrolle der Altersgrenze nach § 307 Abs. 1 und Abs. 2 BGB nicht statt[1035].

Auch stellt die Altersgrenze in einzelvertraglichen Regelungen in der Regel keine überraschende Klausel i.S.v. § 305 c Abs. 1 BGB dar. Mit einer solchen Regelung muss der Arbeitnehmer in einem Arbeitsvertrag rechnen. Eine überraschende Klausel liegt lediglich dann vor,

---

1030 *Preis*, NZA-Beil. 2006, 115, 120.

1031 Vgl. Tschöpe/*Wisskirchen*, Teil 1 D, Rn. 29; *Däubler*, NZA-Beil. 2006, 133, 138.

1032 Jauering/*Stadler*, BGB, § 305 Rn. 9; Tschöpe/*Wisskirchen*, Teil 1 D, Rn. 17; *Preis*, NZA-Beil. 2006, 115, 120.

1033 Tschöpe/*Wisskirchen*, Teil 1 D, Rn. 29; *Bayreuther*, NZA-Beil. 2015, 84, 85.

1034 BAG v. 27. Juli 2005 – 7 AZR 443/04, NZA 2006, 37; Tschöpe/*Wisskirchen*, Teil 1 D, Rn. 29.

1035 Jauering/*Stadler*, BGB, § 307 Rn. 14; *Junker*, Arbeitsrecht, Rn. 441.

wenn die Regelung zur Altersgrenze unter falscher oder irreführender Überschrift im Arbeitsvertrag „versteckt" wurde[1036].

Konsequenterweise muss eine Klausel über eine auflösende Bedingung wegen eines Verstoßes gegen § 307 Abs. 1 BGB unwirksam sein, wenn sie die fehlende Beschäftigungsmöglichkeit nicht als zusätzliche Voraussetzung für die Beendigung des Arbeitsverhältnis benennt, weil so der Arbeitnehmer davon abgehalten wird, sein Recht auf Weiterbeschäftigung geltend zu machen, und die Klausel daher intransparent ist[1037].

Ist eine arbeitsvertragliche Klausel nicht Vertragsbestandteil geworden oder unwirksam, so richtet sich der Inhalt des Vertrages nach den gesetzlichen Vorschriften (§ 306 Abs. 2 BGB); eine geltungserhaltende Reduktion findet aufgrund des § 306 Abs. 2 BGB gerade nicht statt[1038]. Zweifel bei der Auslegung Allgemeiner Geschäftsbedingungen gehen zulasten des Verwenders (§ 305 c Abs. 2 BGB).

Eine AGB-Kontrolle von tarifvertraglichen Klauseln findet gemäß § 310 Abs. 4 S. 1 BGB ausnahmslos nicht statt. Dies gilt ausschließlich für den Tarifvertag selbst, hiervon nicht umfasst sind arbeitsvertragliche Bezugnahmeklauseln[1039].

§ 21 Rechtsfolgen bei der betriebliche Altersversorgung

Welche Auswirkungen das Arbeiten über die Regelaltersgrenze hinaus auf die betriebliche Altersversorgung hat, soll im folgenden Abschnitt erläutert werden. Dabei stellt sich insbesondere die Frage, zu welchem Zeitpunkt der Arbeitnehmer einen fälligen Anspruch auf Auszahlung der betrieblichen Altersversorgung hat und ob das Arbeiten über die Regelaltersgrenze hinaus diesen Anspruch hemmt.

1036 BAG v. 27. Juli 2005 – 7 AZR 443/04, NZA 2006, 37; Tschöpe/*Wisskirchen*, Teil 1 D, Rn. 29; Graf von Westphalen/*Thüsing*, Vertragsrecht, Arbeitsverträge, Rn. 87; *Däubler*, NZA-Beil. 2006, 133, 138.

1037 Däubler/Hjort/Schubert/Wolmerath/*Tillmanns*, TzBfG, § 14 Rn. 61.

1038 Graf von Westphalen/*Thüsing*, Vertragsrecht, Arbeitsverträge, Rn. 115 f.; *Preis*, NZA-Beil. 2006, 115, 120.

1039 BAG v. 23. Juli 2014 – 7 AZR 771/12, NZA 2014, 1341; BAG v. 15. April 2008 – 9 AZR 159/07, NZA-RR 2008, 586; Graf von Westphalen/*Thüsing*, Vertragsrecht, Arbeitsverträge, Rn. 184.

Eine betriebliche Altersversorgung liegt dann vor, wenn einem Arbeitnehmer Leistungen der Alters-, Invaliditäts- oder Hinterbliebenenversorgung aus Anlass seines Arbeitsverhältnisses vom Arbeitgeber zugesagt werden (§ 1 Abs. 1 S. 1 BetrAVG). Die nähere Ausgestaltung der betrieblichen Altersversorgung wird durch eine Vereinbarung geregelt (§ 1 a Abs. 1 S. 2 BetrAVG). Die betriebliche Altersversorgung soll den Arbeitnehmer an den Betrieb binden und seine Betriebstreue durch das zusätzliche betriebliche Ruhegeld belohnen[1040].

Ab wann ein Arbeitnehmer, der Altersrente aus der gesetzlichen Rentenversicherung beantragt hat, Anspruch auf die betriebliche Altersversorgung hat, bestimmt unter anderem § 6 BetrAVG. Dieser lautet:

> „*§ 6 Vorzeitige Altersleistung*
> *Einem Arbeitnehmer, der die Altersrente aus der gesetzlichen Rentenversicherung als Vollrente in Anspruch nimmt, sind auf sein Verlangen nach Erfüllung der Wartezeit und sonstiger Leistungsvoraussetzungen Leistungen der betrieblichen Altersversorgung zu gewähren. Fällt die Altersrente aus der gesetzlichen Rentenversicherung wieder weg oder wird sie auf einen Teilbetrag beschränkt, so können auch die Leistungen der betrieblichen Altersversorgung eingestellt werden. Der ausgeschiedene Arbeitnehmer ist verpflichtet, die Aufnahme oder Ausübung einer Beschäftigung oder Erwerbstätigkeit, die zu einem Wegfall oder zu einer Beschränkung der Altersrente aus der gesetzlichen Rentenversicherung führt, dem Arbeitgeber oder sonstigen Versorgungsträger unverzüglich anzuzeigen.*“

Die Regelung sichert die Akzessorietät zwischen den Leistungen der gesetzlichen Rentenversicherung und der betrieblichen Altersversorgung[1041]. Der Anspruch des Arbeitnehmers gegenüber dem Arbeitgeber bzw. dem Versorgungsträger gewährleistet dem Arbeitnehmer eine von der Versorgungsvereinbarung – und darin vorgesehenen Altersgrenze – unabhängige Gewährung der Betriebsrente bei vorgezogener gesetzlicher Altersrente[1042].

1040 MünchKomm-BGB/*Müller-Glöge*, BGB, § 611 Rn. 1235.

1041 Dornbusch/Fischermeier/Löwisch/*Lauterbach*, BetrAVG, § 6 Rn. 1; Däubler/Hjort/Schubert/Wolmerath/*Allgaier*, BetrAVG, § 6 Rn. 1.

1042 Vgl. Dornbusch/Fischermeier/Löwisch/*Kisters-Kölkes*, BetrAVG, § 6 Rn. 2; *Langohr-Plato*, Betriebliche Altersversorgung, Rn. 18 ff.; Däubler/Hjort/Schubert/Wolmerath/*Allgaier*, BetrAVG, § 6 Rn. 1.

Setzt die Versorgungsvereinbarung eine niedrigere feste Altersgrenze auf den Zeitpunkt vor dem Erreichen der gesetzlichen Altersgrenze fest, so steht dem Arbeitnehmer der Anspruch auf Auszahlung der betrieblichen Altersversorgung ab dem Erreichen der Altersgrenze der Versorgungsvereinbarung zu[1043].

Hauptaugenmerk ist jedoch auf § 6 S. 2 BetrAVG zu legen, der es dem Arbeitgeber erlaubt, die Leistungen der betrieblichen Altersversorgung wieder einzustellen, sollten die Leistungen der gesetzlichen Rentenversicherung wegfallen oder auf einen Teilbetrag beschränkt werden. Hierbei stellt sich die Frage, ob eine solche Möglichkeit des Arbeitgebers auch bei Arbeitnehmern besteht, welche die Regelaltersgrenze überschritten haben, ihre Tätigkeit aber dennoch fortführen.

Während des Bezugs von Rente vor dem Erreichen der Regelaltersgrenze ist eine entgeltliche Beschäftigung innerhalb bestimmter Hinzuverdienstgrenzen möglich (§ 34 Abs. 2 und Abs. 3 SGB VI). Der Anspruch auf gesetzliche Altersrente entfällt, sobald die Höchstgrenzen überschritten werden[1044]. Gleichlaufend entfällt dann auch der Anspruch auf betriebliche Altersversorgung. Da mit dem Erreichen der Regelaltersgrenze die Hinzuverdienstgrenzen entfallen, kann neben der Rente ein Arbeitsentgelt in unbeschränkter Höhe bezogen werden. Der Anspruch auf die betriebliche Altersversorgung lebt dann wieder auf[1045].

Zwar setzt § 6 S. 2 BetrAVG die Inanspruchnahme der Rente voraus, jedoch ist damit nicht die tatsächliche Zahlung, sondern vielmehr die Ausstellung des Rentenbescheids durch die gesetzliche Rentenversicherung gemeint[1046]. Mit dem Rentenbescheid (Verwaltungsakt) werden Rentenart, Rentenbeginn, Rentenhöhe und gegebenenfalls Rentendauer festgestellt. Der Berechtigte kann den Bescheid mit

1043 *Langohr-Plato*, Betriebliche Altersversorgung, Rn. 435; Höfer/*Höfer*, BetrAVG, § 6 Rn. 128.

1044 Blomeyer/Rolfs/Otto/*Rolfs*, BetrAVG, § 6 Rn. 27.

1045 Vgl. Blomeyer/Rolfs/Otto/*Rolfs*, BetrAVG, § 6 Rn. 27; Dornbusch/Fischermeier/Löwisch/*Kisters-Kölkes*, BetrAVG, § 6 Rn. 6.

1046 Blomeyer/Rolfs/Otto/*Rolfs*, BetrAVG, § 6 Rn. 44; Dornbusch/Fischermeier/Löwisch/*Kisters-Kölkes*, BetrAVG, § 6 Rn. 2.

einem Widerspruch anfechten[1047]. Folglich genügt bereits das Bestehen eines Anspruchs[1048].

Der Arbeitnehmer kann, sofern nicht ein Ruhen für die Zeiten der Erwerbstätigkeit oder das Anrechnen von Erwerbseinkommen in der Versorgungsvereinbarung ausgeschlossen ist, die betriebliche Altersversorgung ab dem Erreichen einer früheren festen Altersgrenze selbst dann beantragen, wenn er den Bezug der gesetzlichen Rente bis zum Erreichen der Regelaltersgrenze oder sogar darüber hinaus aufschiebt[1049]. Maßgeblich für den Bezug der betrieblichen Altersversorgung ist demnach das in der Versorgungsvereinbarung festgelegte Alter[1050]. Der Gesetzgeber wollte mit dieser Regelung den Arbeitgeber davor schützen, gleichzeitig Arbeitsentgelt und Betriebsrente zu zahlen, zumal dies den Arbeitgeber vor nicht zu vernachlässigende Berechnungsprobleme stellt. Dies steht einer freiwilligen Versorgungszusage des Arbeitgebers jedoch nicht entgegen[1051].

Die Beendigung des Arbeitsverhältnisses ist keine gesetzliche Voraussetzung für den Bezug der vorzeitigen Altersleistungen und steht damit einer Fortsetzung des Arbeitsverhältnisses nicht entgegen[1052]. Dies geht aus dem Regierungsentwurf hervor, der zunächst noch den Passus vorsah, dass ein Anspruch erst „bei Beendigung des Arbeitsverhältnisses" entsteht[1053]. Dieser Abschnitt wurde in die endgültige Fassung nicht mit aufgenommen, um es auch den Arbeitnehmern, die eine betriebliche Altersversorgung in Anspruch nehmen, zu ermöglichen, nach dem Beginn der Altersrente aus der gesetzlichen Rentenversicherung in demselben Betrieb weiterzuarbeiten[1054]. Das läuft auch mit der Auslegung der Voraussetzung der „Inanspruchnahme" konform.

1047 Deutsche Rentenversicherung, Definition Rentenbescheid (zuletzt abgerufen am: 11. Mai 2016).

1048 Blomeyer/Rolfs/Otto/*Rolfs*, BetrAVG, § 6 Rn. 45.

1049 Höfer/*Höfer*, BetrAVG, § 6 Rn. 133.

1050 Vgl. Höfer/*Höfer*, BetrAVG, § 6 Rn. 133; Dornbusch/Fischermeier/Löwisch/*Kisters-Kölkes*, BetrAVG, § 6 Rn. 2.

1051 Vgl. Blomeyer/Rolfs/Otto/*Rolfs*, BetrAVG, § 6 Rn. 28.

1052 Vgl. Blomeyer/Rolfs/Otto/*Rolfs*, BetrAVG, § 6 Rn. 59.

1053 BT-Drs. 7/1281, S. 8.

1054 BT-Drs. 7/2843, S. 8.

Demnach können Arbeitnehmer unter der Voraussetzung einer nicht von dem Gesetz in erlaubtem Umfang abweichenden Versorgungsvereinbarung ab dem Erreichen der Regelaltersgrenze die betriebliche Altersversorgung in Anspruch nehmen und gleichzeitig in demselben Betrieb weiterarbeiten. Etwas anderes kann etwa gelten, wenn die Versorgungszusage den betrieblichen Rentenbezug von dem Ausscheiden aus dem Arbeitsverhältnis abhängig macht („Ausscheidensklausel“)[1055].

1055 Vgl. Blomeyer/Rolfs/Otto/*Rolfs*, BetrAVG, § 6 Rn. 87 b, 194.

Kapitel 5: Rechtsvergleich und Fazit

§ 22 Rechtsvergleich

Der deutsche Gesetzgeber hat durch die Einführung des § 41 S. 3 SGB VI versucht, Arbeitnehmern und Arbeitgebern eine rechtssichere und für beide Parteien absehbare Weiterbeschäftigungsmöglichkeit zu bieten, indem er befristete Vereinbarungen über das Hinausschieben des Beendigungszeitpunkts auch über das Erreichen der Regelaltersgrenze hinaus erlaubt. Dabei ist auch das mehrfache Hinausschieben möglich (vgl. hierzu ausführlich *§ 5 (Befristungen über das Erreichen der Regelaltersgrenze hinaus)*).

Insbesondere aus dem englischen System, aber auch aus dem § 41 S. 3 SGB VI geht hervor, dass die Arbeitnehmer unmittelbar vor ihrem möglichen Renteneintritt gefragt werden sollten, für welche Option – Renteneintritt oder Weiterbeschäftigung – sie sich entscheiden wollen[1056]. Diese Möglichkeit ist in England nunmehr nicht mehr gegeben.

Die Gesetzesänderung in England zeigt jedoch, dass die Regierung den Arbeitnehmern über das Erreichen des Renteneintrittsalters hinaus die Möglichkeit bieten möchte, weiter zu arbeiten. Die Regierung sieht das Erreichen dieses Alters somit gerade nicht als Grund für eine Kündigung und die Beendigung des Arbeitsverhältnisses an.

Inwieweit die Regelung des § 41 S. 3 SGB VI zur Flexibilisierung des deutschen Systems ausreichend ist oder ob weitere flexibilisierende Regelungen notwendig werden, bleibt abzuwarten. Auch ist die Europarechtskonformität des § 41 S. 3 SGB VI bislang noch nicht geklärt (vgl. unter *§ 5 V. (Europarechtliche Bedenken)*). Dies könnte Arbeitgeber in Zukunft bereits daran hindern, die Norm auf Arbeitsverträge anzuwenden.

1056 So schon *Waltermann*, NJW 2008, 2529, 2534.

Das deutsche System ist jedoch von einer Auswahl an Möglichkeiten für rentennahe Arbeitnehmer und Arbeitnehmer nach dem Erreichen des Renteneintrittsalters, wie sie etwa die oben aufgeführten Rechtssysteme aufweisen, noch weit entfernt.

§ 23 Fazit

Das deutsche Rechtssystem bietet Arbeitnehmern grundsätzlich einen weiten Schutz, jedoch ist eines der Probleme des Systems die mangelnde Flexibilität. Der Ruf nach mehr Flexibilität wird immer lauter[1057]. Insbesondere die starren Altersgrenzen stehen den unterschiedlichen Arbeitswünschen und den verschiedenen Gesundheitszuständen älterer Arbeitnehmer entgegen. Auch wird dabei kein Unterschied zwischen den Berufsbranchen gemacht, so dass körperlich anstrengende Berufe mit nicht körperlichen gleichgestellt werden. Den jeweiligen Vertragsparteien ist daher zu raten, Optionen in die Verträge aufzunehmen, um so Arbeitnehmer auch über das Erreichen der Regelaltersgrenze hinaus zu beschäftigen.

Allgemein wird gerade im französischen System der Arbeitnehmer aktiv an der Entscheidung über den Eintritt in den Ruhestand beteiligt. Durch das Vetorecht können die Arbeitnehmer flexibel, abhängig von ihrer persönlichen finanziellen und gesundheitlichen Situation, entscheiden, ob sie weiterhin beschäftigt werden oder in den Ruhestand gehen wollen.

Dabei bot das englische Recht vor der Einführung der Employment Equality (Repeal of Retirement Age Provisions) Regulations 2011 die ausgeglichenste Lösung, indem es zwar dem Arbeitnehmer die Möglichkeit einräumte, dem Arbeitgeber mitzuteilen, ob und warum er weiterbeschäftigt werden möchte, die endgültige Entscheidung jedoch dem Arbeitgeber und damit dem Inhaber des wirtschaftlichen Risikos und der wirtschaftlichen Verantwortung für das Unternehmen überlassen wurde. Zudem konnte der Arbeitgeber dadurch, dass der

---

1057 Vgl. Grünbuch der Europäischen Kommission „Ein modernes Arbeitsrecht für die Herausforderungen des 21. Jahrhunderts" KOM(2006); *Waltermann*, NJW 2008, 2529, 2531; *Bauschke*, öAT 2011, 9, 12.

Arbeitnehmer einen Zeitraum für seine Weiterbeschäftigung angeben musste, eine in jedem Fall individuelle Entscheidung treffen, da für ihn der Zeitraum der Weiterbeschäftigung absehbar und planbar war. Für die Zukunft entstand so für beide Arbeitsvertragsparteien eine rechtssichere Grundlage der Weiterbeschäftigung. Natürlich bietet die Neuregelung nun einen höheren Schutz für Arbeitnehmer – fraglich ist jedoch, ob hierbei die Arbeitgeberinteressen ausreichend berücksichtigt wurden.

Ein Versuch des deutschen Gesetzgebers, diese Flexibilität in das deutsche Recht aufzunehmen, ist § 41 SGB VI. Zum einen soll durch § 41 S. 2 SGB VI versucht werden, dem Arbeitnehmer bis zum Erreichen der Regelaltersgrenze eine gewisse Stabilität des Renteneintritts zu gewähren, zum anderen schafft § 41 S. 3 SGB VI eine Möglichkeit für beide Arbeitsvertragsparteien, planbar über das Renteneintrittsalter hinaus befristete Verträge abzuschließen. Hierbei ist zudem eine branchenspezifische Unterscheidung möglich, da den Arbeitsvertragsparteien die Ausgestaltung der Verlängerung überlassen wird.

Will man einem Arbeitnehmer, der einen nicht auf die Altersgrenze befristeten Vertrag besitzt, nach dem Erreichen der Regelaltersgrenze kündigen, so ist dies nur unter den strengen Voraussetzungen des Kündigungsschutzgesetzes möglich.

Allgemein gilt, dass eine Kündigung allein aufgrund des Alters des Arbeitnehmers nicht gerechtfertigt werden kann und damit unwirksam wäre.

Einer gerechtfertigten personenbedingten Kündigung müssen Gründe in der Person des Arbeitnehmers zugrunde liegen. Dies ist zwar nicht das Alter selbst, jedoch kann durch eine altersbedingte Minderleistung eine solche gerechtfertigt sein. Die im Rahmen der Low-Performer-Problematik entwickelte Rechtsprechung des Bundesarbeitsgerichts unterstützt dies. Da personenbedingte Kündigungen insbesondere im Rahmen von krankheitsbedingten Kündigungen eine Rolle spielen, ist dies bei Arbeitnehmern nach dem Erreichen des Renteneintrittsalters eine zentrale Kündigungsmöglichkeit. Insbesondere das wirtschaftliche Interesse des Arbeitgebers ist in diesem Zusammenhang von Bedeutung. Gerade dessen Berücksichtigung führt dazu, dass das schutzwürdige Interesse eines Arbeitnehmers mit dem Erreichen des Renteneintrittsalters hinter dem wirtschaftlichen Interesse des Arbeitgebers zurücktritt. Dem Arbeitgeber ist es demzufolge nach dem Erreichen des Renteneintrittsalters leichter möglich, eine krankheitsbedingte Kündigung – sowohl wegen kurz- als auch wegen langanhaltender Krankheit – wirksam auszusprechen.

Zudem ist eine verhaltensbedingte Kündigung aufgrund des Alters nicht möglich. Da diese auf ein steuerbares Verhalten des Arbeitnehmers abstellt, kann eine solche Kündigung nur im Einzelfall geeignet sein, dem Arbeitnehmer wirksam zu kündigen. Das Alter kann das Verhalten des Arbeitnehmers dabei nur in einem geringen Maß beeinflussen. Jedoch kann auch hier das wirtschaftliche Interesse des Arbeitgebers ab dem Erreichen des Renteneintrittsalters bei einer Kündigung wegen Schlecht- oder Langsamarbeit überwiegen. Dadurch kann es für einen Arbeitgeber nach dem Erreichen des Renteneintrittsalters des Arbeitnehmers leichter sein, eine verhaltensbedingte Kündigung auszusprechen.

Dieses wirtschaftliche Interesse darf im Rahmen der betriebsbedingten Kündigung hingegen nicht berücksichtigt werden. Es ist keines der im Gesetz genannten Kriterien, die bei einer Sozialauswahl zu berücksichtigen sind. Eine Berücksichtigung von Sozialkriterien über die im Gesetz genannten Kriterien hinaus ist unzulässig. Zwar kann der Arbeitgeber nach einer durchgeführten Sozialauswahl nach Punkten im Rahmen seines Ermessensspielraums eine Einzelfallabwägung durchführen, er kann seine Entscheidung aber auch auf das Ergebnis der Punktevergabe stützen.

Zwar hält das Bundesarbeitsgericht eine Beschränkung der Punktevergabe für das Kriterium Alter ab dem 55. Lebensjahr für möglich, jedoch geht dies aus dem Gesetzeswortlaut und auch aus dem Telos der Norm nicht hervor. Die Kriterien sollen angemessen berücksichtigt werden. Vergibt man jedoch ab einem gewissen Alter keine Punkte mehr, so wird das Kriterium ab diesem überhaupt nicht mehr berücksichtigt. Dies stellt gerade keine angemessene Berücksichtigung des Kriteriums Alter dar. Dies gilt insbesondere nach der Anhebung der Regelaltersgrenze auf 67 Jahre. Legt man die Rechtsprechung des Bundesarbeitsgerichts zugrunde, so blieben (gegebenenfalls) zwölf oder mehr Beschäftigungsjahre außer Betracht.

Eine gerechtere Verteilung der Kündigungen auf die Belegschaft bietet die Möglichkeit der Altersgruppenbildung. Dabei erscheint insbesondere von Vorteil, wenn man das Alter entweder bereits durch die Einteilung auf die Gruppen als berücksichtigt ansieht oder wenn man für die jeweilige Gruppe eine pauschale Punktzahl vergibt. Dann spielen die weiteren Kriterien der Betriebszugehörigkeit, der Unterhaltspflichten und der Schwerbehinderung die ausschlaggebende Rolle und Arbeitnehmer in einer etwa gleichen Lebenslage werden aufgrund dieser Kriterien miteinander verglichen, während dem Alter keine überschießende Funktion beikommt.

Eine Differenzierung der verschiedenen Altersstufen war dem Gesetzgeber auch durchaus bewusst, wie u. a. die Regelungen zum Anspruch auf Abfindung zeigen.

Eine gesetzgeberische Anpassung der Kündigungsfristen de lege ferenda, z. B. auf sechs Wochen zum Quartalsende, kann dazu führen, dass ein Arbeitgeber eher gewillt ist, einen Arbeitnehmer über das Erreichen der Regelaltersgrenze hinaus zu beschäftigen, da im Falle einer Kündigung die Beschäftigung früher enden würde als durch die jetzigen gesetzlichen Regelungen vorgesehen. Dies böte auch für den Arbeitnehmer im Rahmen einer Arbeitnehmerkündigung eine Erleichterung, da der Arbeitsvertrag zu einem zeitnahen Ende führen würde. Eine solche Möglichkeit würde den Vertragsparteien nicht zum Nachteil gelangen, da der Arbeitnehmer nicht vor die Herausforderung, sich eine neue Anstellung zu suchen, gestellt wird.

Besonderheiten für Arbeitnehmer nach dem Erreichen des Renteneintrittsalters ergeben sich für eine außerordentliche Kündigung, bei der insbesondere das Alter nicht als wichtiger Grund für eine Kündigung gesehen werden darf, im Rahmen der Zumutbarkeit. Hier kann, ähnlich der verhaltensbedingten Kündigung, das wirtschaftliche Interesse des Arbeitgebers überwiegen. Gleiches gilt für eine personen- oder verhaltensbedingte Änderungskündigung. Eine betriebsbedingte Änderungskündigung führt zu keinen Abweichungen für Arbeitnehmer nach dem Erreichen der Regelaltersgrenze. Ebenso kann ein Aufhebungsvertrag zu den gleichen Bedingungen wie bei einem Arbeitnehmer vor dem Erreichen des Renteneintrittsalters geschlossen werden.

Die geltende Rechtslage führt dazu, dass ein Arbeitnehmer über das Erreichen des Renteneintrittsalters hinaus Betriebsratsmitglied mit dem vollen Schutz des § 15 KSchG sein kann. Auch ergeben sich für einen leitenden Angestellten nach dem Erreichen des Renteneintrittsalters keine Besonderheiten.

Im Rahmen von tarifvertraglichen Regelungen zur ordentlichen Unkündbarkeit muss je nach Ausgestaltung der jeweiligen Regelung unterschieden werden, ob diese nur ein Mindest- oder auch ein Höchstalter vorsieht. Insofern sind die Tarifvertragsparteien frei, sich für eine der beiden Möglichkeiten zu entscheiden.

Überschreiten Kündigungen die Schwellenwerte des § 17 KSchG, so sind Arbeitnehmer nach dem Erreichen des Renteneintrittsalters nicht mehr zu berücksichtigen. Die Massenentlassungsanzeige an die Agentur für Arbeit muss nur Arbeitnehmer vor diesem Alter enthalten.

Bei der Verteilung der Gelder in einem Sozialplan ist es zulässig, Arbeitnehmern mit zunehmender Rentennähe nur noch eine geringere Summe zu zahlen. Der Sozialplanausgleich soll als zukunftsbezogener Ausgleich und Überbrückungsfunktion dienen und kann daher mit zunehmender Rentennähe auch geringer ausfallen. Gilt dies bereits bei rentennahen Arbeitnehmern, so muss dies erst recht bei Arbeitnehmern gelten, welche die Regelaltersgrenze bereits überschritten haben. Diese können in einem Sozialplan sogar gänzlich außer Acht gelassen werden.

Letztlich können sich Besonderheiten in der betrieblichen Altersversorgung ergeben. Aufgrund der Akzessorietät zwischen der Auszahlung der betrieblichen Altersversorgung und der Rente ist von Bedeutung, ob der Arbeitnehmer seine Rente zusätzlich zum Arbeitsentgelt bezieht oder ob er diese ruhend gestellt hat und durch die Fortführung seiner Beschäftigung seine Rente weiter aufstockt.

Alle einzelvertraglichen Regelungen müssen den Anforderungen einer AGB-Kontrolle genügen. Die arbeitsvertraglichen Klauseln dürfen insbesondere nicht überraschend sein oder den Arbeitnehmer unangemessen benachteiligen.

Wünschenswert wäre eine Präzisierung der Rechtslage, da die Zahl der Arbeitnehmer, die über das Erreichen der Regelaltersgrenze hinaus arbeiten werden, zunehmend steigen wird. Es bietet sowohl dem Arbeitgeber als auch dem Arbeitnehmer einen Vorteil, wenn hierzu klare und eindeutige Regelungen bestehen, auf die rechtssicher ein Arbeitsverhältnis begründet werden kann. Bestehen solche Regelungen, so ist durchaus davon auszugehen, dass sich mehr Arbeitgeber dazu bereit erklären würden, Arbeitnehmer auch über das Erreichen der Regelaltersgrenze hinaus zu beschäftigen. Dies gilt insbesondere dann, wenn sie rechtssicher befristete Verträge abschließen können, ohne Gefahr zu laufen, dass diese Befristungen aufgrund Europarechtswidrigkeit oder sonstiger Gründe unwirksam sind und dann in ein unbefristetes Arbeitsverhältnis umgewandelt werden. Dann bleibt nur eine Beendigung durch Kündigung. Kündigungen sind für Arbeitgeber, wie gezeigt, dann nur schwer rechtswirksam umzusetzen und führen letzten Endes zu einer unfriedlichen Auflösung des Arbeitsverhältnisses, was für beide Arbeitsvertragsparteien ungünstig erscheint. Im schlimmsten Fall endet ein über Jahrzehnte hinweg friedliches Arbeitsverhältnis in einer Auseinandersetzung vor Gericht. Ein Arbeitgeber wird daher eher ganz darauf verzichten, einen (womöglich) unwirksamen befristeten Vertrag abzuschließen, bei dem die Gefahr besteht, dass später eine Kündigung auszusprechen ist. Dies wird es Arbeitnehmern erschweren, über das Erreichen der Regelaltersgrenze hinaus zu arbeiten.

Sollte es der Wille des Gesetzgebers sein, Arbeitnehmer nach dem Erreichen der Regelaltersgrenze einem anderen Schutz als Arbeitnehmer vor diesem Alter zu unterstellen, so ist dies durch eine Änderung der geltenden Rechtslage herbeizuführen. Die bestehenden Normen lassen ein Absenken des Kündigungsschutzes lediglich für die personen- und verhaltensbedingte Kündigung unter gewissen Voraussetzungen im Rahmen der Interessenabwägung zu. Ein über § 1 KSchG hinausgehendes Absenken des Kündigungsschutzes oder ein Anpassen der Kündigungsfristen nach § 622 BGB ist nach dem geltenden Recht nicht möglich. Gleiches gilt im Rahmen der Änderungskündigung.

Kolibri 360 GmbH
Ferdinand-Jühlke-Straße 7
99095 Erfurt, Deutschland
produktsicherheit@kolibri360.de